PETER GAYER

ROM

EIN SENTIMENTALER REISEFÜHRER

THEMATISCHE SPAZIERGÄNGE
VERBORGENE KOSTBARKEITEN
BEKANNTES IN ANDEREM LICHT

Meinen Musen gewidmet,
die mir bei diesem Buch geholfen haben

Dieses Buch wurde
extra für Sie gedruckt.
Gute (Lese-) Reise!

Alle Rechte liegen beim Autor Peter Gayer
Landsberg am Lech, 2000
Alle Fotos stammen vom Autor

Herstellung: Libri Books on Demand
ISBN 3-8311-0320-8

Sämtliche in diesem Buch enthaltenen Angaben zu geschichtlichen Themen und den Öffnungszeiten wurden nach bestem Wissen erstellt. Dennoch: Gerade bei geschichtslastigen Themen sind inhaltliche Fehler nicht vollständig ausgeschlossen. Dasselbe gilt für die Nennung von Öffnungszeiten: Bei einer Stadt wie Rom sind Änderungen von einem Tag auf den anderen möglich, die diesbezüglichen Angaben erfolgen ohne Verpflichtung und Garantie des Verfassers.
Weitere Informationen über Rom finden Sie im Internet unter www.roma-online.de

INHALTSVERZEICHNIS

VORWORT

Als der Schweizer Historiker Jakob Burckhardt vor über hundert Jahren sein grundlegendes Buch zur italienischen Kunst und Kultur, den „Cicerone", veröffentlichte, nannte er es im Untertitel „eine Anleitung zum Genuß der Kunstwerke Italiens".

Das vorliegende Buch ist weit davon entfernt, mit diesem Standardwerk konkurrieren zu können oder zu wollen. Doch soll es ebenfalls eine Anleitung zum Genuß der Schönheiten Roms sein, abseits der gängigen Reiseführerliteratur. In den einzelnen Kapiteln werden die Schönheiten der Stadt nicht alphabetisch, geographisch oder streng nach Sternen geordnet präsentiert. Das Buch soll eher eine Einladung sein, sich dem Mythos Rom auf eine andere Weise zu nähern und sich auf Spurensuche zu begeben. Das bedeutet einerseits, bekannte Sehenswürdigkeiten einmal mit anderen Augen zu sehen. Andererseits soll es ein Wegweiser zu verborgenen Schätzen und kuriosen Orten sein, die in der Fülle einer Stadt wie Rom eher untergehen. Natürlich erhebt dieses Buch keinen Anspruch auf Vollständigkeit, es ist auch nicht für den eiligen Reisenden gedacht.

Wer aber Zeit und Neugier besitzt, die Stadt wie ein aufgeschlagenes Geschichtsbuch zu durchwandern, wer deren Bewohner nicht nur als Dienstleister sehen mag, wer sich auch mit „Kleinen Freuden" zufriedengibt, wem Langsamkeit und tieferes Verständnis wichtiger sind als Schnelligkeit und Oberfläche, für den ist dieses Buch geschrieben.

„Möge dieses kleine [...] Buch mit seinem bunten Inhalt als ein nicht unerwünschter Reisebegleiter erscheinen. Wenn es, weit entfernt alle Wünsche zu befriedigen, wenigstens vielen etwas gewährt, so wird der Verfasser glauben, nicht umsonst gearbeitet zu haben."
(Aus der Vorrede von Jakob Burckhardts „Cicerone")

Kuppel einer Seitenkapelle der Peterskirche

Kuppel des Pantheon

Che rrabbia è de sentì 'sti forestieri
de tremmonti, che, senz'esse romani
t'arriven 'oggi ar Popolo, e ddomani
ne sanno ppiù de li romani veri ...

G. G. BELLI

„Ich besuche die ewige Stadt nun schon das sechste Mal, und doch ist mein Herz
tiefbewegt"
„Was einem Eindruck gemacht hat, besuche man mehrmals und suche
zusammengehörige Dinge auf"

STENDHAL, RÖMISCHE SPAZIERGÄNGE

ROM IM QUERSCHNITT:
EINE STADT"DURCH"FAHRT
MIT DEM BUS NR. 64

Eine Besichtigung der besonderen Art und gleichzeitig einen ersten Einblick in die Stadt bietet die Fahrt mit dem Bus Nr. 64 vom Bahnhof zum Petersplatz. Es ist gleichzeitig eine Fahrt durch die Stadtgeschichte, vor allem Italiens Gründerzeit, gesäumt von antiken und barocken Spuren am Straßenrand, am Schluß eine Fahrt durch die Ära des Faschismus zum Höhepunkt barocker Platzgestaltung, kurz ein Zeitsprung von den Anfängen der Stadt in die Gegenwart. Außerdem grenzüberschreitend, denn Endpunkt ist der souveräne Vatikanstaat.

Der Fahrtverlauf folgt nicht den historisch gewachsenen Straßen, die sich an Bauresten oder antiken Überlieferungen orientieren, sondern im wesentlichen drei großen Strassenplanungen, deren Ziel es war, aus dem päpstlichen Rom die moderne Hauptstadt des vereinigten italienischen Königreichs zu machen, nachdem 1870 die weltliche Herrschaft des Papstes über Rom endete und die Truppen des italienischen Königs in die Stadt einzogen.

Diese Tour de Force durch die Geschichte dauert je nach Verkehrsaufkommen zwischen einer halben und dreiviertel Stunde, die ganze Fahrt kann man mit Zwischenstops auf einen ganzen Tag ausdehnen. Fast keine andere Linie streift im Vorbeifahren so viele am Weg gelegene oder in kurzer Zeit von einer der Haltestellen erreichbare Sehenswürdigkeiten, so den Corso, die Fontana di Trevi, das Pantheon, die Piazza Navona oder die Engelsburg. Aber Vorsicht, die Linie ist berüchtigt für ihre Taschendiebe. Während der Hauptverkehrszeiten haben es die Gauner wegen des Gedränges im Bus besonders leicht.

Die Fahrt beginnt im Gewirr der vielen Haltestellen am Bahnhofsvorplatz. Hier begegnet ein Monument der Frühzeit, ein Überrest der ersten **Stadtmauer** Roms, einem Monument der Moderne, dem Bahnhof **Stazione Termini**.

Die kümmerlichen Reste der Mauer, die einst der sagenhafte König Servius Tullius errichten ließ, zeugen vom Willen der frühen Bewohner, ihre Stadt nach außen zu verteidigen und gleichzeitig den inneren Zusammenhalt zu stärken. Längst hat die Metropole diese Mauer und einen weiteren Ring überschritten und wuchert immer weiter in das Umland, in die Campagna. Dem gegenüber steht der Bahnhof für die Öffnung der Stadt, für den Aufbruch Italiens nach dem 2. Weltkrieg. Begonnen noch in der Zeit des Faschismus anstelle des zu klein gewordenen ersten Hauptbahnhofs, war eine monumentale Anlage mit einer riesigen, vor den eigentlichen Abfahrtsbereich gesetzten Säulenhalle geplant. Die heutigen Seitentrakte stammen noch von der ursprünglichen Planung, lange Blöcke mit mächtigen Blendbögen, die an moderne Varianten der alten Aquädukte denken lassen, die in der Antike das Wasser nach Rom brachten. Heute führen die Gleise entlang dieser Bögen die Menschen in die Stadt. Zu Beginn des 2. Weltkrieges waren die Bauarbeiten noch nicht abgeschlossen, unvollendet war die eigentliche Empfangshalle. Nach dem Krieg zog man es vor, die Pläne zu

*Im Kreuzgang des
Museo Nazionale*

ändern, man errichtete jene elegant geschwungene weite Vorhalle, die den Bahnhof zum Vorplatz hin wie eine versteinerte Welle abschließt und öffnet. Der Name des Bahnhofs, Termini, leitet sich übrigens von den benachbarten Diokletiansthermen ab.

Der Bus schließt mittlerweile die Türen, die Fahrt geht los. Vorbei am neuen Sitz des Römischen Nationalmuseums, dem **Palazzo Massimo alle Terme** mit seiner großen Sammlung antiker Skulpturen und Fresken, und an den Ständen der römischen Bouquinisten, ist schon nach kurzer Zeit die **Piazza della Repubblica** erreicht. Der alte Name des Platzes, Piazza dell'Esedra, erinnert noch an den Grund für die runde Gestalt des Platzes. Die Kreisform ergab sich aus der halbrunden Umfassungsmauer der **Diokletiansthermen**, die hier verlief. Bedeutende Reste dieser Bäder sieht man rechts, sie beherbergen heute einen Teil des Römischen Nationalmuseums, ein ehemaliges Kartäuserkloster und die Kirche S. Maria degli Angeli. Esedra, lateinisch Exedra, heißt wörtlich übersetzt "halbrunde Mauer", das Freigelände der Thermen erstreckte sich bis hierher.

Kein geringerer als Michelangelo baute die Kirche **S. Maria degli Angeli** in die Ruinen der Thermen, allerdings wurden die Pläne nach seinem Tod verändert und die Kirche bekam eine andere Ausrichtung. Ursprünglich war der Hauptsaal das Langhaus der Kirche, im 18. Jahrhundert wurde es durch die Verlegung des Hauptaltars und des Eingangs zum Querschiff. Durch den Hauptsaal verläuft die Skala der um 1700 eingerichteten Sonnenuhr (das Licht dringt durch eine kleine Öffnung oben in der Ecke), lange wurde auf diese Weise die genaue römische Ortszeit festgestellt.

Die **Fontana delle Naiadi**, ein Jugendstilbrunnen, bildet die Mitte der Piazza della Repubblica. Ausgelassene nackte Najaden becircen die kreisenden Fahrzeuge, eine athletische Gestalt mit einem Fisch läßt die große Fontäne aufsteigen. Als der Bildhauer Mario Rutelli 1901 den Figurenschmuck vollendet hatte, waren die Behörden über die vermeintlich unmoralische Darstellung der Najaden entsetzt, man scheute den Abbau der Bretterwand, die den Brunnen umgab. Doch die neugierigen Römer ergriffen die Initiative, eines Morgens war alles niedergerissen und kaum jemand nahm Anstoß an der Nacktheit der Figuren.

Wie ein Trichter nehmen die beiden halbrunden Bauwerke auf beiden Seiten der Einmündung der **Via Nazionale** den Verkehr auf und bilden gleichsam den monumentalen Auftakt für die erste jener drei Straßenschöpfungen, begonnen noch in päpstlicher

Zeit, damals als Via Nuova Pia, benannt nach Papst Pius IX. Vorbei an vielen kleinen Geschäften und mehr oder weniger vornehmen Hotels, darunter das luxuriöse Albergo Quirinale mit der hinten angebauten Oper, stößt man hier auf etliche Repräsentationsbauten des jungen Königreiches. Auf der rechten Straßenseite der **Palazzo delle Esposizioni** mit seinem bombastischen Eingang (der stark dem Konstantinsbogen neben dem Kolosseum ähnelt) über einer riesigen Freitreppe. Nach einer langen Renovierungszeit bietet er jetzt wieder interessante Wechselausstellungen. Daneben, in der Tiefe versunken, schmiegt sich die kleine mittelalterliche Kirche **S. Vitale** an den Prachtbau an, ein merkwürdiger Kontrast, doch bezeichnend für die Stadt. Nach dem Ausstellungspalast biegt eine Straße ab, die durch einen Tunnel den vornehmen Quirinalshügel untergräbt, offiziell heißt das Bauwerk **Traforo Umberto I**. Auch wenn Rom vor hundert Jahren keine Untergrundbahn erhielt wie Paris oder London, so doch zumindest eine schnelle Verbindung für die neue Straßenbahn.

Links folgt kurz der Geldpalast der **Banca d'Italia**, ein streng bewachtes und mit Gittern gesichertes Gebäude. Wenn man schnell genug den Kopf nach rechts dreht, kann man durch die Seitenstraßen noch einen Blick zum **Quirinal** mit dem gleichnamigen Palast erhaschen, dem Sitz des italienischen Ministerpräsidenten und den davor aufgestellten antiken Statuen der Rossebändiger. Die Straße ändert nach der folgenden Kreuzung ihren Namen und heißt jetzt Via 4 Novembre, das Datum erinnert an einen Sieg der italienischen Truppen im 1. Weltkrieg. Mitten auf der Kreuzung wachsen im Rondell herrliche Palmen, noch schönere Exemplare findet man direkt darüber im Park der **Villa Aldobrandini**, hoch über dem Verkehr. Die Villa selbst ist nicht zugänglich, doch vom kleinen Park genießt man einen wunderbaren Ausblick auf die Stadt. Kurvenreich schlängelt sich die Straße zur Piazza Venezia hinunter. Links erhebt sich der **Torre delle Milizie**. Der Volksmund behauptet, Kaiser Nero habe von diesem Turm aus den Brand der Stadt beobachtet und besungen. Tatsache ist aber, daß der Turm erst im 13. Jahrhundert errichtet wurde, in der Zeit, als die Adelsgeschlechter in Rom sich gegenseitig bekämpften und befehdeten und auf derartige Verteidigungsbauten nicht verzichten konnten. Der Turm ist leicht geneigt, Rom besitzt damit auch einen schiefen Turm, auch wenn die Neigung vom fahrenden Bus nicht einfach zu

Villa Aldobrandini / Am Largo Maganapoli: S. Caterina da Siena und Torre delle Milizie

erkennen ist. Einen freien Rundblick hätte man vom Turm, wenn die Restaurierung endlich abgeschlossen wäre.

Gut erkennen kann man im Vorbeifahren die Gewölbe der **Trajansmärkte**, dem größten antiken „Kaufhaus". Eine bestens erhaltene antike Straße führt durch die Märkte mit ihren vielen kleine Läden, Zeichen dafür, daß sich die Einkaufsgewohnheiten der Römer von damals und von heute nicht viel geändert haben. In der Kurve öffnet sich die Häuserwand auf der linken Seite und bietet einen überraschenden Durchblick auf die **Trajanssäule** mit ihren schwindlig machenden Reliefbändern, die die Siege des Kaisers verherrlichen. Die Höhe der Säule zeigt übrigens die Höhe des Hügels an, den Kaiser Trajan für den Bau seines Forums und des Marktes abtragen ließ, denn die Hügel Kapitol und Quirinal waren bis dahin verbunden.

Nach der letzten Kurve sieht man rechts noch kurz die „hängenden Gärten" des **Palazzo Colonna**, ein Terrassengarten am Abhang des Quirinals, der mit dem Palast durch schmale malerische Stege verbunden ist, die der darunter verlaufenden Via della Pilotta das Aussehen eines Hohlweges verleihen. Von hier aus ist einmal wöchentlich der Zugang zur **Galleria Colonna** möglich, eine der letzten großen fürstlichen Gemäldegalerien in Familienbesitz. Die Sammlung umfaßt etliche Meisterwerke von Bronzino oder Dughet, doch die eigentliche Attraktion sind die prunkvollen Räume. Auf der Treppe im Hauptsaal liegt immer noch die Kanonenkugel, abgeschossen von den Franzosen während der Belagerung Roms um 1800 mit Ziel auf den Quirinalspalast, die aber ihr Ziel nicht erreichte und in die Galerie einschlug.

Der Bus reiht sich jetzt in den dichten Verkehr ein, der an der **Piazza Venezia** um die Grünfläche tobt. Der Platz wird eingerahmt vom mächtigen **Palazzo Venezia** (der erste Renaissancepalast der Stadt, heute ein Museum für Kunst des Mittelalters und der Renaissance) und dessen fast spiegelbildlichem Nachbau, dem **Palazzo delle Assicurazioni Generali di Venezia**, vom pompösen **Nationaldenkmal** für den italienischen König Vittorio Emanuele II. und von bescheidenen Häusern links und rechts der Einfahrt zum schnurgeraden Corso. Den Namen verdankt der Platz dem Palazzo, denn dort war die Botschaft der Seerepublik Venedig untergebracht. An der Einfahrt zum Corso bemüht sich ein Polizist auf einem Podest den Fluß der Fahrzeuge nicht zum Erliegen zu bringen. Verschüchterte Fußgänger versuchen immer wieder, den gnadenlosen Verkehr zu durchqueren, wie eine Rettungsinsel liegt die Grünfläche in der Mitte.

Sicherlich hätte Letizia Bonaparte, die Mutter Napoleons, ein großes Vergnügen an der Lebhaftigkeit des Platzes, würde sie heute von ihrem Altan herunterschauen. An der Einfahrt zum Corso steht links der **Palazzo Bonaparte** mit dem Wappen ihrer Familie, in dem sie im Alter lebte und ihre Tage damit zubrachte, vom Balkon unbemerkt die Leute zu beobachten.

Schnell verschwindet diese Weite, durch die dunkle Via del Plebiscito erreicht der Bus das Viertel der Jesuiten mit ihrer Hauptkirche **Il Gesù**, dem nahen ehemaligen Jesuitenkolleg und der Kirche S. Ignazio. In der Kirche Il Gesù ist der Gründer des Ordens, der heilige Ignatius von Loyola begraben. Um die Kirche und um das Kolleg weht immer eine frische Brise, die Römer erklären dies mit folgender boshafter Geschichte: Eines Tages ging der Teufel mit dem Wind durch die Straßen Roms und kam zum Jesuitenkolleg. Der Teufel erklärte dem Wind, daß er in diesem Gebäude etwas Wichtiges zu erledigen hätte und bat den Wind draußen zu warten. Der Wind blieb, der Teufel kam jedoch nie wieder heraus. Die Geschichte ist nicht gerade ein sehr schmeichelhaftes Urteil über diesen Orden. Neben der Kirche befand sich der Sitz der ehemaligen staatstragenden Partei „Democrazia Cristiana". Vielleicht hat die Legende vom Teufel die Geschäfte der Partei beeinflußt, immer wieder war sie in Korruptionsskandale und üble Machenschaften verstrickt, ohne dabei ihre Macht zu verlieren.

Ein weiter Platz folgt, es ist der **Largo di Torre Argentina**, der erneut einen Blick in Roms Unterwelt freigibt. Hier stehen noch Überreste von vier Tempeln aus der republikanischen Frühzeit der Stadt, eine Oase der Ruhe mit vielen Bäumen und noch mehr Katzen. Hinter den Tempeln verbirgt sich rechts das renommierte Teatro Argentina, in dem Opern von Rossini und Verdi uraufgeführt wurden. Vom Largo führt rechts die schmale **Via dei Cestari** zum **Pantheon**. In dieser Straße gibt es, wen wundert es, etliche Spezialgeschäfte für die Einkleidung von Priestern und Nonnen, auch der Papst bestellt hier. Dazu sind alle Gerätschaften erhältlich, die man zur Abhaltung von stilvollen Gottesdiensten benötigt. Die schönsten Stücke sind natürlich in den großen Schaufenstern ausgestellt.

Der Bus fährt nun in den **Corso Vittorio Emanuele II**, eine weitere Straßenplanung des 19. Jahrhunderts, die eine bessere Verbindung zum Vatikan schaffen sollte, bei deren Bau allerdings auf Denkmalschutz nur wenig Rücksicht genommen wurde. Vor uns die Kirche der Theatiner, **S. Andrea della Valle**, einer der Schauplätze von Puccinis Oper Tosca. Links und rechts befinden sich die volkstümlichsten Viertel Roms mit schmalen Gassen und düsteren Palästen, die im Mittelalter auf dem Gelände des antiken Marsfelds, dem Exerzierplatz der Römer, entstanden. Einige der schönsten Plätze der Stadt liegen hier, z. B. die **Piazza Navona** und der **Campo de'Fiori**. Von der nächsten Haltestelle aus, der Piazza di S. Pantaleo, sind beide schnell zu erreichen. Hier befinden sich auch zwei Paläste, die zwei bedeutende Museen beherbergen: Der eine, der entzückende kleine Renaissancepalast auf der linken Seite, „La Piccola Farnesina", machte zeitweise seinem Museumsnamen **Museo Barracco** alle Ehre, lange war er wegen Renovierung geschlossen. Jetzt ist die Skulpturensammlung des Barons Barracco wieder zugänglich, genauso wie das unterirdische antike Haus unter dem Palast. Gegenüber das **Museo di Roma** (mit seiner umfangreichen Sammlung zur Stadtgeschichte), das im Palazzo Braschi untergebracht ist. Der Palast ist ein sichtbarer Ausdruck des Nepotismus, jener Praxis der Päpste, die Verwandten und vor allem die Neffen mit Geld und Ämtern zu versorgen. Papst Pius VI. Braschi ließ ihn Ende des 18. Jahrhunderts für seinen Neffen errichten, es ist der letzte große Palast, der auf diese Weise entstand. Das Museum kam vor ein paar Jahren wegen Mietschulden in die Schlagzeilen. Die Sammlung selbst ist städtisch, der Palast gehört jedoch dem Staat. Die Mietzahlung erfolgte lediglich zu einem symbolischen Betrag. Als der Staat die Miete auf 2,5 Millionen DM pro Jahr erhöhte, war das Museum mit seinem geringen Etat zahlungsunfähig. Eine Zwangsräumung wurde angeordnet, kein leichtes Unterfangen für ein Museum mit über 40.000 Exponaten, doch letztendlich einigte man sich. Der Palazzo wird derzeit restauriert und soll, wenn alles gut geht, im Herbst 2000 wieder geöffnet sein.

Der Bus passiert links nach diesem Stop den edlen **Palazzo della Cancelleria** aus der Renaissance, eine der vielen exterritorialen Besitzungen des Vatikans. Hier hat heute u. a. das päpstliche Ehegericht, die „Sacra Rota", ihren Sitz, das über kirchliche Scheidungen entscheidet.

An der nächsten Haltestelle, der **Piazza della Chiesa Nuova**, erreicht man das ehemalige Wirkungsgebiet des heiligen Filippo Neri, zwei aneinandergebaute Kirchen und dahinter ein Kloster. Obwohl der Heilige Anfang des 16. Jahrhunderts in Florenz geboren wurde, verbrachte er fast sein ganzes Leben in Rom und wurde zum volkstümlichen Stadtheiligen. Sein Einfluß auf die Römer war sehr groß, bekannt ist jedoch sein außergewöhnlicher Humor, noch heute nennt man ihn den „Lachenden Heiligen". Die rechte Kirche, die **Chiesa Nuova** oder auch S. **Maria in Vallicella**, beherbergt sein Grab, links schließt sich das Oratorium für die Priester des Heiligen an (Oratorio dei Filippini), entworfen von Borromini. Der kleine tieferliegende Brunnen in der Mitte des Platzes sieht aus wie eine geschlossene Suppenschüssel und heißt auch so: „La Terrina". Ursprünglich stand er auf dem Campo de'Fiori und erhielt später einen Deckel um das Wasser vor Verunreinigungen durch die Händler zu schützen. Der Brunnen fiel der papstfeindlichen Gesinnung des vereinigten Königreiches zum Opfer, er mußte dem Denkmal für Giordano Bruno weichen. Jahre später bekam er hier eine neue Heimstatt, also einer der vielen „Wanderbrunnen" in der Stadt. Die merkwürdige Versenkung des Brunnens beruht darauf, daß der Wasserdruck hier nicht sehr hoch ist. Bald darauf nähert sich der Bus dem Tiber, rechts ein schöner Blick auf die **Engelsburg** mit ihren starken Befestigungen. Tief unter dem pathetisch-heroischen **Ponte Vittorio Emanuele II**, ebenfalls ein Bauwerk des jungen Königreichs, fließt schmutzig braungrün und träge der Fluß, eingezwängt in die hohen Hochwassermauern. Der Anblick der Mauern ist nicht besonders schön, doch deren Bau war absolut notwendig. Jahrhundertelang wurde das vom Niveau her tiefergelegene Marsfeld immer wieder von verheerenden Hochwassern heimgesucht.

Die **Via della Conciliazione**, eine breite Schneise, die der Bus bald nach der Brücke überquert, verhilft der Peterskirche, besonders der Kuppel, wieder zu ihrer majestätischen Fernwirkung, die Michelangelo bei der Planung im Sinn hatte. Ursprünglich sollte die Kirche ein Zentralbau werden, d. h. auf einem quadratischen Grundriß mit einer Kuppel in der Mitte. Die Pläne wurden nach seinem Tod geändert, die Kirche wurde nach vorn verlängert, der Grundriß damit zum Rechteck. Die Kirche gewann zwar an Größe und Fassungsvermögen, doch der Architekt Carlo Maderna nahm in Kauf, damit die Wirkung der Kuppel zu schmälern, da sie vom Petersplatz aus hinter dem langen Kirchenschiff teilweise verschwindet.

Bis Anfang des 20. Jahrhunderts gab es keinen direkten Zugang zum Petersplatz. Der Weg führte durch die Gassen des Borgos, der vatikanischen Vorstadt, deren Enge jedoch das Erlebnis der Weite des Petersplatzes um so mehr verstärkten. Durch die Lateranverträge zwischen Mussolini und dem Papst 1929 wurde der Vatikan zum souveränen Staat, die Isolation des Papstes, die 1870 mit der Eroberung Roms begann, nahm damit ein Ende. Zur Versöhnung, das bedeutet nämlich „Conciliazione", wurde diese Straße errichtet. Viel alte Bausubstanz mußte weichen, u. a. der Palast Raffaels, der sich in diesem Viertel befand. Entstanden sind meist einfallslose Gebäude und Fassaden, die dem faschistischen Monumentalstil verpflichtet sind. Nur wenig konnte unversehrt in die Baulinie integriert werden, ein hoher Preis für die modernen Anforderungen genügende Verkehrsanbindung ans Zentrum auf der anderen Tiberseite.

Das letzte Stück der Fahrt führt parallel zur Via della Conciliazione, entlang des alten Verbindungsganges (**Passetto**) vom Vatikan zur **Engelsburg**. Dieser Gang rettete manchem Papst das Leben, da er eine sichere Fluchtmöglichkeit vom relativ unge-

Säulen-, Statuen- und Pinienwald am Petersplatz

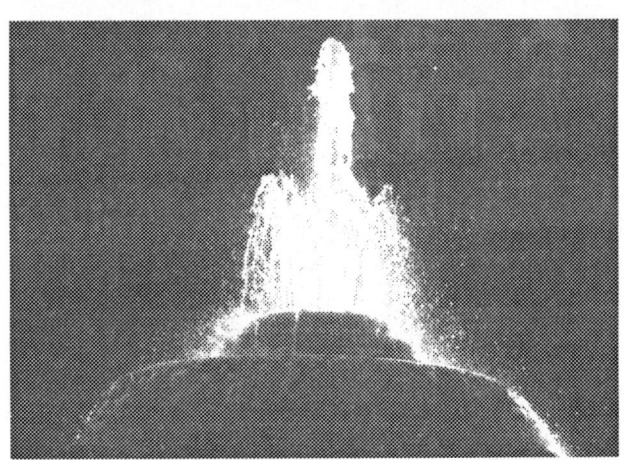

„Aufsteigt der Strahl ...“
Brunnen am Petersplatz

schützten Vatikangelände zur schwerbefestigten Engelsburg bot. Dort befanden sich nicht nur Gefängnisse und Bollwerke, sondern in den Obergeschossen auch sichere und sehr bequeme Wohnräume.

Die Endstation ist erreicht, nur wenige Schritte trennen uns noch vom **Petersplatz**. Tagsüber herrscht hier ein beständiges Kommen und Gehen, Besuchergruppen aus der ganzen Welt nähern sich mit mehr oder weniger Ehrfurcht der größten Kirche der Christenheit. Nicht jedem ist bewußt, daß er schon mit Betreten des Platzes Italien verläßt und sich ins vatikanische Hoheitsgebiet begibt. Besonders schön ist der Platz nachts, im Gegensatz zu anderen Plätzen der Stadt ist er wie ausgestorben. Die Kirche selbst ist eher spärlich beleuchtet, doch die Lampen in den Kolonnaden und die Kandelaber um den Obelisken herum lassen manch magische Lichtwirkung entstehen. Die Leere (abgesehen von den häßlichen aber notwendigen Holzabsperrungen für die Papstaudienzen) gibt dem Platz ein anderes Aussehen als am Tag. Das Rauschen der Fontänen wird hörbar, das Wasser wird im Schein der Lampen zu flüssigem Gold.

Museo Nazionale Romano im Palazzo Massimo alle Terme: Largo di Villa Peretti: Täglich außer Montag 9.00 Uhr – 22.00 Uhr

S. Maria degli Angeli: Piazza della Repubblica. Tägl. 8.00 Uhr – 12.30 Uhr, 16.00 Uhr – 19.00 Uhr

Diokletiansthermen und Teil des Museo Nazionale Romano: Viale Enrico de Nicola. Zur Zeit wegen Restaurierung geschlossen

S. Vitale, Via Nazionale, neben Palazzo delle Esposizioni. Das schlichte Äußere und der alte Portikus dieser „versunkenen" Kirche läßt nicht auf eine barocke Ausstattung schließen

Palazzo delle Esposizioni: Via Nazionale 194. Täglich außer Dienstag 10.00 Uhr – 19.00 Uhr. Wechselnde Ausstellungen

Park der Villa Aldobrandini. Eingang von der Via Mazzarino 1. Täglich geöffnet bis zur Dämmerung

Trajansmärkte: Via IV Novembre. Dienstag bis Samstag 9.00 Uhr – 19.00 Uhr, Sonntag 9.00 Uhr – 13.00 Uhr

Galleria und Palazzo Colonna: Via della Pilotta 17. Die Galerie ist nur jeden Samstag von 9.00 Uhr – 13.00 Uhr geöffnet. Die Gärten sind nicht zugänglich

Museo di Palazzo Venezia: Piazza Venezia: Dienstag bis Samstag 9.00 Uhr – 14.00 Uhr, Sonntag nur bis 13.00 Uhr

Il Gesù: Piazza del Gesù. Täglich 6.00 Uhr – 12.30 Uhr und 16.00 Uhr – 19.15 Uhr

Tempel am Largo di Torre Argentina: Nur im Rahmen von seltenen Führungen zugänglich

Pantheon: Piazza della Rotonda. Montag bis Samstag 9.00 Uhr – 17.30 Uhr, Sonntag und Feiertage nur bis 13.00 Uhr

S. Andrea della Valle: Piazza S. Andrea della Valle. Täglich 7.30 Uhr – 12.00 Uhr und 16.30 – 19.30 Uhr

Museo Barracco, La Piccola Farnesina: Corso Vittorio Emanuele II 166. Dienstag bis Samstag von 9.00 Uhr – 19.00 Uhr, Sonntag und Feiertage nur bis 13.00 Uhr

Museo di Roma im Palazzo Braschi: Piazza S. Pantaleo 10. Zur Zeit wegen Restaurierung geschlossen. Eröffnung voraussichtlich Frühjahr 2000

Chiesa Nuova und Oratorio dei Filippini: Piazza della Chiesa Nuova. Kirche 8.00 Uhr – 12.00 Uhr und 16.30 Uhr – 19.00 Uhr. Oratorium meistens vormittags

Engelsburg: Lungotevere Castello. Täglich 9.00 Uhr – 19.00 Uhr. Jeden zweiten und vierten Dienstag im Monat geschlossen

Peterskirche: Piazza S. Pietro. Täglich 7.00 Uhr – 19.00 Uhr, im Winterhalbjahr bis 18.00 Uhr

ANTIKE

Forum Romanum

Im Zentrum des Imperiums: Entdeckungen auf dem Forum Romanum

Das Forum, wie man es heute sieht, ist das Ergebnis der Ausgrabungen Ende des 19. und Anfang des 20. Jahrhunderts. Erst seit dieser Zeit muß man hinuntersteigen, erst seit dieser Zeit ist der Boden sichtbar, auf dem die Säulen und Mauern stehen. Durch die Jahrhunderte entsprach das Niveau des Forums dem des angrenzenden Geländes. Fast frei von Bebauung war es Brachland mitten in der Stadt, auf dem die Bauern ihr Vieh weideten, eingefaßt von wenigen Gebäuden und Kirchen, die in die Ruinen hineingebaut wurden. Den Namen Forum Romanum trägt es heute wieder, durch das Mittelalter hindurch hieß das Gelände „Campo Vacchino", Viehweide. Es muß ein idyllischer Anblick gewesen sein, als zwischen den Ruinen und Säulen Kühe oder Schafe weideten, an der Stelle, an der einmal das Machtzentrum des Römischen Reiches lag: Das Forum, der Vorläufer der italienischen Piazza, ein Treffpunkt der Menschen zum Gedankenaustausch, zum Handel, zum politischen Auftreten.

Der jetzige Zustand ist nur der Überrest eines Zustandes von vielen, mit Ruinen von Bauten, die dem Römer der Spätantike vertraut waren. Den Menschen aus der Zeit der Republik oder der Kaiserzeit wäre dieses Forum fremd gewesen, deren Forum sah anders aus, es lag auch tiefer. Schon in der Antike setzte der Prozeß ein, der den Platz später völlig begrub und unsichtbar machte, man baute immer wieder auf die vorherige Schicht. Unter dem Pflaster sind die Reste weiterer, früherer Foren verborgen, während die späteren Viehweiden auf dem Gelände mit ihren Rindern und Hirten nur noch beim Ansehen alter Stiche und Bilder lebendig werden.

Den Ausgräbern, die vereinzelt schon zu Beginn des 18. Jahrhunderts und dann am Ende des Jahrhunderts systematisch zum heutigen Niveau vordrangen, machte man den Vorwurf, den romantischen alten Zustand zerstört und ein ödes Ruinenfeld inmitten der Stadt hinterlassen zu haben. Die Zeit ist endgültig vorbei, als empfindsame Gemüter in den halbversunkenen Ruinen mit viel Weltschmerz und Melancholie den Untergang des Imperiums beweinten. Doch welche andere Stadt kann sich rühmen, im Zentrum ein derartiges Ruinenfeld zu besitzen?

Heute haben die Rinder auf dem Forum nichts mehr zu suchen, die Menschen haben es zurückerobert. Betrachtet man die vielen Leute, die das Gelände erkunden, ausgerüstet mit detaillierten Beschreibungen, gelenkt von ständig erklärenden und gestikulierenden Stadtführern oder neuerdings stumm und fast ferngesteuert mit Audioguides am Ohr, gewinnt man den Eindruck, daß es auf dem Forum keine Geheimnisse mehr gibt. Anscheinend ist hier alles erforscht und ausgegraben worden. Doch dieser Eindruck ist falsch, in Wirklichkeit sind immer noch Fragen offen oder Entdeckungen zu machen, nicht umsonst gibt es Bereiche mit häßlichen Drahtgittern oder Plastikzäunen, hinter denen Archäologen am Werk sind.

Auch als normaler Besucher kann man Entdeckungen machen, man muß nur genau hinschauen. Ein paar Kleckse auf dem Marmor oder eine Vertiefung im Boden können

Geschichten erzählen, die das Leben von damals oder die lange Zeit der Verschüttung wieder lebendig machen. Selbstverständlich gibt es auf dem Forum mehr zu sehen, als im Folgenden beschrieben, es ist nicht Absicht, eine vollständige Aufzählung aller Monumente zu geben. Vielmehr soll der Blick für Details geschärft werden.

Schon nach dem Eingang macht man die Erfahrung des Hinuntersteigens in eine frühere zeitliche Ebene, auf einer Rampe abwärts durchquert man die Schichten der Jahrhunderte, um am Ende in der Antike anzukommen. Unten steht man auf dem alten Pflaster, etwas orientierungslos im scheinbaren Durcheinander, das hier herrscht. Man braucht schon einige Zeit, um sich zurecht zu finden. Gleich neben dem Zugang wartet schon die erste Entdeckung, die

Münzen der Basilica Aemilia

Die Basilica Aemilia kann man in gewisser Weise mit einer Großbank, vielleicht sogar mit der Wall Street in New York vergleichen. Denn hier in der Basilica waren die Banken, die Finanzgesellschaften und die Wechselstuben untergebracht, die Basilica war ein wichtiges Handelszentrum. Von dieser Macht und Pracht ist nur noch wenig übrig, gerade ein paar Mauern blieben vom Gebäude, das der Staatsbeamte M. Aemilius Lepidus um 180 v. Chr. errichten ließ und dem es auch seinen Namen verdankt. Es war eine lange große Säulenhalle mit durchgehendem Saal in der Mitte. Zum Forum hin waren Läden untergebracht, im Stockwerk darüber befand sich ein Säulenportikus, von dem man das Treiben auf dem Forum beobachten konnte. Es ist noch gar nicht so lange her, daß dieser Portikus verschwand, noch um 1500 war er vorhanden, denn es existieren Zeichnungen aus dieser Zeit, die ihn noch ziemlich unversehrt zeigen. Bauteile des Portikus und verschiedene Reste der Dekoration hat man an Ort und Stelle wiederaufgestellt. So schlendert man auf dem ehemaligen Fußboden der Basilica, der teilweise mit Sand bedeckt ist. Diese Sandabdeckung hat man mit gutem Grund aufgetragen, denn darunter ist etwas zu sehen, das sonst bald von den Schuhen der vielen Besucher abgeschliffen werden würde. Kratzt man den Sand weg, bemerkt man viele grüne Flecken auf dem Boden. Erst wenn man sich bückt, enthüllt sich das Geheimnis dieser Flecken: Es sind geschmolzene römische Münzen, deren Prägung teilweise noch relativ gut zu erkennen ist. Als die Goten unter Alarich um 410 n. Chr. die Stadt plünderten und brandschatzten, ging auch die Basilica in Flammen auf. Anscheinend hatten die Geldwechsler nicht genug Zeit, um ihre Guthaben in Sicherheit zu bringen, denn das Feuer brachte die Münzen zum Schmelzen, das flüssige Metall überkrustete den Fußboden.

Vor den Stufen der Basilica auf der Forumsseite, ziemlich genau in der Mitte, wartet die nächste Entdeckung, das

Heiligtum der Venus Cloacina

Nur ein kleiner Steinring als Fundament zeigt den Standort dieses merkwürdigen Monuments an, die Stelle, an der sich einst das Tempelchen, das Sacellum der Venus Cloacina befand. Der Name läßt auch ohne Lateinkenntnisse die merkwürdige Kombination der Liebesgöttin mit irgend etwas vermuten, das sich nach Kloake anhört. An dieser Stelle wurde die Göttin als Schutzherrin der Entwässerungskanäle verehrt, ein

Beweis für die Vielseitigkeit der Funktionen, die man damals den Göttern zuschrieb, denn auf den ersten Blick haben Liebe und Abwässer nichts miteinander gemeinsam. Doch Venus war in gewisser Weise auch für die Heilkunst und für den Gartenbau zuständig, eine Vorstellung, die noch aus den Zeiten herrührt, als das Götterbild und der Himmel der Römer erst im Entstehen war. Vielleicht wurde eine Göttin namens Cloacina irgendwann mit der Liebesgöttin gleichgesetzt. Die Verbindung zu Abwässern läßt sich damit erklären, daß für die Römer die Heilkunst auch im Reinigen bestand, denn nur dadurch konnten Krankheiten vermieden oder geheilt werden. Diese Reinigung geschah mittels Wasser, aber auch durch Feuer. Im Hinblick auf den Kanalbau bedeutete diese Vorstellung, daß die ersten Kanäle nicht nur eine technische Leistung der Ingenieure waren, sondern auch die religiöse Funktion besaßen, für die Reinigung und Reinheit der ganzen Stadt zu sorgen.

Das Tal des Forums war ehemals eine sumpfige Gegend, die Menschen siedelten sich anfangs zuerst auf den Hügeln an, so wie auf dem Palatin, auf dem älteste Siedlungsspuren entdeckt wurden. Um dieses Tal zu entwässern, zog man Kanäle, damit das Wasser ablaufen konnte und gewann neuen Grund. Die Cloaca Maxima war die erste Abwasserleitung, die das von den Hügeln kommende Wasser zum Tiber führte und gleichzeitig Unrat wegschwemmte. Nach der Legende wurde die Leitung von den ersten (etruskischen) Königen errichtet. Die Stelle, an der die Leitung in den Tiber einmündet, ist in der Nähe der Kirche S. Maria in Cosmedin noch sichtbar, inmitten der modernen Hochwassermauer befindet sich der Rest der Öffnung. Die Cloaca war anfangs nicht gedeckt, sie führte (und führt!) wie ein Bach quer über das Gelände des heutigen Forums. Der kleine Tempel bezeichnet genau die Stelle, an der die Leitung unterirdisch in ca. 3 m Tiefe das Gelände des Forums erreicht. Wie das Fundament vermuten läßt, war der Tempel ein Rundtempel, sein ungefähres Aussehen ist durch eine Abbildung auf einer römischen Münze überliefert. Ein ringförmiges Gitter umgab die Standbilder der Göttin.

An dieser Stelle spielte sich der Legende nach auch eine tragische Geschichte aus der Frühgeschichte der Stadt ab: Hier war der Ort, wo der Staatsbeamte Appius Claudius Crassius seine Tochter Verginia eigenhändig umbrachte, eine Geschichte, die später in der Renaissance viele Maler inspirierte, um römische „Tugend" darzustellen, die vor Mord nicht zurückschreckte, nur um die Ehre zu bewahren. Der Vater fürchtete die Vergewaltigung seiner Tochter, die Ehre konnte nur durch den Tod des Mädchens hergestellt werden.

Geht man weiter, erreicht man die Curia, das Senatsgebäude, das noch bis Anfang des 20. Jahrhunderts die Barockkirche S. Adriano war und erst durch eine fragwürdige Rekonstruktion in den heutigen Zustand versetzt wurde, davor das Comitium, ein Platz für wichtige offizielle Zeremonien und Versammlungen. Im Bereich des Comitiums ruht in der Tiefe unter Glasbausteinen der

Lapis Niger

Leider ist die Treppe in die Tiefe fast immer verschlossen. Dort unten befindet sich eine der geheimnisvollsten Stellen des ganzen Forums: Das angebliche Grab des sagenhaften Stadtgründers Romulus, der zusammen mit seinem Bruder Remus die Stadt am

21. April 753 v. Chr. gegründet haben soll. (So haben es zumindest die antiken Historiker errechnet, der Tag wird immer noch als Stadtgründungstag gefeiert.) Der Name (auf deutsch „schwarzer Stein") leitet sich daher ab, daß die Fläche in der Antike mit schwarzem Marmor gepflastert war. Was sich unter dem Boden verbirgt, gibt den Archäologen immer noch Rätsel auf: Man fand eine Art Podest mit einem Altar, daneben einen Säulenstumpf und eine beschriftete Stele, die in archaischem Latein diesen Ort als besonders heilig kennzeichnet und demjenigen, der ihn entweiht, schreckliche Strafen androht. Die Stele stammt ungefähr aus dem 6. Jahrhundert v. Chr. Obwohl die Gestalt des Romulus nach heutiger Erkenntnis nur eine Erfindung und Legende ist, gedachten die antiken Menschen an dieser Kultstätte des sagenhaften Stadtgründers.

Daneben steht, zur Hälfte restauriert, der Bogen des Kaisers Septimius Severus.

Die Geschichtsfälschung auf dem Triumphbogen

Wer die Inschrift auf dem Bogen genau studiert, wird erkennen, daß in der Mitte etwas weggemeißelt und überschrieben wurde. Hier wird eine bis in unsere Zeit, besonders unter Despoten beliebte Unart sichtbar, nämlich die „Damnatio Memoriae", das Auslöschen eines politischen Gegners aus dem öffentlichen Bewußtsein. Diktatoren lassen die Geschichtsbücher in ihrem Sinne umschreiben oder mißliebige Personen auf Fotos wegretuschieren, in der Antike dagegen mußte man andere Medien der öffentlichen Selbstdarstellung manipulieren, hier zum Beispiel die in den Travertin des Bogens gehauene Inschrift. Der Bogen wurde zu Ehren des Kaisers Septimius Severus und dessen Söhnen Geta und Caracalla 203 n. Chr. errichtet, um die Siege des Kaisers gegen die einfallenden Barbaren zu feiern. Diese Siege sind auch der Grund für die Darstellung von Gefangenen an den Sockeln der Säulen und den Siegesgöttinnen auf den Reliefs über dem Mittelbogen.
Als der Kaiser starb, folgten ihm die zwei Söhne gemeinsam auf den Thron. Der Konflikt war unvermeidlich: Beide waren herrschsüchtig, besonders Caracalla gefiel es nicht, mit seinem Bruder die Macht zu teilen. Es gab Pläne, das Reich aufzuteilen und damit jedem in seinem Bereich die Alleinherrschaft zu verschaffen. Doch letztendlich löste Caracalla das Problem auf andere Weise: Er ließ seinen Bruder Geta ermorden. (Dieser soll später übrigens seinem Mörder als Geist erschienen sein.) Caracalla war des weiteren nicht zimperlich, seine Macht auszubauen: So soll er angeblich 20.000 vermeintliche politische Gegner haben ermorden lassen. Gleichzeitig ließ er u. a. die riesigen Thermen errichten, nach ihm benannt und heute ein großes Trümmerfeld, um sich bei der Bevölkerung populär zu machen und von seinen Untaten abzulenken. Um die Ermordung seines Bruders zu verschleiern, ließ Caracalla den Namen Getas unverzüglich von allen staatlichen Gebäuden tilgen, ein schwieriges Unterfangen an einem Bauwerk wie diesem. Fortan wurden nur noch Septimius Severus und Caracalla in der Mitte der Inschrift genannt. Der Name des Geta fehlt und wurde durch andere Worte ersetzt, die Löcher zeigen noch die alte Anordnung. Dasselbe geschah übrigens auch am Arco degli Argentari, dem Bogen der Geldwechsler, neben der Kirche S. Giorgio in Velabro.

Caracalla war derjenige Kaiser, der das römische Bürgerrecht auf alle Bewohner des Reiches ausdehnte, eine bedeutsame Tat, auch wenn der wahre Hintergrund vermutlich nur darin lag, mehr Steuergelder in die notorisch leere Staatskasse zu bringen, denn nur Bürger des Reiches konnten zu bestimmten Abgaben herangezogen werden. Die Regierungszeit des Kaisers dauerte sechs Jahre, am Schluß erlitt er das gleiche Schicksal wie sein Bruder und wurde ermordet. Täter war Macrinus, ein Präfekt aus der persönlichen Leibwache des Kaisers, der danach selbst Kaiser wurde, sich aber nicht lange auf dem Thron halten konnte.

Geht man Richtung Süden, vorbei am Septimius-Severus-Bogen, erreicht man einen Ort, der das Kernstück des öffentlichen und politischen Leben auf dem Forum bildete, die

Rostra

Nur ganz wenig ist hier übriggeblieben, ein kleines Schild kennzeichnet den ehemaligen Standort der Rednertribüne, wobei man eigentlich wegen der Größe eher von einer Bühne sprechen kann. Die Rostra schloß die ganze Schmalseite des Platzes zum Kapitol hin ab, kein Vergleich zu den kargen Podesten, von denen die Politiker unserer Zeit sprechen. Denn sie war geschmückt mit Statuen von Staatsmännern und Göttern, das Prunkstück war die Trophäensammlung der Säulen mit den Schiffsschnäbeln, die von den Römern in ihren Seeschlachten erbeutet und hier ausgestellt wurden. Noch heute haben derartige Trophäen einen großen Symbolwert, auf der Piazza del Popolo genauso wie am Nationaldenkmal stehen den antiken Vorbildern nachempfundene Säulen. Von diesen Schnäbeln leitet sich auch der Name der Tribüne ab, denn übersetzt bedeutet das Wort Rostra „Schiffsschnäbel“. Das Forum war an dieser Stelle nicht nur Marktplatz, es war hier Versammlungsplatz, Gericht, Nachrichtenbüro, Abstimmungsort und Propagandazentrale. Hier sprachen die Staatsmänner und die, die sich dafür hielten, prächtig gekleidet in weißen Togen, hier hörte man Lobreden, Aufrufe oder Anklagen. Das Besteigen der Rostra war fast identisch damit, daß man öffentlich und politisch wirken wollte. Doch man hielt hier nicht nur Reden, auch vollendete Tatsachen wurde auf der Tribüne präsentiert: Während der Bürgerkriege stellte die siegreiche Gruppe die abgeschlagenen Köpfe ihrer Gegner zur Schau, ein makabres Theater. Auch ein besonders berühmter Kopf wurde hier der Menge vorgeführt: Nach der Ermordung Ciceros sandte man seinen Kopf und die rechte Hand nach Rom, beides wurde an die Säulen genagelt.

Neben der Rostra waren zwei weitere symbolträchtige Monumente aufgestellt, nämlich der

Milliarium Aureum und der Umbilicus Urbis Romae

Vom Milliarium, dem goldenen Meilenstein ist noch die Basis aus Ziegeln erhalten, links neben der Rostra und dem Saturn-Tempel, der übrigens in seinen Gewölben den römischen Staatsschatz beherbergte, eine Art Zentralbank. Der Meilenstein war der geistige Mittelpunkt, von dem die Straßen ausgingen, die Rom mit den äußersten Winkeln des Imperiums verbanden, daher das Sprichwort „Alle Wege führen nach Rom." Er war damit auch das Sinnbild für die römische Organisation und Verwaltungstechnik, ein Symbol dafür, daß die Römer nicht nur siegen konnten, sondern es auch verstanden, aus den Siegen etwas aufzubauen, die eroberten Gebiete zu kolonialisieren und zu erschließen. Für die unzähligen Meilensteine entlang der Reichsstraßen war er das Vorbild, die ihrerseits die Entfernung vom jeweiligen Standort zur Hauptstadt und zur nächsten größeren Stadt anzeigten.

Auch das Forum wird von einer dieser Straßen durchzogen. Es ist das erste Stück der Via Appia, die von Rom aus in den Süden führte. Dieser erste Abschnitt vom Kapitol zum Titus-Bogen war den Römern heilig. Hier fanden die Prozessionen statt, die Triumphzüge der siegreichen Feldherren, die der staunenden Menge ihre reiche Beute vorführten, Sklaven, Schätze und exotische Tiere. Der Zug führte aufs Kapitol, wo man Jupiter ein Dankopfer darbrachte. Man wandelt noch heute auf den alten Steinen, in die sich die Spuren der Wagenräder eingekerbt haben.

Der Meilenstein auf dem Forum war vergoldet, genauso wie die daneben hängenden Scheiben aus Bronze, die den Römern die genauen Entfernungen zwischen Rom und den großen Städten des Imperiums anzeigten.

Auf der anderen Seite, zwischen Rostra und Severus-Bogen stand ein weiterer Symbolstein, der Umbilicus Urbis Romae. Leider ist hier auch nur ein kleiner Sockel aus Ziegeln erkennbar, doch hier war die Stadtmitte gekennzeichnet, der Nabel der Stadt und damit der Nabel, der Dreh- und Angelpunkt des Imperiums. Ein Brauch, der aus Griechenland stammte und von den Römern übernommen wurde, man denke nur an den berühmten steinernen Nabel der Welt, der im griechischen Heiligtum Delphi aufgestellt war.

Vor der Rostra steht eine einzelne Säule, die

Phokas-Säule

Diese Säule ist nicht irgendeine Säule, sie versinnbildlicht gleichsam das letzte Aufbäumen der Antike. Sie war das letzte Monument, das man auf dem Forum aufgestellt hat. Kein Erdbeben oder fremdes Heer hat sie jemals umgelegt, sie stand immer aufrecht. Das genaue Datum der Aufstellung ist noch bekannt, es war der 1. August 608 n. Chr., als der damalige Gouverneur Italiens, der Exarch Smaragdus zu Ehren des byzantinischen Kaisers Phokas die Säule errichten ließ. Das Reich der Goten, die ihrerseits das Römische Reich überflutet hatten und zu seinem Ende beitrugen, war schon lange wieder untergegangen, nur noch zwei Jahrhunderte sollte es dauern, bis im Jahre 800 Karl der Große in Rom zum Kaiser gekrönt werden sollte. Mitten in diese Zwischenzeit fällt die Errichtung der Säule, die Smaragdus vermutlich aus dem nahen Dioskuren-Tempel herbeischaffen ließ.

Lange war der Sockel der Säule im Erdboden verschwunden, niemand wußte welche Bewandtnis es mit ihr hatte. Erst Anfang des 19. Jahrhunderts legte man die Basis frei und entdeckte die Inschrift, die den Stifter und den Geehrten nannte. Finanziert hat diese Freilegung eine reiche englische Lady, die als Witwe ihren Lebensabend in Rom verbrachte, Lady Elizabeth Foster, die Gemahlin des fünften Herzogs von Devonshire. An der Säule saß der englische Dichter Lord Byron während seines römischen Aufent-

Phokas-Säule und SS. Luca e Martina / Atrium der Vesta und die Säulen des Dioskuren-Tempels

halts 1817 besonders gern. Er hatte keine Ahnung, wem diese Säule gewidmet war, für ihn war sie namenlos, auch war damals der Sockel noch nicht ausgegraben. Doch schien ihm die Säule ein Symbol für die untergegangene Antike, aus der einzig noch dieses Monument auf dem einsamen Platz hervorragte.

Nicht weit von der Phokas-Säule Richtung Osten befand sich einst das Heiligtum des

Lacus Curtius

Um diese Vertiefung im Boden, eine ehemalige Wasserfläche, ranken sich schöne Legenden aus der heroischen Frühzeit Roms. Von der Wasserfläche ist nichts mehr übrig geblieben, doch hier spürt man den Geist der „Virtus", jenes schwer übersetzbaren Tugendideals der Römer, eine Mischung aus Tapferkeit, Kühnheit, Strenge, Frömmigkeit und Gerechtigkeit.

Die erste Legende besagt, daß an dieser Stelle bei der Auseinandersetzung zwischen den Römern und den Sabinern (nach dem Raub der sabinischen Frauen) ein feindlicher Soldat namens Mettius Curtius in den Sumpf gestürzt sei. Nur dank seiner besonderen Kühnheit konnte er sich daraus retten.

Andere schrieben die Entstehung des Teichs einem Blitzeinschlag zu, für die Römer immer ein göttliches Zeichen. Der Konsul Caius Curtius soll daraufhin die Senke, die sich mit Wasser füllte, mit einer Balustrade umgeben haben.

Dem Volk gefiel eine andere Geschichte natürlich besser, denn hier war der Held ein vornehmer junger Römer mit dem Namen Marcus Curtius. Eines Tages öffnete sich nach einem Gewitter ein tiefer Spalt oder ein Sumpfloch in der Mitte des Forums. Ratlos und verängstigt wandten sich die Römer an ihre Priester, wie man das Loch schließen könnte. Diese gaben zur Antwort, daß Rom untergehen wird, wenn das Loch offen bleibt. (In Rom verbindet man viele Monumente und deren Fortbestehen oder Ende mit dem Untergang der Stadt und der Welt, so das Kolosseum oder die Vergoldung des Reiterstandbilds von Marc Aurel. Gott sei Dank wurden oder werden beide restauriert!) Es gebe nur eine Möglichkeit, sagten sie, die Öffnung zu schließen und damit den Zorn der Götter zu besänftigen, indem man den kostbarsten Besitz des Volkes hineinwerfe. Doch Schmuck oder Gold nützten nichts. Erst als sich Marcus Curtius samt seinem Pferd in die Spalte stürzte, schloß sich das Loch sofort. Das Kostbarste des jungen Staates war also die „Virtus", die so weit ging, sich für das Gemeinwohl zu opfern. Nachdem sich der Spalt geschlossen hatte, floß Wasser nach, ein kleiner Teich bildete sich. Man machte einen heiligen Ort daraus, indem man den Teich einzäunte und ein Relief mit dem Opfer des Curtius aufstellte, das heute noch als Kopie zu sehen ist. Das Volk pflegte hier den Brauch, Münzen ins Wasser zu werfen, ein früher Vorläufer der Fontana di Trevi.

Auf der anderen Längsseite des Forums stehen die spärlichen Ruinen der Basilica Julia.

Die Spielbretter auf den Stufen der Basilica Julia

Wenig ist von der Halle übrig, die Caesar begann und unter Kaiser Augustus vollendet wurde. Mit ein wenig Phantasie kann man sich die Halle noch vorstellen: Ein langer Mittelraum, umgeben von einer Reihe von Ziegelpfeilern mit Marmorverkleidung. Diese fungierten als Trennung des Mittelsaals von den seitlichen Schiffen, über denen sich Galerien befanden. Wie bei ihrem Gegenüber, der Basilica Aemilia, befand sich vor der Halle ein Säulenportikus. Was man heute noch sieht, stammt aus einer späteren Zeit, als Kaiser Diokletian die Halle nach einem Brand wiederherstellte. Im Mittelalter wurde eine Kirche hinein gebaut, für die Architekten der Renaissance war der Trümmerhaufen ein willkommener Steinbruch.
In der Antike diente die Halle Gerichtsverhandlungen, vor allem wurden hier Zivilklagen und Erbschaftsangelegenheiten entschieden. Diese Nutzung hatte zur Folge, daß sich in der Halle immer viele Menschen tummelten, seien es die streitenden Parteien und deren Angehörige, seien es die vielen Neugierigen oder die Wachsoldaten. Denen allen waren die Verhandlungen anscheinend oft zu langweilig oder zu langwierig, so suchte man anderweitig Unterhaltung. Zur geistigen Erbauung standen hier besonders viele Statuen, die natürlich verschwunden sind. Doch die Spuren eines anderen Zeitvertreibs haben sich erhalten. Man setzte sich auf die Stufen vor der Halle ins Freie und spielte. Wer die Stufen entlang geht und genau hinschaut, entdeckt noch verschiedene Graffiti und die alten Spielbretter, die von den Wartenden in die Stufen geritzt wurden. Nehmen Sie ein paar Steine und machen es den Römern nach, spielen Sie auf einem fast zweitausend Jahre alten Spielbrett.

Neben der Basilica Julia erheben sich auf einem Unterbau die drei markanten Säulen, die einmal zum Castor-Tempel gehörten.

Der Heilschlaf im Dioskuren-Tempel

In diesem Tempel wurden die „Castores", Castor und Pollux, verehrt. Die Castoren, oder auch Dioskuren genannt, waren Zwillingssöhne von Zeus. Sie wurden trotz ihrer griechischen Herkunft schon früh in den Götterhimmel der Römer aufgenommen. Als die Römer 499 v. Chr. am See von Regillo gegen die feindlichen Tarquinier kämpften, erschienen die Zwillinge auf wunderbare Weise und unterstützen die Römer bei ihren Anstrengungen, die vertriebenen etruskischen Könige daran zu hindern, die Macht in der Stadt erneut zu übernehmen. Nach der Schlacht verkündeten sie auf dem Forum den erstaunten Römern den Sieg ihrer Truppen und tränkten ihre Pferde an der Quelle der Iuturna. Daraufhin entstand der Kult zu Ehren der Zwillinge, man errichtete diesen Tempel wenige Jahre nach der Schlacht. (Merkwürdigerweise wurde am Anfang nur einer der Brüder, nämlich Castor, verehrt.) Die beiden wurden zu Schutzgöttern der römischen Reiterei und damit fast zu Staatsgöttern. Noch heute sind sie mit ihren Pferden an prominenten Stellen im Stadtbild präsent, so am Ende der Treppe zum Kapitol und damit in der Nähe des Rathauses, außerdem auf dem Quirinal vor dem Sitz des Staatspräsidenten (die Statuen der Rossebändiger). In der Antike hielten die berittenen Einheiten des Heeres am Jahrestag der Schlacht, dem 15. Juli, vor dem Tempel eine große Parade ab. Aber auch im privaten Bereich spielten sie eine große Rolle, sie waren Nothelfer für alle Lebenslagen. Zusammen mit der an der benachbarten Quelle verehrten Iuturna waren sie darüber hinaus für die Gesundheit zuständig. Wie man im Krankheitsfall ihre Hilfe erbeten konnte, war allgemein bekannt: Man mußte eine Nacht in ihrem Tempel übernachten, eine Art Heilschlaf. Es war fast ein Wallfahrtsort, so wie man heute noch heilige Orte aufsucht, um dadurch Heilung oder Linderung einer Krankheit zu erbitten. Übrigens erfüllten die römischen Tempel gleichzeitig ganz profane Aufgaben, man denke nur an den schon erwähnten Saturn-Tempel mit dem Staatsschatz: Im Dioskuren-Tempel war das Eichamt untergebracht, dazu war er der Sitz der Ädilen, einer Art Marktpolizei.

Doch zurück zu den Halbgöttern. Die Anrufung der Dioskuren war sehr populär, denn diese Sitte hat sich auf eine christliche Kirche übertragen, die ganz in der Nähe liegende Kirche SS. Cosma e Damiano. Die beiden Heiligen waren ebenfalls Zwillingsbrüder und als Ärzte tätig. Während ihren Behandlungen sollen sie heidnische Patienten zum Übertritt zum Christentum bewegt haben. Zur Zeit der Christenverfolgungen unter Kaiser Diokletian hat man sie beide verhaftet und enthauptet. Die Kirche ist heute nur noch von der Via dei Fori Imperiali zugänglich, der alte Zugang vom Forum durch den Romulus-Tempel ist leider immer verschlossen. Sie ist eine der interessantesten Kirchen der Stadt mit herrlichem Mosaikschmuck, doch in der Nähe der Attraktionen des Forums und des Kolosseums geht sie etwas unter. Errichtet wurde sie über den Resten zweier antiker Tempel. Als man die Kirche eröffnete, strömten die Römer herein, auch diejenigen, die sich insgeheim noch nicht zum Christentum bekannten. Wie bei den Dioskuren glaubte man an die heilende Kraft der beiden Märtyrer. Man verbrachte zwar nicht mehr die Nacht in der Kirche, doch durch Gebete versuchte man, den Beistand der beiden Ärzte zu erlangen.

Neben dem Tempel der Dioskuren plätschert immer noch leise die Quelle der Iuturna

Der Drache an der Quelle der Iuturna

Genauso wie die Dioskuren war die Quellgöttin Iuturna für die Heilkunst zuständig. Das Wasser aus der Quelle galt als heilkräftig, man schöpfte daraus für religiöse Zeremonien und Opfer. Bei Wassermangel opferte man Iuturna, um das Ende der Trockenheit herbeizuführen. Sinnigerweise war in den Räumen hinter dem Heiligtum die städtische Wasserverwaltung untergebracht.

Von dieser Quelle hat sich das alte Wasserbecken erhalten, eine quadratische Vertiefung mit einer erhöhten Basis in der Mitte, auf der vermutlich das Standbild der Göttin stand. Um das Becken verläuft auf drei Seiten ein gepflasterter Fußboden, hier ist ein Altar aufgestellt (heute als Kopie), auf dem u.a. die Dioskuren abgebildet sind. Wie bereits erwähnt, erschienen die beiden Jünglinge nach einer Schlacht und tränkten hier ihre Pferde.

Der Legende nach hatte sich im Mittelalter an dieser Stelle ein Drache eingenistet. Nur durch das mutige Einschreiten des Papstes Sylvester (welcher verschweigt die Geschichte) konnte das Untier besiegt werden. Er wagte es mit einem Kreuz in der Hand in die Höhle des Drachens hinabzusteigen. Beim Anblick des Papstes und des Kreuzes sei das Untier wie versteinert liegen geblieben, damit gelang es, das Tier zu fesseln und schließlich zu töten. Den Kadaver begrub man im benachbarten Dioskuren-Tempel unter den Säulen. Doch der Drache machte sich nach dem Tod noch bemerkbar, denn er verpestete die Luft. Angeblich vermied man es noch bis zum Anfang des 20. Jahrhunderts, die Gegend um den Tempel aufzusuchen. Zum Dank für die Befreiung von dem Drachen ließ der Papst über der Höhle die Kirche S. Maria Liberatrice errichten, hl. Maria die Befreierin. Als man begann, das Forum freizulegen, wurde sie 1901/02 abgerissen. Unter der Kirche legte man die Quelle der Iuturna frei. Wahrscheinlich war die verschüttete Quelle die Ursache für die schlechte Luft, eine Brutstätte für Malariamücken, so daß sich die Heilkraft der Iuturna ins Gegenteil verkehrte.

Auf der Schmalseite des Forums neben dem Dioskuren-Tempel stand einst der Tempel des Divus Julius, des göttlichen Julius Caesar.

Caesars Verbrennung auf dem Forum

Hier ist also der geschichtsträchtige Ort, an dem Julius Caesar nach seiner Ermordung verbrannt wurde. Nur noch der Sockel des Tempels ist zu sehen, den sein Nachfolger am Ort der Verbrennung des Leichnams errichten ließ. Die Geschichte ist bekannt, Caesar wurde an den Iden des März (nach heutiger Rechnung der 15. März) im Jahre 44 v. Chr. in der Kurie des Pompeius-Theaters auf dem Marsfeld ermordet. 23 Messerstiche sollen es gewesen sein, die seinen Tod herbeiführten. Die Kurie des Pompeius befand sind in der Nähe des heutigen Largo di Torre Argentina, vermutlich irgendwo unter der gleichnamigen Straße. Heute streiten sich die Wirte zweier Bars um die genaue Lokalisierung der Stätte, von der jeder werbewirksam behauptet, daß sie sich im Keller seiner Gaststätte befindet.

Caesar ahnte wohl die Verschwörung, die um ihn herum unter Führung von Cassius und Brutus drohte. Man fürchtete die enorme Machtfülle Caesars, die bereits die der vertriebenen und immer noch verhaßten etruskischen Könige aus der Frühzeit Roms erreichte. Calpurnia, Caesars Frau, wurde angeblich in der Nacht davor von merkwürdigen Träumen heimgesucht. Sie bat ihn besorgt, nicht an der Sitzung des Senats in der Kurie teilzunehmen. Auch verschiedene Warnungen und Unglückszeichen, die sich Tage zuvor ereignet haben sollen, hielten ihn nicht vom Besuch der Sitzung ab. Die Verschwörer hatten leichtes Spiel. Jemand überreichte Caesar ein Bittgesuch, das er jedoch ausschlug. Das war das Zeichen für die Verschwörer, sie zogen ihre Dolche und stachen zu. Caesar war tot, doch die Entwicklung zu Alleinherrschaft und Kaisertum konnte das Attentat nicht mehr aufhalten, denn aus den Wirren der nun folgenden Bürgerkriege ging Augustus als Erbe und Nachfolger Caesars hervor, der alle Machtansprüche in seiner Person vereinigte.

Die Ermordung Caesars geschah unter den Augen einer Marmorstatue des Pompeius, seines früheren Feindes. Diese Statue hat man wiedergefunden, sie steht heute in der Sammlung des Palazzo Spada. Nach der Ermordung wurde der tote Leib von Sklaven auf das Forum getragen und vermutlich in der Regia (neben dem späteren Caesar-Tempel), dem Amtssitz des Oberpriesters aufgebahrt, da Caesar dieses Amt innehatte. Man plante, den Leichnam feierlich in einer Prozession vom Forum auf das Marsfeld zu tragen, wo man einen großen Scheiterhaufen für die Verbrennung errichtet hatte. Für die Prozession hatte man eine Nachbildung eines Tempels angefertigt, der den Leichnam abdecken sollte.

Als man den Leichnam aus der Regia heraustrug, war das Forum bereits voller Menschen, die sich dem Trauerzug anschließen wollten. Marcus Antonius, der Gefolgsmann Caesars, verlas der Menge anstatt einer Leichenrede den Beschluß des Senats, durch den der Tote postum alle staatlichen und göttlichen Ehren erhielt. Die erregte Menschenmenge blockierte den Zug, die Fortsetzung der Prozession schien fast unmöglich. Im allgemeinen Chaos gelang es Unbekannten, mit Fackeln die Abdeckung der Leiche in Brand zu stecken. Als man das aufflammende Feuer sah, warfen die Zuschauer brennbares Material hinzu, Totengeschenke, Kleidung, Reisig oder hölzernes Mobiliar. Inmitten dieser Mischung aus Tumult und Rausch verbrannte der Leichnam Caesars, die Zeremonie geriet völlig außer Kontrolle.

Die Stelle, an der das geschah, ist heute noch sichtbar: Im Sockel des Tempels ist eine halbrunde Nische ausgespart, davor steht die Basis eines Altars, die den genauen Verbrennungsort bezeichnet. Zuerst errichtete man lediglich eine Säule zum Gedächtnis an das Ereignis. Doch Augustus ließ die Säule beseitigen und begann den Tempelbau, der 29 v. Chr. vollendet wurde. Hinter den sechs Säulen der Front stand im Inneren die Statue Caesars, damit begann die Sitte, die römischen Kaiser nach ihrem Tode zu Göttern zu erheben. Dieser Brauch wurde von den folgenden Herrschern nachgeahmt, so daß sich auf dem Forum weitere Kaisertempel befinden, wie zum Beispiel die Reste des hinter dem Caesar-Tempel aufragenden Tempels zu Ehren des Kaisers Antoninus Pius und seiner Frau Faustina, oder der unterhalb des Kapitols gelegene Tempel zu Ehren der Kaiser Vespasian und Titus.

Außen an den Aufgängen des Caesar-Tempels wurde eine neue Rednertribüne eingerichtet, ein wirkungsvoller Ort für Proklamationen und Leichenfeiern des Kaiserhauses.

Wo Caesar eigentlich wohnte, ist unklar. Er wohnte mit Sicherheit nicht in der benachbarten Regia, dem offiziellen Amtssitz des Pontifex Maximus, des Oberpriesters, dessen Amt Caesar bekleidete. Dieses kleine Gebäude war eher ein Heiligtum als eine Wohnung, ein Ort, an dem wichtige Kulthandlungen vollzogen wurden und der als Archiv diente: Hier wurden die Staatschroniken aufbewahrt. Die Wohnung des Oberpriesters lag weiter östlich, es ist die „Domus Publica", das „Haus des Staates", in der Nähe des Vestalinnenklosters.

Ausruhen kann man sich von den Anstrengungen und aufwühlenden Erinnerungen im Innenhof des anschließenden Klosters der Vestalinnen, dem Atrium Vestae, ein wunderbarer Ort mit Rosenstöcken und Seerosenbecken in der Mitte, gesäumt von den Standbildern der ehemaligen Priesterinnen. Ihre Köpfe fehlen, nur noch eine der Statuen ist fast vollständig erhalten.

Die Vestalinnen

Heute nennt man das Gebäude ein Kloster, doch strenggenommen hat es mit einem Kloster im christlichen Sinn wenig zu tun, auch wenn die Anlage mit ihrem Innenhof und den Wasserbecken ein wenig an einen Kreuzgang erinnert. So wie man es jetzt vorfindet, ist es das Resultat eines Umbaus aus der Spätantike. Den Innenhof umgab vermutlich ein zweistöckiger Säulengang. Heute spazieren Besucher neugierig durch die Ruinen, in der Antike war das Gebäude in Klausur, für Normalsterbliche genauso unzugänglich wie die Privatgemächer des Kaisers.

Die Vestalinnen waren die Hüterinnen des heiligen Feuers der Göttin Vesta, der Schutzgöttin des Herdfeuers, das im anschließenden Rundtempel ständig brennen mußte und durch den abziehenden Rauch indirekt für alle sichtbar war. Denn das ständige Brennen des Feuers war einer der Garanten für das Wohl des Hauses und des Gemeinwesens, im weiteren Sinn damit für das Wohl des Staates. Der Kult der Göttin besaß für die Römer eine genauso große Bedeutung wie die Verehrung Jupiters. So erklärt sich wohl auch die prominente Lage des Tempels und Klosters direkt neben dem Forum. Wegen der großen Bedeutung des Kults der Vesta im öffentlichen Leben kann man in ihm fast einen Vorläufer der Marienverehrung sehen. Schließlich wird z. B. in der wichtigsten Marienkirche der Stadt, in S. Maria Maggiore, immer noch eine Marienikone mit dem Namen „Salus Populi Romani" verehrt, das „Wohl des römischen Volkes", die genauso wie einst Vesta für das Wohl der Stadt zuständig ist.

Die Stellung der Vestalinnen in der Gesellschaft war zwiespältig. Einerseits genossen sie hohes Ansehen und hatten in der sonst von Männern dominierten Priesterschaft Rechte, die sie weit über normale Menschen stellten. Andererseits wurden sie im Falle eines Vergehens aufs härteste bestraft.

Das Auswahlverfahren der jungen Mädchen verdeutlichte die strengen Moralanforderungen, die man von einer zukünftigen Vestalin erwartete: Bereits im Kindesalter wurden sie meist aus Patrizierfamilien ausgesucht, die kein unehrenhaftes Gewerbe ausüben durften, beide Elternteile mußten noch leben. Die Mädchen durften keine körperlichen Mängel aufweisen. Doch erst das Los entschied darüber, ob sie wirklich in den Kreis der sechs Jungfrauen aufgenommen wurden. Das Gesetz schrieb vor, daß sie während ihres dreißigjährigen Dienstes unverheiratet bleiben mußten und keine Beziehung zu einem Mann eingehen durften. Nach diesen dreißig Jahren konnten sie aus ihrem Dienst ausscheiden, doch das taten nur die Wenigsten. Während ihrer Dienstzeit waren sie sehr angesehen und geachtet, so daß auch hohe staatliche Würdenträger ihnen Respekt erwiesen. Verträge oder Testamente wurden ihnen anvertraut und falls sie auf ihrem Weg durch die Stadt zufällig einem Strafgefangenen begegneten, wurde dieser begnadigt, egal was er verbrochen oder welche Strafe er erhalten hatte. Wer eine der Frauen in der Öffentlichkeit beleidigte, konnte mit dem Tod bestraft werden.

Der Dienst der Vestalinnen bestand darin, das heilige Feuer der Vesta zu entzünden und das ganze Jahr über zu hüten, es mußte ständig brennen. Die Entzündung war ein feierlicher Akt am römischen Neujahrstag, dem 1. März, wieder einmal ein Zeichen dafür, wie oft heidnische Gebräuche in der christlichen Religion fortleben, denn in der Nacht zum Ostersonntag entzündet man immer noch das Osterfeuer. Ließ jedoch eine der Frauen das Feuer versehentlich ausgehen, wurde sie ausgepeitscht. Kein Makel sollte im Kloster die „Reinheit" verletzen, Kranken war der Aufenthalt im Gebäude untersagt. Die Frauen durften nur außerhalb behandelt und gepflegt werden. Das schlimmste Vergehen gegen die „Reinheit" war die Mißachtung des Keuschheitsgebots, was aber sehr selten vorkam. In diesem Fall drohte der Vestalin die Todesstrafe, sie wurde lebendig eingemauert. Ein Forscher hat den grausigen Ort dieser Bestrafung ungefähr lokalisiert, die Gruft soll sich irgendwo unter der heutigen Via Goito zwischen Finanzministerium und Hauptbahnhof befunden haben.

Merkwürdig ist aber, daß die Gründung Roms mit einem derartigen Vergehen zu tun hat, denn die Mutter der Zwillinge Romulus und Remus, Rea Silvia, war eine Vestalin, ihr Vergewaltiger und Vater der beiden Söhne war der Kriegsgott Mars höchstpersönlich. Von der Bestrafung der Rea Silvia gibt es verschiedene Versionen, entweder wurde sie eingekerkert, im Tiber ertränkt oder kam sogar eventuell frei. Die Legende läßt durch die Existenz einer Vestalin schon vor der Gründung der Stadt durchblicken, wie alt der Kult der Vesta war.

Die Vestalinnen waren vermutlich nicht ganz frei von einem Anflug von Eitelkeit, wie sonst könnte man es erklären, daß im Innenhof ihre Statuen aufgestellt wurden, von denen nur noch eine komplett erhalten ist, bei etlichen fehlt der Kopf und von vielen blieb nur noch der Sockel übrig. Es waren vermutlich Votivgaben, Weihegaben von Gläubigen, die sich dadurch das Wohlwollen der Göttin und der Priesterinnen erwerben wollten. Die einzige Statue die ihren Kopf behalten hat, ist der Legende nach das Abbild derjenigen Vestalin, die als erste der Priesterinnen zum Christentum übergetreten war. Ob man dieser Legende glauben darf, bleibt dahingestellt, schließlich hat sich derartiger Glauben schon oft geirrt, aber dank dieser Irrtümer blieb z. B. das Reiterstandbild des Kaisers Marc Aurel auf dem Kapitol erhalten, denn das christliche Mittelalter sah in der Figur ein Abbild des ersten christlichen Kaisers Konstantin. Wie dem auch sei, es ist das Abbild einer der Frauen, die einst hier wie in einem goldenen Käfig aus Pflichten und Ritualen lebten, vielleicht eine der letzten Repräsentantinnen des uralten Kultes, in dem sich matriarchalische Elemente aus der Frühzeit des Menschen erhalten haben.

Das waren nur einige Beispiele dafür, was man auf dem Forum noch entdecken kann. Es gibt noch vieles mehr.

Im Rundtempel des Romulus, nicht zu verwechseln mit dem legendären Stadtgründer, sondern dem zum Gott erklärten Sohn des spätantiken Kaisers Maxentius (bekannt als Widersacher Konstantins in der Schlacht an der Milvischen Brücke), hat sich das originale Bronzeportal erhalten. Es wurde nicht eingeschmolzen oder in spätere Gebäude eingebaut, weil der Tempel in den Zugang zur Kirche SS. Cosma e Damiano umge-wandelt wurde. Leider ist die Tür heute immer verschlossen, doch der komplizierte Mechanismus des Türschlosses funktioniert trotz des hohen Alters immer noch reibungslos.

Aus der benachbarten Maxentius-Basilika stammen die Überreste der Kolossalfigur des Kaisers Konstantin, die jetzt fast surreal im Innenhof des Konservatorenpalastes auf dem Kapitol stehen, überlebensgroße Füße, Hände, Arme und der streng blickende Kopf. Bramante und Michelangelo waren von diesen mächtigen Ruinen so beeindruckt, daß sie beim Entwurf und Bau der Peterskuppel von der Idee geleitet wurden, ein Bauwerk zu schaffen, bei dem die Kuppel des Pantheons und die Gewölbe der Maxentius-Basilika vereinigt werden.

Auf einer kleinen Anhöhe steht der Titus-Bogen, ein denkwürdiges Monument, in dessen Durchgang sich ein historisch besonders wertvolles Relief befindet, das den Triumphzug der Römer nach der Eroberung und Zerstörung Jerusalems darstellt. Wertvolle Beute aus dem zerstörten Tempel Salomos wurde mitgeführt, darunter die Bundeslade und der siebenarmige Leuchter aus dem Tempel Salomos, die seitdem verschollen sind und Stoff für allerlei Spekulationen bieten.

Vom Titus-Bogen führt der Weg hinauf zum Palatin. Ein Teil des Hügels wird immer noch von den Farnesischen Gärten eingenommen, unter denen die Paläste der Kaiser verborgen sind. Ein kleines Labyrinth aus Buchsbaum hat man angepflanzt, daneben kleine Brunnen und Orangenbäume. Von der Terrasse hat man eine grandiose Sicht auf das Forum und das Kapitol. Hier findet man noch Spuren der ältesten Besiedlung, entdeckt den Kryptoportikus, einen Tunnel, von dem man behauptete, Kaiser Caligula sei hier ermordet worden, eine Legende, die leider falsch ist, dem Tunnel aber nichts von seiner Unheimlichkeit nimmt. Kostbarer Marmorfußboden hat sich an vielen Stellen erhalten, wieder muß man ein wenig Sand wegkratzen oder Plastikfolien hoch-heben, um darunter schöne Muster zu entdecken. Hier gibt es Überreste von antiken Brunnen, die den Vergleich mit den großen Barockbrunnen der Stadt nicht zu scheuen hätten. Ein Stadion für ganz private Vorführungen nur für das Kaiserhaus hat sich erhalten, genauso wie die Privatgemächer des Kaisers Augustus mit Fresken im sog. Haus der Livia. Nicht zu vergessen die herrliche Vegetation und die Panoramablicke auf die Stadt.

Forum Romanum: Mehrere Eingänge, ratsam ist der Eingang vom Largo Romolo e Remo an der Via dei Fori Imperiali. Täglich 9.00 bis zwei Stunden vor Sonnenuntergang. Sonntag 9.00 Uhr bis 13.00 Uhr. Eintritt frei für Forum Romanum

Augustus auf dem Marsfeld: Auf den Spuren antiker Propaganda

Auf dem Marsfeld, dem Gelände im Tiberbogen, gibt es drei Monumente, die an Kaiser Augustus erinnern:

Der Obelisk auf der Piazza di Montecitorio als letzter sichtbarer Rest der Sonnenuhr
Das Augustus-Mausoleum
Die Ara Pacis

Auf den ersten Blick haben diese drei verstreuten Monumente außer ihrem Auftraggeber nichts gemeinsam, doch der Schein trügt. Alle drei Bauten sind Bestandteile einer groß angelegten Verherrlichung des Kaisers und seiner Familie, in denen man ihn als Friedensbringer und als Garanten des Wohlstandes feierte. Den inneren Zusammenhang der einzelnen Bauten und deren verborgene Symbolik hat man erst in den letzten Jahren fast vollständig aufdecken können. Diese Monumente ergeben in ihrer Gesamtschau ein ausgeklügeltes System subtiler politischer Propaganda, deren Botschaft den Vergleich mit den Anstrengungen moderner Propaganda keineswegs zu scheuen braucht. Damit entstand ein neues, verändertes Bild des Kaisers, seiner Politik und der Staatsideologie.

Das Marsfeld war kaum bebaut, als man mit der Anlage zu Ehren des Kaisers begann. Eine Anlage, deren Monumentalität durch die umgebende Leere dem Passanten noch mehr ins Auge fiel als im dicht besiedelten Stadtkern. Zudem führte die vielbefahrene Via Flaminia, der heutige Corso, direkt an der Zone vorbei.

Die Sonnenuhr

Im Mittelpunkt stand jene gigantische Sonnenuhr, das Horologium Augusti, die wohl größte Uhr aller Zeiten: Das Zifferblatt bildete ein kreisrunder Platz, der zugehörige Zeiger und Schattenwerfer (Gnomon) war jener Obelisk, der heute auf der Piazza di Montecitorio vor dem Parlament steht. Dank den Veröffentlichungen und den Grabungen von Professor Edmund Buchner vom Deutschen Archäologischen Institut ist diese Anlage wieder ins allgemeine Bewußtsein gerückt, die zwar durch antike Texte bekannt war, doch deren Ausmaß, deren Genauigkeit und Programm kaum vorstellbar waren. Denn die Uhr zeigte nicht nur die Tageszeit an, sondern war auch ein riesiger Kalender, auf dem sich am Geburtstag des Kaisers ein außergewöhnliches Schauspiel abspielte.

Der heutige Standort des Obelisken vor dem Parlament entspricht nicht dem in der Antike. Denn die Sonnenuhr befand sich weiter nördlich, im Gebiet unter der Via di Campo Marzio, die über dem Terrain des ehemaligen Zifferblatts verläuft. Der Obelisk wurde schon im 15. Jahrhundert unter dem Gebäude der heutigen Piazza del Parla-

*Obelisk der Sonnen-
uhr vor dem Palazzo
Montecitorio*

mento Nr. 3 entdeckt. Es verging jedoch geraume Zeit, bis man ihn ausgrub. Mehrere Versuche wurden gestartet, so unter dem Papst Sixtus V., dem Rom die Aufstellung von vielen Obelisken verdankt. Erst 1748 brachte man ihn endgültig ans Tageslicht, 1792 wurde er an der heutigen Stelle aufgerichtet, wo er wieder im Zentrum einer Sonnenuhr steht. Eine Inschrift am Gebäude über dem Fundort erinnert an die Entdeckung und die Wiederaufstellung, die originale Basis des Obelisken ruht immer noch in der Erde darunter.

Am Sockel des Obelisken berichtet eine lateinische Inschrift vom Anlaß der Aufstellung, nämlich der Eroberung Ägyptens durch Augustus. Als Beute brachte er den Obelisken (es war der erste) mit nach Rom: „Aegypto in potestatem populi romani redacta" und „Soli donum dedit" („als Ägypten unter die Herrschaft des römischen Volkes kam"; „Der Sonne als Geschenk gegeben").

Dank eines antiken Textes des Naturforschers Plinius des Älteren und der Inschrift auf dem Sockel wußte man von der Existenz der Sonnenuhr, doch niemand hatte sich bisher mit einer weiteren Erforschung befaßt, da man mit mancher Textstelle der antiken Beschreibung nicht zurechtkam. Zudem lag die Lösung des Rätsels, das Zifferblatt der Sonnenuhr, verborgen unter der dichtbesiedelten Altstadt, Grabungen waren fast von vornherein ausgeschlossen. Professor Buchner studierte diesen Text mit der präzisen Beschreibung der Uhr. Davon ausgehend erstellte der Archäologe eine Studie über die Ausdehnung, Größe, Funktion und Symbolik, die er 1976 veröffentlichte und die großes Interesse hervorrief. Er war damals fest davon überzeugt, daß sich das Zifferblatt noch fast vollständig unter der Bebauung befinden müßte. Ausgehend von der errechneten Höhe des Obelisken (die heutige entspricht nicht der ursprünglichen), dem Fundort und vor allem der genauen Position des Sockels des Obelisken, der damals zwar in der Erde verblieb, aber genau vermessen wurde, entwickelte er die ersten Theorien über das Liniennetz des Zifferblattes und dessen vermutliche Ausdehnung. Dabei entdeckte er verblüffende Zusammenhänge der Uhr mit dem Grabmal des Augustus, dessen Verbrennungsstätte und der in der Umgebung der Uhr gefundenen Ara Pacis, dem Friedensaltar. Der ganze Komplex bildete nach seiner Ansicht eine riesige Weihestätte zu Ehren des Kaisers und seiner Familie. Zum ersten Mal wurde der Standort der bis dahin etwas verloren auf dem Marsfeld stehenden Ara Pacis sinnvoll erklärt. Bis dahin war unklar, wieso man den Altar vor der Stadt auf unbebautem und damit unbelebtem Terrain errichtet hatte. Normalerweise wäre ein wichtiges Ehrenmal sicher auf dem Forum oder zumindest in der Stadt aufgestellt worden.

Anfangs hatte man nur eine vage Vorstellung von der Form des Zifferblattes, man dachte es sich trapezförmig, dann in der Form eines Parallelogramms, ein Rechteck mit parallelen, aber schrägen Schmalseiten. Dank dieser schrägen Form konnte man auch die Ara Pacis in den Gesamtplan der Sonnenuhr integrieren, denn die genaue Position des Altars war durch Ausgrabungen bekannt. Heute geht man dagegen von der Kreisform des Zifferblattes aus, dessen Durchmesser ungefähr 147 m betrug. Im Zentrum des Kreises stand der Obelisk, die nördliche Hälfte bildete das eigentliche Zifferblatt mit der Ara Pacis am östlichen Kreisrand. Die Kreisform des Zifferblattes erweist sich im Gesamtbild der Anlage als plausibler und wirkungsvoller, dem Zweck als Mittel zur Verherrlichung des Kaisers weitaus angemessener als ein Rechteck, dazu unterstreicht sie den ideellen Zusammenhang mit dem benachbarten und ebenfalls runden Mausoleum.

Auf dem Zifferblatt war neben den Linien der Stunden, der Tage und der Sternzeichen auch die horizontal verlaufende Linie der Herbstäquinoktie eingezeichnet, die Linie der Tag- und Nachtgleiche am Herbstanfang, dem 23. September. In der Verlängerung würde diese Linie direkt durch die weiter östlich neben dem Zifferblatt stehende Ara Pacis verlaufen, die genau auf diese Linie ausgerichtet war. Denn bisher glaubte man, der Altar sei in den Achsen der Himmelsrichtungen aufgestellt gewesen, doch streng genommen wich er geringfügig davon ab, der Haupteingang lag außerdem auf der Seite, die der Sonnenuhr zugewandt war. Genauso war der Obelisk leicht nach Westen gedreht, der Sockel hatte dieselbe Ausrichtung wie die Ara Pacis, zudem kommt noch dazu, daß sich die Inschrift des Obelisken mit dem Hinweis auf den Sieg des Augustus und des damit verbundenen Friedens genau auf der Seite gegenüber der Ara befand. Mit einer geraden Linie kann man den Obelisken mit der Mitte des schon länger stehenden Mausoleums verbinden.

Der Geburtstag von Augustus ist überliefert: Es ist der 23. September 63 v. Chr., vor Sonnenaufgang, am Tag des Herbstanfangs. Am Geburtstag des Kaisers bot sich folglich auf dem Zifferblatt der Sonnenuhr ein außergewöhnliches Schauspiel: Der Schatten des Obelisken wanderte entlang der Linie der Herbstäquinoktie über das ganze Zifferblatt und erreichte am Abend das Zentrum der Ara Pacis! Erst dank der Kenntnis der Geburtsdaten des Herrschers erschließt sich die volle Symbolik des „wandernden" Schattens. Mit der Geburt des Kaisers ging die Sonne auf, es begann ein neuer Tag, eine neue Ära. Eine Ära des Wohlstands und Friedens, jener Frieden, den die Ara Pacis verherrlichte, die vom Schatten genau getroffen wurde!

Die Spitze des Schattens formte eine Bronzekugel auf dem Obelisken, es ist vermutlich das Exemplar, das im Konservatorenpalast auf dem Kapitol aufbewahrt wird. Die heutige Kugel des Obelisken ist ein Nachbau aus dem 18. Jahrhundert.

Die Symbolik geht noch weiter: Der Einweihungstag der Anlage und der Ara Pacis ist der 30. Januar 9 v. Chr., es ist der Tag des Geburtstages der Gemahlin des Augustus, der Kaiserin Livia, die man auf diese Weise in die Kultstätte integrierte.

Entworfen wurde die geniale Anlage vom Mathematiker, Astronomen und Astrologen Facundius Novus, von dem sonst nichts bekannt ist. Plinius erwähnt in seiner Beschreibung, daß die Uhr zu seiner Zeit schon seit dreißig Jahren nicht mehr die genaue Zeit anzeigte, vielleicht durch einen veränderten Lauf der Gestirne, vielleicht weil sich die Position des Obelisken durch ein Erdbeben oder Absinken verändert hat. Die Berechnungen von Facundius waren folglich äußerst exakt, eine geringfügige Abweichung machte die ganze Uhr unbrauchbar.

Im Laufe der Jahrhunderte berichteten alte Quellen immer wieder von merkwürdigen Funden im Bereich des verschütteten Zifferblattes. So stieß man bei Arbeiten in der Kirche S. Lorenzo in Lucina auf Steinplatten mit griechischen Bronzebuchstaben, genauso bei der Freilegung des Obelisken. Das alles veranlaßte Professor Buchner zu der Vermutung, das Zifferblatt sei noch da. Es würde genügen, an einer Stelle zu graben, wo eine der Linien verlaufen müßte, um den Beweis für die Richtigkeit seiner Berechnungen zu erlangen. Diesen Beweis wollte er 1979/80 erbringen, doch die ersten Grabungen in der Via di Campo Marzio unter schwierigen Bedingungen brachten kein Zifferblatt zu Tage, das man in ca. 8 m Tiefe erwartete. Lediglich Fundamentreste der Äquinoktiallinie wurden an der errechneten Stelle entdeckt, die vermutete Einteilung stimmte also. Die Platten der Uhr waren jedoch entwendet, anscheinend wurde das wertvolle Material wegtransportiert. Eine weitere Grabung im Haus Nr. 48 brachte den großen Erfolg, obwohl man dort mit statischen Problemen und dem eindringenden Grundwasser zu kämpfen hatte. Unter dem Gebäude fand man Teile des lange gesuchten Zifferblattes und der originalen griechischen Beschriftung, die man zu Tierkreiszeichen und einer Monatslinie ergänzen konnte. Nur dank eines später gesetzten Wasserbeckens auf dem Pflaster sind die Platten Raubgrabungen und Plünderungen entgangen. Die Sensation war perfekt, denn man fand das Pflaster nicht auf dem Niveau der Augustuszeit, sondern weiter oben. Das Rätsel konnte man mit dem Hinweis des Plinius lösen, die Uhr sei zu seiner Zeit nachgegangen. Vermutlich hat man unter Kaiser Domitian, der wie Augustus auf dem Marsfeld baute, unter Verwendung der alten Platten die Uhr höher gelegt und damit neu justiert und „aufgezogen".

Anschließende Bohrungen im weiteren Umfeld bestätigten die Berechnungen Buchners hinsichtlich der Ausdehnung und der Größe des Zifferblattes, für weitere Grabungen und den Ankauf eines Hauses fehlte (und fehlt) jedoch das Geld. Die gefundenen Platten sind immer noch an Ort und Stelle im Keller, allerdings nicht zugänglich. Der Besitzer der Schusterwerkstatt im Hof des Hauses reagiert eher mürrisch auf Anfragen zur Besichtigung, was man durchaus verstehen kann, zu viele Besucher wollten mit seiner Hilfe in den Keller hinabsteigen. Die Bar im Haus daneben hat eine Tafel mit einer Darstellung der Sonnenuhr an der Wand anbringen lassen, so daß man am Ort der erfolgreichen Grabung etwas von der Funktionsweise der Sonnenuhr erfährt.

Folgt man der Via di Campo Marzio Richtung Norden, gelangt man zur Piazza und Kirche S. Lorenzo in Lucina, deren Apsis sich teilweise über dem Gelände des Zifferblattes befindet. In der Vorhalle hat man Schaubilder zur Sonnenuhr aufgestellt, die einen guten Eindruck von der Anlage vermitteln.

Weiter Richtung Norden gelangt man nach kurzer Zeit zum Grabmal des Augustus und zum jetzigen Standort der Ara Pacis, den weiteren Bestandteilen der Weihestätte.

Das Familiengrab von Kaiser Augustus

Augustus-Mausoleum

Das heutige Aussehen des Platzes um das Mausoleum ist das traurige Ergebnis der Freilegung des Denkmals durch das faschistische Regime in den dreißiger Jahren. Die häßlichen Bauten um das Mausoleum stammen aus dieser Zeit. Mussolini verwirklichte hier, ähnlich wie im Bereich der Kaiserforen und der Via dell'Impero, seine Ideen von der „Isolierung" der antiken Gebäude, um ihnen dadurch ihre Größe und Würde wiederzugeben, die unter der „parasitären" späteren Bebauung verloren ging. Bis dahin war das Mausoleum inmitten eines dicht bebauten und lebendigen Stadtviertels, das dieser städtebaulichen Wüste weichen mußte. Allerdings muß man zur Verteidigung der Freilegung gestehen, daß vom Grabmal nicht viel zu sehen war. Um die Jahrhundertwende hatte es ein ganz anderes Aussehen und eine fast schon entgegengesetzte Verwendung: Es war ein Auditorium für Konzerte und andere künstlerische Darbietungen. Nur schwer kann man sich beim Anblick der Ruine vorstellen, daß sie vor der Freilegung ähnlich dem Pantheon eine Kuppel besaß. Es war ein merkwürdiger Kontrast zwischen den schmucklosen antiken Mauern und der modernen Kuppel aus Gußeisenelementen mit großen halbrunden Fenstern.

Kein Vergleich zu dem heutigen Aussehen, das Mausoleum erinnert mit seinen Zypressen, in Anlehnung an das berühmte Bild von Arnold Böcklin, eher an eine gestrandete Toteninsel, ein sicher würdigeres Äußeres für ein Grabmal als das eines Konzertsaals.

Augustus ließ das Mausoleum schon um 28 v. Chr. am Anfang seiner Regierungszeit errichten, damit wurde es zum Ausgangs- und Bezugspunkt für die später entstandene Sonnenuhr. Durch die Plünderungen im Laufe der Jahrhunderte läßt sich das Aussehen schwer ermitteln, die meisten Rekonstruktionen stützen sich lediglich auf Vermutungen. Es muß in der Ebene des Tibers eine weit sichtbare Landmarke gewesen sein, die fast die Höhe des benachbarten Pincio erreichte. Augustus hatte als Vorbild für sein Grab vermutlich den Grabhügel Alexander des Großen in Alexandria im Sinn, sicherlich kannte er auch das Grabmal des Königs Mausolos von Halikarnassos, eines der Sieben Weltwunder.

Die Anlage stand inmitten eines gepflegten Parks, den Augustus für die Allgemeinheit anlegen ließ. Weiter im Osten Richtung Corso muß sich der Verbrennungsplatz des Kaisers, das Ustrinum, befunden haben, der ebenfalls zur Anlage gehörte. Für den Durchmesser des Grabes hat man ungefähr 90 m errechnet. Die Grundstruktur des Gebäudes aus mehreren konzentrischen Mauerkreisen ist noch gut sichtbar. Ein einziger Gang führt in das Innere dieser Kreise, in deren Mitte sich die runde Grabkammer mit den Urnen von Augustus und den Mitgliedern seiner Familie befand, darunter seiner Frau Livia und seines Nachfolgers Tiberius. Links und rechts vom Eingang vermutet man ehrende Inschriften, darunter mit Sicherheit auch jene Bronzetafeln mit den „Res Gestae", einer Art Autobiographie und Rechenschaftsbericht des Kaisers, die zwar verloren sind, deren Inhalt dank einer Kopie bekannt ist. Vor dem Portal standen die zwei Obelisken, die jetzt bei S. Maria Maggiore und vor dem Quirinalspalast aufgestellt sind. Kaiser Domitian vermutlich ließ beide aufrichten, zur Zeit des Augustus flankierten sie noch nicht den Zugang.

Die Mauerringe waren mit Erde gefüllt und bepflanzt, das Grabmal hatte dadurch Ähnlichkeit mit zwei übereinanderliegenden und bewaldeten Hügeln. Die Spitze zierte eine überlebensgroße Statue des Kaisers. Die Stütze für diese Figur reichte bis in die Mitte der Grabkammer, dort im Zentrum war wahrscheinlich die Aschenurne des Kaisers.

Die Asche des Kaisers wäre sicherlich ins Rotieren geraten in Anbetracht der späteren Nutzung des Gebäudes. Im Monat August (dem Monat, den man zu Ehren des Kaisers benannte) fanden noch in der ersten Hälfte des 19. Jahrhunderts die beliebten „Giostre di giovenchi, tori e bufali", Tierhetzen mit Ochsen, Stieren und Büffeln statt. Das Grab diente als Stierkampfarena, ein nächtliches Vergnügen unter freiem Himmel, das auch Goethe beschrieb. (Vorher wurde es übrigens als Festung und Weingarten genutzt, hier war der Ort, an dem der Leichnam des ermordeten Volkstribunen Cola di Rienzo verbrannt wurde.) Für die Zuschauer der Spektakel hatte man im mittleren Ring Tribünen aufgebaut, fast schon ein kleines Kolosseum, in dem sich die Römer wie ihre Ahnen an Tierkämpfen begeisterten. Mutige junge Männer reizten die Ochsen und Büffel mit roten Tüchern, wenn es gefährlich wurde, sprangen sie schnell über die Bande. Die Tiere sollten lediglich gereizt und nicht getötet werden wie im klassischen Stierkampf. Wenn man die Stiere in die Arena ließ, verschwanden die jungen Männer. Scharfe Hunde wurden auf die Stiere losgelassen, es war ein blutigeres Spektakel als die vorangegangenen eher harmlosen Spielchen. Diese Zweikämpfe gefielen den Zuschauern am besten, begeistert schloß man Wetten über deren Ausgang ab.

Leider ist dieses beeindruckende Monument geschlossen, nur im Rahmen von gelegentlichen Führungen kann es besichtigt werden.

Ara Pacis

Die Ara Pacis, der Friedensaltar, ist jedoch zugänglich. Zwischen Mausoleum und der Uferstraße ist sie zum Schutz vor Witterungseinflüssen in einen nicht besonders schönen Glaskasten eingesperrt, ein attraktiver Neubau des New Yorker Stararchitekten Richard Meier ist geplant.

Die Entdeckung des Altars verlief genauso spannend wie die Grabungen an der Sonnenuhr. Der ehemalige Standort der Ara Pacis war östlich am Rand des Zifferblattes der Sonnenuhr, heute steht darüber eine Ecke des Palazzo Amalgià, an der Kreuzung der Via del Giardino Theodoli und Via in Lucina. Früh fand man im 16. Jahrhundert die ersten Relieffragmente, doch hatte man keine Ahnung, von welchem Monument sie stammten, geschweige denn wußte man von der Existenz der Ara. Es war eine ergiebige Fundstelle, die Fragmente wurden verkauft und damit zerstreut. Etliches gelangte in den Besitz der Medici, die Teile der Girlandenreliefs in die Fassade ihrer Villa auf dem Pincio einmauern ließen. Andere Teile wanderten in die Uffizien, in die Vatikanischen Museen und in den Louvre. Ein Bruchstück wurde als Grabstein verwendet, ein paar Fragmente sind bis heute verschollen.

Erst Ende des 19. Jahrhunderts gelang es dem deutschen Archäologen Carl von Duhn, die Stücke als Teile der Ara Pacis zu identifizieren. In der Folge bemühte man sich, die verstreuten Reliefplatten zusammenzubringen. Eine erste systematische Grabung unter dem Palast brachte reiche Ausbeute, doch die enormen statischen Probleme verhinderten die Fortsetzung. Ein großes Fragment konnte folglich nicht geborgen werden, man befürchtete den Einsturz des Palastes. Es wurde zwar fotografiert, aber an Ort und Stelle belassen. Anläßlich der vom faschistischen Regime inszenierten Feiern des 2000-jährigen Geburtstages von Augustus 1937/38 entschloß man sich zur Bergung der restlichen Teile. Der damalige Grabungsleiter, Giuseppe Moretti, sah sich nicht nur statischen Problemen gegenüber, genauso hinderlich war der hohe Grundwasserspiegel auf dem Marsfeld, der Jahre später bei der Erforschung der Sonnenuhr wiederum Schwierigkeiten bereiten sollte. Man entschloß sich, mit großem Aufwand die einsturzgefährdete Ecke des Palastes durch ein Gestell aus Eisenbeton abzustützen. Um das Eindringen von Wasser zu verhindern, wurde der umliegende Erdboden vereist. Mit den neuen Funden konnte man endlich eine Rekonstruktion des Altars beginnen, dessen Aussehen man von Darstellungen auf antiken Münzen mittlerweile kannte. Alle gefundenen Teile des Puzzles bis auf die eingemauerten Reliefs in der Villa Medici und das Fragment im Louvre waren beisammen, anstelle dieser Teile verwendete man für die Rekonstruktion Kopien.

Die heutige Aufstellung in der Halle ist um 90° Grad gedreht, der Hauptzugang liegt jetzt im Süden und nicht mehr im Westen (zur Sonnenuhr hin) wie ursprünglich. Der Altar ist zwar von außen durch die Glasscheiben einsehbar, doch so entgehen viele der Einzelheiten der herrlichen Reliefs aus Carrara-Marmor, die man erst aus unmittelbarer Nähe erfassen kann.

In der Mitte befindet am Ende der Treppe der Opferaltar, umgeben von der mit Reliefs geschmückten Umfassungswand. Die Reliefs auf dem eigentlichen Altar im Zentrum sind nicht gut erhalten, dargestellt ist eine Opferszene. Der Reliefschmuck auf der Innenseite der Umfassungswand besteht aus Girlanden mit Früchten und Blumen, die an Stierschädeln aufgehängt sind. Darunter eine einfache Gestaltung mit Lisenen, die einen Bretterzaun nachahmen soll. Die Reliefs muß man sich (genauso wie die Außenseite) farbig bemalt vorstellen. Die Gestaltung auf der Innenseite ist im Vergleich zur prunkvollen Außenseite betont schlicht gehalten. Diese Einfachheit ist Programm, denn Augustus beschwor damit die Erhaltung der alten religiösen Sitten und Gebräuche, die Girlanden und der „Zaun" imitieren ein einfaches ländliches Heiligtum, so wie man es überall in der Umgebung Roms finden konnte, lediglich aus einem Altar und einer Einfassung aus Holz bestehend.

Einen starken Kontrast zu der Einfachheit des Innenraumes bilden dagegen die Außenwände. Ein Mäandermuster teilt die Flächen horizontal. Unten wachsen symmetrische und wohlgeordnete Akanthuspflanzen mit vielen Ranken und Blüten. Auf diesen Trieben befinden sich oben kleine Schwäne (die Vögel Apollos, den Augustus als seinen Schutzgott verehrte) mit ausgebreiteten Flügeln, zwischen den Ranken verstecken sich Insekten, Vögel und andere kleine Tiere, so z. B. eine Schlange, die ein Vogelnest plündert. Die Figurenreliefs neben dem ehemals westlichen (jetzt südlichen) Eingang zeigen Szenen aus der Gründung der Stadt, also historische Begebenheiten: Links sehr lückenhaft die Zwillinge Romulus und Remus mit der Wölfin, begleitet von ihrem Vater Mars und dem Ziehvater, dem Hirten Faustulus. Rechts das Opfer des Aeneas nach seiner Ankunft in Latium, zwei Knaben mit Opfergaben, in der Ferne ein Tempel. Neben Aeneas (nur noch der Kopf blieb übrig) steht sein Sohn Julus, der legendäre Ahnherr des julisch-claudischen Kaiserhauses, dem Augustus angehörte. Auf der östlichen (der jetzigen nördlichen) Seite zeigen die Reliefs symbolische Darstellungen: Links, schlecht erhalten, die siegreiche Stadtgöttin Roma. Rechts, außergewöhnlich gut erhalten, die Terra Mater, die Mutter Erde als Symbol der Fruchtbarkeit, begleitet von Allegorien der Elemente Luft (Figur mit Schwan) und Wasser (Figur mit Wasserschlange). Zwischen den gegenüberliegenden Reliefs kann man inhaltliche Verbindungen herstellen: Die Zwillinge zeigen die niedrigen Anfänge der Stadt, während Roma für die glanzvolle Gegenwart steht. Ähnliches gilt für das andere Paar. Einerseits Aeneas als Begründer der Religion. Dank der Verehrung und der engen Bindung der Römer an ihre Götter spendet auf der anderen Seite Terra reiche Frucht und Wohlstand.

Auf den Längsseiten entfalten sich zwei lange Prozessionszüge, die keineswegs monoton, sondern durch die verschiedenen Ebenen, Haltungen, Gewänder und Gesichtsausdrücke äußerst lebendig wirken. Die Züge werden von Priestern und hohen Würdenträgern angeführt, gefolgt von Augustus und den Mitgliedern der kaiserlichen Familie und deren Kindern. Viele der Personen lassen sich identifizieren, vor allem auf der Südseite (jetzt im Osten), wo die Köpfe im Gegensatz zur Nordseite (der jetzigen westlichen) nicht ergänzt oder restauriert sind. Leider ist hier die Figur des Augustus stark zerstört, lediglich sein verhüllter Kopf ist links noch sichtbar, am Ende der ersten schlecht und der anschließenden gut erhaltenen Platte. Nach den Priestern mit ihrer charakteristischen Kopfbedeckung (der Apex, eine Art Scheibe mit Spitze) folgt als auffällige Figur Agrippa, der Erbauer des Pantheons, danach Livia, die Frau des Augustus und der spätere Kaiser Tiberius. Dargestellt ist vermutlich die Prozession anläßlich der erfolgreichen Rückkehr des Augustus vom Feldzug im westlichen Teil des Reiches zur Konsolidierung der Herrschaft und Sicherung der Grenzen im Jahre 13 v. Chr. Um den Anschein von Macht zu vermeiden, lehnte Augustus jegliche Art von Ehrung und Ämtern ab, er gab sich nach außen hin bescheiden, um seine heimliche

Machtübernahme zu verschleiern. So fand damals auf seinen ausdrücklichen Wunsch kein Triumphzug statt, lediglich eine Prozession zu Ehren der Pax Augusta, des personifizierten Friedens, den Augustus dank seiner umsichtigen Politik den Römern gebracht hat. Eben dieser Pax Augusta ist der Altar geweiht, obwohl Pax auf den Reliefs gar nicht bildlich auftaucht. Alle Aufmerksamkeit fällt demnach auf Augustus, denn mit seiner Herrschaft und seinen Siegen begann ein goldenes Zeitalter mit Frieden und Wohlstand. Obwohl diese Folgerung nirgends auf dem Altar explizit ausgesprochen wird, war sie dem damaligen Betrachter sehr wohl bewußt. Augustus hatte es nicht mehr nötig, hier seine Siege zu verherrlichen, die Bilder am Altar feierten seine Herrschaft auf viel subtilere Weise.

Die Ara Pacis ist mit ihrer Symbolik nur ein Baustein, erst in der Gesamtschau mit Grabmal, Ustrinum und vor allem der Sonnenuhr wird das Ausmaß der augusteischen Propaganda deutlich.

Obelisk der Sonnenuhr: Piazza di Montecitorio, ehemaliger Standort Piazza del Parlamento 3, Inschrift an der Hauswand

Sonnenuhr: Unter der Via di Campo di Marzio, Fundort der Platten des Zifferblattes unter Hs.-Nr. 48. Nicht zugänglich! Schautafeln am benachbarten Haus und in der Vorhalle der Kirche S. Lorenzo in Lucina

Augustus-Mausoleum: Piazza Augusto Imperatore. Nicht zugänglich, gelegentlich Führungen

Ara Pacis: Via di Ripetta. Dienstag bis Sonntag 9.00 Uhr – 13.30 Uhr, Dienstag, Donnerstag und Samstag 16.00 Uhr – 19.00 Uhr

ASTERIX IN ROM

„Ein neuer sonniger Tag beginnt in der erstaunlichsten Stadt des Universums, in Rom."

So beginnt der wohl meistgelesenste Reisebericht aus Rom, der jemals verfaßt wurde. Nicht die Reise Goethes, Stendhals oder eines anderen berühmten Rombesuchers wird mit diesem Satz eingeleitet, sondern das Abenteuer eines kleinen Franzosen, genauer eines Galliers: Asterix. Im Laufe seiner vielen Reisen, sei es nach Hispanien, Britannien, in den Orient oder in die neue Welt, kam er natürlich auch in die Hauptstadt des Europa beherrschenden Imperiums. Ganz Europa? Nein! Asterix-Leser wissen es besser: Sein unbeugsames kleines Heimatdorf in der äußersten Ecke Galliens leistete den neuen Herren erbittert Widerstand, unterstützt durch einen magischen Trank, der übermenschliche Kräfte verlieh.

Ausgerüstet mit diesem Trank zog Asterix mit seinem treuen Freund Obelix nach Rom, in die Höhle des Löwen, sei es um, die Lorbeeren Julius Caesars zu rauben oder dort als Gladiatoren aufzutreten. Nebenbei bringen sie das Wirtschaftssystem Roms durch eine Hinkelsteininflation zum Erliegen und ganz unspektakulär wird der Leser Zeuge der ersten und einzigen Überquerung Roms mit einem fliegenden Teppich, gesteuert von einem indischen Weisen, der unsere beiden Helden zu neuen Abenteuern nach Indien brachte.

Kritiker, Philologen und natürlich die vielen Leser sind begeistert von der Handlung und der Gestaltung der Alben. Die Geschichten sind gespickt mit Zitaten, die bekannte lateinische Redewendungen auch ohne Sprachkenntnisse vermitteln. Die detailgetreue und liebevolle Darstellung der Schauplätze ist im Hinblick auf das Medium Comic außergewöhnlich. Getrost darf man annehmen, daß sich der Zeichner Uderzo an römischen Originalen oder Modellen orientiert hat. Doch was hat das gezeichnete Rom mit dem antiken Rom gemeinsam?

In diesem Hinblick ist es interessant, die (bisher) zwei römischen Aufenthalte unserer Freunde genauer zu betrachten.

Zum ersten Mal (in „Asterix als Gladiator") machen sich Asterix und Obelix unfreiwillig nach Rom auf, um den von den Römern gefangenen Barden Troubadix zu befreien, der dort in der Arena den Löwen zum Fraß vorgeworfen werden soll. Unsere Gallier sind zwar keine Freunde der Sangeskünste des Barden, bei fast jedem Festmahl sieht man den armen Sänger geknebelt und gefesselt, um den Dorfbewohnern seine Kunst zu ersparen. Andererseits ist er doch ein gerngesehenes Mitglied der Dorfgemeinschaft, und die Schmach, daß einer der unbesiegbaren Gallier von den Römern gefangen wurde, darf man nicht auf sich sitzen lassen. Im Laufe der Nachforschungen in der Stadt melden sie sich freiwillig als Gladiatoren. In der Arena haben sie dank des Zaubertranks einen außergewöhnlichen Auftritt und retten dadurch den verschleppten Barden. Caesar höchst persönlich läßt alle drei frei.

Wie sieht die Stadt in diesem Abenteuer aus? Im großen und ganzen ähnelt die Szenerie den Kulissen eines Hollywoodfilms, so wie man sie aus Ben Hur oder Kleopatra kennt. Bestimmte historische Gebäude sind nicht erkennbar, es gibt lediglich typisierte Bauwerke wie den Zirkus, die Villa, den Triumphbogen, die Thermen. Interessant ist dagegen das Drumherum. So erfährt man, daß es damals in der Stadt schon französische, nein „gallische" Lokale gab. Touristen mit dem Baedeker in der Hand besichtigen die Sehenswürdigkeiten, am Straßenrand werden Gipsbüsten als Souvenirs verkauft. Schon damals waren die Wände mit Kritzeleien verschmiert.

Ein Bauwerk lohnt aber wegen seiner Funktion ein genaueres Hinsehen: Die Gladiatorenschule, eine kleine Miniaturarena, in der sich die beiden auf ihren Kampf vorbereiten. In der Nähe des Kolosseums ist noch ein entsprechendes Gebäude sichtbar, tief unter dem heutigen Straßenniveau. Am Beginn der Via di S. Giovanni in Laterano ist ein Teil einer Gladiatorenschule ausgegraben, sichtbar ist ein Segment der ovalen Umfassungsmauer der Arena und der Ansatz einer umlaufenden Tribüne, umgeben von verschiedenen Nebenräumen. Heute ist dieser Ort Brachland inmitten der Stadt, natürlich tummeln sich hier Katzen. Im Frühjahr ist das Gelände übersät mit rotem Mohn, der an das vergossene Blut der Kämpfer denken läßt. Im Römischen Nationalmuseum sind antike Fragmente eines riesigen, in Marmor gemeißelten Stadtplans erhalten. Auf diesem Plan ist das ausgegrabene Gelände als „Ludus Magnus" bezeichnet, was man in diesem Zusammenhang als „großen Kampfplatz" übersetzen kann. Es ist eine der vier Kasernen, die Kaiser Domitian um das Kolosseum herum hat anlegen lassen. In diesen Kasernen haben sich die Gladiatoren auf die tödlichen Kämpfe in der benachbarten Arena vorbereitet, die durch einen unterirdischen Tunnel erreichbar war. Diese Spiele um Leben oder Tod gingen eigentlich aus den kultischen Kämpfen hervor, die zu Zeiten der Etrusker anläßlich von Totenfeiern veranstaltet wurden. Doch bald wurde dieser religiöse Zweck zur Nebensache und die Kämpfe degradierten zur brutalen Volksbelustigung. Waren die Gladiatoren anfangs noch Gefangene oder Sklaven, also Menschen zweiter Klasse, gewann dieses blutige Handwerk bald an Ansehen. Einerseits konnte man als geschickter Gladiator seine Freiheit oder viel Geld erkämpfen. Andererseits erfreuten sich die Gladiatoren unter den römischen Damen großer Verehrung, ihre Person und die Kämpfe übten eine große Anziehungskraft aus, besonders in der späten Kaiserzeit, als sogar Kaiser freiwillig zu Gladiatoren wurden.

Sowohl das Kolosseum als auch die Gladiatorenschule haben zur Zeit Caesars, zu der die Handlung des Comics spielt, noch nicht bestanden, eine ähnliche Trainingseinrichtung war aber sicherlich vorhanden.

Ein sehr genaues und schönes Bild der Stadt Rom dagegen bietet sich im Heft mit dem Abenteuer um die Lorbeeren Julius Caesars. Asterix und sein Kumpan befinden sich in geheimer Mission in der Stadt, sie sollen für ihren Häuptling Majestix aufgrund einer verlorenen Wette den Lorbeerkranz Julius Caesars beschaffen, was ihnen nach aufregenden Abenteuern auch gelingt.

Das Heft beginnt mit einer detaillierten Luftaufnahme der Gegend um das Forum, die Kaiserforen und das Kapitol. Sämtliche Gebäude lassen sich identifizieren und sind als Ruinen heute noch sichtbar, aus dem runden Vesta-Tempel, von dem auf dem Forum noch ein Teil der Außenmauer steht, steigt sogar eine kleine Rauchfahne auf, die vom heiligen Feuer der Göttin ausgeht. Trotzdem hat diese Ansicht nur bedingt mit dem Rom zur Zeit Julius Caesars zu tun: Es handelt sich hier um eine Darstellung der Innenstadt, die ungefähr das Stadtbild zur Zeit Kaiser Konstantins, also um 300 n. Chr. wiedergibt. Viele der Marmorbauwerke auf der Zeichnung standen um ca. 50 v. Chr. noch gar nicht. Glaubt man dem Ausspruch des auf Caesar folgenden Kaisers Augustus, hat erst er aus der mit Ziegelsteinen gebauten Stadt eine Metropole mit prächtigen

Marmorgebäuden gemacht. Rom war also damals viel schlichter als auf der Zeichnung, was aber keinen Nachteil darstellt.

Ganz im Gegenteil, denn sie verhilft zur Entdeckung eines fast unbekannten und etwas abgelegen Museums mit faszinierenden Exponaten, die mehr über das Leben in der Antike erzählen als eine kunsthistorische Sammlung. Denn als Vorbild für diese Zeichnung diente das große Modell des antiken Roms, das im Museo della Civiltà Romana, im Museum für römische Kultur ausgestellt wird. Das Museum befindet sich in der Trabantenstadt EUR. Dieser Stadtteil wurde eigens für die Römische Welt-ausstellung 1942 (daher der Name EUR: Esposizione Universale Romana) errichtet, die aber wegen des Kriegsausbruches nicht zustande kam, viele der Bauten waren erst teil-weise vollendet. Die fertiggestellten Gebäude demonstrieren die faschistische Archi-tekturvorstellung, die antike Bauformen in modernen Stahlbetonbauten wiederaufleben ließ. Dabei entstanden monumentale und einschüchternde Gebäude. Auch das Museum mit seinen kahlen Außenmauern ohne Fenster und den vielen Säulen wirkt eher wie ein Bunker, doch vom Äußeren sollte man sich nicht abschrecken lassen. Im Museum gibt es keine Originale aus der Antike, sondern nur Modelle oder Gipsabgüsse, darunter auch die Abgüsse der Reliefs von der Trajanssäule.

Man bekommt z. B. Einblick in die Technik, in das Militärwesen, in die Architektur, man kann eine nachgebaute antike Bibliothek betreten. Höhepunkt ist jedoch das Modell des antiken Roms, das der italienische Historiker Italo Gismondi in jahrelanger Arbeit angefertigt hat. Von einer umlaufenden Galerie kann man bequem die Einzel-heiten des ungefähr 200 qm großen Modells im Maßstab 1:250 studieren. Vieles bleibt trotz der Vollständigkeit des Modells Spekulation, denn von einem Großteil der Bauten und ganzen Stadtteilen ist das genaue Aussehen nicht bekannt.

Ein anderes Modell führt uns zu unserem Ausgangspunkt zurück, nämlich zu Asterix: Das Modell des Circus Maximus, in dem unsere beiden Helden ebenfalls auftraten, um bei dieser Gelegenheit Caesars Lorbeeren zu stehlen, der normalerweise den Kämpfen beiwohnte. Steht man heute auf dem Gelände des Circus, sind die verbliebenen Reste ziemlich enttäuschend, nur ein paar Mauerreste und die Geländeform erinnern an das ehemalige Bauwerk. Das Gelände zwischen den Hügeln Palatin und Aventin war ideal für Wettrennen, schon in der Frühzeit, zu Zeiten der ersten Könige, fanden in der Senke Wettkämpfe statt. Zu Caesars Zeiten waren die Sitzreihen noch aus Holz, erst später wurden sie in Stein ausgeführt und dienten wie vieles andere in Rom später als Stein-bruch. Die Angaben über das Fassungsvermögen schwanken in den Berichten der antiken Schriftsteller, doch man vermutet, daß mindestens 200.000 Menschen auf den Steinstufen Platz nehmen konnten.

Moderne Stadien schaffen diese Menge nicht, die größten fassen lediglich 80.000 bis 100.000 Zuschauer. Erst anhand dieser Zahl läßt sich das öde Gelände erneut beleben, man stelle sich nur das Getümmel zu Beginn der Veranstaltungen vor, in einer Zeit, als es noch keine öffentlichen Verkehrsmittel gab, die für den Transport der Massen sorgten, so wie heute die römische U-Bahn mit der Haltestelle „Circo Massimo".

Die Größe des Bauwerks betrug einst 600 m in der Länge und 150 m in der Breite. Diese Länge war ideal für die Wagenrennen, die im Zirkus stattfanden, die Gespanne rasten um die Mauer (Spina) in der Mitte der Anlage, die die beiden Bahnen der Länge nach trennte und auf der zwei riesige Obelisken standen. Genauso wie die Gladia-torenkämpfe hatten die Rennen kultische Ursprünge. Jeder Renntag wurde mit einer

Circus Maximus, heutige Situation: Ruinen der Kurve, Torre della Moletta

Feier, einer Art Prozession eingeleitet, bei der man im feierlichen Zug durch die Rennbahn schritt. Die anschließenden Rennen waren mörderisch, man denke nur an den Monumentalfilm „Ben Hur". Auch die Zuschauer rivalisierten untereinander, schließlich gab es nicht nur zwei Mannschaften, wie heute allgemein üblich, sondern sogar deren vier (zeitweise sogar sechs), unterschieden durch verschiedenfarbige Uniformen. Jede der Mannschaften („Factiones") hatte ihre eigenen Präsidenten, Betreuer und ihre „Stars", gut bezahlte Wagenlenker, die zwischen den Mannschaften wechselten, so wie die Fußballprofis von heute. Jedes Team hatte natürlich seine eingeschworenen Anhänger, bei der Menge der Zuschauer kann man sich leicht vorstellen, daß es auf den Rängen nicht besonders ruhig zuging. Heute gibt es in Rom zwei Fußballmannschaften, A.S. Roma und Lazio, die die Stadt in zwei Fan-Lager teilen. Bei Zweikämpfen der beiden Mannschaften sind Auseinandersetzungen zwischen den „Tifosi" vorprogrammiert, wie mag es dann erst bei vier oder sechs Mannschaften gewesen sein! Dazu kam noch (übrigens wie heute), daß bei jeder Mannschaft die Anhänger aus besonderen Bevölkerungsschichten kamen, der Sieg der einen „Farbe" konnte folglich durchaus politischen Beigeschmack haben. Doch nicht nur Wagenrennen fanden hier statt, sondern auch andere sportliche Wettkämpe, artistische Darbietungen, Gladiatorenkämpfe oder eben Tierhetzen, wie im Asterix-Heft geschildert.
Andere Gebäude in den Zeichnungen lassen sich nicht so leicht identifizieren. Die vornehme Villa des Claudius Überflus, in der unsere beiden Helden als Sklaven dienen, ähnelt einer Villa aus Pompeji. Eine dargestellte Brücke hat eine große Ähnlichkeit mit dem heute noch bestehenden Pons Fabricius, der zur Tiberinsel führt. Die Vorbilder für die Stadthäuser kann man noch besichtigen, wenn man eine der antiken Straßen auf

dem Gelände des Trajansmarktes durchschreitet oder einen Ausflug nach Ostia Antica unternimmt, der ehemaligen Hafenstadt Roms, die relativ gut erhalten ist, wenn auch nicht so gut wie die beim Vesuvausbruch verschütteten Städte Pompeji und Herculaneum. In Ostia stehen die Ruinen von Mehrfamilienhäuser, in denen der Großteil der Stadtrömer wohnte, immer bedroht vom Einsturz der Gebäude (was gar nicht so selten war) oder Feuer, das leicht in den engen Gassen mit den vielen offenen Kochstellen entstehen und sich rasch ausbreiten konnte.

Eine Räuberbande, der sich Asterix und Obelix kurzzeitig anschlossen, fand Unterschlupf in den Katakomben. Doch die Katakomben, wie wir sie heute kennen, entstanden hauptsächlich erst mit dem aufkommenden Christentum, als man zu Bestattungszwecken begann, Gänge in den weichen Tuffstein vor der Stadt zu graben. Auch der Palast Julius Caesars, der mehrmals im Heft erscheint, ist reine Erfindung des Zeichners. Caesar wohnte weit bescheidener, erst die späteren Kaiser ließen die riesigen Paläste auf dem Palatin errichten.

Die Metropole hat Asterix nicht zu Begeisterungsstürmen hingerissen, schließlich war es keine Vergnügungsreise, die ihn hierher führte. Auch die technischen Errungenschaften oder die Bauwerke entlockten ihm keinen Laut der Begeisterung. Genauso wenig zeigte sich Obelix beeindruckt, sein Kommentar zur römischen Zivilisation und zum Großstadtleben läßt sich in dem berühmten Ausspruch zusammenfassen: „Die spinnen, die Römer!"

Beide waren froh, wieder in ihr vertrautes Dorf zurückzukehren. Kein Abenteuer konnte ohne das „happy end", das große Festbankett unterm Sternhimmel, zu Ende gehen.

Gladiatorenkaserne (Ludus Magnus): in der Nähe des Kolosseums, zwischen Via Labicana und Via di S. Giovanni in Laterano. Nicht zugänglich, aber von oben einsehbar

Museo della Civiltà Romana: EUR, Esposizione Universale Romano. Piazza G. Agnelli. Dienstag – Samstag 9.00 Uhr – 19.00 Uhr; Sonntag 9.00 Uhr – 13.00 Uhr

Circus Maximus: Via del Circo Massimo. Immer zugänglich, die Ausgrabungen im Bereich des Mithräums unter dem Circus sind nur bei gelegentlichen (italienischen) Führungen zu besichtigen

Trajansmärkte: Via IV Novembre. Dienstag bis Samstag von 9.00 Uhr bis 19.00 Uhr, Sonntag nur bis 13.00 Uhr

Ausgrabungen von Ostia Antica: Erreichbar mit dem Zug ab Stazione Ostiense, Piazzale Ostiense. Täglich von 9.00 Uhr – 16.30 Uhr im Winter, bis 18.00 Uhr im Sommer. Museum nur von 9.00 Uhr bis 13.00 Uhr

Isis, Serapis und ein kleiner Elefant: Ägypten in Rom

Im Gebiet um das Pantheon lag einst der große Tempel der ägyptischen Göttin Isis, von dem nichts mehr erhalten ist als ein paar Bruchstücke und Skulpturen, an Ort und Stelle eigentlich auf den ersten Blick nichts Erkennbares. Der Tempel war der sichtbare Ausdruck für die Begeisterung der antiken Römer für das alte und exotische Land im Süden ihres Imperiums. Von dieser Begeisterung zeugen die vielen Skulpturen aus Ägypten, die man importierte oder imitierte, die Obelisken, die noch heute das Stadtbild prägen, und weit am Stadtrand die Pyramide als Grabmal des Caius Cestius, die nicht das einzige Monument in dieser Form war. (Eine weitere, sogar größere, stand noch bis ins 15. Jahrhunderts zwischen Vatikan und Engelsburg. Als Papst Alexander IV. den Verbindungsgang errichten ließ, war sie im Wege, wurde teilweise abgetragen und verfiel dann in der Folge.)

Mit der Kunst und der Architektur kam auch die Religion der Ägypter, schnell verbreitete sich in Rom der Kult der Isis und des Osiris, auch wenn das offizielle Rom anfangs die Glaubensrichtung nicht duldete und deren Priestern mißtraute. Man fürchtete, die römische Staatsreligion, das Fundament des Reiches, könnte durch die neuen Gottheiten Schaden nehmen. Worin bestand dieser Kult, der schnell im ganzen römischen Reich viele Anhänger fand?

Der Kult (einen späten Nachklang von Isis und Osiris findet man noch in Mozarts Oper „Die Zauberflöte") ist uralt und bereits um 2000 v. Chr. in Ägypten nachweisbar. Der Mythos besagt, daß Osiris, ein ägyptischer Pharao, von seinem ihm feindlich gesinnten Bruder Seth umgebracht wurde. Osiris war mit seiner Schwester Isis verheiratet, das Vorbild für die Geschwisterehen der Pharaonen. Die treue Isis machte sich auf die Suche nach dem Leichnam, ihre Tränen bewirkten das Ansteigen des Nilwassers, eine Erklärung für das jährliche Hochwasser. Als sie ihren toten Gemahl fand, wurde sie von Seth überrascht, der den Leichnam zerstückelte und zerstreute. Wiederum macht sich Isis auf die Suche, um die Teile zu finden, fügte sie zusammen und erweckte Osiris zu neuem Leben. Fortan regierte Osiris als Totengott die ägyptische Unterwelt, bekannt auch unter dem Namen Serapis (oder Sarapis). Isis empfing von ihm den Sohn Horus, der später Seth tötete und damit seinen Vater rächte. Horus wurde zum Herrscher über die Oberwelt.

Durch ihre Suche nach Osiris und dessen Wiedererweckung gelang es Isis, den Tod zu überwinden. Die Anhänger des Kultes glaubten, mit Hilfe der Isis ebenfalls den Tod überwinden zu können, sofern sie ein gerechtes Leben geführt hatten. In der Unterwelt saß Osiris und prüfte die Herzen der Toten mit einer Waagschale. Das Gegengewicht war lediglich eine Feder. Führte der Mensch ein gerechtes Leben, so war das Herz nicht schwerer als die Feder. Das Bestehen dieser Prüfung war Voraussetzung für die Aufnahme ins Jenseits und damit für die Freuden des ewigen Lebens. Im Gegensatz zum römischen Jenseits, einem düsteren Reich der Schatten, war das Reich des Osiris ein angenehmer Ort. Damit man zu Lebzeiten nicht durch Dämonen vom rechten Weg abwich, bedurfte es des Beistands der Priester der Isis, die dafür ein reiches Repertoire von Opfern, Ritualen, Gebeten und die Totenbücher bereit hielten und über großes geheimes Wissen verfügten. Die Priester erlangten dadurch eine große Macht über die Lebensführung der Gläubigen.

So ist das Mißtrauen der römischen Obrigkeit gegenüber den Anhängern des Kultes und vor allem den Priestern verständlich, denn der Kern der Priesterschaft bestand immer aus Ägyptern. Darüber hinaus zog der Kult nicht nur Personen an, die im Jenseits ein besseres Leben suchten, sondern auch zwielichtige Gestalten und Prostituierte, die Tempel wurden schnell ein Tummelplatz für allerlei Gesindel.

Der Glauben breitete sich dank ägyptischer Kaufleute rasch über die Mittelmeerländer aus. Ausgehend von der ägyptischen Handelsstadt Alexandria wurde der Kult über die Hafenstädte nach Italien exportiert, schon Anfang des 1. Jahrhunderts v. Chr. läßt sich der erste Isis-Tempel in Süditalien nachweisen. Mitte des 1. Jahrhunderts v. Chr. entstand der erste Serapis-Tempel in Rom auf dem Marsfeld. Kaiser Augustus veranlaßte dessen Schließung, der Kult wurde bekämpft und die Gläubigen verfolgt. Vielleicht hatte Augustus die kurz vorher noch in Rom weilende ägyptische Königin Kleopatra als Anhängerin des Kults in schlechter Erinnerung.

Erst die späteren Kaiser tolerierten oder förderten den Kult. Caligula war selbst Anhänger der Isis und des Serapis und ließ zu ihren Ehren Tempel errichten. Hadrian ließ sich in die Mysterien der Isis einweihen. Er war ein großer Ägyptenliebhaber, in seiner Villa in Tivoli ließ er bestimmte Gegenden des Landes in kleinem Maßstab nachbauen, inklusive Serapis-Tempel. Die enorme Beliebtheit Ägyptens hatte zur Folge, daß man in Rom ägyptische Figuren imitierte, dabei kam eine merkwürdige Mischung von römischer und ägyptischer Kunst heraus, die mit den Originalen nicht mehr viel gemeinsam hatte.

Kaiser Domitian ließ den nach einem Feuer zerstörten Tempel in Rom prächtiger als zuvor wiederaufbauen, auch Kaiser Caracalla ließ zu Ehren des Kultes Tempel errichten. Ihren Höhepunkt erlebte die Verehrung der Isis unter dem severianischen Kaiserhaus. Bis über die Alpen drang der Kult vor, verbreitet durch die römischen Soldaten und Händler, so sind Tempel in Österreich, Frankreich und England bekannt, genauso wie im römischen Germanien, z. B. in Köln. Fern von ihrer Heimat verehrte man die Göttin, ihre verschiedenen Namen muten christlich an, so nannte man sie „Himmelskönigin" oder „Gottesmutter", man setzte sie auch mit der römischen Göttin Fortuna gleich. Der Kult hielt sich hartnäckig lange, erst im 4. Jahrhundert n. Chr. nach dem Sieg des Christentums wurden die Tempel geschlossen, der letzte Isis-Tempel im Kernland Ägypten existierte sogar noch bis ins 6. Jahrhundert n. Chr.

Die Beliebtheit erklärt sich nicht nur durch das angenehme Leben im Jenseits oder die Exotik des Kultes, Isis war auch für anderes zuständig, so für den Schutz der Frau, der Familie, für die Gesundheit der Gläubigen, also eine Universalgöttin für alle Volksschichten, bei der man Geborgenheit suchte und fand. Darüber hinaus wurden auch Frauen für Priesterämter zugelassen, die im jährlichen Wechsel vergeben wurden, einer Vielzahl von Gläubigen wurde damit ermöglicht, aktiv am Kult teilzunehmen.

Der erste römische Tempel der Isis auf dem Marsfeld, das Iseum Campense, ist freilich heute verschwunden, die Grundmauern sind unter meterdickem Schutt und Bebauung verborgen. Der genaue Standort ist bekannt, im Bereich der heutigen Straßen Via di S. Stefano del Cacco, Via Piè di Marmo und Via del Gesù. Zahlreiche Fundstücke kamen im Laufe der Zeit ans Tageslicht, darunter viele Altäre, Weihegaben, Götterbilder,

Obelisken, Sphingen und Löwenfiguren. Ein paar dieser Fundstücke sind an Ort und Stelle verblieben, so daß ein Spaziergang durch die Straßen die frühere Anwesenheit der ägyptischen Götter wieder ins Gedächtnis zurückruft. Von hier stammen die Figuren der Madama Lucrezia, eine der sprechenden Figuren, die heute in einer Ecke an der Piazza Venezia steht, oder die Kolossalfigur des Nils mit seinen sechzehn Kindern, die man im Bereich der Kirche S. Maria sopra Minerva gefunden hat, heute eine Attraktion in den Vatikanischen Museen. Die meisten der im Stadtbild verstreuten Löwenfiguren, so diejenigen am Fuß der Treppe zum Kapitol, stammen vom Isis-Tempel oder anderen ägyptischen Heiligtümern.

Was das Aussehen des Iseums betrifft, geben antike Schriftsteller davon eine anschauliche Vorstellung, wenn sie von einer Ähnlichkeit mit einem heute gut erforschten Isis-Tempel in Ägypten berichten. Außerdem wurde das Iseum auf Münzen dargestellt, die das ungefähre Äußere abbilden. Dank etlicher Funde von Architekturfragmenten und Säulen, die während den Ausgrabungen vor über hundert Jahren ans Licht kamen, konnte man die Größe rekonstruieren.

Den Tempel muß man sich zweigeteilt vorstellen: In der einen Hälfte der Tempel der Isis, in der anderen Hälfte der Tempel des Serapis. Die Ausdehnung war groß. Den zentralen Bereich bildete ein Innenhof, der von zwei Seiten zugänglich war, von Osten durch den später so genannten Bogen „Arco di Camigliano". Die Ausdehnung dieses Eingangshofs umfaßte die heutige Via di Piè di Marmo und die Bebauung der nördlichen Straßenseite. In diesem Hof stand auch der große Obelisk, der heute auf dem Vierströmebrunnen steht. An diesen Hof schloß sich im Süden der halbrunde Serapis-Tempel an, der sich bis zur Kirche S. Stefano del Cacco erstreckte. Im Norden lag ein weiterer großer Hof, umgeben von einem Portikus, einem Säulengang, und in der Mitte ein von Obelisken, Sphingen und Löwenfiguren gesäumter Weg, der direkt zum am nördlichen Ende gelegenen Tempel der Isis führte. Im Hof, der sich ungefähr im Norden bis zur Via del Seminario und zur Piazza S. Ignazio erstreckte, befanden sich viele Weihegaben für die Göttin und kapellenartige Gebäude. Der Tempel selbst stand auf einem Podest und war von Säulen umgeben, darüber ein halbrunder Giebel mit dem Bild der Göttin. Im Inneren stand das große Kultbild der Isis.

Lange nach der Schließung des Tempels am Ende des 4. Jahrhunderts n. Chr. stand die Anlage noch aufrecht. Noch im Jahre 1000 muß der Tempel zu sehen gewesen sein, auch wenn sicher bereits Baumaterial entwendet wurde, da sich die verbleibende Besiedelung damals auf das Marsfeld konzentrierte. Angeblich wurden um 1130 knapp dreißig Säulen fortgeschafft und für den Neubau der Kirche S. Maria in Trastevere verwendet. Das weitere Schicksal des Tempels läßt sich aus der Tatsache ableiten, daß sich in der Nähe einer der großen Kalköfen Roms befand. Die Cosmaten nahmen sich Fundstücke als Vorbild und ahmten Sphingen und Löwen nach, die sie dann als Dekoration für die Osterleuchter oder als Sockel für die Säulen in den Kreuzgängen verwendeten. Von hier kommen also die Vorbilder für die Sphingen und Löwen z. B. im Kreuzgang von S. Giovanni in Laterano, dort trägt eine Sphinx sogar einen Bart, da die Handwerker ein Pärchen darstellen wollten.

An Ort und Stelle hat sich der Überrest einer weiblichen Kolossalstatue erhalten, von der leider nur noch der Fuß übrig blieb. Dieser Fuß gab der Straße den Namen, nämlich Via Piè di Marmo. Vorher hieß die Straße nach dem Arco di Camigliano, dem Camigliano-Bogen. Hinter diesem Namen verbarg sich der Eingangsbogen zum zentralen Hof des Tempels, der bis ins 16. Jahrhundert hier stand, ungefähr kurz vor der Stelle, an der die Via di Piè di Marmo in die Piazza del Collegio Romano einmündet.

Auch der Name der Via della Gatta weist auf ein Fundstück aus dem Tempel hin, es ist die „Gatta", die Katze, die von einem Eckgesims des Palazzo Grazioli auf die Passanten herunterschaut. Die Katze war den Ägyptern besonders heilig, es gab eine eigene Katzengöttin, Bastet. Bei Ausgrabungen in Ägypten fand man viele mumifizierte Katzen.

Von der Via Piè di Marmo zweigt die Via S. Stefano del Cacco ab, die ihren Namen von der Kirche erhielt, die leider fast immer geschlossen und nur noch selten zu Gottesdiensten geöffnet ist. Cacco ist ein seltsamer Beiname für eine Kirche, er leitet sich vom Wort „Macacco" ab, was ungefähr Affe bedeutet, also die Kirche des heiligen Stefan zum Affen. Die Kirche wurde in die Ruinen des Serapis-Tempels hineingebaut. Im Mittelalter fand man in der Umgebung eine merkwürdige Steinfigur, die einem Affen ohne Kopf glich. Schnell war ein Beiname für die Kirche gefunden. Den Namen behielt sie, auch wenn der Affe mittlerweile in der ägyptischen Abteilung der Vatikanischen Museen ausgestellt ist.

In den Vatikanischen Museen befinden sich die meisten der Fundstücke, aber auch im Kapitolinischen Museum existiert ein eigener Saal für die Funde aus dem Iseum. Dort im Innenhof, in unmittelbarer Nähe des Marforio und vor dem restaurierten Reiterbildnis Marc Aurels, stehen noch ein paar Originalsäulen, die einst zum Portikus um den Hof des Isis-Tempels gehörten. Die Säulen sind an der Basis mit ägyptisierenden Reliefs geschmückt.

Andere Tempel der Isis befanden sich auf dem Quirinal, auf dem Caelius (das kleine Schiffchen, das heute in der Mitte der Fontana della Navicella steht, war vermutlich einst eine Weihegabe von Matrosen für die Göttin) und auf dem Aventin unter der Kirche S. Sabina. Ein weiterer Tempel befand sich logischerweise in Ostia, im Hafen von Rom, wo es viele fremde Händler und Seeleute gab.

Die auffälligsten Fundstücke aus dem Isis-Tempel sind die Obelisken, die an verschiedenen Orten der Stadt erneut aufgestellt sind, u. a. der Obelisk auf dem Brunnen vor dem Pantheon oder derjenige auf dem Vierströmebrunnen auf der Piazza Navona.

Der Obelisk, den die Dominikanermönche des benachbarten Klosters S. Maria sopra Minerva in ihrem Garten fanden, wurde zu einem außergewöhnlichen Monument. Inmitten der Piazza S. Maria sopra Minerva thront dieses originale ägyptische Stück auf dem Rücken eines kleinen Elefanten, hoch über den Autos. Der Obelisk ist der kleinste der römischen Obelisken, gerade mal dreieinhalb Meter hoch. Liebevoll nennen die Römer das Monument „Pulcin della Minerva", das Küken der Minerva, doch der Name lautete früher „Porcin" statt „Pulcin", was nicht sehr schmeichelhaft für den Elefanten war, übersetzt heißt es nämlich Ferkel. Auf alle Fälle sah man in dem Elefanten ein Symbol der Klugheit, aber auch für Macht und Stärke. Die Inschrift verkündet uns sinngemäß: „Der du dies zu sehen bekommst, erkenne darin den Beweis, daß man schon einen starken Geist haben muß, um die Last der Weisheit zu tragen."

Auftraggeber dieser Spielerei war Papst Alexander VII., der sich auch die Inschrift auf dem Sockel ausdachte. Entworfen hat ihn kein geringerer als Gian Lorenzo Bernini. Die Ausführung (1667) überließ er jedoch seinem Schüler Ercole Ferrata, denn angeblich war er sich für diesen kleinen Auftrag zu schade.

*Der Elefant von
Bernini*

Wie Bernini auf die Idee kam, einen Elefanten als Träger des Obelisken zu verwenden, ist nicht bekannt. Seine ersten Entwürfe sahen eine ganz andere Basis vor, einen Giganten, der den Obelisken in die Höhe heben sollte. Doch vielleicht brachte ihn der Elefant auf die Idee, den afrikanische Gesandte aus ihrer Heimat nach Rom brachten. Im Gegensatz zu heute, wo jedes Kind Elefanten kennt und weiß, wie sie aussehen, muß ein derartiges Tier im Rom des Barock eine Sensation gewesen sein. Eine andere Geschichte erzählt, Bernini sei, als er vom französischen König nach Paris eingeladen wurde, vom Hof wie ein Exote angestarrt und bestaunt worden. „Ja bin ich denn ein Elefant oder eine seltenes Tier?", sagte er sich und nannte sich in Frankreich nur noch „Elefante". Als er die Strapazen der Rückreise von Frankreich nach Rom überstanden hatte, wollte er seine Reise symbolisch verewigen und kam auf die Idee mit dem Elefanten.

Die Idee Berninis, diesen tierischen Träger zu verwenden, war genial, denn die geringe Größe des Obelisken hätte bei einer normalen Aufstellung zur Folge gehabt, das er auf dem Platz gar nicht zur Geltung gekommen wäre. Böse Zungen behaupten, daß Bernini mit Absicht den Standpunkt des Elefanten so gewählt habe, daß er der Kirche der Dominikaner den Hintern darbot. Denn Bernini mochte den Orden angeblich nicht besonders. Schließlich waren es die Dominikaner, die für die Inquisition zuständig waren. Allerdings zeigten sie sich hier von ihrer ängstlichen Seite, denn sie fürchteten, der Elefant könnte das Gewicht des Obelisken wegen der Lücke zwischen den Füßen nicht tragen. Sie bestanden darauf, den Körper durch den übergroßen Sattel zu verstärken, der jetzt fast den ganzen Zwischenraum ausfüllt und dadurch für größere Stabilität sorgt. Bernini hat es besser gewußt, es wäre sicher auch ohne gegangen, man muß nur einmal den fast schwebenden und viel größeren Obelisken auf dem Vierströmebrunnen der Piazza Navona betrachten. Ein anderer Künstler hat im 20. Jahrhundert die Idee Berninis aufgegriffen: Salvador Dali. Er schuf ein um ein Vielfaches fragileres Wesen, als es sich Bernini jemals erträumte. Seine gemalten Versionen des Elefanten in dem Bild „Die Versuchung des heiligen Antonius" besitzen dünne, hohe Spinnenfüße, die jeden Augenblick, so scheint es, umknicken könnten. Doch nicht genug, auf dem

Rücken tragen sie Paläste, Aktfiguren oder seltsame Obelisken. Dali übertrug diese surreale Version auch ins Plastische, ein Goldschmied fertigte nach seinen Entwürfen einen Elefanten aus Gold an, der auf dem Rücken einen Obelisken aus Bergkristall trägt, an dem eine für Dali typische schmelzende Uhr kostbare Tränen vergießt.

Nicht nur Künstlern und Touristen gefällt der Elefant vor der Kirche. Es hätte nicht viel gefehlt, und dieses liebenswerte Monument wäre aus der Stadt verschwunden. Nach Ende des Zweiten Weltkrieges war Rom von den Amerikanern besetzt. Die Soldaten waren genauso wie die Touristen von heute auf der Suche nach Souvenirs, etwas echt Antikes war da natürlich besonders begehrt, so daß rasch ein Markt mit zweifelhaften Antiquitäten entstand. Auch zahlreiche Fragmente, die man in Mauern oder Häuser eingemauert hatte, verschwanden auf merkwürdige Weise. Als aber eines Tages ein Jeep mit amerikanischen Soldaten am Elefantenobelisken vorfuhr, wurde man doch mißtrauisch. Ein Trupp Arbeiter in Uniform schickte sich an, die nötigen Vorbereitungen zum Abbau des Obelisken zu treffen. Erst als ein Portier der umliegenden Häuser Alarm schlug, verschwanden diese unbekannten Abbruchunternehmer, ohne allerdings nur das kleinste Stück des Monuments entfernt zu haben. Dank dieses aufmerksamen Bürgers steht die kleine Kostbarkeit immer noch an der Stelle, für die sie Bernini entworfen hat, und nicht weit von der Stelle, wo der Obelisk einst in der Antike den prächtigen Zugang zum Isis-Tempel säumte.

Isis-Tempel: Ausdehnung Via Piè di Marmo, Via S. Stefano del Cacco, bis zur Via del Seminario

Piè di Marmo: Ecke Via di S. Stefano del Cacco/Via di Piè di Marmo

Elefantenobelisk: Piazza della Minerva

S. Maria sopra Minerva: Piazza della Minerva. Täglich 7.00 Uhr – 12.00 Uhr, 16.00 Uhr – 19.00 Uhr. Die Kirche ist mehr als nur der Hintergrund für den Obelisken. Es ist eine der wenigen gotischen Kirchen Roms, dazu mit wertvoller Ausstattung u. a. von Michelangelo

S. Stefano del Cacco: Via di S. Stefano del Cacco. Geschlossen außer zu Gottesdienstzeiten

Ägyptisches Museum im Rundgang der Vatikanischen Museen: Eingang Viale del Vaticano. Montag bis Samstag und letzter Sonntag im Monat 8.45 Uhr - 13.45 Uhr. Frühling und Herbst Montag bis Freitag bis 16.00 Uhr

Ägyptische Sammlung im Kapitolinischen Museum: Kapitol. Dienstag bis Sonntag 9.00 Uhr – 19.00 Uhr

In der Umgebung von Rom, am Fuße der Stadt Tivoli befindet sich die Villa Hadrians, der sich dort seinen Traum von Ägypten verwirklichte. Hadrian ließ Bauwerke, die er während seiner Reisen kennenlernte, in verkleinerter Form nachbauen, so die Gegend des ägyptischen Canopus mit seinem Serapis-Heiligtum, dazu ein riesiges Wasserbecken als Nachbildung eines Nilkanals. In den Ruinen fand man zahlreiche pseudo-ägyptische Skulpturen, die größtenteils jetzt im Vatikan aufbewahrt werden. Das weite Gelände mit seinen Ruinen ist eine der schönsten und romantischsten Ausgrabungsstätten. Täglich 9.00 Uhr bis ca. 1 Stunde vor Sonnenuntergang

DIE WANDERNDEN OBELISKEN

An keinem Ort der Welt außer in Ägypten findet man so viele Obelisken wie in Rom. Festgefügt stehen sie heute auf römischen Plätzen, als Wegmarken, als außergewöhnliche Dekoration, als Denkmal, als Glaubenszeichen, wie Felsen in der Brandung, unverrückbar in alle Ewigkeit. Für die Ägypter waren es nicht nur einfach Monumente, es waren Symbole des ewigen Lebens, ihre Spitzen waren mit glänzendem Metall überzogen und leuchteten bei Sonnenbestrahlung. Auch die angespitzte Form der Obelisken ist dem Sonnenstrahl nachempfunden, dazu kommt noch, daß man auf die Spitze eine vergoldete Kugel montierte, ein Symbol für die Sonne, so noch zu sehen auf dem Obelisk am Petersplatz.

Die meisten römischen Obelisken hatten trotz ihres enormen Gewichtes bei gleichzeitiger hoher Bruchgefahr ein unstetes Leben: Zuerst wurden sie in Ägypten aufgestellt, dann nahmen sie die römischen Kaiser mit nach Rom. So ein Obeliskentransport war keine einfache Sache. Auf dem Landweg benötigte man spezielle Schlitten aus Holz, dazu enorme Menschenmassen, um dieses Gefährt samt Ladung überhaupt in Bewegung zu setzen. Vielleicht ist das der Grund, daß die römischen Obelisken sämtlich aus Städten und Tempeln im Nildelta stammen, aus Heliopolis oder Sais, die nicht allzu weit vom nächsten Hafen entfernt lagen. Damit war der Transportaufwand erheblich geringer, als wenn man sie erst mühsam aus dem Hinterland hätte heranholen müssen.

Der Transport auf dem Wasser war noch schwieriger. Man benötigte besondere Schiffe, die ein so langes und schweres Frachtgut aufnehmen konnten. Die Probleme fingen schon beim Verladen an, denn wie bringt man einen Obelisken auf ein schlingerndes Schiff? Die antike Methode, wie man so etwas bewerkstelligte, ist heute vergessen. Doch ein Beispiel aus der jüngeren Geschichte zeigt, wie schwierig ein derartiger Transport auch noch vor hundert Jahren war. 1877 transportierte man einen Obelisken von Alexandria nach London, wo er heute noch am Ufer der Themse steht, eine viel bestaunte Attraktion, bekannt unter dem Namen Cleopatra's Needle. Diese Nadel war ein Geschenk des ägyptischen Sultans. Lange war man ratlos über dieses Geschenk oder in Erwartung der damit verbundenen enormen Kosten nicht sehr begeistert. Erst als zwei Ingenieure einen zylindrischen Schwimmkörper entwarfen, ging es voran. Dieser sah aus wie eine schwimmende Zigarre, allerdings aus Metall, in dessen Inneren der Obelisk gut aufgehoben war. Ein Schiff sollte das Ganze im Schlepptau nach London ziehen. Ein Sturm in der Nordsee hätte dem Unternehmen beinahe ein Ende bereitet, wer weiß, wie viele Obelisken bereits mit römischen Schiffen untergegangen sind? Auch die Aufstellung in London war noch einmal ein Kraftakt, mit viel Hydraulik wurde er an die vorgesehene Position gestellt. Wie schwer muß dann erst ein Transport in der Antike gewesen sein, ohne Dampfkraft und Hydraulik?

Die römischen Kaiser sahen diese Trophäen gern in ihrer Hauptstadt, antike Quellen belegen, daß es insgesamt 8 große und ungefähr 42 kleinere Obelisken gab. Im 20. Jahrhundert wollte es der faschistische Diktator Mussolini seinen großen antiken Vorbildern gleichtun. Als die italienischen Truppen 1935/36 in Äthiopien einfielen, dem damaligen Abessinien, und mit überlegenem Kriegsgerät das Land eroberten, ließ er aus der heiligen Stadt Axum einen Obelisken als Beute nach Rom bringen und am

Rande des Circus Maximus aufstellen, wo er bis jetzt noch steht, aber nicht mehr lange. Denn endlich hat man beschlossen, den Obelisken zurückzugeben. Vor dem Rücktransport wird er zur Zeit restauriert. Auf dem Gelände des Foro Italico, in der Nähe des Olympiastadions, ließ der Diktator zu eigenen Ehren einen neuen Obelisken aus Carrara-Marmor aufrichten (angeblich der größte Marmormonolith der Welt), der dort immer noch arglos steht und auf dem in riesigen Lettern „Mussolini Dux", Mussolini Duce, zu lesen ist.

Im Vergleich zum Obelisken von Axum, der am Circus Maximus zwischen den Bäumen und neben der Straße etwas verloren wirkt, wußten die römischen Kaiser und später die Päpste sehr wohl, wie man diese ägyptischen Sonnennadeln wirkungsvoll plaziert. Die größten stellte man in den Circus Maximus, auf die Spina, die Trennmauer zwischen den zwei Rennbahnen. Augustus verwendete einen Obelisken als Zeiger für seine gigantische Sonnenuhr auf dem Marsfeld. Als religiöse Symbole standen sie vor Gräbern, so wie die zwei Obelisken vor dem Mausoleum des Augustus, oder waren wie in Ägypten für die Ausschmückung von Isis-Tempeln bestimmt. Auch als Gartenschmuck wurden sie verwendet. Man weiß, daß einer zu Dekorationszwecken in den Gärten des Sallust auf dem Pincio aufgestellt war. Doch eines hatten sie alle gemeinsam, sie demonstrierten die Macht des Herrschers, ganz egal ob das in Ägypten der Pharao war oder in Rom der Kaiser.

Die Nachfrage war enorm, oft verzichtete man auf den teuren Import aus Ägypten und fertigte an Ort und Stelle. Mit den Priestern der Isis kamen auch ägyptische Handwerker nach Rom. Vermutlich waren sie es, die die in Rom entstandenen Obelisken schufen, die Inschriften verfaßten die Priester. Doch im Vergleich zu den Originalen waren die Hieroglyphen nicht immer korrekt, Fehler schlichen sich ein, dazu war die Ausarbeitung grober als bei einem echten ägyptischen Exemplar.

Die Obeliskenpracht in Rom währte nur bis zum Ende des Römischen Reiches. Alles verfiel, auch die Obelisken verloren ihre Standfestigkeit. Erdbeben beschleunigten diesen Prozeß und die Riesen stürzten zu Boden. Man stelle sich nur einmal den Circus Maximus vor, ein leichtes Erdbeben und die beiden großen Obelisken fallen, was für ein außergewöhnliches Schauspiel muß das gewesen sein! Die Zeit tat ihr übriges, die Monumente verschwanden unter Schutt und unter neuer Bebauung. Der einzige Obelisk, der die ganze Zeit aufrecht stand, war derjenige, der heute das Zentrum des Petersplatzes bildet. Schon im Mittelalter fand man die ersten Obelisken oder manchmal auch nur deren Fragmente, die man als Baumaterial wiederverwendete. So endete manch stolzer Obelisk, der die mühselige Reise von Ägypten nach Rom überstanden hatte, als Türschwelle oder Stufe. Doch bald begann eine Renaissance der Obelisken, als man sie vor allem unter Sixtus V. im 16. Jahrhundert erneut aufstellte und sie als Zielpunkte und Zierde im neuen Straßennetz verwendete, jetzt allerdings durch Kreuze und eine Art Exorzismus in christliche Symbole umgewandelt. Keinem Besucher der Stadt entgehen diese Monumente, doch die Herkunft oder die wechselhafte Geschichte ist den wenigsten bewußt. Deshalb hier eine kleine Obeliskentopographie:

<u>Obelisk auf der Piazza del Popolo</u>

Von Augustus nach Rom gebracht und am östlichen Ende der Spina im Circus Maximus aufgestellt. Er fiel erst im frühen Mittelalter, wurde 1471 entdeckt, aber bald darauf vergessen. 1587 wurde er erneut ausgegraben und 1589 von Sixtus V. an der Piazza del Popolo aufgestellt. Die Löwenfiguren am Fuß des Obelisken kamen erst 1818 hinzu, als Valadier den Platz umgestaltete und das heutige Aussehen entstand. Sie sind Kopien nach ägyptischen Originalen.

Obelisk auf der Piazza di S. Giovanni in Laterano

Dieser Obelisk ist mit 32 m der höchste in Rom. Er kam verhältnismäßig spät in die Stadt. Erst um 337 n. Chr. ließ ihn der Sohn des Kaisers Konstantins, Constantius, von Alexandria nach Rom bringen. Er wurde in der Mitte der Spina im Circus Maximus aufgestellt, in Nachbarschaft zum oben erwähnten Obelisken des Augustus. Vermutlich stürzte er im 6. Jahrhundert n. Chr., als die Goten die Stadt eroberten. Lange blieb er zertrümmert liegen, doch nach und nach deckte ihn Schutt zu, das Gelände wurde zum Gemüsegarten der Kirche S. Maria in Cosmedin. Anfang des 14. Jahrhunderts wußte man bereits, daß hier vermutlich ein Obelisk lag, als man bei Arbeiten im Gelände auf Bruchstücke stieß. Es war wiederum Papst Sixtus V., der den Obelisken 1587 in 7 m Tiefe zusammen mit dem des Augustus ausgraben ließ. Ein Jahr später stand er bereits vor dem Lateranpalast, wo er heute noch steht, als eine Art moderne Spina, um die die Fahrzeuge kreisen.

Obelisk an der Spanischen Treppe

Der Obelisk kam ebenfalls aus Ägypten, allerdings ohne Beschriftung. In Rom wurden die Hieroglyphen eingraviert, was aber nicht sehr sorgfältig erfolgte. Er wurde zu einem nicht genau bekannten Zeitpunkt in den Gärten des Sallust auf dem Pincio aufgestellt, wo bereits ein Teil des Gartens im ägyptischen Stil mit entsprechenden Skulpturen gestaltet war. Lange stand er aufrecht, bis ins 8. Jahrhundert wurde er als stehend erwähnt, stürzte dann um und blieb zerbrochen die ganze Zeit offen liegen. 1734 wurde er zur Lateranbasilika gebracht, wo er vor der Kirche aufgestellt werden sollte, was aber nicht zustandekam. So wanderte er wieder in die Nähe seines ursprünglichen Aufstellungsort auf den Pincio zurück, wo man ihn 1789 vor der Kirche SS. Trinità dei Monti aufrichtete, Goethe sah ihn während seines römischen Aufenthalts noch am Boden liegen. Jetzt ist er der krönende und wirkungsvolle Abschluß der Spanischen Treppe. Erst 1843 fand man seine originale Basis, die jetzt im Garten der Kirche Aracoeli auf dem Kapitol aufgestellt ist.

Die Obelisken aus dem Isis-Tempel

Der Obelisk des Vierströmebrunnens auf der Piazza Navona

Dieser Obelisk stammt nicht aus Ägypten, auch wenn er noch so echt aussieht. Kaiser Domitian gab den Obelisken um 81 n. Chr. in Auftrag und stiftete ihn dem Isis-Tempel, den er nach einem verheerenden Brand wiederaufbauen ließ, was auch die Hieroglyphen auf dem Obelisken zum Inhalt haben. Doch schon im 4. Jahrhundert n. Chr. wurde er von Kaiser Maxentius entfernt und auf der Spina seines Circus weit vor der Stadt an der Via Appia, in der Nähe der Sebastianskatakomben, aufgestellt. Dort lag er

Piazza della Rotonda

dann das ganze Mittelalter hindurch zerbrochen, aber sichtbar. Wie ein Wunder mutet es an, daß er doch wieder ins Stadtgebiet, fast in die Nähe seines ursprünglichen Standorts zurückkam, dazu noch auf die Piazza Navona, dem ehemaligen Stadion des Kaisers Domitians, seines Auftraggebers. Innozenz X. aus der Familie der Pamphilj ließ ihn 1648 zum Platz bringen, an dem sich sein Stadtpalast befand. Bernini setzte ihn ein Jahr später auf die phantastische Konstruktion des Vierströmebrunnens.

Obelisk im Park der Villa Celimontana

Dieser ist in Wirklichkeit nur die obere Hälfte eines ägyptischen Obelisken, die untere Hälfte ist vermutlich derjenige, den Kardinal Albani in seinen Geburtsort Urbino brachte und dort vor dem Palazzo Ducale aufstellen ließ. Die in Rom verbliebene Hälfte hat eine bewegte Geschichte. Ursprünglich aus dem Isis-Tempel, wurde der Obelisk schon im 13. Jahrhundert gefunden und auf dem Kapitol aufgestellt. Verantwortlich für den Transport und die Aufstellung waren die mittelalterlichen Steinmetze der Cosmaten, die ihn auch restaurierten und ein neues Podest herstellten. Um ihn rankte sich die Legende, daß er einst auf dem Grab des Augustus stand. Das Volk sah darin eine Verbindung mit der Legende um die Gründung der Kirche Aracoeli und dem Himmelsaltar. Bis ins 15. Jahrhundert stand er aufrecht, dann fiel er erneut und blieb lange liegen. 1582 erwarb ihn die Familie Mattei, die ihn im Park ihrer Villa auf dem Caelius aufstellte (die heutige Villa Celimontana), wo er seitdem kaum verändert steht.

Obelisk auf der Piazza Rotonda

Ebenfalls ein ägyptisches Original aus dem Isis-Tempel, der 1374 beim Neubau der Apsis der Kirche S. Maria sopra Minerva gefunden wurde. Lange lag er vor der Kirche S. Macuto, einer kleinen Kirche neben der Jesuitenkirche S. Ignazio und wurde dann dort in der Nähe aufgestellt. Erst 1711 ließ ihn Clemens XI. auf den neuen Brunnen vor dem Pantheon setzen. Würdevoll erhebt er sich über die phantasievollen Wasserspeier.

Obelisk vor dem Palazzo Massimo alle Terme/Viale Einaudi

Wieder ein originales Exemplar aus der ergiebigen Fundstelle des Isis-Tempels. Bei einem Neubau in diesem Bereich wurde er 1719 gefunden, blieb aber weiter verborgen, bis man ihn 1883 im Zuge der archäologischen Ausgrabungen im Bereich des Tempels erneut entdeckte. Er wurde zu einem Kriegerdenkmal zu Ehren der Helden von Dogali umgewandelt, als Erinnerung an eine wichtige Schlacht der Italiener im Krieg gegen Äthiopien. Lange stand er vor der alten Stazione Termini, bis man ihn 1924 an die jetzige Stelle versetzte. Versteckt steht er dort inmitten des Platzes, umgeben von hohen Bäumen und fast abgeschirmt durch die Stände der römischen Bouquinisten.

Der Elefantenobelisk vor der Kirche S. Maria sopra Minerva

Er ist zwar kleinste unter den wiedergefundenen Obelisken, doch ein Original aus Ägypten und ebenfalls aus dem Isis-Tempel. Man fand ihn 1655 im Garten des Dominikanerklosters von S. Maria sopra Minerva. Bernini entwarf für ihn den Sockel in Form eines Elefanten. Die ausführliche Geschichte wird im Kapitel um den Isis-Tempel erzählt.

Die beiden Obelisken vom Augustus-Mausoleum

Als Kaiser Domitian auf dem Marsfeld neue Bauten wie sein Stadion, die heutige Piazza Navona, errichten ließ, gab er für den Platz vor dem Augustus-Mausoleum zwei Obelisken in Auftrag. Beide Obelisken stammen folglich aus einheimischer Produktion. Im Mittelalter wurde das Mausoleum wie viele antike Gebäude in eine Festung der streitenden Adelsfamilien umgewandelt. Im Zuge dieser Arbeiten wurden die beiden umgefallenen Obelisken mit Schutt zugedeckt. 1510 wurde der erste entdeckt und ausgegraben, schließlich wußte man von der Existenz der Monumente durch das Studium antiker Texte. 1587 wurde er von Sixtus V. vor die Apsis der Kirche S. Maria Maggiore gesetzt, als Wegmarke für die Pilger, die sich auf der neuen Strada Felice der Kirche näherten. Der andere Obelisk wurde erst viel später aus der Erde geholt,

Piazza del Quirinale

nämlich 1782, vier Jahre danach stand er wieder aufrecht vor dem päpstlichen Sommerpalast auf dem Quirinal, dem ehemaligen Königspalast und dem heutigen Sitz des Staatspräsidenten, bewacht von den zwei antiken Statuen der Rossebändiger, römische Kopien griechischer Originale aus den nahen Konstantinsthermen. Ein Ensemble, zu dem noch die große Brunnenschale gehört, die früher auf dem Forum Romanum stand und als Viehtränke diente.

Obelisk auf der Piazza di Montecitorio

Dieser Obelisk ist der letzte sichtbare Überrest der Sonnenuhr, die Kaiser Augustus auf dem Marsfeld errichten ließ (siehe das Kapitel Augustus auf dem Marsfeld). Die Dimensionen dieser Anlage waren gigantisch, der Obelisk diente als Zeiger, der den Schatten auf das riesige runde „Zifferblatt" warf, in dessen Mitte er stand. Augustus ließ ihn 10 v. Chr. als ersten Obelisken aus Ägypten holen. Man fand ihn unter einem Gebäude an der heutigen Piazza del Parlamento, hinter dem Parlament. Eine Tafel am Haus mit der Nr. 3 erinnert an die Bergung. Vermutlich wurde er erst um 1000 beim Einfall der Normannen gestürzt. 1502 wurde er entdeckt, aber erst 1748 komplett freigelegt. 1792 transportierte man ihn an die heutige Stelle vor das Parlament, dem Palazzo di Montecitorio, wo er wieder den Mittelpunkt einer Sonnenuhr bildet, wenngleich in weit bescheidenerem Umfang.

Obelisk im Park auf dem Pincio, Viale dell'Obelisco

Der Obelisk, der heute im Park über der Piazza del Popolo steht, ist eine römische Imitation, die Kaiser Hadrian, ein großer Ägyptenliebhaber in Auftrag gab. Der Anlaß war nicht sehr erfreulich, er diente als Schmuck für das Grab des Antinous in Rom. Antinous war der von Hadrian verehrte Jüngling, der in Ägypten im Nil ertrank. Vom Grabmal wurde er im 3. Jahrhundert n. Chr. entfernt und im Circus des Varianus in der Nähe der heutigen Via Labicana auf der Spina aufgestellt. Er fiel und lag dort lange zerbrochen, bis ihn die Eigentümer des Grundstückes 1570 aufstellen ließen. Doch nur kurze Zeit stand er aufrecht, er fiel wieder und wurde anscheinend zugedeckt. Kardinal Francesco Barberini, ein Sammler ägyptischer Altertümer ließ die Trümmer 1632 in seinen Palast bringen. Als ihn 1769 Papst Clemens XIV. von der Familie als Geschenk erhielt, transportierte man die Bruchstücke in den Cortile della Pigna der Vatikanischen Museen. Erst 1822 ließ ihn Pius VIII. auf dem Pincio aufrichten.

Weitere Obelisken

Die oben aufgeführten Obelisken sind die einzigen, die die Jahrhunderte mehr oder wenig heil überstanden haben. Zahlreiche Fragmente von Obelisken hat man gefunden, die nicht das Glück hatten, zusammengesetzt und aufgestellt zu werden, sondern als Baumaterial Verwendung fanden. Fragmente haben sich z. B. als Türschwelle der Kirche S. Andrea della Valle und des Palazzo Giustiniani erhalten. Von anderen Fragmenten weiß man durch mittelalterliche Quellen, die von der Auffindung oder dem Standort berichten. Verschwunden ist der große Obelisk, der sich einst auf der Tiberinsel befand. Aus Rom weggebracht wurde ein weiterer Obelisk aus dem Isis-

Tempel, der jetzt im Garten des Palazzo Pitti in Florenz steht, stilgerecht inmitten einer Art Arena.

Ein bedeutender Obelisk fehlt noch in der Aufzählung: Es ist der bekannte Obelisk auf dem Petersplatz, der einzige, der die ganze Zeit aufrecht stand. Dieser wurde im 16. Jahrhundert in einer spektakulären Aktion versetzt, um ihn ranken sich zahlreiche Legenden.

Der Obelisk auf dem Petersplatz

Auf dem Petersplatz steht keine Imitation, der Obelisk hier ist ein ägyptisches Original aus Alexandria. Während der Herrscherzeit des Caligula wurde er nach Rom gebracht und auf der Spina seines Circus aufgestellt. Dieser Circus befand sich im Gebiet des heutigen Vatikans und erstreckte sich von der südlichen Kolonnade des Petersplatzes bis weit hinter die Kirche. Das südliche Schiff der Peterskirche befindet sich über dem ehemaligen Gelände des Circus, genauso wie die Sakristei und der Camposanto Teutonico. Die Spina verlief ungefähr unter der südlichen Begrenzung des rechteckigen Vorplatzes der Kirche und durch den Arco delle Campane, dem Zugangstor zum Vatikan. Auf dem dahinter liegenden Platz stand bis ins Mittelalter der Obelisk, kurz vor dem Bogen, der die Sakristei mit der Kirche verbindet. Eine kleine Marmorplatte im Boden markiert dort die Stelle. Dieser Circus war im 1. Jahrhundert n. Chr. der Schauplatz zahlreicher Christenverfolgungen, der hl. Petrus wurde hier gekreuzigt. Im Mittelalter entstanden zahlreiche Legenden, man glaubte der Obelisk sei das Grabmonument von Julius Caesar, dessen Asche sich in der originalen Kugel an der Spitze des Obelisken befinde. Eine weitere Legende besagt, der Obelisk stamme aus Jerusalem und sei von König Salomon geschaffen worden. Auf magische Weise wurde er mit Hilfe des Dichters Vergil in einer Nacht von Jerusalem nach Rom befördert. Immer wieder hatte man Pläne, das Monument zu versetzen, doch erst Sixtus V. verwirklichte das Vorhaben 1586. Sein Baumeister Domenico Fontana konstruierte eine Vorrichtung, mit deren Hilfe der Obelisk komplett transportiert werden konnte, und zwar genau in die Mittelachse der gerade entstehenden Peterskirche. Das Versetzen verlangte äußerste Aufmerksamkeit, niemand durfte sprechen. Ein Seemann namens Bresca sah, daß sich ein Seil erhitzte und zu reißen drohte. Trotz des ausdrücklichen Verbots schrie er „Wasser auf die Seile". Die Versetzung gelang, der Papst wollte sich erkenntlich zeigen und fragte den Seemann nach seinem Wunsch. Bresca erbat sich das Privileg, jedes Jahr am Palmsonntag für die Gottesdienste in der Peterskirche und den Hauptkirchen die Palmblätter liefern zu dürfen, was ihm auch finanzielle Vorteile einbrachte. Dieses Privileg ging auf seine Nachkommen über und soll immer noch gültig sein.

Als Bernini den Petersplatz durch die Kolonnaden neu gestaltete, wurde der Obelisk zum Mittelpunkt des Platzes, obwohl zur Zeit der Versetzung noch niemand ahnen konnte, wie der Platz einmal aussehen würde.

MITHRAS
IN DER UNTERWELT

Genauso wie die Stadt aus vielen, übereinanderliegenden Schichten besteht, so haben viele Kirchen in Rom unter ihrem Fußboden eine Unterwelt, zu der man hinuntersteigen kann. Über Treppen erreicht man Krypten, Reste von früheren Kirchen oder Ausgrabungen aus der Antike. Die Kirche S. Clemente in der Nähe des Kolosseums ist dafür ein besonders beeindruckendes Beispiel. Neben der außergewöhnlichen Cosmatenausstattung, dem Apsismosaik und den frisch restaurierten Fresken von Masaccio und Masolino in der Katharinenkapelle besitzt sie eine Unterkirche, darunter noch ein heidnisches Mithras-Heiligtum, ein Mithräum, und einen frühchristlichen Palast. Die Schichten lassen sich wie auf einer Zeitreise nach unten durchschreiten. Doch das Mithräum und der Palast in der Tiefe bilden noch gar nicht das unterste Niveau, beide stehen ihrerseits auf Fundamenten von Wohnhäusern, die beim Brand Roms unter Kaiser Nero zerstört wurden. Das Gelände war früher ein Tal, das durch Schutt immer mehr in der Höhe wuchs, bis die Senke völlig aufgefüllt war.

Die unterste begehbare Bebauung, bestehend aus Heiligtum und Palast, stammt aus dem 2. Jahrhundert n. Chr. Der Palast gehörte einem römischen Bürger namens Clemens (eventuell identisch mit dem hl. Clemens), in dessen Haus einer der ersten christlichen Versammlungsräume eingerichtet wurde, daher leitet sich die Bezeichnung „Titelkirche" für S. Clemente ab. (Titelkirchen sind jene alten Kirchen, die über den allerersten Räumen für Gottesdienste in Privathäusern entstanden.) Als das Christentum zur Staatsreligion aufstieg ging der Palast in den Besitz der Kirche über. Man schüttete die Räume des Erdgeschosses zu und errichtete darüber die erste Kirche S. Clemente, die sich völlig über die Fläche des Hauses ausdehnte. Nachdem der Kult des Mithras verboten wurde, kaufte man das angrenzende Grundstück des Tempels dazu und füllte ihn ebenfalls auf, um darüber die Apsis der Kirche zu bauen, denn bis dahin hatte die erste Kirche die Form eines Rechteckes. Als um 1100 die Kirche baufällig wurde, vermutlich wegen der Zerstörungen, die die Normannen bei der Einnahme der Stadt 1084 anrichteten, ging man genauso vor wie beim Bau der ersten Kirche im 4. Jahrhundert: Man füllte den ganzen Raum bis zur Höhe des Seitenschiffs mit Erde und Schutt und baute die heutige Kirche auf dieses Fundament in der Form, wie wir sie noch immer vorfinden.

Die Kenntnis von der ersten Kirche und den Bauten darunter geriet in Vergessenheit. Das Erstaunen war groß, als die ersten Ausgrabungen unter Fr. Joseph Mullooly, dem damaligen Prior von S. Clemente, im 19. Jahrhundert den Vorgängerbau mit kostbaren Fresken freilegten. Die eigentliche Überraschung war die noch tiefere Schicht mit dem Tempel und dem frühchristlichen Palast. Zur Orientierung ist es gut zu wissen, daß sich der ganze Palast genau unter den beiden Kirchen befindet, die ausgegrabenen Räume erstrecken sich jeweils unter dem rechten Seitenschiff und unter dem Altarraum der beiden Kirchen. Die Räume des Mithräums liegen direkt unter der Apsis der Kirche, die Grotte selbst liegt bereits außerhalb der Kirchenmauern, Richtung Kolosseum. Das Mithräum befand sich im Innenhof eines römischen Wohnhauses, einer Insula, und umfaßte mehrere Räume. Daneben lag, durch einen schmalen Gang getrennt, das Anwesen jenes Clemens, ein rechteckiger Bau, ebenfalls mit Innenhof. Der südliche Teil dieses Gebäudes und dessen Innenhof sind noch völlig unerforscht.

Nach Beendigung der Ausgrabungen entstand ein Problem, das erst Anfang des 20. Jahrhunderts gelöst werden konnte: Aus einer unterirdischen Quelle floß permanent Wasser in die freigelegten Räume der untersten Schicht, ein See bildete sich, der die Ausgrabungen unzugänglich machte. Erst als ein fast 600 m langer Tunnel zur alten Cloaca Maxima am Kolosseum gegraben wurde (die ihrerseits in den Tiber mündet), konnte das Wasser abfließen. Doch das Wasser ist immer noch allgegenwärtig. In einem Raum des Palastes ist der Kanal sichtbar, überall ist das Rauschen zu hören, das in der Tiefe ein ganz merkwürdiges Gefühl verursacht, das als Erinnerung an den Besuch der Ausgrabungen lange im Gedächtnis bleibt.

Faszinierend ist das Nebeneinander des Tempels eines erloschenen Kultes und dem Versammlungsort einer aufstrebenden Religion. Der Kult des Mithras verschwand nach dem Sieg des Christentums und dem anschließenden Verbot der anderen Religionen sehr schnell, es gibt keine schriftlichen Aufzeichnungen der Anhänger, das Wissen über diesen Kult erschließt sich nur über dessen Tempel und Kultbilder, darüber hinaus aus frühchristlichen Texten. Auffallend sind die vielen Ähnlichkeiten der beiden Religionen, die etliche Wissenschaftler zu der Spekulation verleitet haben, was wohl passiert wäre, wenn nicht das Christentum, sondern der Kult des Mithras Staatsreligion geworden wäre.

Wenn man zum Mithräum hinuntersteigt und vor dem Gitter der düsteren Grotte mit dem seltsamen Altar steht, hat man den Eindruck eines unheimlichen und geheimnisvollen Kultes, weit entfernt von der christlichen Religion, deren vertrauten Kirchenraum man gerade eben verlassen hat.

Doch der Kult war ganz anders. Entstanden ist er in Persien, er läßt sich dort seit 1500 v. Chr. nachweisen. Der Kult wurde bestimmt vom Dualismus Gut und Böse. Mithras diente dem obersten Himmelsgott Ahuramazda, der das Gute schlechthin verkörperte. Sein Gegenspieler war Ahriman, der Herr des Bösen und der Finsternis. Ahriman kämpfte zusammen mit seinen Dämonen gegen Ahuramazda.

Mithras wurde am Anfang der Welt aus einem Stein geboren, mit ihm kam durch eine Fackel das Licht auf die Erde. Seinen Geburtstag feierte man am 25. Dezember, es ist der Beginn der Periode, in der die Sonne zu steigen anfängt und damit die Tage länger und heller werden. Vom obersten Gott erhielt er mittels eines Raben den Befehl, den Stier der Fruchtbarkeit zu suchen und zu töten. Lange dauerte es, bis Mithras den Stier fand. In einer Höhle opferte er ihn, dabei waren verschiedene Tiere anwesend. Ein Hund und eine Schlange tranken vom Blut des Stieres, ein Skorpion biß ihm in die Genitalien. Das Opfer steht für die Erneuerung des Lebens und der Fruchtbarkeit, aus dem Blut sproß alles pflanzliche und tierische Leben, das Gute kam auf die Erde. Doch der Skorpion (die Verkörperung des Bösen) vergoß etwas vom Blut, dadurch kam das Böse auf die Erde, gegen das Mithras ankämpfte. Nach dem Opfer kam es zu einem Streit zwischen Mithras und Ahuramazda, doch sie versöhnten sich und feierten mit dem Fleisch des geopferten Tieres ein Siegesmahl. Danach fuhr Mithras mit dem Viergespann des Gottes in den Himmel auf.

Zentrum dieses Kultes war Kleinasien, dort wurde er mit einer Sternensymbolik und Seelenlehre verbunden, die ihn auch für höhere und gebildetere Stände akzeptabel machte. Gleichzeitig wurde er als eine Verkörperung des griechischen Lichtgottes Apollo verehrt. Der Bund der Gläubigen glich insgesamt eher einer Geheimgesellschaft, zu der nur Männer nach einem Aufnahmeritual zugelassen wurden. Es war ein Mysterienkult mit strengen moralischen Anforderungen und Pflichten, man erwartete Gehorsam, Ehrlichkeit, Treue und Loyalität. Das war der Grund dafür, daß Mithras besonders häufig von Beamten oder Soldaten verehrt wurde. Soldaten zog der Kult vermutlich wegen dem ständigen Kampf gegen das Böse an. Die römischen Kaiser förderten den Mithras-Kult mit dem Hintergedanken, daß treue Gläubige auch treue Staatsdiener waren. Über die Handelswege kam der Kult mit Kaufleuten und Soldaten nach Rom, das Einfallstor waren die Häfen. In Ostia, dem Hafen von Rom, soll es viele Mithräen gegeben haben. Schnell verbreitete sich der Kult in ganz Europa, im ganzen Römischen Reich fand man Heiligtümer und Altäre des Mithras, im römischen Germanien z. B. in Köln und Trier.

Treffpunkt der Gläubigen war eine Grotte oder Höhle, in der die Geburt des Gottes mit dem Entzünden einer Fackel nachgestellt wurde, genauso wie an hohen Festtagen das Stieropfer. Das Fleisch des geopferten Tieres verzehrte man gemeinsam. Ansonsten wurde Brot, Wein und Wasser gereicht, um das Siegesmahl des Mithras zu feiern. Die Grotten besaßen immer ein Gewölbe, das den Himmel symbolisieren sollte, und an den Seiten gemauerte Speiseliegen für das Siegesmahl. Mittelpunkt einer Gruppe war der Pater, eine Art oberster Priester, ein Mittler zwischen Himmel und Erde. Er war für die Opfer, den Gottesdienst und die Einweihung der Gläubigen verantwortlich. Es gab insgesamt sieben verschiedene Grade der Einweihung, dargestellt mit einer Art Himmelsleiter, auf der man sich bei fortschreitender Weihe immer mehr dem Himmel näherte. Jeder Grad hatte verschiedene Prüfungen und Rituale, darunter auch eine Art Taufe, der höchste Grad war der des Paters. Jeder, der sich dieser Einweihung unterwarf und die moralischen Anforderungen erfüllte, konnte sicher sein, nach dem Tod in den himmlischen Gefilden weiterzuleben. Es gab lediglich kleine Gruppen mit Gläubigen. Wurde eine Gruppe zu groß, gründete der Pater eine neue Gemeinde. Naturgemäß war der Zusammenhalt innerhalb dieser kleinen Gemeinschaft sehr stark.

Als das Christentum zur Staatsreligion erhoben wurde, verschwand der Kult sehr rasch. Im Vergleich zum Christentum besaß der Kult etliche Mängel, die erheblich zum schnellen Untergang beitrugen: Es gab keine Berufspriester, keine hierarchische Organisation, nur kleine Gruppen (in Rom vermutlich nur ca. 50). Der schwerste Mangel war aber die Nichtzulassung von Frauen. Der Kult konnte deswegen nie eine Massenreligion wie das Christentum werden, dazu war er zu sehr Geheimgesellschaft. Die (zufälligen?) Ähnlichkeiten mit dem Christentum sind aber erstaunlich: Der Geburtstag von Mithras und Jesus Christus war der 25. Dezember, beide überwinden den Tod und fahren in den Himmel auf. Beide Religionen verheißen Unsterblichkeit der Seele und ein Leben im Jenseits. Weihwasser und Taufe sind wesentliche Bestandteile der Einweihung, beide feiern ein Kultmahl, das Siegesmahl des Mithras und das letzte Abendmahl Christi. Den ersten Christen waren diese Übereinstimmungen durchaus bewußt, es kam deswegen zu einem wahren Bildersturm gegen die Mithräen, bei dem man vor allem die Darstellungen mit dem Siegesmahl zerstörte. Vielleicht waren es gerade die Ähnlichkeiten, die den Anhängern des Mithras den Übertritt zum neuen Glauben erleichterten.

Das Mithräum unter S. Clemente bestand aus drei Räumen, die im 2. Jahrhundert n. Chr. in den Hof eines (noch nicht erforschten) Hauses eingebaut wurden:

Das Triclinium, die Grotte, in der man den Geburtstag und das Siegesmahl feierte
Ein Vorraum zur Grotte mit Bänken
Eine Art Schule oder ein Lehrraum rechts am Ende eines schmalen Korridors

In der Grotte ist heute der Altar des Gottes aufgestellt, der vermutlich einmal im Vorraum stand. Dargestellt ist die Tötung des Stieres. Mithras trägt hier eine phrygische Mütze (eine Mütze mit nach vorne gekipptem Zipfel). Unter dem Stier sieht man den Hund und die Schlange, daneben den Skorpion. Mithras wendet sich nach links, in Richtung des Raben, der ihm den Befehl zur Tötung des Stieres überbrachte. In der linken Ecke erkennt man schwach noch eine Darstellung des obersten Gottes in der Gestalt der Sonne, in der rechten noch schwächer die Mondgöttin. Seitlich sind zwei Gestalten (Cauto und Cautopates) mit gehobener und gesenkter Fackel zu sehen, Symbole für die Periode der steigenden Sonne (Winter und Frühjahr) und für die Periode der kürzer werdenden Tage (Sommer und Herbst). Die zwei Köpfchen auf dem Alter stehen für die vier Jahreszeiten, leider sind die beiden hinteren nicht mehr erhalten. An der Rückwand befindet sich eine Darstellung mit der Geburt des Gottes aus dem Stein. In der Wölbung, dem Himmelsgewölbe nachempfunden, erkennt man noch schwach Reste der alten Stuckdekoration aus Sternen. Die kreisförmigen Vertiefungen dienten zur Darstellung von Sternbildern.
Im Vorraum zur Grotte kann man sich noch auf den Sitzbänken niederlassen, auf denen vielleicht schon die Gläubigen vor ihrer Einweihung warteten. Die unförmigen Pfeiler in der Mitte dienen zur Abstützung der darüber liegenden Apsis.
In der sogenannten Schule hat sich ebenfalls Stuckdekoration erhalten, dazu ein schwarzweißer Mosaikboden. Vermutlich diente der Raum der Unterweisung der Gläubigen. Hier sieht man sieben Nischen, vielleicht waren sie mit Bildern der sieben Stufen der Einweihung ausgemalt.
Die Fortsetzung des Korridors führt zu dem Tunnel, den man für den Wasserabfluß grub.
Über einen schmalen Gang zwischen Vorraum und Schule erreicht man den frühchristlichen Palast. Nur ein weiterer enger Korridor trennte einst das Mithräum vom Versammlungsort der ersten Christen. Auf engstem Raum lagen die Kulträume von zwei, zumindest oberflächlich, vergleichbaren Glaubensrichtungen zusammen. Man stelle sich das Zusammentreffen der Gläubigen auf der Straße vor, beide gingen vielleicht zum Gottesdienst ihrer Religion, in der sie beide ähnliche Verheißungen zu erlangen glaubten.
Wie in einem Labyrinth kommt man sich vor, wenn man zum ersten Mal die zwei ausgegrabenen Raumfluchten des Palastes durchstreift. Allgegenwärtig ist das Rauschen des Wassers, in einem der Räume ist der Kanal offen. Am Ende der längeren Raumflucht (hier hat man in der Antike eine kleine Katakombe angelegt, in der auch der Ausgräber des Komplexes, Fr. Mullooly, begraben liegt) führt die Treppe nach oben in die Unterkirche. Mit einer gewissen Erleichterung steigt man empor, froh, dieser unheimlichen Unterwelt entfliehen zu können. Ähnlich wie bei einem Mithras-Anhänger beim Entzünden der Fackel stellt sich ein gutes Gefühl ein, wenn man aus

der Dunkelheit wieder ins helle Licht der Sonne heraustritt, das Licht, das nach deren Vorstellung der Gott auf die Erde gebracht hat.

Übrigens ist es nicht das einzige Mithräum, das man in Rom gefunden hat. Viele weitere sind bekannt, jedoch nicht so leicht zu besichtigen wie das unter S. Clemente oder gar nicht. Eines befindet sich unter dem Circus Maximus im Bereich der Kurve. Zwei andere Mithräen sind mit Fresken ausgestattet, die wertvolle Hinweise auf die Mythologie um Mithras liefern: Bei Grabungen auf der Rückseite des Palazzo Barberini fand man ein römisches Haus mit einem eingebauten Mithräum (hier gibt es kein steinernes Kultbild, sondern ein Fresko mit der Darstellung des Gottes), das andere liegt unter der Kirche S. Prisca auf dem Aventin. Ein weiteres fand man unter der Kirche S. Stefano Rotondo auf dem Caelius. Diese Kirche liegt teilweise über einer ehemaligen Kaserne aus der Antike, ein Beweis dafür, daß Mithras besonders viele Anhänger unter Soldaten hatte. Das bisher größte entdeckte Mithräum befindet sich unter den Thermen des Caracalla. Kaiser Caracalla war ebenfalls ein Förderer und Anhänger des Kultes.

S. Clemente: Via di S. Giovanni in Laterano. Täglich von 9.00 Uhr – 12.30 Uhr, 15.30 Uhr – 18.30 Uhr (Oktober bis März bis 18.00 Uhr)

Mithräum unter dem Circus Maximus: Via del Circo Massimo. Das Mithräum befindet sich auf der Seite der U-Bahn-Station, im Bereich der ehemaligen Kurve und dem mittelalterlichen Turm, es ist bei gelegentlichen Führungen zu besichtigen. Man beachte die Hinweise an der Absperrung

Mithräum unter S. Prisca: Via S. Prisca. Das Mithräum ist zusammen mit einem kleinen Antiquarium Montag und Freitag von 10.00 Uhr – 12.00 Uhr zugänglich. (z. Zt. wegen Restaurierung geschlossen)

Weitere Kirchen mit relativ leicht zugänglicher antiker Unterwelt:
S. Martino ai Monti, S. Cecilia in Trastevere, SS. Giovanni e Paolo, S. Pudenziana, S. Agnese fuori le Mura, Peterskirche

DOMINE, QUO VADIS?
MIT SIENKIEWICZ AUF DEN SPUREN DES
HEILIGEN PETRUS

„Domine, quo vadis?" Diese lateinische Frage kennt auch derjenige, der diese Sprache nie in der Schule gelernt hat: „Herr, wohin gehst du?" fragt der aus Rom fliehende Petrus den entgegenkommenden Christus. Diese Legende reizte den polnischen Schriftsteller Henryk Sienkiewicz, um sie herum einen historischen Roman zu verfassen. Es wurde eines der erfolgreichsten Bücher der Welt, übersetzt in vierzig Sprachen mit Millionenauflagen, gleichzeitig das bekannteste Buch eines polnischen Autors überhaupt. Der Verfasser bekam dafür 1905 den Nobelpreis. Die Geschichte spielt in Rom zur Zeit des Kaisers Nero, eine Liebesgeschichte inmitten des aufstrebenden Christentums und der niedergehenden Religion der Römer. Ein junger, erfolgreicher Patrizier namens Vinicius verliebt sich in das christliche Mädchen Lygia, das als kaiserliche Geisel bei einem Senator erzogen wird. Durch den Einfluß Lygias wird der den Christen zunächst feindlich gesinnte Vinicius zum neuen Glauben bekehrt. Diese Liebesgeschichte ist eingebettet in die Schilderung der Verhältnisse und Ereignisse während der Regierung des größenwahnsinnigen Kaisers Nero und dessen Hofstaates. Die Christen konnten damals ihren Glauben nur im Verborgenen ausüben, von den Römern argwöhnisch beobachtet. Als in der Stadt ein Feuer ausbricht, der berühmte Brand von Rom, sucht man nach Schuldigen. Rasch entsteht das Gerücht, die Christen hätten absichtlich das Feuer gelegt. Der Volkszorn fordert Rache, es kommt zu den ersten Christenverfolgungen. Auch Lygia und Vinicius werden verhaftet, doch die Geschichte geht für sie gut aus, das Paar entgeht auf wunderbare Weise der Hinrichtung. Kaiser Nero endet durch Selbstmord.
Sienkiewicz hat für diesen Roman die historischen Quellen genau studiert. Die Idee zum Buch kam ihm vermutlich bei einem längeren Aufenthalt in Rom. Doch die eigentliche Ausarbeitung des Romans erfolgte fern von der Stadt, nämlich in Frankreich. 1895 wurde das Buch in seiner Heimat veröffentlicht und ein großer Erfolg, schnell übersetzte man es in andere Sprachen. Besonders durchschlagend wurde die französische Ausgabe, die 1900, im Jahr der Weltausstellung, in Paris erschien. Alle Buchhandelsrekorde wurden gebrochen. Ganz Paris schien damals einem „Quo-vadis-Taumel" verfallen. Der griffige und geheimnisvolle Titel trug sicher nicht wenig zum Erfolg bei, er wurde für alles mögliche vermarktet, wenngleich kaum mit der Zustimmung des Autors. So gab es Süßigkeiten und Kleidungsstücke mit diesem Namen, für Werbeslogans wurde er mißbraucht. Bald erschien eine dramatische Fassung des Stoffes fürs Theater, dann für die Oper. Die erste Verfilmung erfolgte bereits 1901, gefolgt von weiteren in den zwanziger Jahren und der monumentalen Fassung des Regisseurs Le Roy aus dem Jahr 1951. Diese, bis jetzt letzte Verfilmung, ist ein Paradebeispiel für die Monumentalfilme aus Hollywood, mit riesigen Menschenmassen und aufwendigen Kulissen. Unvergeßlich ist Peter Ustinov in der Rolle des mächtigen, grausamen und gleichzeitig lächerlichen Nero. Kernstück im Film wie im Buch ist

natürlich die namensgebende Episode vom fliehenden Petrus, überliefert in verschiedenen Varianten. Die bekannteste ist die von Jacobus de Voragine aus seiner „Legenda Aurea".

Der Legende nach reiste der Heilige nach Rom, weil sich dort sein alter Widersacher, der Zauberer Simon Magus, aufhielt. Dieser Zauberer versuchte mit allerlei Tricks und Gaukelei die Leute von seiner göttlichen Natur zu überzeugen. Besonders Kaiser Nero schätzte ihn sehr und sah in ihm einen Beschützer der Stadt. Immer wieder versuchte er Petrus und den zu Hilfe gekommenen Paulus herauszufordern, doch seine Zauberei war nur Lug und Trug, er unterlag. Eines Tages verkündete er seine Himmelfahrt, er stieg auf einen hohen Turm und flog davon. Petrus und Paulus fielen auf die Knie und begannen zu beten, um den Zauber zu brechen. Simon stürzte nach diesem Höhenflug auf das Forum und starb. Kaiser Nero war entsetzt über dessen Tod und ließ die beiden Heiligen im Mamertinischen Kerker einsperren. Dort bekehrten sie ihre Bewacher und tauften diese an einer Quelle, die auf wunderbare Weise aus dem Felsen entsprang. Die Soldaten ließen sie ehrfürchtig frei. Petrus und Paulus wurden von ihren Freunden gewarnt, denn weitere Verfolgungen drohten. Man drängte sie, Rom zu verlassen und nach Galiläa zu fliehen. Als Petrus bereits außerhalb der Stadt war, kam ihm Christus entgegen. Petrus fragte ihn: „Domine, quo vadis?", „Herr, wohin gehst du?" Christus antwortete: „Ich gehe nach Rom, um mich noch einmal kreuzigen zu lassen." Petrus verstand den Sinn der Worte Christi sehr gut und schämte sich nun seiner Feigheit. Er entgegnete, daß auch er zurückkehren wolle, um sich mit Christus kreuzigen zu lassen. Christus verschwand daraufhin im Himmel. Die Vermutungen der Freunde Petris bewahrheiteten sich, sofort nach der Rückkehr wurde der Apostel verhaftet und zum Tode am Kreuz verurteilt. Petrus wünschte sich eine Kreuzigung mit dem Kopf nach unten, da er sich nicht für würdig hielt, auf dieselbe Weise wie Christus zu sterben. Im Circus des Caligula wurde er hingerichtet und auf dem Friedhof daneben begraben.

Die Schauplätze der Legende sind weit in der Stadt verstreut.

Der Mamertinische Kerker war einer der schrecklichsten Orte des antiken Roms. Das ehemalige Staatsgefängnis befindet sich am Fuß des Kapitols, am Rande des Forums und ist auch unter dem Namen Tullianum bekannt. Von außen hat der ganze Komplex das Aussehen einer Kirche, in Wirklichkeit ist es jedoch eine mehrstöckige Anlage: Oben das Heiligtum S. Giuseppe dei Falegnami, hl. Josef der Zimmermänner, unten das ehemalige Gefängnis, die heutige Kirche S. Pietro in Carcere. Bis in die unterste Zelle führt jetzt eine Treppe, früher war dieser Raum nur über ein Loch mit der Oberwelt verbunden. Durch die Öffnung kam der Gefangene in die Zelle, durch sie wurde er versorgt. Es ist historisch erwiesen, daß in dieser Zelle besonders bedeutende Gefangene eingesperrt waren, z. B. der unterlegene Gallierfürst Vercingetorix, der besiegte afrikanische König Jugurtha. Gefangene, die man in Ketten im Triumphzug präsentierte, dann in diesen Keller warf und irgendwann tötete. Doch auch Verschwörer aus dem eigenen Volk waren hier unten, so Seianus, der gegen Kaiser Tiberius intrigierte und die Beteiligten der Verschwörung um Catilina, bekannt aus dem Geschichtswerk des Schriftstellers Sallust, ein Opus, das man besonders gern den jungen Lateinern zur Übersetzung vorlegt. Im Gefängnis befindet sich eine kleine Quelle, von der die Legende berichtet, sie sei anläßlich der Taufe der Bewacher entsprungen. Die Ketten, mit denen Petrus hier gefesselt war, zeigt man als wertvolle Reliquie in S. Pietro in

Vincoli. Doch insgesamt muß man den Aufenthalt der beiden Heiligen hier im wahrsten Sinne des Wortes ins Reich der Legende verweisen. Es ist ziemlich sicher, daß die Heiligen in diesem Kerker nie eingesperrt waren. Doch hier hinunter zu steigen ist immer noch eine etwas unheimliche Angelegenheit, man ist froh aus der Enge und der Dunkelheit wieder ans Tageslicht zu gelangen. Um so ärgerlicher ist es, daß man sich den Weg in die Freiheit erst erkämpfen muß, der Ausgang führt durch ein Souvenirgeschäft, das fromme Andenken verkauft. Neben dem Kerker führt noch heute eine Treppe auf das Kapitol. An dieser Stelle gab es schon in der Antike eine Treppe, die „Scalae Gemoniae". Wo heute schwitzende Touristen aufs Kapitol steigen, wurden einst die Köpfe der im Gefängnis hingerichteten Verurteilten zur allgemeinen Abschreckung ausgestellt.

In der Nähe des Kolosseums, in den Ruinen des Tempels der Venus und Roma, befindet sich die Kirche S. Francesca Romana. Hier wird der Stein aufbewahrt, auf dem Petrus gebetet haben soll, als Simon Magus seinen Flugversuch startete. Der Stein hat zwei Vertiefungen, die Abdrücke der Knie des Heiligen.

Als Petrus der Legende nach aus dem Gefängnis freikam, wollte er die Stadt in Richtung Süden verlassen. Wegen seiner Wunden, verursacht durch die Ketten, trug er einen Verband. Diesen Verband verlor an einer Stelle, an der man später eine Kirche zu Ehren der heiligen Nereo und Achilleo errichtete, in der heutigen Via delle Terme di Caracalla. Es macht Spaß, vom Circo Massimo entlang dieser Straße zu laufen, es ist eine breite, zugegeben viel befahrene Allee, die in der Nähe der Kirche in eine große Kreuzung mündet. Doch mit etwas Phantasie kann man sich noch den ehemals ländlichen Charakter dieser kleinen Senke mit all den wunderbaren Pinien neben den Ruinen der Caracalla-Thermen vorstellen, wo am Ende der Straße seit dem 4. Jahrhundert n. Chr. einsam die Kirche steht. Von außen hat sie noch die schlichte, frühchristliche Fassade. Das Innere wurde im 16. Jahrhundert umgestaltet, doch vieles der alten Ausstattung hat sich erhalten, darunter Cosmatenarbeiten und Mosaiken. Auffallend sind die Fresken im Hauptschiff, die man so schnell nicht vergißt, hat hier doch der Maler Pomarancio im Zuge der Umgestaltung einen Zyklus mit Marterszenen hinterlassen, die man sich genau so gut in einem Horrorfilm vorstellen könnte. Merkwürdig, daß die Kirche trotz dieser blutrünstigen Bilder bei den Römern ein beliebter Ort für Hochzeiten ist, niemand stört sich bei der Trauung an den schauerlichen Bildern an den Wänden.

Sicherlich hat Petrus auf seiner weiteren Flucht die heutige Via di Porta S. Sebastiano benutzt, die, gesäumt von den hohen Mauern verborgener Villen, durch das gleichnamige Tor der Stadtmauer als einziger Weg direkt zur Via Appia Antica führt, vorbei am Grabmal der berühmten antiken Familie der Scipionen und durch den Drusus-Bogen. Doch die Stadtmauer wurde lange nach seiner Zeit errichtet, erst unter dem spätrömischen Kaiser Aurelian und seinem Nachfolger Probus, die sie Ende des 3. Jahrhunderts in Rekordzeit hochziehen ließen, um die Stadt vor den anrückenden Germanen zu schützen.

Im Inneren der Porta di S. Sebastiano ist das Museum der römischen Mauern untergebracht, das interessante Einblicke in die antike Befestigungskunst bietet. Von der Dachterrasse hat man eine schöne Aussicht auf die umliegende Campagna und den sogenannten Drusus-Bogen, einem der letzten Bögen des Aquädukts, der Wasser zu den Caracalla-Thermen leitete. Die besondere Attraktion des Museums ist der von hier aus zugängliche alte Wehrgang der Stadtmauer.

Das folgende Stück ist für Fußwanderer eine Qual, die Via Appia ist an dieser Stelle besonders eng, für Fußgänger ist eigentlich kein Platz und Ausweichstellen sind rar, vor allem wenn Reisebusse die Straße befahren. Doch bald weitet sich die Straße zu einem Platz, endlich hat man die kleine Kirche Domine quo vadis erreicht. Eigentlich heißt die Kirche offiziell S. Maria in Palmis, doch den Namen gebraucht kaum jemand. Hier ist die Stelle, an der die Begegnung von Christus und Petrus stattgefunden haben soll. Wer sich an die Szene aus dem Film erinnert, denkt an den Wanderstab, den Petrus hier in den Boden steckte und der am Schluß des Films auszutreiben begann. Die kleine Kirche stammt aus dem 9. Jahrhundert und wurde im 17. Jahrhundert umgestaltet. Die Ausstattung ist schlicht, zwischen den Reihen der Bänke bemerkt man eine Steinplatte mit Fußspuren. Man hat hier vermutlich die Basis einer antiken Statue vor sich, übrigens nur einen Abguß, denn das Original wird in der Kirche S. Sebastiano

Via Appia Antica:
Trümmer im Gras /
Inschrift auf einem
Grabmonument

über dem Altar aufbewahrt. Der Legende nach soll diese gelbliche Marmorplatte der Fußabdruck Jesu sein, manchmal wird auch behauptet, es sei der von Petrus.

Hier muß auch Henryk Sienkiewicz gewesen sein, als ihm die Idee zu seinem Roman kam, war er doch mit dem Vorsatz nach Rom gekommen, ein Buch über die Stadt zu schreiben. Vielleicht ist er die stille Zypressenallee weitergewandert, die parallel zur engen Via Appia Antica, fern von den Abgasen, durch die Felder zu den Calixtus- und Sebastianskatakomben führt, vorbei an der Schule und dem Sitz des Salesianerordens. Ein Blick zurück zur Stadtmauer zeigt ein ganz anderes Bild der Großstadt, die hier ganz ländlich wirkt, so wie es vermutlich vor zweihundert Jahren überall an der Mauer aussah, als sich die Stadt nur auf kleines Gebiet im Norden konzentrierte.

Die Felder links und rechts sehen so idyllisch und friedlich aus, grüne Wiesen oder sattgelber Weizen mit vielen roten Mohnblumen. Doch die Idylle trügt, sie hat einen doppelten Boden, denn hier ist Katakombenland. Immer wieder kam es vor, daß Tiere oder Bauern in Gänge einbrachen, vergessene oder verschüttete Ausläufer der beiden großen Katakomben, die sich über viele Quadratkilometer erstrecken.

Doch zurück in die Stadt, genauer zur Peterskirche, die über dem Grab des Apostelfürsten errichtet wurde. Die Hinrichtung Petris fand um 64 n. Chr. im Circus des Caligula auf den vatikanischen Hügeln statt. Eine andere, allerdings konträre Überlieferung besagt, Petrus sei auf dem Gianicolo, neben der jetzigen Kirche S. Pietro in Montorio gekreuzigt worden.

Der Circus erstreckte sich ehemals auf der linken, südlichen Seite der Peterskirche, teilweise unter dem Seitenschiff, ungefähr vom Beginn des Petersplatzes bis zum Ende der Kirche. Es war ein langgestreckter Bau, dessen Kampfbahnen in der Mitte durch die übliche Begrenzungsmauer getrennt waren, der sogenannten Spina. Auf der Spina stand der Obelisk, der im 16. Jahrhundert in die Mitte des Petersplatzes versetzt wurde. Der alte Standort ist im Pflaster auf dem Platz nach dem Durchgang des Arco delle Campane markiert, in der Nähe des Camposanto Teutonico (ebenfalls über dem Circus gelegen). Auf dem abschüssigen Gelände nördlich des Circus, heute direkt unter dem Langhaus der Kirche, befand sich eine Nekropole mit Reihen von Gräbern und Mausoleen. Die Grabanlagen stammten hauptsächlich von reich gewordenen, freigelassenen Sklaven, aber auch von den frühen Christen, die oft aufgegebene Mausoleen wiederverwendeten und ihre Symbole anbrachten. Als Petrus im Circus hingerichtet wurde, begrub man ihn gleich nebenan in der Nekropole in einem einfachen Grab, an einem kleinen freien Platz gelegen. Da das Grab immer mehr Gläubige anzog, entschloß man sich, der Anlage einen würdigeren Rahmen zu geben. Es entstand ein Hof mit einem kleinen Memorialbau, ein Tropaion (oder eine Ädikula), ca. 2 m hoch, mit zwei Nischen und dazwischen eine Travertinplatte, getragen von zwei Säulen. Dieses Monument war an eine Mauer angebaut, die die späteren Ausgräber wegen ihrer roten Farbe die Rote Mauer nannten. Zwei später errichtete Mauern begrenzten diesen Platz seitlich. Die zahlreichen Gläubigen hinterließen auf diesen Mauern Graffiti, aus denen hervorgeht, Petrus sei hier begraben. Die Gebeine des Apostels wurden nur ein einziges Mal aus dem Grab herausgenommen, als man während einer Christenverfolgung eine Beschädigung verhindern wollte. Versteckt hat man sie damals in den Sebastianskatakomben.

Nach dem Sieg des Christentums über die heidnische Religion entschloß man sich im 4. Jahrhundert, über dem Grab eine Kirche zu bauen. Doch die Architekten hatten das

Problem des abschüssigen Geländes zu lösen, um für den Bau eine ebene Fläche zu gewinnen. Der obere Teil des Hanges wurde abgetragen und weiter unten wieder aufgeschüttet. Die Gräber am Hang blieben aus Gründen der Pietät weitgehend unangetastet, man füllte sie auf, sie verschwanden unter dem neu gewonnenen Baugrund. Der Grundriß der Basilika wurde genau nach dem Petersgrab ausgerichtet, das Grab befand sich in der Mitte des Querschiffs vor der Apsis. Die untere Nische des alten Tropaions war immer noch sichtbar, damals seitlich mit Marmorplatten verkleidet, darüber erhob sich ein Baldachin mit gewundenen Bronzesäulen, genauso wie später die viel größeren Säulen des barocken Papstaltars von Bernini. In den Stanzen Raffaels im Vatikan ist auf dem Bild der „Konstantinischen Schenkung" eine alte Ansicht des Inneren der Kirche und des Petersgrabes mit eben jenen Säulen zu sehen. Am Anfang besaß die Kirche keinen Altar, sie war lediglich eine Grabeskirche. Im 6. Jahrhundert erhöhte man zum besseren Schutz der Reliquien und zur Abhaltung von Gottesdiensten an der Apsis den Fußboden, das Grab verschwand damit in einer Art Krypta, die nur über Treppen zu erreichen war. Bis zum 15. Jahrhundert änderte sich an der Situation um das Grab kaum etwas. Als man jedoch die alte, baufällig gewordene Basilika abriß und mit dem Neubau begann, erhöhte man den Fußboden für die ganze Kirche um ca. 3 m. Der Zwischenraum zwischen dem jetzigen und dem alten Niveau der Kirche wird heute von den Vatikanischen Grotten ausgefüllt. Neben den vielen Papstgräbern sieht man dort die Reste der alten Basilika. Unter dem Fußboden der Grotten lag lange verschüttet und vergessen die alte Gräberstraße, genauso wie das eigentliche Petersgrab.
Für die katholische Kirche war es ein wichtiges Anliegen, die Überlieferung durch Ausgrabungen zu bestätigen, doch lange zögerte man mit deren Beginn. Erst Papst Pius XII. erteilte den Auftrag zur Erforschung des Grabes. Diese Ausgrabungen dauerten von 1940 bis 1950 und erwiesen sich aus statischen Gründen als sehr problematisch, da sich im entscheidenden Bereich unter dem Papstaltar auch die Fundamente für dessen schwere Säulen befinden.
Im Verlaufe dieser Arbeiten stieß man unter dem Hauptschiff auf die fast unversehrte Gräberstraße und legte diese teilweise frei. Vermutlich erstreckt sich diese Straße noch bis zur Mitte des Petersplatzes und zum Obelisken. Doch das eigentliche Anliegen war die Erforschung des Grabes des heiligen Petrus. Man fand die Reste des kleinen Hofes, des Tropaions, die Rote und die mit Graffiti überzogene Mauer. Doch die Arbeiten verliefen nicht immer mit der nötigen Professionalität, wichtige Funde wurden zuerst gar nicht beachtet. Man stieß zwar auf das Grab des Apostels, doch die mutmaßlichen Gebeine selbst wurden erst Jahre nach der Ausgrabung bei einer neuerlichen Untersuchung und Auswertung der Funde entdeckt. Diese Gebeine stammen von einem ca. 60 bis 70-jährigen Mann, doch ob es die echten Reliquien sind, ist bis heute nicht einwandfrei geklärt. Vermutlich kann man dies auch nie mit abschließender Sicherheit sagen. In einer feierlichen Zeremonie hat man 1968 diese Gebeine in das Grab zurückgebracht.
Die Ausgrabungen und das mutmaßliche Petersgrab kann man im Verlauf einer besonderen Führung besichtigen. Es ist ein beeindruckendes Erlebnis, durch die Gräberstraße mit den alten, teilweise prächtig geschmückten Mausoleen zu gehen, tief unter dem Fußboden der Kirche. Langsam tastet man sich zum eigentlichen Ziel vor, dem Grab des heiligen Petrus, durch enge Gänge und Treppen, vorbei an den riesigen Fundamenten der Pfeiler. Man trifft auf die Rote Mauer, die Überreste des Tropaions

und die Begräbnisstätte der mutmaßlichen Gebeine des Heiligen. Orientierungslos tritt man aus dieser Unterwelt in die mit Pilgern belebten Grotten. Dort treten die meisten Besucher ahnungslos auf die Gitter im Fußboden, die den Verlauf der Gräberstraße markieren. In der Kapelle des hl. Petrus sieht man am Ende des Raumes ein Gitter, dahinter verbirgt sich die seitliche Marmorverkleidung des Tropaions aus der ersten Basilika. Genau auf der anderen Seite der Kapelle, direkt unter dem Papstaltar, am Fuß der beiden Treppen, befindet sich die Confessio mit der Nische der Pallien, die goldene Kassette mit den Bischofsornaten vor einem Christusmosaik. Diese Nische ist identisch mit der unteren Nische des alten Tropaions. Über diesem bescheidenen Anfang entstand die größte Kirche der Christenheit. Über diesem einfachen Grab entstand die riesige Kuppel Michelangelos. In riesigen Lettern verkündet die Inschrift im Inneren der Kuppel:

„TU ES PETRUS ET SUPER HANC PETRAM EDIFICABO ECCLESIAM MEAM ET TIBI DABO CLAVES REGNI COELLORUM."

„Du bist Petrus und auf diesem Felsen will ich meine Kirche bauen, und dir werde ich die Schlüssel des Himmelreiches geben."
Hier unter der Nische, hier ist der Felsen, hier ist das Grab Petris.

Mamertinischer Kerker: Clivo Argentario 1, neben dem Forum Romanum, am Fuß des Kapitols. Täglich 9.00 Uhr – 12.30 Uhr, 14.30 Uhr – 18.00 Uhr, im Herbst und Winter 9.00 Uhr – 12.00 Uhr, 14.00 Uhr – 17.00 Uhr

S. Francesca Romana: Piazza di S. Francesca Romana. Täglich 9.30 Uhr – 12.30 Uhr, 15.30 Uhr – 19.00 Uhr. Hier wird im rechten Querhaus der Knieabdruck des heiligen Petrus aufbewahrt. Die Kirche ist benannt nach der Stadtheiligen Francesca Romana, einer Römerin aus dem 15. Jahrhundert. Sie kümmerte sich um Arme und Kranke, gründete einen Orden und ist heute die Patronin der Autofahrer. Jedes Jahr am 9. März werden Fahrzeuge gesegnet, man versucht möglichst nahe der Kirche zu parken, um am Segen teilzuhaben. In der Kirche befindet sich übrigens eine alte Ikone, vermutlich die älteste Ikone der Stadt, die man der Legende nach dem heiligen Lukas zuschreibt

S. Pietro in Vincoli: Piazza di S. Pietro in Vincoli 4a. Täglich 7.00 Uhr – 12.30 Uhr, 15.30 Uhr – 19.00 Uhr, Herbst/Winter nur bis 18.00 Uhr. Die Ketten Petris werden am Altar ausgestellt. Die Reliquie hat einen Aufenthalt in Konstantinopel hinter sich, dorthin brachte man eine Hälfte der Kette, die andere verblieb in Rom. Als das Exemplar aus Konstantinopel zurückgebracht wurde, vereinten sich die zwei Teile auf wunderbare Weise von alleine. Hauptanziehungspunkt der Kirche ist mittlerweile das Grab des Papstes Julius II. mit den Skulpturen Michelangelos, im Mittelpunkt die berühmte Figur des Moses

S. Pudenziana: Via Urbana 160. Täglich 8.00 Uhr – 12.00 Uhr und 15.00 Uhr – 18.00 Uhr. Der Legende nach war Petrus bei Senator Pudens und seinen Töchtern zu Gast. Über den Resten des Hauses erbaute man die Kirche. Vom linken Seitenschiff führt eine Treppe in einen Raum aus dem 2. Jahrhundert, der ehemals die Hauskapelle der Familie war. Die Kirche besitzt in der Apsis ein außergewöhnliches Mosaik aus dem 4. Jahrhundert

SS. Nereo e Achilleo: Via Terme di Caracalla. 10.00 Uhr – 12.00 Uhr, 16.00 – 18.00 Uhr, Freitag geschlossen

Porta S. Sebastiano mit Museum der Mauern: Via di Porta S. Sebastiano. Wechselnde Öffnungszeiten, 9.00 Uhr – 19.00 Uhr, Dienstag bis Samstag, Sonntag nur 9.00 Uhr – 13.30 Uhr

Domine quo vadis: Via Appia Antica. Unregelmäßige Öffnungszeiten, vormittags und später Nachmittag. Von der Kirche aus ist der schöne Spaziergang durch die Zypressenallee zu den Calixtus- und Sebastianskatakomben zu empfehlen. Der Weg beginnt gegenüber der Kirche und führt parallel zur verkehrsreichen und schmalen Via Appia Antica durch die Felder

Sebastianskatakomben und Kirche S. Sebastiano mit dem originalen Fußabdruck: Via Appia Antica 136. 8.30 Uhr – 12.00 Uhr, 14.30 Uhr – 17.30 Uhr, Donnerstag geschlossen. Auf dem Weg dorthin passiert man die Calixtus-Katakomben: Via Appia Antica 110. 8.30 Uhr – 12.00 Uhr, 14.30 Uhr – 17.30 Uhr, Mittwoch geschlossen, im Herbst und Winter nur bis 17.00 Uhr

Fosse Ardeatine: Von den Calixtus-Katakomben führt ein Weg nach Westen zur Via Ardeatina. Dort ist der Schauplatz eines der traurigsten Kapitel der jüngsten deutsch-italienischen Geschichte, das Massaker der Fosse Ardeatine. Während der deutschen Besetzung der Stadt 1944 verübten Partisanen einen Anschlag, bei dem 32 deutsche Soldaten umkamen. Im Gegenzug rächten sich die Deutschen mit der wahllosen Verhaftung von 335 Personen. Die Gefangenen wurden hier in den Tunneln der Fosse Ardeatine erschossen, die Tunnel anschließend in die Luft gesprengt. Nach dem Krieg wurde neben den Sprengtrichtern ein Mahnmal errichtet, eine riesige bedrückende Betonplatte über den Gräbern, dazu ein kleines Museum. Via Ardeatina 174. Täglich 8.30 Uhr – 17.00 Uhr

Peterskirche: Piazza S. Pietro. Täglich 7.00 Uhr – 19.00 Uhr. Der Zugang zu den Grotten befindet sich am Kuppelpfeiler der hl. Helena. Der Ausgang aus den Grotten ist nur über den seitlichen Hof und die Vorhalle der Kirche möglich

Vatikanische Nekropole und Petersgrab: Für eine Führung ist eine vorherige Anmeldung beim Ufficio Scavi erforderlich. Wegen langer Wartezeiten empfiehlt sich eine Anmeldung schon zu Beginn des Aufenthalts in der Stadt. Für die Anmeldung ist ein Ausweis, die Anschrift und die Telefonnummer des Hotels mitzubringen, da der genaue Termin nur kurz vorher telefonisch mitgeteilt wird. (Bei großem Andrang und zu kurzem Aufenthalt in der Stadt manchmal auch gar nicht!) Das Ufficio Scavi ist vom Petersplatz links durch den Arco delle Campane zu erreichen, man wende sich an die Schweizergardisten wegen des Durchlasses. Öffnungszeiten: Montag bis Freitag von 10.00 Uhr – 17.00 Uhr

S. Pietro in Montorio: Piazza S. Pietro in Montorio, Gianicolo. Täglich 9.00 Uhr – 12.00 Uhr, 16.00 Uhr – 18.30 Uhr. Auch wenn die Überlieferung der Hinrichtung an diesem Ort eher unwahrscheinlich ist, die Aussicht auf die Stadt ist wunderbar. Im Hof neben der Kirche befindet sich der Tempietto von Bramante, ein zierlicher Rundtempel, das angeblich erste Renaissance-bauwerk in Rom. Er steht an der vermutlichen Stelle der Kreuzigung des hl. Petrus

MITTELALTER

Aracoeli / Im Kreuzgang von SS. Quattro Coronati

ANARCHIE UND BÜRGERKRIEG:
DIE RÖMISCHEN GESCHLECHTERTÜRME

Das kleine Städtchen S. Gimignano in der Toskana, zwischen Florenz und Siena gelegen, wird überragt von vielen Geschlechtertürmen, die hier, nicht wie anderswo, gekappt oder ganz abgetragen wurden, sondern fast unversehrt stehenblieben. Dank dieser Skyline wurde die Ortschaft zur Attraktion für die vielen Besucher, die sich hier wie im Mittelalter fühlen.

Geschlechtertürme gab es damals fast in jeder italienischen Stadt, der Adel im Mittelalter zog das Stadtleben dem Landleben vor und baute dort festungsartige Residenzen, um bei dem täglichen Kleinkrieg mit den anderen Familien besser angreifen oder sich wirksamer verteidigen zu können. Das war in Rom nicht anders als in S. Gimignano, wobei in Rom fast schon bürgerkriegsähnliche Zustände herrschten. Genauso wie in der toskanischen Stadt spielten dabei die Festungen und Türme eine große Rolle, nur erhalten hat sich aus dieser wilden Zeit sehr wenig, abgesehen von einigen Türmen oder Ruinen, die im Stadtbild eher untergehen und ihre ehemals dominierende Rolle verloren haben. Heute beherrschen am Stadtrand die modernen „Wohntürme" die Skyline. Doch in der Innenstadt erkennt man ohne große Mühe noch drei, fast nebeneinander gelegene Türme, die der Legende nach sogar vom selben Baumeister im 13. Jahrhundert errichtet wurden: Die Torre delle Milizie, die Torre dei Conti und die Torre del Grillo.

Die Parteikämpfe waren in der Stadt des Papstes besonders schlimm. In Rom gab es viele reiche und mächtige Geschlechter, die angeblich ihren Stammbaum bis in die Antike zurückführen konnten und sich als Nachkommen der kaiserlichen Familien fühlten. Auf den Fundamenten oder in den Ruinen der verfallenen antiken Gebäude errichteten sie ihre Stadtresidenzen und Festungen, von hier aus kontrollierten sie das umgebende Stadtviertel, den Rione, und von hier aus versuchten sie ihren Einflußbereich auf benachbarte Viertel auszudehnen. Jede dieser Festungen besaß einen Turm zur Verteidigung und zum Angriff, je höher desto besser. Mittelalterliche Quellen berichten von einer Zahl zwischen vier- und sechshundert Türmen in der Stadt, kein Adeliger konnte anscheinend ohne diese Bauten und dem damit verbundenen Prestige auskommen. Selbst wenn die Zahl vielleicht übertrieben ist, die Stadt umfaßte damals ein weit kleineres Gebiet als heute, auch bei einer niedrigeren Zahl ergab sich eine gewaltige Konzentration von Türmen. So wie heute die Kuppeln der Kirchen das Stadtbild beherrschen, waren es damals die Spitzen der Türme. Die Stadt muß aus der Ferne einen beeindruckenden Anblick geboten haben, ein Manhattan des Mittelalters, das jedoch aus der Nähe betrachtet eine Mischung aus Wildnis, Ruinenfeld und verstreuten Ansiedlungen innerhalb der alten Stadtmauer war.

Vom antiken Rom war zwar vieles verfallen und diente als Steinbruch für die Türme und Festungen, doch manche Gebäude waren noch relativ unversehrt erhalten. Allerdings kümmerten sich die Römer kaum um die Zeugen ihrer großen Vergangenheit. Der Dichter Petrarca, der Rom in der ersten Hälfte des 14. Jahrhunderts besuchte, beklagte den traurigen Zustand der Stadt und das mangelnde Geschichtsbewußtsein der

Bürger. Immerhin versuchte man zumindest einzelne Bauten vor dem Verfall zu retten. So wurde zum Beispiel die Trajanssäule unter „Denkmalschutz" gestellt, dank eines Dekretes des Senats durfte sie nicht beschädigt werden, Verstöße dagegen konnten sogar mit dem Tod bestraft werden. Dasselbe galt für die Marc-Aurel-Säule, für deren Erhalt sich ein Kloster einsetzte. Auf dem Kapitol stellte man als Erinnerung an die alte Größe einen Obelisken auf, es ist derjenige, der sich heute im Park der Villa Celimontana befindet. Antike Brücken wurden restauriert, auch wenn dabei eher der praktische Nutzen als eine konservatorische Absicht im Vordergrund stand. Die damals gebräuchlichen Reiseführer für Pilger zählten nicht nur die christlichen Monumente auf, sondern beschrieben auch die alten heidnischen Gebäude oder deren Ruinen.

Doch dies waren nur Ausnahmen. Im Großen und Ganzen befand sich die Stadt im Stadium des Zerfalls und der Anarchie, zermürbt vom täglichen Kleinkrieg zwischen dem Papst und den Bürgern, dem Senat, den Adelsgeschlechtern und umgekehrt, sowie vor allem dem Kampf zwischen den einzelnen Geschlechtern. Als die Päpste Anfang des 14. Jahrhunderts nach Avignon ins Exil gingen, wurde es noch schlimmer. Eine ordnende Hand fehlte nun völlig, Gesetzlosigkeit, Überfälle, Mord und Raub waren an der Tagesordnung. Auch als der Dichter Petrarca 1341 auf dem Kapitol nach antikem Vorbild mit einem Lorbeerkranz zum Dichterkönig, zum Poetus Laureatus, gekrönt wurde, teilte er das Schicksal zahlreicher unbedeutenderer Pilger und Reisender: Er wurde bei seiner Abreise aus der Stadt überfallen und ausgeraubt, seine Reise konnte er nur noch mit Wachen fortsetzen.

Doch zurück zu den Verteidigungsbauten, die Rom damals überzogen und denen man mehr Bedeutung beimaß als lebensnotwendigen Einrichtungen wie Wasserleitungen. Die Familien lebten mit ihrem Gefolge und ihren Anhängern in einem bestimmten Stadtviertel, das sie kontrollierten und zu erweitern versuchten. So residierten die Colonna an den Abhängen des Quirinals, dort wo noch heute ihr riesiger, wenngleich keinesfalls mehr mittelalterlicher Palast steht. Das Augustus-Mausoleum bauten sie zu einer Bastion aus. Die Orsini lebten in der Nähe des Vatikans und machten aus der Engelsburg eine Festung, darüber hinaus besaßen sie Burgen am Campo de'Fiori und auf dem Monte Giordano, einer kleinen Erhebung, einem Schuttberg, zwischen Piazza Navona und Engelsburg. Auf dem Aventin residierten die Savelli, wo auf dem Gelände des heutigen Parco Savello ihre Burg stand. Im Zentrum der antiken Stadt, auf dem Forum, dem Palatin und dem Circus Maximus bis zum Kolosseum hatten sich die Frangipani festgesetzt. Ihre Burg bezog viele antike Monumente mit ein, so den Titus-Bogen und den Konstantinsbogen, die man beide in die Bastionen integrierte und damit paradoxerweise vor dem Verfall gerettet wurden. Auch der sogenannte Janus-Bogen neben der Kirche S. Giorgio in Velabro gehörte zur Verteidigungsanlage der Frangipani, den Circus Maximus umgaben sie mit einer Reihe protziger Türme. Vermutlich müssen die Kaiserpaläste auf dem Palatin noch relativ gut erhalten gewesen sein, sie bildeten das Zentrum der Festung. Nur dank des Umbaus zu einer Festung (oder zu einer Kirche) überlebten die meisten der heute noch erhaltenen antiken Gebäude: So wurde das Marcellus-Theater mit zwei Etagen aufgestockt und zu einer Wohnburg der Pierleoni.

Die Kämpfe und Kastelle beschränkten sich nicht nur auf das Stadtgebiet, auch weit vor der Stadt entstanden Festungen. Das Grabmal der Cecilia Metella an der Via Appia Antica, zylinderförmig und mit einer weiten Aussicht, wurde zu einem Wehrturm der

Caetani und mit dicken, heute noch stehenden Mauern umgeben, der in unmittelbarer Nähe gelegene Circus des Maxentius zu einer Festung.

Im Zentrum, in der Gegend der antiken „Subura", des Stadtviertels östlich der Kaiserforen saßen mehrere mächtige Familien: Die Annibaldi, deren „Operationsgebiet" sich bis zum Lateran erstreckte und die mit den Frangipani um das Kolosseum stritten, die Conti di Segni mit ihrem riesigen Turm, die Pandulfi und die Capocci auf dem Gebiet der ehemaligen Trajansthermen.

Am Rande der Kaiserforen stehen nahe beisammen, wie eine durchgehende Verteidigungslinie, drei gut erhaltene Türme aus dieser kriegerischen Zeit. Bei einem der drei, der Torre dei Conti, ist der Baumeister bekannt, ein gewisser Marchionne Aretino, ein Architekt und Bildhauer aus der toskanischen Stadt Arezzo. Marchionne war anscheinend vielseitig begabt, er baute Türme genauso wie Kirchen und Krankenhäuser. Vor allem war er anscheinend der Diener mehrerer Herren, denn für die zwei benachbarten Türme, die Torre delle Milizie und die Torre del Grillo wird er ebenfalls als Baumeister vermutet. Am obersten Zinnenkranz des letztgenannten Turmes verkündet eine allerdings später angebrachte Inschrift seinen Namen.

Der höchste noch erhaltene Turm ist die massige **Torre delle Milizie**, ein abweisender und etwas schiefer Ziegelklotz hinter dem Trajansforum, in der Form ganz anders als die schlanken und eleganten Türme der Toskana. Das Volk verbindet mit dem Turm zahlreiche Legenden, wobei eine das von Petrarca kritisierte mangelnde Geschichtsbewußtsein bestätigt: Von diesem Turm soll Kaiser Nero den legendären Brand Roms beobachtet und besungen haben, deswegen auch der Name Torre di Nerone. Eine andere Legende erinnert an die Wiederkehr des Kaisers Augustus, ähnlich wie die deutsche Legende vom schlafenden Barbarossa im Kyffhäuserberg: Der Turm soll auf dem alten Palast des Augustus stehen, in der Tiefe schläft der Kaiser und wird dann emporsteigen, wenn Rom wieder die Welt beherrscht.

Beide Legenden entbehren irgendeines wahren Kerns, denn der Turm stammt aus dem 13. Jahrhundert, also lange nach Neros Tod und das Fundament ruht auf keinem Palast, sondern auf den Ruinen einer ehemaligen antiken Polizeistation, die der Gegend den Namen gab und der auch auf den Turm überging. Hier stand eine Kaserne namens Miliciae Tiberianae, daher die Bezeichnung Miliz.

Der heutige Bau hatte vermutlich einen kleineren Vorgänger, denn die Lage war von großer strategischer Bedeutung. Hier führte die Verbindungsstraße vom Vatikan zum Lateran vorbei, dem damaligen Sitz der Päpste, von hier aus konnte man fast das ganze Stadtviertel Monti kontrollieren.

Das genaue Erbauungsdatum ist nicht bekannt, vermutlich entstand er in der ersten Hälfte des 13. Jahrhunderts. Auftraggeber war das Geschlecht der Conti di Segni, wie bei der Torre dei Conti. Doch der Besitz wechselte von einer Familie zur anderen, von den Conti zu den Annibaldi, dann kurzzeitig zu den Colonna und dann zu den Caetani. Die zweistufige Gestalt entspricht nicht dem alten Aussehen, denn auf dem jetzigen Abschluß erhob sich noch ein weiteres Stockwerk. Wie hoch der Turm war, ist nicht genau bekannt, doch muß es wohl der höchste Turm der Stadt gewesen sein, denn heute erreicht er immer noch 50 m Höhe. Zum Turm gehörte natürlich ein kleines Kastell, von dem sich aber nur noch wenig erhalten hat.

Das Jahr 1348 war für ganz Europa und vor allem für Italien ein Unglücksjahr: Die Pest brach aus und ließ ganze Landstriche veröden, dazu kam ein schweres Erdbeben in

Torre dei Conti

Italien, das den Turm teilweise zum Einsturz brachte, das oberste Stockwerk mußte abgebrochen werden. Bald darauf war die große Zeit der Türme vorbei, dank der Erfindung des Schießpulvers und den neuen Feuerwaffen verloren sie ihre militärische Bedeutung. Dazu kam noch für Rom, daß sich nach der Rückkehr der Päpste 1377 aus Avignon die Machtzentren verlagerten. Denn die Päpste bezogen nun den Vatikan als Residenz, damit lagen die Türme im Stadtzentrum strategisch abseits, die Engelsburg als Festung gewann an Bedeutung.

Dies alles trug zum weiteren Verfall der Türme bei. Im 16. Jahrhundert richteten sich die Schwestern vom Orden der hl. Katharina von Siena im verfallenen Kastell um den Turm ein. Die friedlichen Schwestern waren es, die als erste für die Restaurierung des kriegerischen Turmes auf dem Klostergelände sorgten, im 18. Jahrhundert wurde er wieder begehbar. Heute ist er leider seit langem wegen Restaurierung geschlossen, die Aussicht wäre wunderbar, ist er doch einer der höchsten Punkte im Stadtzentrum.

Der zweite große Turm aus jener unruhigen Zeit ist die **Torre dei Conti** am Rande der Via dei Fori Imperiali, an der Einmündung der Via Cavour.

Der Turm ist trotz seiner Größe nicht mehr als Turm erkennbar, eher erinnert er wegen der vielen Fenster an einen unförmigen Wohnblock. Damit unterscheidet er sich deutlich von der schroffen und verteidigungsbereiten Torre delle Milizie. Dazu kommt noch, daß das Erdbeben von 1348 ihm noch mehr geschadet hat als dem vorhergehenden Turm, denn die oberen Geschosse fehlen vollkommen, nur noch die 30 m hohe Basis ist übrig geblieben. Petrarca sah ihn vor dem Erdbeben und beklagte später die Schäden: „Turris illa toto orbe unica", so pries er das Bauwerk, „dieser Turm ist einzigartig auf der Welt", er dachte beim Anblick an den geköpften Stolz, an dessen ruhmreiche Höhe, die nun zerstreut am Boden lag.

Der Turm war nie besonders schön, doch war er für die damaligen Menschen ein Wunderwerk, das durch seine schiere Größe beeindruckte. Reste der alten schwarzweiß gestreiften Fassade haben sich erhalten, des weiteren soll er ehemals mit Marmor von den benachbarten Kaiserforen verkleidet gewesen sein. Genauso wie die Torre delle

Milizie ruht er auf römischen Fundamenten und einem Vorgängerbau aus dem 8. Jahrhundert.

Der Bauherr, Riccardo Conti, war der Bruder des damals amtierenden Papstes Innozenz III. Man munkelte, daß er für den Bau des Turmes Geldmittel des Papstes verwendet haben soll. Doch die enorme Bausumme und die starke Befestigung nützte nichts, der Turm teilte ein ähnliches Schicksal wie die Torre delle Milizie, gekappt durch das Erdbeben und wegen der veränderten Waffentechnik verlor er seine Bedeutung. Er verfiel und im 17. Jahrhundert wurde er bis auf die heutige Basis abgetragen. Lange war er Bestandteil eines Palazzo, der ihn fast völlig umschloß. Erst während der Abbrucharbeiten in den dreißiger Jahren zum Bau der Via dell'Impero, der heutigen Via dei Fori Imperiali, wurde er, um den damaligen Wortschatz Mussolinis zu gebrauchen, von dieser „parasitären Umbauung" befreit.

Im Gegensatz zur wehrhaften Torre delle Milizie und der bewohnbaren Torre dei Conti scheint der dritte Turm, die **Torre del Grillo**, wie ein Mittelding aus beiden, stark und bewohnbar, aber jedoch viel kleiner.

Der Turm ist heute Bestandteil des Palazzo del Grillo, eines zierlichen Rokokopalastes, ein merkwürdiger Kontrast zwischen dem wehrhaften Turm und der eleganten Architektur des Gebäudes. Dazu kommt noch die Lage des Palastes am Hang, der Torbogen, durch den die Straße führt und das Gegenüber zur imposanten Feuermauer, die das Augustus-Forum vom brandgefährdeten Viertel der Subura schützen sollte, die der Piazza vor dem Turm ein malerisches Aussehen verleihen.

Noch heute verkündet die Inschrift unter dem Zinnenkranz des Turmes den Besitzer, nämlich die Familie Grillo und den mutmaßlichen Architekten Marchionne. Doch die Grillo wurden erst spät Eigentümer des Turmes, erbaut hat ihn die Familie der Carboni in der ersten Hälfte des 13. Jahrhunderts, vorübergehend geriet er in den Besitz der Conti. Die Grillo nahmen erst Ende des 17. Jahrhunderts ihren Wohnsitz neben dem Turm, der um diese Zeit wie die anderen keinerlei militärische Bedeutung mehr besaß. Aus dieser Zeit stammt der Palast mit seinen Rokokofenstern und mit seinem leider nicht zugänglichen wunderbaren Innenhof.

Ein legendäres Familienmitglied soll der in vielen Volkssagen verewigte kauzige Marchese Cosimo del Grillo gewesen sein, der seinen Mitmenschen zahlreiche mehr oder weniger geistvolle Streiche spielte. Dessen Scherze waren gelegentlich sehr verletzend und antisemitisch, da sie bevorzugt die jüdischen Bewohner des Ghettos trafen. Ein paar der witzigen und hintersinnigen Streiche seien hier kurz jedoch erzählt. So soll er eines Tages in einem Dorf in der Umgebung Roms ein Fest veranstaltet haben, zu dem er alle Einwohner einlud. Es gab viel zu essen und noch mehr, vor allem Alkoholisches, zu trinken. Als die Gäste anschließend aufbrachen, fanden sie nicht mehr nach Hause. Es war wie verhext, denn ihre Häuser hatten keine Eingänge mehr. Während der Feier hatte der Marchese Handwerker kommen lassen und diese beauftragt, sämtliche Türen zu vermauern.

Ein anderer Scherz erregte großes Aufsehen und drang bis zum Papst vor. Der Marchese bestellte sich bei einem Schuster ein Paar neue Stiefel. Nach der Lieferung verlangte der Handwerker die Bezahlung, doch der Marchese verweigerte ihm den vereinbarten Lohn. Der Handwerker wandte sich an ein Gericht, um zu seinem Geld zu kommen, doch die Richter waren vom Marchese bestochen, der Schuster verlor folglich den Prozeß. Am folgenden Tag läuteten in Rom alle Glocken, so als wäre eine bedeutende Persönlichkeit gestorben. Wie sich herausstellte, war der Marchese dafür verantwortlich. Als sogar der Papst wissen wollte, was los war, verkündete der Marchese, daß soeben die „Madama la Giustizia", die „Frau Gerechtigkeit", verstorben sei.

Einen Bettler soll er betrunken gemacht haben, anschließend ließ er ihn zu sich in den Palast bringen. Als der arme Mann aufwachte, sprachen ihn alle nur als Herrn Graf an, er wurde für einen Tag der Marchese del Grillo. In der Nacht brachte man ihn aus dem Palast und als er am nächsten Tag aufwachte, fand er sich in derselben mißlichen Lage wieder, so als wäre der Tag im Palast nur ein Traum gewesen. Der Marchese beobachtete alles und amüsierte sich natürlich köstlich.

Leider ist keiner dieser Türme zu besichtigen oder gar zu besteigen, genauso wenig wie die anderen Türme, die sich aus dieser kriegerischen Zeit mehr oder weniger gut erhalten haben. Trotzdem weitere auffallende Beispiele:

In der Nähe der drei beschriebenen Türme, bei der Kirche S. Martino ai Monti, befinden sich die beiden **Türme der Capocci**, deren Name auf das Stadtviertel überging. Das Baumaterial stammte aus den Trajansthermen. Der höhere Turm ist 36 m hoch, allerdings nicht so exponiert gelegen wie die Torre delle Milizie. Der andere ist immer noch Bestandteil eines Hauses.

Etwas isoliert am Largo di Torre Argentina neben den Ausgrabungen steht die kleine **Torre del Papitto.** Während der Aufdeckung der Tempel legte man den Turm ganz frei und versah ihn mit einer kleinen Loggia. Der Name leitet sich vom Papst Anaclet II. aus dem 12. Jahrhundert ab, einem abgesetzten Gegenpapst, den man verächtlich das „Päpstchen" nannte. Aus diesem Stadtviertel stammte seine Familie.

Auch der **Palazzo Cenci** besaß einen Turm, der ganze Komplex auf dem Monte Cenci gehörte ehemals zu einer Burg. Über dem Hauptportal bemerkt man eine andere Dachhöhe, hier ragte einst der Turm empor. Neben der Piazza Navona steht der **Palazzo Millini** aus dem 15. Jahrhundert. Beim Bau des Palastes wurde der mittelalterliche Turm eingegliedert. Er ist vier Stockwerke hoch, oben ist noch der Name der Familie lesbar. Von der Freskobemalung aus der Renaissance hat sich leider nur sehr wenig erhalten.

Ein weiterer Turm steht in Trastevere an der Piazza Sonnino, es ist die **Torre degli Anguillara** aus dem 12. Jahrhundert, der letzte in Trastevere übriggebliebene Geschlechterturm. Der Turm war zeitweise Bestandteil einer Glasfabrik, heute ist er, stark restauriert, Sitz der Gesellschaft für Dante-Studien.

Am Circus Maximus blieb im Bereich der ehemaligen Kurve des Circus ein einziger der ehemals zahlreichen Türme der Frangipane-Festung übrig, **die Torre della Moletta**, benannt nach einer Mühle, die später im Inneren eingerichtet wurde.

Auf dem Aventin findet man noch die Reste der **Festung der Savelli** im heutigen Parco Savello, dem Orangengarten, der die Fläche der Festung einnimmt. Die nördliche Begrenzungsmauer war ehemals die Festungsmauer, die Vorsprünge der Türme sind noch sichtbar, genauso wie die Reste der Hängebrücke und des Wehrgrabens am Abhang zum Circus Maximus.

Von den ehemals angeblich mindestens vierhundert Türmen wurden, wie bereits erwähnt, die meisten abgebrochen, gekappt oder mit anderen Gebäuden vereinigt, im Stadtbild fallen sie kaum noch auf. Wer aufmerksam durch die Straßen der Altstadt geht, wird noch weitere Turmstümpfe entdecken, die letzten Zeugnisse aus dieser anarchischen Zeit.

Torre delle Milizie: Bei den Trajansmärkten, Via IV Novembre

Torre dei Conti: Via dei Fori Imperiali, Ecke Via Cavour

Torre del Grillo: Piazza del Grillo

Torre dei Capocci: Piazza S. Martino ai Monti/Via G. Lanza

Torre del Papitto: Largo di Torre Argentina

Palazzo Cenci: Via Monte dei Cenci

Palazzo Millini: Via S. Maria dell'Anima, Ecke Via Tor Millini

Torre degli Anguillara: Piazza Sonnino. Nicht zugänglich, gelegentlich ist das Institut für die Besucher geöffnet

Torre della Moletta oder dei Frangipani: Circo Massimo

Festung der Savelli im Parco Savello: Via di S. Sabina. Der Park ist täglich bis zur Dämmerung geöffnet

<u>Weitere Türme:</u>

Torre della Scimmia: Nördlich der Piazza Navona, Kreuzung Via dell'Orso, Via dei Pianellari, neben der Kirche S. Antonio dei Portoghesi
Torre Caetani: Auf der Tiberinsel
Torre dei Margani: Piazza Margana
Torre di Palazzo Venezia: Piazza Venezia
Tor Sanguigna: Piazza di Tor Sanguigna, nördlich Piazza Navona
Torre del Palazzo dei Penitenzieri: Via della Conciliazione 33
Torre di San Paolo: Via Arenula, neben der Kirche San Paolo alla Regola
Torre dei Crescenzi: Im Komplex des Palazzo Madama, Corso Rinascimento
Torre dei Borgia: Salita dei Borgia, Esquilin

DER MIKROKOSMOS DER COSMATEN

Rom um die Jahrtausendwende: Die vergangene Pracht der Antike verwandelt sich langsam in edle Ruinen oder liegt bereits in Trümmern, wird ausgebeutet wie ein Steinbruch. Eine Gruppe findiger Handwerker fand eine besondere Verwendung für die Unmengen von herrenlosen und kostbaren Marmor, gleichsam eine Art Recycling: Sie schufen daraus eine besonders für Rom typische Art der Dekoration aus ornamentalem Mosaik und Marmor. Während im restlichen Europa die großen Kathedralen der Gotik in den Himmel wuchsen, schuf man in Rom einen Mikrokosmos, man ging ins Detail. Es waren die „Marmorarii Romani", wie sie sich selber nannten, die für eine neue Art der Kirchendekoration sorgten: die Cosmatenarbeiten. Ein Name, den man diesen Werken jedoch erst in unserer Zeit gab.

Die Idee dieser Kunsthandwerker war so neu nicht. Schon im antiken Rom waren die Tempel und Paläste mit gegenständlichen, aber auch rein ornamentalen Mosaik- oder Steindekorationen ausgeschmückt. Die byzantinische Kunst führte diese Tradition weiter, an vielen Orten, in Venedig oder in Süditalien findet man Werke, die dieser abstrakten Dekorationen verpflichtet sind. Das Besondere in Rom ist aber, daß zum ersten Mal einzelne Familien dieses Handwerk zu Großbetrieben ausbauten und sich darauf spezialisierten. Das lag natürlich einerseits an den Rohstoffen, die hier in Rom in Hülle und Fülle vorhanden waren, aber auch an den immer noch sichtbaren Marmordekorationen aus den antiken Bauten. Vielleicht reizten die vielen bunten Bruchstücke verschiedener Marmorsorten die Phantasie der Handwerker.

So begannen sich also um 1100 mehrere Steinmetze mit dieser Technik zu beschäftigen, in kurzer Zeit entstand ein einheitlicher Stil, eine Art „Gesamtkunstwerk" im Bereich der Kirchenausstattung, der noch heute das Bild vieler Kirchen in Rom und der näheren Umgebung prägt, wenn auch nicht immer unverändert erhalten.

Diese Steinmetzbetriebe bestanden über mehrere Generationen, deren Mitglieder und Verwandtschaftsverhältnisse in den meisten Fällen bekannt sind, da sie ihre Werke oft signierten (mit etwas Glück und Geduld noch heute erkennbar) und gelegentlich auch datierten. Da in diesen Signaturen der Vorname „Cosma" oder „Cosmas" besonders oft auftaucht, hat sich der Name „Cosmatenarbeit" eingebürgert, auch wenn die Träger des Namens nicht immer derselben Familie oder demselben Betrieb angehörten, darüber hinaus sind eine Reihe einzeln arbeitender Meister bekannt.

Innerhalb von zweihundert Jahren schufen sie eine Vielzahl von Kirchenausstattungen in der Stadt, in Latium und in Umbrien. Sogar in England waren sie tätig, allerdings ist dies der einzige Auslandsauftrag. Ein englischer Kleriker in Rom war von den Arbeiten sehr angetan und verpflichtete einige Handwerker für einen Auftrag in seiner Heimat. In den Kirchen von London (in der Westminster Abbey) und Canterbury sind Arbeiten dieser frühen Gastarbeiter zu sehen, etliche Grabdenkmäler und Fußböden.

Als das Papsttum Rom verließ und die Päpste ab 1309 in Avignon residierten, versank die Stadt ins wirtschaftliche, politische und kulturelle Chaos. Für den Kirchenbau war es eine schlechte Zeit, das Handwerk der Cosmaten verschwand langsam. Eine Nachwirkung läßt sich nicht feststellen, jedoch schätzte man noch später Dekorationen im Stil der Cosmaten. Ein gutes Beispiel dafür ist der Fußboden der Sixtinischen Kapelle, der in einer ähnlichen Technik ausgeführt ist, obwohl er erst im 15. Jahrhundert ent-

Fußboden von S. Giovanni in Laterano

Säule im Kreuzgang von S. Paolo fuori le Mura

standen ist. Als man später im Barock viele Kirchen umbaute, überlebten oft nur die Werke der Cosmaten, wenn auch nicht immer in originaler Form. So ist belegt, daß der Marmorfußboden von S. Maria Maggiore bei einem Umbau im 18. Jahrhundert komplett abgebaut und neu verlegt wurde.

Wer sich heute in Rom auf die Spuren der Cosmaten begibt, wird schnell und oft fündig. Für ihr komplettes Spektrum, ihre phantasievollen Dekorationen, aber darüber hinaus auch für ihre andere Tätigkeit als Architekten und Bildhauer (in diesen Metiers allerdings nicht ganz so erfolgreich), gibt es in Rom außergewöhnliche Zeugnisse. Ihr Hauptgebiet blieb die Dekoration. Sie schufen Fußböden, Chorschranken, Ambonen (Kanzeln), Ciborien (Altarbaldachine), Bischofsthrone und Osterleuchter.

Einen authentischen Eindruck für eine Cosmatenausstattung gewinnt man in der Kirche S. Clemente, bei der sich alles ohne spätere Veränderung erhalten hat, auch wenn Teile der Innenausstattung der Kirche, die Wände und die Decke, im barocken Stil erneuert wurden. Das schönste Werk der Cosmaten in der Kirche tritt man wahrlich mit den Füßen, es ist der herrliche Fußboden. Hier in S. Clemente überwiegt ein Muster aus Quadraten und Rechtecken, zusammengesetzt aus verschiedenfarbigen Marmorteilen. Dazu kommen mehrere Streifen der typischen bunten Marmorscheiben, umgeben von ineinander verschlungenen Bändern. Diese Scheiben sind nur wenige Zentimeter dick, sie wurden in einer besonderen Technik von den antiken Säulen abgeschnitten, fast schon wie „Salamischeiben". Eindrucksvoller Beweis für die meisterliche Beherrschung dieser schwierigen Technik ist die fast zweieinhalb Meter Durchmesser große Porphyrscheibe im Zentrum des Fußbodens einer anderen Cosmatenkirche, S. Maria in Cosmedin.

Ein weiterer Bestandteil der Ausstattung von S. Clemente sind die beiden herrlichen Ambonen, Kanzeln, die für das Lesen der Episteln und des Evangeliums bestimmt waren, eingebaut in die Schranken des Sängerchors, daneben der Osterleuchter, eine gewundene Säule, geschmückt mit bunten Mosaiksteinen in den Rillen. In der Apsis über dem Altar steht das Ciborium, ein Baldachin auf vier Säulen, dessen Aufbau mit den kleinen Säulen und dem Dach fast schon der Fassade eines antiken Tempels ähnelt. Hinter dem Altar, an der Rückwand der Apsis unter dem berühmten Mosaik befindet sich der Bischofsthron, gleichfalls eine Arbeit der Cosmaten.

Immer neue und verspieltere Formen und Muster, manchmal auch nur Reste, lassen sich in anderen Kirchen entdecken. Besonders schöne Fußböden findet man in S. Maria in Cosmedin mit der bereits erwähnten großen Porphyrscheibe, in S. Lorenzo fuori le Mura, hier sind sogar figurale Motive in den Fußboden integriert, dann in Aracoeli, wo ein Teil der Dekoration im Altarbereich aus Sechsecken besteht. Der Fußboden von S. Maria Maggiore gleicht nebeneinander gelegten Teppichen, viele abgeschlossene Felder mit immer neuen Variationen. In der jüngst restaurierten Cappella Sancta Sanctorum sollte man nicht nur die Fresken bewundern, sondern sich auch dem Boden widmen, ein würdiges Gegenstück zu den Malereien im Gewölbe. An der Eingangs-ecke befindet sich auch die ohne langes Suchen leicht auffindbare Signatur des Handwerkers (mit Namen Cosmatus!), der die Kapelle um 1280 restauriert hat.

Dem relativ einfachen Ciborium in S. Clemente stehen weit komplexere Konstruk-tionen in S. Giorgio in Velabro oder S. Lorenzo fuori le Mura gegenüber, die aus mehreren Stockwerken bestehen und fast wie eine chinesische Pagode aufgebaut sind. In der letztgenannten Kirche hat sich der aufwendig verzierte Bischofsthron erhalten, umgeben von wunderschönen Wanddekorationen, auch ein reich verzierter Ambo steht noch unversehrt in der Kirche.

Der Übergang der Cosmaten zur figürlichen Skulptur läßt sich an den Osterleuchtern verfolgen. Die meisten dieser Leuchter bestehen lediglich aus einer Säule mit Mosaik-einlagen, doch gelegentlich lassen sich als Träger der Säule oder an der Schale für die Kerze Fabeltiere entdecken. Eine vollständig mit Reliefs verzierte Säule ist der Leuch-ter von S. Paolo fuori le Mura, auf dem in drei Reliefbändern Kreuzigung, Aufer-stehung und Himmelfahrt Christi dargestellt sind.

S. Paolo fuori le Mura besitzt einen der prächtigsten Kreuzgänge, hier waren die Cosmaten als Architekten tätig. Das Hauptwerk dieser Kreuzgänge ist derjenige von S. Giovanni in Laterano, der Meister ist namentlich dank der Signatur bekannt, sein Name ist Vassallettus. Leider ist der Kreuzgang in schlechtem Zustand, viele der Mosaiksteinchen sind herausgebrochen, die Tierfiguren zwischen den Säulen stark verwittert. Doch den früheren Glanz kann man noch ahnen, mannigfaltig sind die Formen der Säulen. Ungewöhnlich für einen christlichen Bau sind die ägyptischen Sphingen der Säulenbasen an den Durchgängen zum Hof und zwischen den Säulen. Mit etwas Geduld findet man sogar eine bärtige Sphinx!

Ein Idyll ist der kleine und einfache, aber trotzdem eindrucksvolle Kreuzgang der Kirche SS. Quattro Coronati mit seiner paradiesischen Vegetation und einem kleinen Brunnen, ein Ort zum Träumen und Nachdenken.

Die Cosmaten entwarfen nicht nur Kreuzgänge, auch an der Errichtung von Kirch-türmen und anderen Bauteilen waren sie beteiligt. In Rom sind u.a. die Ziegeltürme von S. Pudenziana, S. Maria in Cosmedin, S. Giorgio in Velabro, SS. Giovanni e Paolo, S. Maria Maggiore und S. Francesca Romana ihr Werk, denen sie eine farbige Note durch eingesetzte bunte Majolikateller gaben. Schöne Kirchenvorhallen der Cos-maten sind diejenigen von S. Lorenzo fuori le Mura und wieder S. Maria in Cosmedin,

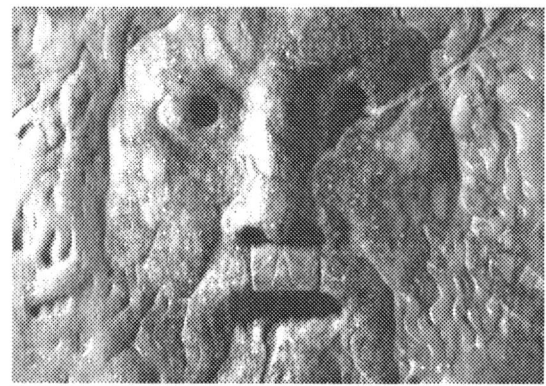

Der Mund der Wahrheit und sein Standort:
S. Maria in Cosmedin

wo der bekannte „Mund der Wahrheit", die „Bocca della Verità", aufgestellt ist, ein antiker Kanaldeckel mit einem abschreckenden Gesicht und großem Mund als Wasseröffnung, der Lügnern die Hand abbeißen soll.

In erster Linie waren die Cosmaten Handwerker, auch wenn sie etliche Skulpturen schufen, so die Figuren an den Ambonen oder die Reliefs am großen Osterleuchter von S. Paolo fuori le Mura. In ihren Arbeiten für Grabdenkmäler überwiegen die ihnen geläufigen Dekorationssysteme aus kleinen Marmorteilen. Hier griffen sie aber noch in stärkerem Maße auf antike Reste zurück und bauten heidnische Sarkophage als Grablege ein, umgeben von ciborienartigen Baldachinen und den für sie typischen Mosaikmustern, zu sehen an den Gräbern von Kardinal Fieschi in S. Lorenzo fuori le Mura, von Kardinal Consalvo Rodriguez in S. Maria Maggiore und bei den Gräbern der Savelli in Aracoeli. Doch der Schwerpunkt ihrer Arbeit lag eindeutig bei ornamentalen Dekorationen.

Bei der Betrachtung dieser Werke aus zersägten antiken Säulen und anderen Bruchstücken wird einem die Plünderung Roms und der Untergang der antiken Stadt besonders schmerzlich bewußt, gleichzeitig stellt man mit Bewunderung fest, was die bienenfleißigen Handwerker daraus gemacht haben. Ein abwechslungsreiches Spiel der Formen und Farben, das sich erst bei genauem und bewußtem Hinsehen erschließt, in das man sich versenken kann, ein Eintauchen in einen zauberhaften goldglänzenden Mikrokosmos, wie eine westliche Variante eines zu Stein gewordenen tibetischen Mandalas.

Auswahl für beispielhafte Cosmatenarbeiten:

S. Giovanni in Laterano: Piazza S. Giovanni in Laterano. Täglich 7.00 Uhr – 19.00 Uhr, im Winter nur bis 18.00 Uhr. U.a. Fußboden, Kreuzgang, Bischofsthron

S. Paolo fuori le Mura: Via Ostiense 186. Täglich 7.30 Uhr – 18.30 Uhr. Kreuzgang, Osterleuchter

SS. Quattro Coronati: Via SS. Quattro Coronati 20. Täglich 9.30 Uhr – 12.30 Uhr, 15.30 Uhr – 18.00 Uhr, im Winter nur vormittags. Kreuzgang, Fußboden

S. Clemente: Via Labicana 95. Montag bis Samstag 9.00 Uhr – 12.30 Uhr, 15.30 Uhr – 18.00 Uhr (Sommer 18.30 Uhr), Sonntag und Feiertage erst ab 10.00 Uhr. Fußboden, Sängerchor, Chorschranken, Leuchter, Ambo, Ciborium, Bischofsthron

S. Maria Maggiore: Piazza di S. Maria Maggiore. Täglich 7.00 Uhr – 20.00 Uhr, im Winter bis 19.00 Uhr. Kirchturm, Fußboden, Gräber

S. Maria in Trastevere: Piazza S. Maria in Trastevere. Täglich 7.30 Uhr – 13.00 Uhr, 16.00 Uhr – 19.00 Uhr. Fußboden, Kirchturm

S. Lorenzo fuori le Mura: Piazzale del Verano 3. Täglich 7.00 Uhr – 12.00 Uhr, 15.30 Uhr – 18.30 Uhr. Ciborium, Ambo, Fußboden, Gräber, Bischofsthron, Osterleuchter

S. Cesareo: Via di Porta S. Sebastiano, Nähe Caracalla-Thermen. Geöffnet nur zu Gottesdiensten. Ciborium, Fußboden, Altarschranken, Bischofsthron

Cappella Sancta Sanctorum in der Scala Santa: Piazza di San Giovanni in Laterano 14. Dienstag, Donnerstag und Samstag: 10.30 Uhr – 11.30 Uhr, 15.30 Uhr – 16.30 Uhr (Sommer), 15.00 Uhr – 16.00 Uhr (Winter). Information: Tel. 06/70494619. Besondere Anmeldung für Gruppen notwendig. Fußboden, und Marmorverkleidung der Wände, hier Signatur von Meister Cosmatus

S. Francesca Romana: Piazza di S. Francesca Romana, Zugang von der Via dei Fori Imperiali. Täglich 9.30 Uhr – 12.30 Uhr, 15.30 Uhr – 19.00 Uhr. Kirchturm

S. Maria in Cosmedin: Piazza Bocca della Verità 18. Täglich 9.00 Uhr – 13.00 Uhr, 15.00 Uhr – 18.00 Uhr. Kirchturm, Fußboden, Osterleuchter, Ambo. In der Vorhalle befindet sich der „Mund der Wahrheit"

S. Giorgio in Velabro: Via del Velabro 19. Vormittags und später Nachmittag. Kirchturm, Ciborium

S. Maria in Aracoeli: Piazza d'Aracoeli. Täglich 7.00 Uhr – 12.00 Uhr, 16.00 Uhr – 17. 30 Uhr, im Sommer bis 18.30 Uhr. Fußboden, besonders schön im Altarbereich mit Sechsecken, Gräber

DER HEILIGSTE ORT DER WELT:
DIE CAPPELLA SANCTA SANCTORUM

NON EST IN TOTO SANCTIOR ORBE LOCUS

Es gibt keinen heiligeren Ort auf der Welt. So lautet die Inschrift im Inneren dieses Raumes. Ein Ort, der nur dem Papst und wenigen Prälaten zugänglich war. Geheimnisvoll, mysteriös, fast unsichtbar, da nur kleine, vergitterte Fenster Einblick ins Innere zulassen. Nur wenig konnte man von den Fresken im Inneren erkennen, das herrliche Mosaik blieb vollkommen verborgen. Wie ein kostbarer Kern ist dieser Ort versteckt, umschlossen vom festen Gehäuse einer Kirche, die auf den ersten Blick gar nicht danach aussieht. Einer Kirche, die diesen Kern so gut behütet, daß von außen nichts auf das wertvolle Innere hindeutet.

NON EST IN TOTO SANCTIOR ORBE LOCUS

Es gibt keinen heiligeren Ort auf der Welt. Hier wurden die kostbarsten Reliquien der Stadt aufbewahrt. Hier befindet sich eines der Bilder, von denen die Legende behauptet, es sei nicht von menschlichen Händen gemalt worden.
Heute hat dieses Geheimnis geregelte Öffnungszeiten. Es ist die Cappella Sancta Sanctorum, die ehemalige Hauskapelle des Papstes, der letzte Rest des alten Lateranpalastes, des kirchlichen Machtzentrums, bevor die Päpste es vorzogen, im Vatikan zu residieren.
Der Palast war über tausend Jahre der Sitz der Päpste. Es war ein ausgedehntes Gebäude, das sich direkt an die Laterankirche anschloß und bei weitem größer war, als das Bauwerk, das heute an dieser Stelle steht und diesen Namen trägt. Als die Päpste im 14. Jahrhundert nach Avignon ins Exil gingen, entstand ein Machtvakuum, das für das Leben in der Stadt schlimme Folgen hatte, denn von nun an herrschten rivalisierende Familien, allgemeiner Niedergang war die Folge. Der unbewohnte Palast verfiel, wurde zum Trümmerhaufen, und das blieb er auch, als die Päpste nach Rom zurückkehrten, denn der Vatikan wurde neue Residenz. Nur wenige Teile des alten Palastes blieben erhalten, darunter die Cappella Sancta Sanctorum. Als Papst Sixtus V. sich am Ende des 16. Jahrhunderts aufmachte, die Stadt grundlegend umzugestalten, änderte sich auch das Aussehen des Laterans. Ein neuer Palast entstand, direkt angebaut an die Kirche. Um die ehemalige Hauskapelle herum ließ er das Gebäude der Scala Santa mit einem Kranz von Kapellen zwecks Aufnahme der Heiligen Treppe errichten. Die Legende besagt, diese Treppe befand sich einst im Hause von Pontius Pilatus in Jerusalem, Christus habe sie beschritten. Die heilige Helena, die Mutter Kaiser Konstantins, ließ sie nach Rom bringen, im Lateranpalast wurde sie eingebaut. Durch den Neubau war eine Versetzung notwendig, so entstand dieses merkwürdige Gebäude mit den drei Treppen, die zur Sancta Sanctorum hinaufführen. Die mittlere der Treppen ist die Heilige Treppe, sie darf nur kniend bestiegen werden. Oben

erwarten den Pilger drei vergitterte Fenster, die bisher die einzige Möglichkeit waren, einen Blick ins Innere der Sancta Sanctorum zu werfen.

Bis vor kurzem waren die Marmorwände der Sancta Sanctorum mit schweren Vorhängen verhängt, die Fresken, die man darüber sehen konnte, schienen, sofern man überhaupt etwas erkennen konnte, von schlechter Qualität. Einzig die kostbare Ikone des Erlösers, die Acheropita, fast vollkommen verborgen unter einer glänzenden silbernen Abdeckung, lenkte die Blicke auf sich. Christus ist hier in ganzer Figur fast in Lebensgröße dargestellt, doch die Abdeckung läßt lediglich den Kopf frei. Nach der Legende stammt die Ikone aus der Hand des heiligen Lukas, dem Patron der Maler, vollendet wurde sie von Engeln. Doch auch die Künste der Engel und die schützende Abdeckung konnten das Bild nicht vor dem Zerfall retten, denn vom Antlitz Christi blieb nur noch ein schwacher Schatten übrig. Die Ikone spielte eine wichtige Rolle bei den feierlichsten Zeremonien und Prozessionen der Stadt. In einer Prozession wurde sie vom Lateran zur Kirche S. Maria Maggiore getragen, um dort auf eine andere wichtige Ikone zu treffen, die Ikone Salus Populi Romani, ein Bild der Muttergottes, die dort als Beschützerin der Stadt verehrt wird. Vermutlich entstand die Acheropita im 6. Jahrhundert und stammt aus einer Kirche des byzantinischen Reiches. Vielleicht hat sie ein Grieche vor den Zerstörungen und Wirren des Bildersturms gerettet, der das oströmische Reich im 8. Jahrhundert erschütterte und dem viele Ikonen zum Opfer fielen. Vielleicht gelangte sie in seinem Gepäck nach Rom, auch wenn das Bild der Legende nach auf wunderbare Weise, von Engeln getragen, in die Stadt kam und Aufstellung in der päpstlichen Hauskapelle fand, zusammen mit den anderen kostbaren Reliquien, die den Ruf als heiligsten Ort der Welt begründeten.

Diese Heiligkeit verhinderte jahrhundertelang, daß man auf die Schätze der Ausstattung aufmerksam wurde. Die Fresken waren unter späteren Übermalungen versteckt, das Mosaik über dem Altar war vom Fenster aus unsichtbar. Erst vor kurzem entdeckte man die Einmaligkeit und den relativ guten Erhaltungszustand der Malereien, man entschloß sich zu einer kompletten Restaurierung, die 1995 abgeschlossen wurde. Das Ergebnis ist sensationell, handelt es sich doch um einen der wichtigsten (der ohnehin in Rom seltenen) gotischen Freskenzyklen der Stadt, der jetzt wieder in wunderbaren Farben leuchtet. Dank dem Restaurator Bruno Zanardi (und dem Sponsor der Arbeiten, dem Schinkenproduzenten Marco Rosi und seiner Firma Parmacotto) wurde ein Kunstdenkmal wiederhergestellt, das durchaus mit einer zweiten Sixtinischen Kapelle verglichen werden kann. Nach Beendigung der Restaurierung wurde dieser lange verschlossene Raum der Allgemeinheit zugänglich gemacht.

Der Eingang befindet sich in der seitlichen Kapelle rechts, der Cappella di S. Lorenzo. Die schwere Bronzetür aus dem 4. Jahrhundert mit den zwei komplizierten Schlössern, den vielen Riegeln und den riesigen Schlüsseln ist für sich schon eine Sehenswürdigkeit. Man kann es kaum glauben, sie funktioniert immer noch tadellos. Die zwei Scheiben auf dem Portal erinnern an ein Augenpaar, doch sie sind der letzte Rest der alten Verzierung mit Figuren oder kleinen Köpfchen. Durch einen schmalen Korridor, dem einzigen Zugang, früher eine Art Warteraum für Priester und Meßdiener, gelangt man in die Sancta Sanctorum.

So wie die Kapelle sich heute darbietet, ist sie das Ergebnis des Neubaus Ende des 13. Jahrhunderts, den Papst Nikolaus III. Orsini ausführen ließ. Über dem Altar ist er auf dem Fresko dargestellt, wie er zusammen mit den heiligen Petrus und Paulus Christus das Modell der Kapelle überreicht.

Nikolaus III. regierte von 1277 – 1280. Auch wenn seine Regierungszeit kurz war, konnte er doch viele Erfolge vorweisen. Er initiierte ein großes Bauprogramm, das nicht nur den Neubau der Sancta Sanctorum umfaßte, sondern sich auch auf verschiedene Renovierungen und Arbeiten u.a. an der Peterskirche, der Engelsburg (er ließ den ersten Verbindungsgang zum Vatikan errichten), in S. Paolo fuori le Mura und auf dem Kapitol erstreckte. Ein Programm, das dem Ansehen und der Bedeutung der Kapitale der Christenheit dienen sollte. Genauso wie ein Renaissancepapst ließ er Arbeiten zur Verschönerung der Stadt ausführen. Genauso ähnelte er ihnen in einer anderen Eigenschaft, er war eine Art Vorläufer der Praktiken des Nepotismus, denn er vergab wichtige Kirchenämter an enge Verwandte und vor allem an seine Neffen.

Warum ein Neubau der Kapelle notwendig wurde, ist unklar. Vermutlich war es ein Erdbeben, das den Vorgängerbau beschädigte. Nikolaus hatte vortreffliche Künstler zur Hand, die den Neubau, die Ausmalung und das Mosaik entwarfen und ausführten. Mit seinem Auftrag schuf Nikolaus eine Basis für die weitere künstlerische Entwicklung in der Stadt. Leider sind die Namen der Maler und Mosaikhandwerker nicht überliefert. Was die ersteren betrifft, stammten sie vermutlich aus der Schule des römischen Malers Pietro Cavallini. Sie arbeiteten hier nebeneinander, es lassen sich mehrere Maltechniken und –stile ausmachen. Dasselbe gilt für die Mosaizisten, die ebenfalls als Team arbeiteten. Lediglich der Architekt und Marmorhandwerker ist namentlich bekannt: Es war ein gewisser Cosmatus, ein Meister der Cosmaten, er hat sich am Ende des Korridors in einer Inschrift verewigt: „Magister Cosmatus fecit hoc opus". Doch auch ohne diese Inschrift hat er andere deutliche Signaturen hinterlassen, so den Fußboden mit den charakteristischen runden Scheiben und Mustern, die wie ein Plattenweg zum Altar führen, und die kleinen Mosaiken mit goldenen Sternen am Architrav, der den Hauptraum vom Presbyterium, dem Altarraum, trennt. Machtvoll wird der untere Teil der Kapelle von der Inschrift auf dem Architrav beherrscht. Die Wände sind hier nur mit glatten Marmorplatten verkleidet, dahinter besteht die Mauer aus einfachen Ziegeln. Das Gold und die zwei edlen Porphyrsäulen des Architravs, wiederverwendete antike Bauteile, verstärken diesen strengen und feierlichen Eindruck. Alle Blicke werden hier unten auf den Altarbereich gelenkt. Dort befindet sich in der Mitte der Altartisch, in dem die kostbaren Reliquien aufbewahrt wurden. Hinter dem Bronzetürchen befindet sich eine geschnitzte Kiste aus Zypressenholz, die heute noch einen Teil der Reliquien birgt, jedoch ohne ihre kostbaren Behälter. Anfang des 20. Jahrhunderts brachte man sie in die Vatikanischen Museen, wo sie in den Räumen der Apostolischen Bibliothek ausgestellt sind. Einst befand sich in diesem Kästchen (und in den zwei Öffnungen in der Wand darüber inmitten der Loggia mit den Heiligen) u.a. die Köpfe der heiligen Petrus, Paulus und Agnes, dazu noch einen Stein vom Grab Christi und Brot vom letzten Abendmahl.

Hinter dem Altar ist die Acheropita in die Wand eingelassen, darüber schimmert das Mosaik, von dem später noch die Rede sein wird.

Über der Loggia mit den Heiligen leuchten die restaurierten gotischen Fresken. Das Besondere daran sind nicht nur die figürlichen Darstellungen in den rechteckigen Ausschnitten, sondern auch die Dekorationen, die vom nicht versiegenden Interesse der Maler und sicher auch des Papstes an der Antike zeugen, eine Antike, die damals in der

Stadt immer noch allgegenwärtig war. Denn die Dekorationen um die Bildfelder herum zitieren antike Formen, genauer Formen aus der Spätantike und dem frühen Christentum, so wie man sie noch heute in den Katakomben oder auf Sarkophagen findet. Im Mittelalter wurden diese Formen weiterhin als Vorlagen benutzt, in besonderem Maße hier in der Kapelle. Die Dekoration war mehr als ein Mittel, leere Flächen zu füllen, es sind äußerst naturalistische Darstellungen von Pflanzen und Tieren. Links und rechts der Bildfelder stehen Vasen, aus denen Triebe spiralförmig nach oben wachsen und deren Blätter phantastische „Blumen" formen. (In einem der Rankenkreise, neben dem Agnes-Bild, hat der Maler ein kleines Köpfchen versteckt!). Kleine Amseln picken nach den Früchten der Triebe, die von den Vasen nach unten hängen.

Aus den oberen Ecken der Bildfelder wachsen Triebe, die ein grünes Feld einschließen. Sieht man genauer hin, bemerkt man, daß die obere Einfassung dieser Felder in Wirklichkeit langgestreckte Delphine sind! In diesen grünen Wiesen gedeihen Blumen neben einer Art Muschel oder buntem Fächer. Besonders gut beobachtet sind die weißen Tauben, die auf den Delphinen sitzen.

Die Fresken werden vom Farbdreiklang Blau – Grün – Rot bestimmt, das Rot erinnert an Pompejanisch-Rot, die auffälligste Farbe der antiken Malerei. Wie in einem Guckkasten sind die roten Farbfelder mit den Dekorationen den figürlichen Szenen vorgesetzt. Dieser Eindruck wird noch dadurch verstärkt, daß fast alle Bilder eine grüne Wiese als Basis besitzen und darüber der tiefblaue Himmel beginnt. Es ist der gleiche Himmel, in dem sich die Engel in den Dreiecken im oberen Teil der Wand bewegen, der gleiche Himmel, von dem aus im sternenübersäten Gewölbe die Symbole der vier Evangelisten herunterschauen.

Die zwei Felder über dem Altar zeigen, wie bereits erwähnt, den Stifter der Kapelle, Nikolaus III. mit Petrus und Paulus, auf der anderen Seite Christus. Die übrigen Felder haben überwiegend Märtyrerszenen zum Thema. An der Wand rechts des Altares wird das Martyrium der zwei päpstlichen Begleiter gezeigt. Links die Kreuzigung des heiligen Petrus mit Folterknechten und bestürzten Zuschauern. Interessant sind die Gebäude des Hintergrundes, die einerseits eine Ansicht Roms, genauer des Vatikans und des Hinrichtungsorts Petris wiedergeben, andererseits (zufällig?) Bauprojekte des Papstes darstellen: Am linken Bildrand der Kapitolshügel in der Ferne, daneben ein spitzer „Turm", bei dem es sich vermutlich um die Meta Romuli handelt, eine antike Grabpyramide, ähnlich der heute noch bestehenden des Cestius. Diese hier stand einst in der Nähe des Vatikans, wurde jedoch um 1500 zerstört. Rechts neben der Kreuzigung eine schematische Abbildung der Engelsburg, ein Turm inmitten eines Mauerrings, daneben eine Gruppe antiker Gebäude ohne nähere Kennzeichen.

Eine ähnlich genaue Topographie zeigt die Enthauptung des hl. Paulus, ein Ort, der heute „Tre Fontane" genannt wird, in der Nähe von EUR. Der Legende nach entsprangen drei Quellen durch das dreimalige Aufschlagen des Hauptes. Damals war die Gegend weit vor der Stadt gelegen, eine Wüstenei, die der Maler durch die fast kahlen Hügel angedeutet hat. In der Ferne sieht man ein braunes Gebäude mit zwei Türmen, vielleicht ein Hinweis auf die Entfernung zur Stadt oder eine anachronistische Darstellung von S. Paolo fuori le Mura, der späteren Begräbnisstätte von Paulus. Besonders eindrucksvoll ist das Gesicht des Soldaten mit dem Schwert, sein Gesichtsausdruck verrät Ängstlichkeit oder Reue über seine Tat.

Links neben der Altarwand findet man das Martyrium der heiligen Agnes und das Wunder des heiligen Nikolaus. Die heilige Agnes ist eine der Stadtheiligen, stammt sie doch aus einer vornehmen römischen Familie. Agnes sollte im Stadion Domitians, der heutigen Piazza Navona, verbrannt werden, doch die Flammen griffen ihren Körper nicht an. Der Richter befahl daher, sie mit einem Schwerthieb in den Hals zu töten. Auf dem Fresko weichen die Flammen dank des Eingreifens des Engels von Agnes zurück (deren Pose erinnert an eine antike Togastatue), von links gibt der Richter den Befehl zum Schwerthieb, der von einem Soldaten mit spitzer Nase und starrem Blick ausgeführt wird, das Gesicht ist fast schon eine Karikatur. Rechts haben sich vor einem spitzen Turm Zuschauer versammelt.

Auf der anderen Seite ist eines der Wunder des heiligen Nikolaus abgebildet. Nikolaus war Bischof von Myra in Kleinasien, er erlitt den Märtyrertod. Eine seiner guten Taten wurde besonders populär: Der Heilige brachte dem verschuldeten adeligen Vater von drei Töchtern Gold, um die Mädchen vor dem drohenden Verkauf in ein Bordell zu bewahren. Diese Gabe ist der Ursprung des Brauches, wonach am Vorabend des Nikolaustages, dem 6. Dezember, die Kinder Geschenke erhalten. Auf dem Fresko sieht man die drei Mädchen im gemeinsamen Bett liegen, der Vater kann anscheinend vor Gram nicht einschlafen, mit müden und schwermütigen Augen liegt er im Bett dahinter. Mit fast schelmischem Gesichtsausdruck (im vorangegangenen Gespräch mit dem Vater vor der Tür war er noch ganz ernst) schaut der Heilige durchs Fenster, bereit, den Sack mit dem Gold fallenzulassen.

Die Wand gegenüber dem Altar zeigt wieder Märtyrerszenen, den Tod des heiligen Stephanus, der von der rasenden Menge gesteinigt wurde, auf der anderen Seite das Martyrium des heiligen Laurentius, der bei lebendigem Leib auf einem Feuerrost verbrannt wurde. Beide Märtyrer haben einen Bezug zur Stadt. Die Marter des heiligen Laurentius ereignete sich in Rom während der Christenverfolgung des Kaisers Decius, der links unter der Nische thront und den Befehl zur Hinrichtung gibt. Auffallend ist der Kopf des Soldaten mit dem großen braunen Auge neben dem Kaiser, der Folterknecht mit dem Blasebalg und der spitzen Nase balanciert auf dem Rahmen des Bildes und beobachtet aufmerksam die Reaktionen des Heiligen auf dem Rost.

Über dem Grab des Heiligen entstand die Kirche San Lorenzo fuori le Mura, eine der sieben Hauptkirchen Roms. Die Steinigung des heiligen Stephanus ereignete sich zwar in Jerusalem, doch seine Gebeine wurden nach Rom transportiert und im Grab des heiligen Laurentius bestattet. Stephanus war der erste christliche Märtyrer überhaupt.

Das Erstaunliche an den Fresken ist die außergewöhnliche Reife und Vollendung der Maler, mit der sie von den starren byzantinischen Schemas abwichen und die Figuren psychologisch gestalteten, man denke nur an die Mienen der Folterknechte. Die Unzugänglichkeit der Kapelle bewahrte die Fresken vor Zerstörung, schützte sie aber nicht vor der Übermalung irgendwann am Ende des 15. Jahrhunderts, Anfang des 16. Jahrhunderts. Merkwürdig ist dabei, daß die Figuren (vielleicht aus Respekt?) selbst kaum verändert wurden. Jedoch übermalte man die anscheinend „altmodischen" Dekorteile im modernen Stil und umgab die Bildfelder mit einer Frührenaissance-Einfassung. Es entstand eine Art unharmonischer Zwitter aus zwei Stilen, weder der Gotik, noch der Renaissance zugehörig. Diese Unstimmigkeit war der Grund dafür, daß man sich bei der Restaurierung entschloß, diese „Modernisierungen" zu entfernen, auch wenn dadurch ein historisch gewachsenes Gefüge beseitigt wurde. Nach Abschluß der

Freilegung der Fresken, bei denen man übrigens dasselbe Mittel wie bei der Restaurierung der Sixtinischen Kapelle verwendete, wurde diese problematische Entscheidung im nachhinein bestätigt. Wie der Zustand vor der Entfernung der Übermalungen aussah, läßt sich am Rand der Darstellung der Steinigung des heiligen Stephanus erkennen. Dort hat man den alten Rahmen bewußt erhalten.

Die Auswahl der Heiligen für die Darstellung auf den Fresken geschah nicht willkürlich, sondern wurde von den Reliquien der Kapelle bestimmt. Die Häupter von Petrus, Paulus und Agnes befanden sich im Altar der Sancta Sanctorum. Der heilige Nikolaus ist der Namenspatron des Papstes und vermutlich aus diesem Grund in den Freskenzyklus aufgenommen. Vielleicht soll er ein Hinweis auf die Freigebigkeit des Papstes oder sein Eintreten für die Gläubigen sein. Laurentius und Stephanus sind besonders bedeutende Märtyrer, die bei der Entstehung und Ausbreitung des frühen Christentums eine große Rolle spielten.

Das Mosaik über dem Altarraum wiederholt die Darstellung der Heiligen, keiner der auf den Fresken abgebildeten Heiligen fehlt hier. Durch die gleichzeitige Anwesenheit der Reliquien erhält deren Darstellung sowohl auf dem Fresko als auch auf dem Mosaik noch eine weitere Dimension.

Nur wenn man direkt unter dem Gewölbe des Altarraumes steht, kann man das Mosaik vollständig überblicken, es war also nur für den zelebrierenden Priester sichtbar. Genauso wie auf dem Fresko wurde auf spätantike und frühchristliche Formen (man denke nur an die wunderbaren Engel) zurückgegriffen, so daß man vermuten könnte, das Mosaik oder zumindest Teile davon stammen noch aus der Vorgängerkirche. Doch das identische Programm der Heiligen, vor allem die Auswahl des heiligen Nikolaus als Namenspatron des Papstes bestätigt die Annahme, daß es im Zuge des Neubaus der Kapelle ausgeführt wurde. In der Mitte der goldenen Decke, genau über dem Altar mit den Reliquien, ist der segnende Christus in einem Medaillon dargestellt, umgeben von Engeln. Die geringe Höhe des Raumes verstärkt den Eindruck des Mosaiks, dank der Nähe zur Decke steigt die Hochachtung vor den Handwerkern, die mit wenigen Steinen an der richtigen Stelle eine große Wirkung erzielten. Merkwürdig erscheint die Abbildung von Lampen auf der Seite zum Hauptraum hin, Lampen die kein Licht spenden, die von außen nicht einmal gesehen werden konnten.

Die weitere Geschichte der Kapelle spiegelt sich in den Bildern der Loggia wider, die um 1590 entstanden. Im Zuge der Neugestaltung des ganzen Komplexes durch Papst Sixtus V. und dem Bau der Scala Santa um die Kapelle herum, war man auch innerhalb der Kapelle tätig. Der Anlaß für die neuen Fresken von Heiligen, Aposteln und Propheten ist nicht bekannt, vielleicht waren die alten Fresken in schlechtem Zustand. Vermutlich hielt man sich bei der Ausmalung an das alte Vorbild und die ehemalige Anordnung, was aber nicht mit Sicherheit bewiesen werden kann, denn kein Rest der gotischen Fresken hat sich darunter erhalten. Wiederum war ein Team von Malern tätig, dank einer genauen Analyse kann man einzelne Figuren bestimmten Malern zuordnen. Die Reihe der Standfiguren ist im Bereich der ehemaligen Reliquienbehälter über dem Altar unterbrochen. Links reicht dort eine Hand einen Korb Brot aus den Wolken, vermutlich das Brot des letzten Abendmahls, darunter eventuell die Apostel, weiter unten fallen kleine Brotstücke wie ein Goldregen vom Himmel herab. Verständlich wird diese Abbildung durch die Tatsache, daß man einst im Reliquienschatz Brot vom letzten Abendmahl hütete. Auf der anderen Seite ist ein Engel mit einer Lanze abgebildet, vielleicht ein Hinweis auf die Kreuzigung, auf das Begräbnis Christi und die damit verbundene Reliquie, die sich ebenfalls im Altar darunter befand, nämlich ein Stein vom Heiligen Grab. Die Abbildung darunter zeigt ein historisch verbürgtes Ereignis: Papst Stefan VI läßt Reliquien in die Kirche bringen.

Doch schnell schwenkt der Blick von diesem Intermezzo wieder in die Höhe zu den herrlichen Farben der Fresken. Und inmitten der Pracht beherrscht der Querriegel mit der Inschrift den Raum:

NON EST IN TOTO SANCTIOR ORBE LOCUS

Sancta Sanctorum in der Scala Santa: Piazza di San Giovanni in Laterano 14. Dienstag, Donnerstag und Samstag: 10.30 Uhr – 11.30 Uhr, 15.30 Uhr – 16.30 Uhr (Sommer), 15.00 Uhr – 16.00 Uhr (Winter). Information: Tel. 06/70494619. Besondere Anmeldung für Gruppen notwendig

Scala Santa (eigentlich SS. Salvatore della Scala Santa): Piazza di S. Giovanni in Laterano 14. Täglich 6.30 Uhr – 12.00 Uhr, 15.30 Uhr – 18.45 Uhr (im Winter nachmittags 15.00 Uhr – 18.45 Uhr). Das auffallende Mosaik an der Außenwand der Kirche ist eine Rekonstruktion des alten Mosaiks aus dem 8. Jahrhundert, das sich einst im ehemaligen Speisesaals des alten Lateranpalastes befand. In diesem Raum empfing Papst Leo III. im Jahre 800 n. Chr. Karl den Großen vor seiner Kaiserkrönung

DER SANTO BAMBINO IN
S. MARIA IN ARACOELI

Immer wieder gehen bei der römischen Post Briefe aus aller Welt ein, die als einzige Adresse lediglich die Anschrift „Al Santo Bambino, Roma, Italia" tragen, an das „Heilige Kind, Rom, Italien". Eine scheinbar nicht sehr aussagekräftige Anschrift, denn wie viele Kinder gibt es in Rom, die von ihren Eltern als engelsgleich vergöttert werden! Die Postbeamten wissen, wer sich dahinter verbirgt und leiten die Briefe wirklich weiter, der besagte Bambino erhält alles zuverlässig und ungeöffnet.

Was ist das für ein merkwürdiges Kind, das so viel Post bekommt?

In einer Seitenkapelle der Kirche S. Maria in Aracoeli auf dem Kapitol, am oberen Ende der langen und steilen Treppe, hat es seine Heimstatt. Um die Kirche, ebenso wie um das Kind, ranken sich zahlreiche Legenden.

Genauso wie der Briefträger, der die Post sicher über die Fahrstraße nach oben zum Kapitol bringt, scheuen viele den mühsamen Aufstieg zur Kirche über die steile Treppe und benutzen die wesentlich angenehmeren Stufen der „Cordonata" zum Kapitolsplatz, um die Kirche durch den Hintereingang zu betreten. Doch die Treppe ist etwas ganz Besonderes und wurde zur Zeit der Errichtung im 14. Jahrhundert als bedeutende Leistung angesehen. Anlaß für den Bau war die weitgehende Verschonung der Stadt von der Pest, die 1348 ganz Europa beherrschte. Zum Dank an die Muttergottes, deren Anrufung die Stadt vor der Epidemie bewahrt hatte, errichtete man die Treppe zur Marienkirche auf dem Hügel. Auch der Baumeister ist bekannt, es war ein gewisser Lorenzo di Simone Andreozzi, wie die Inschrift am Hauptportal der Kirche verrät. Das für damalige Verhältnisse außergewöhnliche Bauwerk erhielt auch einen außergewöhnlichen Namen, nämlich die „Himmelsleiter", gleich der Treppe, die Jakob im Alten Testament im Traum erschienen ist.

Gelegentlich bemerkt man Gläubige, welche die Treppe auf Knien besteigen, so wie bei der Heiligen Treppe am Lateran, um einem Gelübde Genüge zu leisten. (Früher war es sogar Sitte, am Fuß der Treppe zu übernachten!)

Die schmucklose Fassade verschleiert die große Bedeutung der Kirche. Sie wurde an der Stelle erbaut, an der sich in der Antike einmal der Tempel der Juno Moneta, der mahnenden Juno, befand. Neben dem Tempel lag nicht nur die Münzprägestätte der Römer (daher stammt auch unser Wort Moneten oder das englische Money ab), sondern auch der berühmte Stall mit den Gänsen der Juno, die man dort vermutlich zur Vorzeichendeutung hielt. Als die Gallier in der Frühzeit Roms um 385 v. Chr. bei ihren Kriegszügen nach Italien einfielen, bis nach Rom vordrangen und die Stadt eroberten, blieb den Römern als einzige Verteidigungsbastion nur noch das Kapitol übrig. Nach einer siebenmonatigen Belagerung des Hügels wagten die Gallier endlich den nächtlichen Sturm. Es waren diese Gänse, deren lautstarkes Geschnatter die Verteidiger weckte und damit den Römern zum Sieg in letzter Minute und zur Rettung der Stadt verhalfen. Wer weiß, wie die Geschichte Europas verlaufen wäre, wenn diese Tierchen ruhig geschlafen hätten?

Heute schnattert hier nichts mehr, nicht einmal ein Hundebellen wird laut, wenn der Briefträger das Kirchenschiff betritt und sicherlich den kleinen Altar an einer der Säulen im Hauptschiff bemerkt.

Der Beiname der Kirche „Aracoeli", zu deutsch „Himmelsaltar", rührt von der Legende her, wonach Kaiser Augustus kurz vor seinem Tod von der Tiburtinischen Sibylle auf dem Kapitol die Weissagung erhalten haben soll, daß ein göttliches Kind, von einer Jungfrau geboren, die Altäre der römischen Götter stürzen und eine neue Welt begründen werde. Augustus war von dieser Prophezeiung angeblich sehr beeindruckt, er ließ zu Ehren dieses Kindes an der Stelle der Weissagung einen Altar errichten, eben den „Himmelsaltar", dessen Inschrift lautete: „Ecce ara primogeniti Dei", zu deutsch: „Dies ist der Altar des erstgeborenen Gottes". Von den römischen Kaisern hat sich übrigens noch etwas ganz Profanes im Inneren erhalten: Die Säulen der Kirche stammen alle aus antiken Gebäuden oder Tempeln. Die dritte Säule auf der linken Seite stand einst im Schlafzimmer der Kaiser, noch heute ist auf ihr eine entsprechende Inschrift lesbar: „A cubiculo Augustorum".

Von den ersten Christen wurde dieser Ort als besonders heilig angesehen, denn vermutlich schon im 6. Jahrhundert n. Chr. wurde in den Tempelresten eine Kirche eingerichtet. Die heilige Helena, Mutter des ersten christlichen Kaisers Konstantin, die nach Jerusalem reiste, um dort das wahre Kreuz zu finden, wurde auf dem Kapitol an diesem Ort begraben. Im heutigen Kirchenraum ist die Stelle des Grabes der Heiligen durch einen kleinen Altar links im Hauptschiff besonders kenntlich gemacht. Dieser Altar soll aber auch genau an der Stelle stehen, wo Kaiser Augustus jenen Himmelsaltar errichten ließ. Am Boden sieht man ein Gitter, darunter soll sich dieser geheimnisvolle Altar verbergen. Es ist ein Sarkophag, der allerdings, wie man schlüssig nachgewiesen hat, erst im Mittelalter angefertigt wurde. Doch die Gläubigen beeindruckt das wenig, für sie ist es weiter der Himmelsaltar. Gleichfalls als Fortsetzung der Legende und der Verehrung, für die Bestätigung der Prophezeiung, kann man den „Santo Bambino" ansehen, das Heilige Kind, das tatsächlich die Altäre der alten Götter gestürzt hat.

Unser Briefträger hat mittlerweile das Kirchenschiff durchquert, im linken Querhaus trifft er vielleicht im Souvenirgeschäft den diensthabenden Pater, dem er das Postbündel mit den Briefen übergibt, sicher nicht ohne ein kleines Schwätzchen, wieviel Post der Bambino dieses Mal wieder bekommen hat. Daneben ist die Kapelle, das Ziel all dieser Briefe, dort wird der Bambino in einem Glasschrein auf dem Altar ausgestellt, oder genauer, wurde er ausgestellt. Wie ein kleiner pausbäckiger König steht er auf einem Kissen und hält ständig Audienz. Die Legende besagt, die Figur wurde aus dem Holz eines Olivenbaums vom Garten Gethsemane in Jerusalem geschnitzt. Bei der Anfertigung der Figur hatten, wie oft in Rom, himmlische Mächte die Hände im Spiel, sie soll nämlich von Engeln hergestellt worden sein. Die Figur hat eine gewisse Ähnlichkeit mit einem „Fatschenkind", ein in Leintücher eingeschnürtes Kind aus Holz oder Wachs, wie man es in Süddeutschland oder Österreich in vielen Kirchen oder Krippen findet. Der Bambino hier trägt aber eine kleine Krone und ist über und über mit Schmuck behängt, zum Dank für hilfreiches Eingreifen in der Not. Die Römer sind von der Wundertätigkeit der Figur überzeugt, denn oft wurde sie in feierlicher Prozession, meistens bei Nacht, in die Häuser vornehmer Familien oder Schwerkranker gebracht, um den Hilfesuchenden in der Not beizustehen oder Genesung zu bewirken. Das geschah sogar noch im 20. Jahrhundert. Der Aufenthalt dauerte oft mehrere Tage.

Manche reiche Römer hielten sich eine eigene Kutsche, nur um den Bambino rechtzeitig im Notfall bei sich zu haben.

Während einer dieser Ausflüge geschah es, daß eine Dame aus der Familie Borghese unbedingt den Bambino für sich behalten wollte. Heimlich ließ sie eine identische Kopie anfertigen. Das Original behielt sie für sich, die Kopie ließ sie in die Kirche bringen, wo niemand den Betrug bemerkte. Doch der Santo Bambino blieb nicht lange in ihrem Eigentum. Denn in der nächsten Nacht machte er sich auf den Weg zurück in die Kirche. Das Portal war verschlossen, so klopfte er an die Tür. Der Pförtner wagte nicht die Tür zu öffnen, denn er sah vom Fenster niemanden davor stehen, auch antwortete niemand auf die Fragen, wer denn da geklopft habe. Erst beim dritten Klopfen nahm er all seinen Mut zusammen und öffnete, und siehe da, der Santo Bambino stand vor Tür, er hatte seinen Weg heimgefunden. Das ist natürlich nur eine fromme Legende, doch es gibt tatsächlich eine alte Kopie in einer Ortschaft in der Nähe von Rom, in San Giovanni a Giulianello, die ein Kardinal aus besagter Familie der dortigen Kirche stiftete. Dieses Kind wird von den Einwohnern genauso verehrt wie der Santo Bambino in Rom, auch hier schreibt man mittlerweile der Figur wundertätige Kräfte zu.

Eine andere Geschichte berichtet von einem Dieb, der sich in Aracoeli eingeschlichen hatte und den ganzen Schmuck des Santo Bambino raubte. Dieser Diebstahl löste eine ungeheure Empörung aus, innerhalb kurzer Zeit war die Figur mit neuem Schmuck behangen.

Während der Weihnachtszeit wird er in eine einfache Krippe gebettet, am Vorabend des Dreikönigstages trägt man ihn in einer feierlichen Zeremonie auf den obersten Absatz der Freitreppe, wo er dann gleichsam die Stadt segnet. Auch ein anderer Brauch wird in Aracoeli immer noch eingehalten: Am Dreikönigstag versammeln sich Kinder mit ihren stolzen Eltern und Verwandten in der Kirche und steigen auf eine eigens errichtete Kanzel, um den anwesenden Gläubigen und Eltern zu predigen.

Leider haben es Wunder heute besonders schwer. Denn 1994 wurde der echte Bambino in Rom aus der Kirche gestohlen und ist seitdem verschollen. Bisher hat er seinen Weg noch nicht zurück auf den Altar gefunden, kein Klopfen hat den Küster aus seinem Schlaf geweckt. Auch in Rom steht jetzt eine originalgetreue Kopie des Kindes, was aber seiner Anbetung keinen Abbruch tut, denn die Kapelle ist selten leer. Und damit kehren wir auch wieder zurück zu den Briefen, die aus aller Welt an den Bambino geschickt werden: Der Pater hat die Briefe mittlerweile auf den Altar gelegt, nachdem er neugierig die Absender aus allen möglichen Ländern und die exotischen Briefmarken begutachtet hat.

Kein Mensch öffnet sie, nur der Absender und der Santo Bambino kennen ihren Inhalt, die Nöte und Bitten darin. Die Briefe liegen meistens eine Woche, danach werden sie durch neu ankommende ersetzt, denn der Strom reißt nicht ab. Die alten Briefe werden ungeöffnet verbrannt.

S. Maria in Aracoeli: Piazza d'Aracoeli. Eingang entweder über die Treppe oder über den Hintergang vom Kapitolsplatz. Täglich 7.00 Uhr – 12.00 Uhr, 16.00 Uhr – 17.30 Uhr, im Sommer bis 18.30 Uhr. Der Santo Bambino befindet sich in einer separaten Kapelle, die vom östlichen Querschiff zugänglich ist

LOCANDA DELL'ORSO
ODER TOURISMUS IM MITTELALTER

Dank den enormen Pilgerströmen, vor allem in den Heiligen Jahren, waren in Rom zu allen Zeiten viele mehr oder weniger gute Übernachtungsmöglichkeiten vorhanden. Wie heute auch fanden Geistliche gewöhnlich in Klöstern oder kirchlichen Anstalten Unterkunft, andere Besucher waren auf Gasthöfe angewiesen, sofern sie nicht in einem der Pilgerheime unterkamen. Viele der Gasthöfe wurden damals übrigens von Deutschen geführt. Die Osteria oder Locanda dell'Orso, Gasthof zum Bären, auf dem kleinen Hügel des Monte Brianzo, am Ende der Via dell'Orso am Tiber, war eine der bekanntesten und größten in Rom, in der Besucher aus allen Schichten abstiegen.

Wie der Gasthof zu seinem „tierischen" Namen kam, ist nicht ganz geklärt. Möglicherweise hat der erste Besitzer, Baccio dell'Orso, den Gasthof nach seinem Familiennamen benannt, möglich ist aber auch, daß der Gasthof von der davor liegenden Piazza dell'Orso, an der sich ein antikes Relief mit einem Bären befand, den Namen erhielt. Die Herberge war damals sehr angesehen und besaß einen hohen Bekanntheitsgrad, die Gegend hieß allgemein nur beim „Bären". Es war nicht der einzige Gasthof hier, in diesem Viertel gab es eine Vielzahl anderer, die es schnell zum Fremdenzentrum machten, für Pilger ideal gelegen in der Nähe des Vatikans. Der Besucher fand hier alle notwendigen Geschäfte und Einrichtungen: Pferdeverleiher, Mietkutscher und schon die ersten Souvenirgeschäfte, die damals noch echte Antiken im Angebot hatten. Errichtet wurde der Gasthof um 1300, die Legende berichtet, daß hier schon Dante Alighieri bei seinem Rombesuch im Jubeljahr 1300 abgestiegen sei. Die Jahrhunderte gingen nicht spurlos am Gebäude vorbei, immer wieder wurde angebaut und umgebaut. Eines der Fenster hat immer noch seinen originalen gotischen Spitzbogen bewahrt, mittlerweile eine Seltenheit im barocken Rom. Verschiedene Loggien wurden eingebaut, für die man antike Säulen aus römischen Ruinen verwendete. Heute verblichene Wappen der ehemaligen Besitzer schmückten einst die Außenmauern. Vorübergehend sah man auch ein Fresko mit Bären an der Hauswand: Der damalige Wirt beauftragte einen Maler, das Wappentier der Gaststätte an die Hauswand anzubringen. Der Maler verlangte für die Darstellung von Bären mit einer Kette mehr Geld als für Bären ohne Kette. Das günstigere Angebot wurde schließlich angenommen. Doch bald nach der Fertigstellung war das Bild schon wieder verblichen. Eine Reklamation beim Maler nützte nichts, denn dieser war schlagfertig und antwortete, daß es der Wunsch des Wirts war, die Bären ohne Ketten zu malen, nun darf er sich nicht wundern, wenn sie so schnell verschwunden sind.

Das Gebäude dient immer noch gastlichen Zwecken, es beherbergt ein Restaurant und zehrt vom Ruhm seiner früheren Besucher. Denn im Laufe der Geschichte stiegen hier berühmte Persönlichkeiten ab, wie der bereits erwähnte Dante, viele deutsche Adelige oder die französischen Dichter Rabelais und Michel de Montaigne. Montaigne erzählt in seinen Tagebüchern anschaulich, wie ein vornehmer Reisender 1580 in Rom logierte, auch wenn er im Orso lediglich zwei Tage blieb und sich dann ein anderes Quartier suchte:

„Wir übernachteten im Bären, in dem wir auch den nächsten Tag noch blieben. Am zweiten Tag im Dezember mieteten wir uns bei einem Spanier ein, gegenüber von Santa Lucia della Tinta. Wir waren da mit drei schönen Zimmern, Speisesaal, Speisekammer, Stall, Küche für zwanzig Taler monatlich gut untergebracht; dazu lieferte der Wirt noch Koch und Feuer in der Küche. Die Wohnräume sind hier gewöhnlich etwas besser als in Paris ausgestattet, vor allem sind die Wohnungen in einiger Preislage mit vergoldetem Leder, das hier reichlich verwendet wird, tapeziert. Wir konnten eine Wohnung zum gleichen Preis wie die unsrige ganz in der Nähe, in der Goldenen Vase, bekommen, die mit Goldstoff und Seide gleich den Räumen eines Königs möbliert war; aber abgesehen davon, daß die Zimmer beengend waren, fand Herr von Montaigne auch, daß solche Üppigkeit nicht nur unnütz, sondern auch beschwerlich sei, da dergleichen Möbel die größte Sorgfalt erheischten; jedes Bett kostete vier bis fünfhundert Taler."

Diesen Luxus konnte sich natürlich nicht jeder leisten. Wie arme Pilger, die zu Fuß nach Rom kamen, untergebracht waren, davon gibt es kaum Zeugnisse. Die meisten werden wohl mit einem Dach über dem Kopf zufrieden gewesen sein.

Der Niedergang des Bären begann Mitte des 17. Jahrhunderts. Reisende dieser Zeit berichteten von schlimmen Zuständen. Der Franzose St.-Arnaud schrieb 1633 folgendes:

„Man findet da nichts als eine elende Suppe von Käs gemacht, eine Pastete, welche sie Vermicell nennen, einen schlechten Salat von stinkendem Essig, Eier in stinkendem Öl gebacken, ein Stück von einer gebratenen Schlange, mit etwas Fenchel bestreut, gebratene Schafsleber und ein paar Bretzeln."

Noch schlimmere Zustände schilderte er für die Schlafräume:

„Die Betten sind nichts als rechte Nester voll Wandläuse, Flöhe, Läuse, Skorpione und Taranteln."

Selbst wenn der verwöhnte Franzose übertrieben hat, zur Abschreckung reichte es immer noch. Im Orso verkehrten nur noch die untersten Stände.

Der letzte bedeutende Gast war Goethe. Er verbrachte am 29.Oktober 1786 höchstwahrscheinlich seine erste römische Nacht im Orso. Der Dichter wollte nicht erkannt werden und vermied eine Unterkunft in einem der Fremdenhotels im Viertel um die Spanische Treppe. Dort fanden die Besucher mehr Bequemlichkeit und Komfort als im verkommenen Orso, den man nur noch aus nostalgischen Gründen aufsuchte. Seit dem 18. und 19. Jahrhundert entstanden in dieser Gegend eine Vielzahl von Herbergen und Mietwohnungen, besonderer Anziehungspunkt war die neuerrichtete Spanische Treppe. Außerdem lag das Gebiet gleich am Einfallstor der meist aus dem Norden kommenden Reisenden, der Porta und der Piazza del Popolo. Noch heute befindet sich eines der exklusivsten Hotels der Stadt dort, das Hassler Villa Medici, direkt am oberen Ende der Spanischen Treppe und mit einem traumhaften Ausblick auf die Stadt.

Eine andere alte Herberge hat sich bis in die heutige Zeit erhalten und ist mittlerweile ein Luxushotel: Der Albergo del Sole, der Gasthof zur Sonne, vermutlich das älteste, noch existierende Hotel der Stadt. Es befindet sich an der Piazza della Rotonda, am Platz vor dem Pantheon. Wer genau hinschaut, dem fällt auf, daß die Fassade anders aussieht als die Häuser der Umgebung, es gibt Fenster mit Rundbögen in unregelmäßiger Einteilung. Eine Marmortafel erinnert an einen der bekanntesten Gäste im Laufe der Jahrhunderte, nämlich den Dichter Ariost, der 1513 hier übernachtete, den

Schöpfer des Versepos vom „Rasenden Roland". Damals hieß das Hotel noch Locanda Montone. Doch auch in diesem Jahrhundert zog es Schriftsteller an: Paul Sartre und Simone de Beauvoir wohnten hier während ihres römischen Aufenthalts.

Locanda dell'Orso: Via dei Soldati 25, Nähe Ponte Umberto
Albergo del Sole: Piazza della Rotonda 63, gegenüber Pantheon

BELLACUCCIA UND DIE TORRE DELLA SCIMMIA

Noch heute leuchtet auf einem mittelalterlichen Turm ein ewiges Licht als Dank für eine fast wundersame Rettung. Unweit der Piazza Navona, an der Kreuzung der Straßen Via dell'Orso, dei Pianellari und S. Antonio dei Portoghesi erhebt sich der Turm der Familie Scapucci. Man muß bei Tag schon genau hinschauen, um auf dem Dach an der Brüstung das Licht zu erkennen, das vor einer Marienstatue leuchtet. Der Turm gehörte einst zum ehemaligen Palast der Scapucci, einer alten römischen Familie, die seit dem 15. Jahrhundert bekannt ist. Aus demselben Jahrhundert stammt auch der Turm, der zusammen mit dem Palast irgendwann um 1600 in den Besitz der Familie gelangte.

Ein Mitglied dieser Familie war Advokat. Zusammen mit seiner Frau und dem neugeborenen Sohn wohnte er im Haus mit dem Turm. Weil er wegen seiner Tätigkeit oft zu Hause war, beschäftigte er sich in seinem Büro nicht nur mit seiner Arbeit, sondern kontrollierte auch sehr sorgfältig seine Hausangestellten. Mit diesen war er nicht sonderlich zufrieden, überall fand er Nachlässigkeiten. So kam ihm ein neuer, unverhoffter Hausdiener sehr gelegen. Als er eines Tages an seinem Schreibtisch saß, das Fenster war geöffnet, erschien auf dem Fensterbrett plötzlich ein Affe. Kein gewöhnlicher Affe, nein, vermutlich war es ein entflohener Affe aus einem Wanderzirkus. Der Affe trug eine rote Hose, ein blaues Jäckchen und ein Papierhütchen. Sein Anblick erregte das Mitleid des Hausherren, zudem machte der Affe eine bittende Geste, als hätte er Hunger. Der Advokat gab ihm eine Frucht, das Tier verschlang sie sofort, allerdings so, als hätte man ihm besondere Manieren beigebracht. Denn nach dem Verzehr legte er die Kerne sorgfältig in den Aschenbehälter.

Der Affe blieb und wurde das Haustier der Familie, man nannte ihn „Bellacuccia". Am nächsten Tag ging die ganze Familie in die Kirche, nicht ohne Unbehagen, denn der Affe blieb allein im Haus. Als die Messe zu Ende war und alle zurückkamen, war das Erstaunen groß: Nichts Schlimmes war passiert, ganz im Gegenteil: Der Affe hatte das ganze Haus blitzblank geputzt. Schnell entdeckte man die anderen außergewöhnlichen Fähigkeiten von Bellacuccia: Er konnte nicht nur putzen, sondern auch waschen, bügeln und sogar kochen! Der ewig nörgelnde Hausherr war von der neuen Haushaltshilfe natürlich begeistert, das Tier verlangte keinen Lohn und erledigte trotzdem alles zur vollsten Zufriedenheit. Die Kunde von diesem neuen Diener sprach sich schnell im Viertel herum, so erfuhr auch der Pfarrer davon.

Dieser Pfarrer war sehr mißtrauisch gegenüber dem ungewöhnlichen Verhalten des Tieres und warnte die Familie, daß hier irgend etwas nicht stimmte. Er vermutete in dem Affen einen Dämonen und kam in vollem Ornat und mit Weihwasser ins Haus, um wie ein Exorzist diesen bösen Geist auszutreiben. Als er begann, das Wasser auf den Affen zu spritzen, machte dieser kehrt und verschwand in die oberen Stockwerke. Dort lag in einer Wiege der kleine Sohn der Familie und schlief. Bellacuccia nahm ihn heraus und hangelte sich mit dem Säugling im Arm auf das Dach und den Turm, immer hart am Abgrund, unerreichbar für die entsetzten Eltern. Auch Zurufe und andere

Lockungen zeigten keine Wirkung. Für den Pfarrer war die Reaktion des Tieres auf das Weihwasser natürlich der Beweis für die Richtigkeit seiner Vermutung. Der Vater indes wußte keinen anderen Rat, als den Himmel um Hilfe anzuflehen. In seiner Not gelobte er, der Muttergottes im Falle der Rettung für alle Zeiten ein Licht anzuzünden. Das herbeigesehnte Wunder ließ nicht lange auf sich warten, der Affe hörte mit den Kunststücken auf, kam herunter und legte das Kind vor die Füße des Vaters. Mit schnellen Sprüngen verschwand er genauso plötzlich, wie er einst aufgetaucht war.

Von diesem Vorfall gibt es noch eine andere Version, die natürlich nicht so phantasievoll ist: Der Affe war lediglich ein exotisches Haustier und besaß sonst keine außergewöhnlichen Fähigkeiten.

Wie dem auch sei, obwohl der Turm mehrmals den Besitzer wechselte, wurde das Gelübde nie gebrochen, das Licht auf der Spitze brennt immer noch. Wegen dieses Vorfalls und des Wunders nannte man den Turm von nun an „Torre della Scimmia", Affenturm.

Auch der amerikanische Dichter Nathaniel Hawthorne hat anscheinend von diesem Turm mit dem Affen gehört und erzählt die Geschichte in seinem in Rom spielenden Roman „Der Marmorfaun". Eine junge amerikanische Künstlerin namens Hilda läßt er im Turm wohnen, sie kümmert sich um das Licht, das nicht ausgehen darf.

Torre della Scimmia: Nördlich der Piazza Navona, Kreuzung Via dell'Orso, Via dei Pianellari, neben der Kirche S. Antonio dei Portoghesi. Nicht zugänglich

DAS PARADIESGÄRTLEIN

Eher selten in der großen Menge der römischen Kirchen sind diejenigen aus dem Mittelalter, die in ihrem Inneren noch den alten Mosaikschmuck aus der Erbauungszeit besitzen, man denke nur an die Mosaiken von S. Maria in Trastevere, S. Clemente oder S. Maria Maggiore. In der Nähe von S. Maria Maggiore liegt ein weiteres Kleinod mit wunderbaren Mosaiken, die Basilika S. Prassede, die bereits um 500 n. Chr. zum ersten Mal erwähnt wurde. Sie liegt etwas versteckt in einer Seitenstraße neben der großen Marienkirche. Die Pilgermassen begnügen sich mit einem Besuch der Hauptkirche, nur wenige finden den Weg zu S. Prassede, daher ist es in der Kirche besonders ruhig, vor allem wenn sie früh am Morgen ihre Pforten öffnet.

Die Kirche ist der heiligen Praxedis geweiht. Zusammen mit ihrer Schwester Pudentiana führte sie ein heiliges Leben, sie setzten sich für verfolgte Gläubige ein und kümmerten sich um die getöteten Märtyrer. Leider ist von den beiden Frauen aber nur sehr wenig und dazu Widersprüchliches bekannt. In S. Prassede kennzeichnet eine Porphyrscheibe am Beginn des Mittelschiffs die Lage der Zisterne, in der Praxedis die Leichen der Märtyrer versteckt haben soll. Sie selbst ist zusammen mit ihrer Schwester unter dem Hauptaltar der Kirche begraben. Das Andenken an ihre Schwester wird nicht weit von hier geehrt, in der Kirche S. Pudenziana in der Via Urbana, ein weiteres Schmuckstück mittelalterlicher Kirchenbaukunst. Der Legende nach wurde die Schwesterkirche auf den Resten des Hauses und des Gebetsraumes der Familie errichtet. Der Vater, der römische Senator Pudens, war bereits früh zum Christentum übergetreten, seine zwei Töchter taten es ihm gleich. Der heilige Petrus persönlich war es, der die Familie bekehrte, sicherlich hielt er sich oft in ihrem Hause auf.

Aber möglicherweise gab es aber gar keine Schwester mit Namen Pudentiana, vielmehr handelt es sich wahrscheinlich um einen Fehler in der Interpretation der Bezeichnung „Ecclesia Pudentiana", der Name für den Gebetsraum, der sich im Hause des Senators Pudens befand. Man hielt die Bezeichnung für einen Frauennamen, so entstand die Überlieferung der Schwester Pudentiana und eine passende Legende für ihr Leben.

Doch zurück zu S. Prassede. Durch den seitlichen Eingang tritt man in die Kirche, der alte Weg durch das Hauptportal und den Vorhof ist schon lange nicht mehr offen. Die Kirche strahlt einen ruhigen und intimen Charakter aus, im Gegensatz zur Unruhe in der benachbarten Kirche S. Maria Maggiore.

Die Mosaiken aus dem 9. Jahrhundert in der Apsis und am Triumphbogen zählen zu den bedeutendsten Mosaiken, die sich in der Stadt aus dieser Zeit erhalten haben, zu sehen sind Szenen aus der Apokalypse des Johannes. Direkt über dem Triumphbogen findet man eine Darstellung der himmlischen Stadt Jerusalem mit Christus und vielen Heiligen, die Stadtmauer ist mit Edelsteinen geschmückt. Auf dem Apsisbogen thront das Apokalyptische Lamm, in der Apsis Christus mit Heiligen, darunter neben dem heiligen Paulus die Kirchenpatronin Praxedis.

Doch der eigentliche Schatz ist die vom Kirchenschiff getrennte Kapelle des heiligen Zeno. Schon am Bogen des Portals fällt der ungewöhnliche Mosaikschmuck ins Auge, ein Halbkreis von Heiligenbildern um ein vergittertes Fenster, in dessen Mitte eine schöne Alabastervase steht. Man tritt in die Dunkelheit, nur ein einziges kleines Fenster läßt Licht in den Raum, dazu kommt das spärliche Licht aus dem Kirchenschiff, gerade soviel, um das Funkeln, das Glitzern, das Glühen im Gewölbe wahrzunehmen. Langsam gewöhnt sich das Auge an dieses merkwürdige goldene Licht, das sich in den vielen Steinchen des Gewölbemosaiks reflektiert. Langsam treten die Heiligen aus dem Dunkel, steif und altertümlich wirkende Figuren, die Engel an der Decke, in ihrer Mitte das Medaillon mit Christus. Dann fällt der Blick auf die Blumen, die zwischen den Heiligen wachsen, zierliche Blüten, nichts Exotisches oder Seltenes, Blumen am Wegesrand. Um wieviel kostbarer muß der Raum erst im Schein von Kerzen gewirkt haben, als die Mischung mit dem spärlichen Tageslicht ein magisches, fast überirdisches Licht ergab.

Kostbare Marmorplatten verkleiden die Wände, in einem Seitengewölbe steht hinter Glas eine besonders kostbare Reliquie, die man im 13. Jahrhundert aus Jerusalem nach Rom brachte: Eine konische Säule, ungefähr 60 cm hoch. Nach der Überlieferung stammt sie aus dem Palast des Pontius Pilatus, es soll die Säule sein, an der Christus gegeißelt wurde. Diese Kapelle muß durch die Jahrhunderte wegen ihrer Ausstattung und der Säule einen besonderen Zauber auf die Besucher ausgeübt haben, denn in den alten Pilgerführern wurde sie unter den vielen Kirchen und Kapellen immer besonders hervorgehoben. Ein besonderer Name bürgerte sich wegen der Blumen ein: „Giardino del Paradiso", das Paradiesgärtlein.

Das Licht geht an!

Draußen hat jemand ein paar Münzen in den Automat für die Beleuchtung eingeworfen. Das Glühen verschwindet, die Mosaiken werden schlagartig hell und funkeln strahlend, die Scheinwerfer enthüllen die letzten Details, die das Halbdunkel verborgen hat. Die Bänder, wie Reihen gefaßter Edelsteine, die antike Schönheit und Starre der Engel in diesem Himmel aus Gold, die blauen Erdkugeln, auf denen die Engel stehen, die Gestalten der Heiligen mit ihren Togen, würdevoll wie antike Römer, die heiligen Frauen, eine Dame mit viereckigem Heiligenschein, die Inschriften, und natürlich wieder die Blumen, der Kontrast zwischen dem Rot der Blüten und dem Grün der Rasenstücke.

Die historischen Fakten erklären diesen Zauber nicht. Papst Paschalis ließ die Kirche Anfang des 9. Jahrhunderts errichten, in diese Zeit fällt auch die Ausführung der Mosaiken. Die Kapelle des hl. Zeno diente als Grablege für Theodora, die Mutter des Papstes. Theodora ist jene Frau mit dem viereckigen Heiligenschein auf dem Mosaik des rechten Seitengewölbes. Die rechteckige Form des Nimbus ist das Zeichen dafür, daß sie zur Zeit der Ausführung des Mosaiks noch lebte. Auch der Papst Paschalis, ihr Sohn, ist zu sehen, aber nicht in der Kapelle, sondern im Mosaik der Apsis. Dort führen links Heilige den Papst, leicht zu erkennen an seinem ebenfalls eckigen Heiligenschein, zu Christus. Die zwei weiblichen Heiligen links und rechts von Christus stellen die beiden Schwestern dar.

Mehrmals wurde der Kirchenraum umgestaltet und restauriert, zuletzt im 19. Jahrhundert, nur noch die Mosaiken erinnern an das hohe Alter der Kirche. Doch auch sie überstanden die lange Zeit nicht unbeschadet, sie sind restauriert und stellenweise rekonstruiert.

Was und wer ist auf den Mosaiken in der Kapelle zu sehen?

Beginnen wir außen, über dem Eingang. Viele Gesichter schauen uns aus den Mosaiktondi an. Im inneren Bogen seitlich von Maria mit dem Kind Portraits von Heiligen, die man heute nicht mehr genau bestimmen kann, Inschriften oder Attribute fehlen. Am äußeren Bogen fehlt ebenso eine Bezeichnung, doch die Zahl der Männer und die Art der Darstellung lassen keinen Zweifel aufkommen, es sind die zwölf Apostel und Christus. Unten die Portraits von zwei anonymen Päpsten, eingefaßt von Schmuck-bändern.

Innen wird die Identifizierung leichter, fast jede Figur ist namentlich bezeichnet. Im Zentrum des goldenen Gewölbes befindet sich Christus als Weltenherrscher, umgeben von einem Lorbeerkranz, getragen von vier Engeln, gleich Karyatiden, die auf Welt-kugeln stehen. Über der Eingangswand Petrus und Paulus, die beide auf einen leeren Thron weisen. Gegenüber auf der Fensterseite Maria und Johannes der Täufer, über dem Altar Christus mit Heiligen. Im Gewölbe über dem Altar Rankenwerk mit Tierdar-stellungen. Statt eines Altarbildes befindet sich hier ein weiteres, aber jüngeres Mosaik, das hochverehrte Bild der S. Maria Liberatrice aus dem 13. Jahrhundert.

Die Seite über der Nische mit dem Säulenfragment zeigt eine Abbildung der Praxedis und ihrer Schwester Pudentiana, daneben die hl. Agnes. Darunter vier Figuren mit der vermutlichen Mutter des Papstes Paschalis, Theodora, und der rätselhaften Inschrift „Theodora Episcopa" („Bischof" in der weiblichen Form, sofern die Inschrift authen-tisch ist). Diese Inschrift hat manche Forscher zur Annahme verleitet, daß es sich bei der Frau um eine weibliche Priesterin handelte, eine heftig umstrittene These für die von Männern beherrschte katholische Kirche. Daneben Maria und zwei Heilige, darüber das Lamm auf dem Paradieshügel. Hirschpaare trinken vom ausströmenden Wasser. In der Bogenwölbung erkennt man noch das Fragment der Szene mit Christus in der Vorhölle. Auf der anderen Seite sind es männliche Heilige, Johannes mit einem prächtigen Kodex in der Hand, Andreas und Jakobus, darunter in der Nische Christus mit zwei weiteren Heiligen.

Für das Bildprogramm gibt es vielerlei Deutungen, vermutlich ist die zweite Wieder-kehr des Herrn dargestellt. Indiz dafür ist die Darstellung des leeren Throns über der Eingangswand, den Christus dann einnehmen wird. Die Heiligen huldigen Christus im Gewölbemosaik und bringen Fürbitten dar, empfehlen ihm die in der Kapelle begra-bene Mutter des Papstes, die in der Nische dargestellte Theodora. Sämtliche Figuren sind in diesem Akt durch ihre Ausrichtung zu Christus mit einbezogen, diese Linie führt direkt weiter zum Eintretenden oder hier Betenden, der genauso in diesen Huldi-gungsakt zugunsten der Theodora miteingebunden ist.

Das Licht geht aus, niemand wirft eine Münze nach. Für einen kurzen Moment steht man im Dunkeln, bis sich das Auge an das Dämmerlicht gewöhnt hat. Langsam kehrt das goldene Licht zurück, das einen schon beim Eintreten umfangen hat. Die Figuren versinken wieder in ihr dunkles Schweigen, die Steinchen glitzern geheimnisvoll über uns.

S. Prassede: Via S. Prassede 9/A. Täglich 7.00 Uhr – 12.00 Uhr, 16.00 Uhr – 18.30 Uhr

S. Pudenziana: Via Urbana 160. Täglich 8.00 Uhr – 12.00 Uhr, 15.00 Uhr – 18.00 Uhr. Die Kirche der Schwester beherbergt ein wertvolles Mosaik aus dem 4. Jahrhundert in der Apsis, bei dem man deutlich die Einflüsse der heidnischen antiken Kunst erkennt, die Apostel könnten genauso gut vornehme römische Bürger in Togen darstellen

CAMPOSANTO TEUTONICO: FRIEDE DEN DEUTSCHEN

Auf dem Camposanto Teutonico

Das katholische deutsche Gegenstück zum Protestantischen Friedhof ist der Camposanto Teutonico neben der Peterskirche. Im Gegensatz zur Weitläufigkeit des Protestantischen Friedhofes wirkt er ziemlich bescheiden, eingezwängt zwischen den Gebäuden der Vatikanstadt, doch ebenfalls mit wunderbarer Vegetation. Eine Pyramide als stimmungsvolle Begrenzung fehlt hier zwar, doch dafür erhebt sich direkt daneben die Peterskirche und bietet einen ungewöhnlichen Blick auf die Kuppel. Hier kann man noch die ursprüngliche Intention der Architekten Bramante und Michelangelo erleben, als sie die Peterskirche als quadratischen Zentralbau mit Kuppel planten. Kein Langhaus wie an der Seite des Petersplatzes behindert den Blick auf die Kuppel, die durch die unmittelbare Nähe noch gewaltiger wirkt.

Den Friedhof erreicht man in kurzer Zeit vom Petersplatz durch den „Arco delle Campane", den Glockenbogen. Zwei Schweizergardisten verwehren hier den Neugierigen den Zutritt in den Vatikan, doch wenn man ihnen gegenüber den Wunsch äußert, den deutschen Friedhof besuchen zu wollen, gestatten sie gerne den Durchgang. Der Friedhof befindet sich gleich nach dem Bogen auf der linken Seite, über dem Portal liest man die Inschrift „Teutones in Pace", Friede den Deutschen. Mit diesem Portal (und mit dem ganzen Gelände des Friedhofes) hat es eine besondere Bewandtnis, denn hat man es erst einmal durchschritten, verläßt man das Hoheitsgebiet des Vatikans und wechselt wieder ins italienische Staatsgebiet über. Das Gebiet der Vatikanstadt schließt zwar den Friedhof ein, doch das Gelände des Vatikanstaates endet an der Mauer: Die ganze Ecke liegt außerhalb des offiziellen Territoriums, zusammen mit dem Palazzo del Sant'Ufficio und einem Teil der neuen Audienzhalle. Diese verworrenen Grundstücksverhältnisse entstanden beim Abschluß der Lateranverträge 1929, aus denen der Vatikan als souveräner Staat hervorging. Während der Verhandlungen war das Gelände durchaus als Bestandteil des neuen Staates vorgesehen. Aber Papst Pius XI. fürchtete rechtliche Verwicklungen bezüglich der Oberhoheit, da es sich beim Camposanto Teutonico um eine ausländische, eben uralte deutsche Stiftung handelt. Kurzerhand löste man dieses Problem, indem man auf diesen Teil verzichtete. Das Gelände gehört damit zu Italien, genießt jedoch wie andere vatikanische Besitzungen, die über ganz Rom verteilt sind, den Status der Exterritorialität.

Diese deutsche Stiftung hat eine lange Geschichte hinter sich, der Friedhof und die umgebenden Gebäude sind lediglich der Restbestand von der ursprünglichen Einrichtung, deren Anfänge ins 8. Jahrhundert zurückreichen, in die Zeit der ersten Romzüge der deutschen Kaiser. Karl der Große hatte damals die „Schola Francorum" gestiftet, die in einer Urkunde aus dem Jahr 799 erstmals erwähnt wurde. Die Züge der deutschen Kaiser mit ihrem Gefolge, sei es in friedlicher oder kriegerischer Absicht, die Reisen der Bischöfe oder die vielen Pilgerfahrten sorgten für einen beständigen Strom von Menschen in die Heilige Stadt. Für deren Bedürfnisse entstand jene „Schola", eine Niederlassung neben der alten Peterskirche, bestehend aus Kirche, Pilgerheimen, Wohnbauten und natürlich einem Friedhof. Alle Nordeuropäer hatten hier, nach Stämmen getrennt, ihre Niederlassungen, doch die meisten verschwanden und erhielten sich nur in Straßenbezeichnungen, so wie die der Angelsachsen im Namen Lungotevere in Sassia (Sachsen, Angelsachsen). Von der fränkischen Schola blieb lediglich der Friedhof erhalten, jedoch arg verwahrlost und ohne Schutz. Es kam immer wieder vor, daß wilde Tiere aus der Campagna den Friedhof heimsuchten. Erst die Gründung einer deutschen Bruderschaft (wobei deutsch für alle deutschen Stämme stand und auch Holländer oder Flamen umfaßte) machte diesen Zuständen ein Ende. Das Schicksal des Friedhofs verband sich dadurch mit dem der Bruderschaft, die ihn fortan unterhielt und pflegte. Offiziell heißt diese Bruderschaft heute „Erzbruderschaft der schmerzhaften Muttergottes". Hier taten sich Laien zusammen, größtenteils einfache Handwerker und Gewerbetreibende, eine Art soziale und karitative Vereinigung mit dem Ziel der gegenseitigen Unterstützung in der Fremde, was darauf schließen läßt, daß viele Nordeuropäer damals in Rom ansässig waren. Die Hauptaufgabe dieser Bruderschaften (es war nicht die einzige in Rom) bestand darin, ihren Mitgliedern im Todesfall ein angemessenes Begräbnis zu besorgen, ferner Krankenbesuche, Abhaltung von Seelenmessen, aber ebenso ganz weltliche Aufgaben, z.B. die Gewährung von Aussteuern für die Töchter ihrer Mitglieder. Doch auch die Geselligkeit kam nicht zu kurz, nach den Sitzungen traf man sich zum gemeinsamen Umtrunk. Eine solche Bruderschaft finanzierte sich durch die Beiträge ihrer Mitglieder, dazu kamen Spenden, Stiftungen oder Erbschaften. Von dieser Bruderschaft ist bekannt, daß sie im Laufe der Zeit sehr vermögend wurde. Am Anfang war sie das sicher noch nicht, sonst hätte sich die Bautätigkeit am Friedhof nicht so lange hingezogen. Nach der Gründung der Bruderschaft um 1450 errichtete man zum Schutz des Friedhofes eine Mauer und im Anschluß daran die Kirche S. Maria della Pietà in Camposanto dei Teutonici. 1682 war der Neubau eines Oratoriums fertig, in dem fortan die Sitzungen abgehalten wurden. Der Neubau der Peterskirche ging an dem Gelände um den Friedhof nicht spurlos vorbei. Ursprünglich erstreckten sich die Besitzungen der Bruderschaft bis zum Petersplatz. Als Bernini jedoch die Kolonnaden errichtete, mußte Grund abgetreten werden, gleichfalls für den Bau der Sakristei der Peterskirche. Das Vermögen der Bruderschaft wurde weiter schwer verringert, als die Franzosen 1798 Rom eroberten, die Kirche des Friedhofes plünderten und die Glocken raubten, nur weniges konnte vorher noch in Sicherheit gebracht werden.

Auch der in Europa im 19. Jahrhundert aufkommende Nationalismus machte sich im Leben der Bruderschaft bemerkbar. Um einer drohenden italienischen Einflußnahme zu entgehen, wurde die Bruderschaft und ihre Satzung neu organisiert, nur noch Deutsche konnten Mitglieder werden. Darüber hinaus wurde mehrmals von den italienischen

Behörden die Auflassung des Friedhofes gefordert, da er den veränderten hygienischen Ansprüchen nicht mehr entsprach, doch letztendlich bestätigte man die alten Begräbnisrechte. Der Camposanto Teutonico und der Protestantische Friedhof sind daher im heutigen Rom die einzigen Friedhöfe, die sich im Gebiet innerhalb der Stadtmauer erhalten haben.

1876 war das Aufbruchsjahr für die Stiftung und die Bruderschaft. Die Kirche wurde erneuert, ein Kollegium zur wissenschaftlichen Fortbildung von Priestern mit dem Schwerpunkt kirchengeschichtliche Forschung und christliche Archäologie wurde gegründet. Im Jahr 1899, aus Anlaß des 1100jährigen Bestehens der Stiftung, erwies der protestantische Kaiser Wilhelm II. der katholischen Einrichtung die Referenz und stiftete die Kirchenorgel. Die letzte Renovierung der Kirche wurde 1973 beendet, die Moderne hielt Einzug, die Kirche wurde den Erfordernissen der neuen Liturgie angepaßt.

Die meisten Besucher des Friedhofs wissen meist nichts von der langen Geschichte der Einrichtung und der mit ihr untrennbar verbundenen Bruderschaft, doch jeder spürt das Besondere dieses Ortes im Schatten der Peterskirche. Er ähnelt einer grünen Toteninsel inmitten eines Meeres aus Stein und Häusern, auch der geringste Platz ist noch ausgenützt, sei es durch die Gräber, die sich über die Wege erstrecken, sei es durch die Vegetation. Einer Legende nach stammt die Erde des Friedhofs, aus der jetzt Zypressen und Palmen sprießen, aus dem Heiligen Land. Folgt man mit dem Auge den Stämmen der Bäume nach oben, erlebt man eine ganz andere Ansicht der Kuppel, die sich hier hinter Palmenblättern in den römischen Himmel erhebt.

Der Friedhof dient heute nicht nur den Mitgliedern der Bruderschaft als Grablege, sondern auch anderen deutschen Einrichtungen und Ordenshäusern. Eine Vielzahl von Berühmtheiten ist hier begraben, erwähnt sei nur das Grab des Landschaftsmalers Joseph Anton Koch, das von Ludwig Curtius, einem der wichtigsten deutschen Archäologen des 20. Jahrhunderts oder des Schriftstellers Stefan Andres. Am Eingang erinnert eine Gedenktafel an Friedrich Fried, Friderico Teutonicus, der sich im 15. Jahrhundert um die Erhaltung des Friedhofes kümmerte und die erste Mauer errichten ließ. Der erste Leiter des Kollegs, Anton de Waal, ist hier begraben. Sein Verdienst war es, aus der Neugründung ein wichtiges Forschungszentrum mit Bibliothek, Museum und eigenen Publikationen zu machen.

Doch der Reiz dieses Friedhofes sind nicht die großen Namen, sondern es ist das Gefühl der Kontinuität, das er ausstrahlt, eine Kontinuität, die sich von der Antike bis in unsere hektische Zeit spannt. Besonders deutlich wird dies an den vielen antiken Überresten, die manche Gräber schmücken, Fragmenten von antiken Sarkophagen, wunderbar mit Efeu überwuchert. Der Friedhof ist ein eindringliches Zeugnis dafür, welch große Anziehungskraft die Stadt durch die Jahrhunderte auf die Deutschen ausgeübt hat.

Teutones in Pace.

Camposanto Teutonico: Zugang vom Petersplatz, Arco delle Campane links unter der Peterskirche, man wende sich an einen der wachhabenden Schweizergardisten. Wechselnde Öffnungszeiten, meist nur vormittags geöffnet

DIE IDEE DES ZENTRALBAUS: S. STEFANO ROTONDO UND DER TEMPIETTO VON BRAMANTE

Fallen Regentropfen ins Wasser, entstehen nach außen treibende konzentrische Ringe. Genauso wie diese Ringe kann man sich den Grundriß der Kirche S. Stefano Rotondo auf dem Caelius vorstellen, am Rande des Parks der Villa Celimontana, umgeben von einem Ring anderer alter Kirchen. Die Kirche ist eines der außergewöhnlichsten sakralen Bauwerke der Stadt, eine Rarität, dessen Bauidee keine Fortsetzung fand, wie ein singulärer Höhepunkt in einer langen Reihe von Zentralbauten.

Grundprinzip all dieser Bauten ist ein symmetrischer Mittelraum (Kreis, Quadrat oder Ellipse), um den in gleichmäßiger Weise Nebenräume gruppiert sind. Schon aus dieser Kurzfassung des Prinzips erkennt man, wie sehr Zentralbauten für Kuppeln geschaffen sind, geradezu danach verlangen. Das gilt auch für die Kirche S. Stefano Rotondo, bei der es etliche Indizien für eine Kuppel in der Mitte gibt. Wenn es sie tatsächlich gab, ist sie wie vieles andere der ursprünglichen Ausstattung verschwunden. Obgleich der heutige Zustand des Bauwerks nur noch einen schwachen Abglanz der einstigen Pracht vermittelt, fasziniert der Torso den Besucher immer noch. Es ist ein Raumeindruck, den man so schnell nicht vergißt.

Die Grundidee dieses Plans beruht auf der Verknüpfung eines Kreises mit einem eingeschriebenen Kreuz, also die Verbindung eines Zentralbaues mit einem Kreuzbau, ohne Ausrichtung auf irgendeine Himmelsrichtung. Um so erstaunlicher ist dieser geniale Plan, wenn man bedenkt, daß er in der Zeit des Niedergangs des Römischen Reiches und des heraufziehenden Chaos entstand, zu einer Zeit, als in Ravenna der letzte römische Kaiser, Romulus Augustulus, abgesetzt wurde. Wie ein geschliffener Diamant funkelt dieses Juwel der Kirchenbaukunst aus dieser dunklen Zeit. Der damalige Papst Simplicius I. (Pontifikat von 467 – 483 n. Chr.) weihte höchstpersönlich diese Kirche. Vom eigentlichen Stifter weiß man wenig, man vermutet entweder die reiche Familie der Valerier, die auf Caelius Grundstücke besaß, oder sogar das Kaiserhaus. Es spricht etliches für letztere Vermutung, denn die Kirche steht teilweise auf dem Gelände einer früheren Kaserne mit zugehörigem Mithräum, also staatlicher Besitz. Die Grundmauern dieser Kaserne, es war die „Castra Peregrina", das „Fremdenlager", eine Unterkunft für fremde, meist germanische Söldner, und des Tempels fand man bei Ausgrabungen unter der Kirche. Staatlicher Besitz konnte jedoch für andere Zwecke wie hier zum Kirchenbau nur vom Kaiser selbst übereignet werden, folglich stand wohl hinter dem Bau allerhöchste Protektion und Förderung. Aus dem kaiserlichen Umkreis stammte sicherlich auch der unbekannte Architekt. Mit dem Bau wurden nicht nur städtebauliche Ziele wie die Wiederbelebung des Viertels auf dem Caelius und das Aufhalten dessen drohenden Verfalls angestrebt, sondern auch der Plan, mehr christliche Kultstätten im Stadtzentrum zu etablieren. Bis dahin befanden sich die Kirchen über den Gräbern der Märtyrer meist außerhalb der Mauern oder mehr am Stadtrand, wie z. B. die Laterankirche. Lange vermutete man, die runde Form der

Kirche ergab sich aus den Fundamenten eines Vorgängerbaus, eines Tempels oder einer Markthalle. Doch das Bauwerk entstand von Grund auf aus einem Guß nach einheitlichem Plan.

Die außergewöhnliche Form läßt sich von der spätantiken Palastarchitektur und dem Kirchenbau der östlichen Provinzen des Reiches ableiten. Das berühmteste Beispiel für eine frühe Rundkirche ist die Grabeskirche in Jerusalem, die Form war typisch für Grabeskirchen, Märtyrerkirchen oder Taufkirchen. Neu ist jedoch die hier verwendete Kreuzform im Inneren des Kreises.

Ehemals bestand der Grundriß der Kirche aus drei konzentrischen Kreisen. Der erste Kreis aus 22 Säulen umschloß das Zentrum der Kirche, den Altarraum, wobei nicht sicher ist, ob sich am Anfang dort wirklich ein Altar befand. Um diesen inneren Kreis schloß (und schließt) sich ein großzügiger Umgang an, der durch einen weiteren Säulenkreis begrenzt war. Ein weiterer Kreis bildete den Abschluß und die eigentliche Besonderheit: Es war ein Kreis, in dem sich vier gedeckte und offene Bereiche abwechselten. Die vier geschlossenen Kreissegmente (oder Kreuzarme) waren kapellenartige Räume, dazwischen offene, ungedeckte Höfe. Den Zugang zur Kirche ermöglichten insgesamt acht Portale, die sich im Bereich der Höfe befanden. Diese Portale mündeten jedoch nicht direkt in die Höfe, sondern in einen vom jeweiligen Hof durch eine Mauer abgetrennten Korridor, der die Gläubigen in den Kreuzarm führte. Dem damaligen Menschen, der in einen dieser Kreuzarme trat, bot sich ein beeindruckendes Raumerlebnis: Vor ihm tat sich ein Säulenwald auf, waren doch die Kreuzarme und die Höfe durch Säulen und Arkaden vom mittleren Ring getrennt, genauso wie der mittlere Ring vom Zentrum. Dort im Zentrum befand sich vermutlich eine Kuppel (deren Ansatz kann man im Mauerwerk zwischen den Fenstern erkennen), die mit Mosaiken geschmückt war, dazu kam eine kostbare Marmorausstattung. Das Licht flutete durch die offenen Arkaden der Höfe und die kreuzförmigen Fenster in den Außenmauern der Kreuzarme in das Innere, gleichzeitig sorgte der Fensterkranz unter der Kuppel für die Ausleuchtung des zentralen Bereiches.

Die Bauidee, die Größe (die Kirche hatte einen Durchmesser von 66 m!), die kostbare Ausstattung und die große Anzahl der Säulen deuten wiederum auf eine Verbindung zum Kaiserhaus, genauso die Tatsache, daß der Rundbau in der Antike von den Kaisern für besonders repräsentative Bauwerke bevorzugt wurde, man danke nur an das Pantheon, an die Mausoleen der Kaiser Augustus und Hadrian (die Engelsburg). Gleichzeitig symbolisierte das Kreuz im Kreis den Sieg des Christentums auf dem (runden) Erdkreis und im speziellen hier an diesem Ort über den Kult des Mithras, wurde die Kirche doch über dem alten Tempel der Kaserne errichtet. Neuere Auslegungen sehen in dem Bau eine aus der Apokalypse des Johannes abgeleitete Vision des Himmlischen Jerusalems. Rätselhaft bleibt, warum man einen derartig ungewöhnlichen Bau in einer wenig bevölkerten Umgebung errichte, der nicht einmal eine (oder nur eine sehr bescheidene) Reliquie des Namenspatrons, des heiligen Stephanus, besaß, folglich ein reiner Gedächtnisbau war, ohne feste Gemeinde oder Priester, in dem man nur am Tag des Heiligen Gottesdienst feierte.

Diese kühne Vision konnte aus praktischen Gründen nicht lange bestehen. Ungeklärt ist, ob dieser weitere Bauabschnitt eine Vollendung oder bereits der erste Umbau war. Denn wenige Jahre nach der Weihe wurden die Höfe geschlossen, indem man sie überdachte. Das Kircheninnere verlor damit eine entscheidende Lichtquelle und muß wohl in ein dämmriges Halbdunkel versunken sein. Dafür war es wärmer, Kälte und Wind konnten am Namensfest des Heiligen, dem 26. Dezember, nicht mehr in das Kircheninnere eindringen.

In einem zweiten Bauabschnitt wurde einer der Kreuzarme in eine Kapelle zu Ehren der heiligen Primus und Felicianus umgebaut, deren Reliquien man in die Kirche brachte. Damals entstand auch das Mosaik mit der Verklärung der Heiligen, die beide auf einer Blumenwiese vor goldenem Hintergrund dargestellt sind, von dem sich ein Kreuz, Christus und oben die Hand Gottes abheben.

Das Grundproblem für den Unterhalt der Kirche war in den folgenden Jahrhunderten, daß sie keine feste Gemeinde, keine eigene Priesterschaft besaß und folglich keine regelmäßigen Gottesdienste abgehalten wurden. Die Kirche verfiel, auf diese Verwahrlosung folgten radikale Renovierungen. Die erste im 12. Jahrhundert veränderte die Gestalt der Kirche auf besonders einschneidende Weise: Der äußere Ring, der ehemalige Ring aus Kreuzarmen und den später geschlossenen Höfen wurde abgebrochen, nur noch Reste der ehemaligen Außenmauer ziehen sich um das verbliebene Gebäude. Die Arkaden und Säulenzwischenräume wurden vermauert. Nur noch ein Kreuzarm blieb übrig, eben jener mit der Kapelle der beiden Heiligen. Ein neuer Zugang mit einer separaten Vorhalle wurde angebaut. Vermutlich war die Kuppel zu diesem Zeitpunkt bereits eingestürzt, der zentrale Raum wurde flach gedeckt. Weil man jedoch keine ausreichend langen Baumstämme für die Holzdecke besaß, zog man Stützbogen quer durch das Zentrum. Doch der Zerfall ging weiter, eine erneute Renovierung ließ im 15. Jahrhundert Papst Nikolaus V. durchführen. Der Florentiner Architekt Bernardo Rossellino sorgte für einen neuen Altar im Zentrum. (Die umgebenden Schranken stammen aus dem 18. Jahrhundert.) In die vermauerten Säulenzwischenräume der Außenmauer ließ er runde Fenster brechen, dazu kam die Erneuerung des Dachs, des Fußbodens und der Türen. Man hat den Eindruck, der Architekt erkannte die Bedeutung des Bauwerks und sah in ihm eine Art frühe Variante des von Renaissancearchitekten so geschätzten Bautyps des Zentralbaus, vielleicht wollte er zumindest einen schwachen Widerschein der ehemaligen Gestalt herstellen. Das Licht strömt wie am Anfang wieder vom Rand und von der Mitte in den Raum, die Mitte wird betont durch einen von Rossellino sorgfältig gearbeiteten Altar.

1580 wird die Kirche dem Collegium Germanicum et Hungaricum übereignet, dem sie noch heute gehört, kurz darauf folgt die Ausmalung der vermauerten Säulenzwischenräume mit fast schon sadistischen Märtyrerszenen durch den Maler Pomarancio, anscheinend einem Spezialisten für Greuelszenen, man denke nur an seine Fresken in der Kirche SS. Achilleo e Nereo.

Doch die Kirche und mit ihr die Fresken verfiel weiter. Erst in den letzten fünfzig Jahren erwachte das Interesse und die Wertschätzung für diesen außergewöhnlichen Kirchenbau, wozu sicher auch die veränderte katholische Liturgie beigetragen hat. Stand bisher der Priester während des Gottesdienstes gegenüber den versammelten Gläubigen, so soll er nach der neuen Vorstellung (die so alt ist, man denke nur an die zentrale Ausrichtung von S. Stefano Rotondo, wo vermutlich der alte Altar schon im Zentrum stand, genauso wie der spätere von Rossellino) inmitten der Gemeinde stehen. Diesem neu erwachten Interesse und aufgrund der Zuweisung an den deutschen Kardinal Friedrich Wetter als Titelkirche folgte die Gründung eines deutschen Freundeskreises mit dem Ziel der Renovierung und der Wiedereröffnung der Kirche für den Kult. Diese Arbeiten waren langwierig und die Pläne für eine behutsame Neugestaltung wurden kontrovers diskutiert, sprach man doch in Rom im Zusammenhang mit der Restaurierung sogar von einem neuen Teutoneneinfall.

Doch das Resultat ist zurückhaltend und gelungen, um so mehr fällt dem Besucher ein besonderes Teil der Ausstattung auf, nämlich der Tabernakel in der Form, wie kann es anders sein, eines Zentralbaus. Wie ein Gebäude im Gebäude, wie eine Miniaturkirche steht er am Rande des Altarbereiches, ein mehrstöckiges Architekturmodell, gekrönt mit einer Kuppel, ein Zentralbau wie aus einem Lehrbuch für Baumeister. (Übrigens besitzt er eine große Ähnlichkeit mit einer tatsächlich gebauten Kirche, dem Heiligtum S. Maria della Consolazione im kleinen umbrischen Städtchen Todi.) Der Tabernakel wurde 1613 vom schwäbischen Zuckerbäcker Johannes Gentner aus Holz gefertigt und der Kirche gestiftet. Die Kuppel des Tabernakels gleicht derjenigen der Peterskirche. Die heutige Peterskirche ist die veränderte Fassung eines nicht verwirklichten Plans für einen monumentalen Zentralbau, der später in einen Bau mit kreuzförmigem Grundriß umgewandelt wurde. Die ersten Pläne für die Peterskirche stammten vom Architekten Donato Bramante, der einen dreischiffigen Zentralbau vorsah, Michelangelo als späterer Bauleiter des Projekts stützte sich im Grunde auf die Entwürfe seines Vorgängers, sein Hauptinteresse galt ganz der Kuppel.

Von Bramante existiert in Rom ein anderes Gebäude, das zum Musterbeispiel für einen Zentralbau, zu einem exemplarischen Renaissancebauwerk wurde:

Der Tempietto neben der Kirche S. Pietro in Montorio auf dem Gianicolo.

Dieses Tempelchen entstand 1502, also vor der Übertragung des Neubaus der Peterskirche an Bramante. Der Legende nach soll der heilige Petrus auf dem Gianicolo gekreuzigt worden sein, eben an jener Stelle. So ist der Tempietto eigentlich eher ein Erinnerungsmonument als eine Kirche, das gilt auch für die Abmessungen, denn für eine Kirche ist er einfach viel zu klein. Im Innenraum steht zwar ein Altar, doch für die Abhaltung eines Gottesdienstes fehlt der Platz.

Bramante wollte mit diesem Bau die Tradition der klassischen Baukunst der Stadt wiedererwecken, vor allem die Idee des Zentralbaus, jenes Ideal der Renaissancearchitekten vom vollkommenen Gebäude. Auf einem dreistufigen Podest steht von Säulen umgeben der kleine runde Kern des Gebäudes mit dem Altar in der Mitte. Die Säulen tragen eine Balustrade, das zurücktretende Obergeschoß ist die Basis für die Kuppel. Bramante folgte mit der Kuppel dem Vorbild des Pantheons, das streng genommen kein richtiger Zentralbau ist, denn es verliert durch die vorgesetzte Säulenvorhalle die für diesen Bautyp notwendige Symmetrie und Richtungslosigkeit. Dort entspricht der Durchmesser der Kuppel demjenigen der Höhe des Bauwerks, wie eine in das Gebäude eingeschriebene Kugel, die auf einem Zylinder aufsitzt. Dasselbe Verhältnis gilt beim Tempietto für das Obergeschoß: Der Durchmesser der Kuppel entspricht genau der Mauerhöhe des Obergeschosses. So entstand ein „Miniaturpantheon", gesetzt auf ein mit Säulen umgebenes Sockelgeschoß.

Doch der Plan Bramantes wurde nicht vollendet. Nach seinen Entwürfen sollte der Tempietto im Zentrum eines Hofes stehen. Die heutige Umgebung wirkt eher ärmlich, der Tempietto steht eingeklemmt zwischen den Gebäuden. Der geplante Hof wäre quadratisch gewesen, der Tempietto im Zentrum, umgeben von einem in das Quadrat eingeschriebenem Kreis aus Säulen, einer Kolonnade. Der Zugang wäre auf vier Seiten möglich gewesen, jeweils in der Mitte der Außenmauer des Hofes. In den Ecken des

Hofes, dort wo der Ring der Kolonnade mit den Außenmauern eine Art Dreieck bilden, sollten nach Bramantes Willen kleine nischenförmige Räume entstehen.

Vergleicht man den Grundriß des geplanten Gesamtkomplexes, stellt man eine verblüffende aber sicherlich zufällige Ähnlichkeit mit dem von S. Stefano Rotondo fest. Durch den Plan Bramantes, in den vier Ecken des Hofes kleine Nischen einzurichten, erhält der Grundriß des Komplexes eine Ähnlichkeit mit einem Kreuz, wobei die Nischen die Kreuzarme bilden. Vergleicht man die Anlage mit S. Stefano Rotondo, entspricht der Tempietto in der Mitte dem Zentralraum der Kirche, der umgebende ringförmige Hof dem ersten Umgang und die vier Ecknischen, die sich mit den Zugängen abwechseln, dem äußeren Ring der Kirche, bestehend aus den Kreuzarmen und den ehemals offenen Höfen, in deren Bereich sich ebenfalls einmal die Zugänge zur Kirche befanden. Man müßte nur den Innenhof des Tempietto überdachen und die Wände des unteren Geschosses des Tempelchens entfernen, schon hätte man eine Renaissancevariante des Planes von S. Stefano Rotondo.

Diese innere Verwandtschaft der beiden Gebäude unterstreicht die lange verkannte Bedeutung der alten Kirche auf dem Caelius und ihres genialen Planes, erdacht von einem unbekannten Architekten.

S. Stefano Rotondo: Via S. Stefano Rotondo 7. Täglich 9.00 Uhr – 13.00 Uhr, 15.30 Uhr– 18.00 Uhr. Im Winter: 13.50 Uhr – 16.20 Uhr, Montag 15.30 Uhr – 18.00 Uhr, Sonntag geschlossen. Empfohlen ist ein Besuch der benachbarten Kirche

S. Maria in Domnica (Piazza della Navicella 12. Täglich 9.00 Uhr – 12.00 Uhr, 15.30 Uhr – 19.00 Uhr), der sogenannten „Navicella", benannt nach dem Brunnen vor der Kirche, für den man ein antikes Schiffsmodell verwendet hat. Die Kirche beherbergt noch ein Apsismosaik aus dem 8. Jahrhundert. Dahinter erstreckt sich der Park der

Villa Celimontana, ein idealer Ort für Verschnaufpausen (Täglich von 7.00 Uhr bis Dämmerung). Der Park wurde im 16. Jahrhundert von der Familie Mattei anstelle von Weinbergen angelegt. Das Herz der Anlage ist immer noch die alte Villa, die heute die Italienische Geographische Gesellschaft beherbergt. Man findet im Park allerlei Kurioses, so malerische Zusammenstellungen von antiken Fragmenten, Brunnen und den ehemaligen Obelisken vom Kapitol, dazu eine Plantage von Rhododendren in bunten Farben. Auf der anderen Seite des Parks befindet sich die Kirche

SS. Giovanni e Paolo, eine typische römische Hochzeitskirche mit Lüstern und goldenen Stühlen. Unter der Kirche fand man die Überreste eines antiken Hauses mit christlichen und heidnischen Fresken (Piazza SS. Giovanni e Paolo 13. Kirche täglich 9.00 Uhr – 11.00 Uhr, 16.00 Uhr – 17.30 Uhr). Nicht weit entfernt von S. Stefano Rotondo lockt ein weiteres Idyll, der kleine Kreuzgang der Kirche

SS. Quattro Coronati, im Vorhof der Kirche die Kapelle des hl. Sylvester mit ihren gut erhaltenen Fresken aus dem 12. Jahrhundert (Via dei SS. Quattro Coronati 20. Kirche täglich 9.30 Uhr – 12.00 Uhr, 15.30 Uhr – 18.00 Uhr, im Winter nur vormittags. Für die Besichtigung der Sylvester-Kapelle klingelt man an der Klosterpforte)

Tempietto von Bramante: Im Innenhof von S. Pietro in Montorio auf dem Gianicolo, Via Garibaldi 33. Täglich 9.00 Uhr – 12.00 Uhr, 16.00 Uhr – 18.30 Uhr

Neuzeit

Über den Dächern von Rom / Spanische Treppe

MACHTSPIELE UND INTRIGEN AN DER SPANISCHEN TREPPE

Die Spanische Treppe ist eines der bekanntesten Monumente Roms, ein beliebtes Ziel vor allem abends, zum Sehen und Gesehen werden. Eine grandiose Kulisse, gekrönt von den beiden Türmen der Kirche SS. Trinità dei Monti. Wie ein versteinerter Wasserfall stürzen sich die Stufen den Abhang hinunter, wohlgeordnet durch verschiedene Terrassen, Mauern, Brüstungen. Angenehm leicht läßt sich diese Stufenflut ersteigen, es gibt immer wieder Platz zum Verweilen, Anhalten, Verschnaufen und Schauen. Kein Vergleich mit der kräftezehrenden, steilen Treppe zur Kirche Aracoeli, die schon von unten abschreckend wirkt. Der Aufstieg gleicht hier eher einer Bußübung vor dem Betreten der Kirche.

Spanische Treppe, der Name läßt irgendeinen Zusammenhang mit der spanischen Botschaft vermuten, die sich unten am Platz befindet. Doch das Gegenteil ist der Fall! Spanien hat mit der Treppe genauso wenig zu tun wie z. B. Schweden mit schwedischen Gardinen, nämlich gar nichts. Eigentlich müßte die Treppe Französische Treppe heißen, denn in Auftrag gegeben und bezahlt wurde sie letztendlich von den Franzosen, auch wenn der Italiener Francesco de Sanctis sie geplant hat.

Es ist wirklich ein „Treppenwitz" der Geschichte, wenn diese berühmte Treppe nach der Nation benannt wurde, die gar nichts mit ihr zu tun hat. Der Name ist eine späte Rache für das unverhüllte Streben Frankreichs nach Macht und Einfluß in Rom, um an dieser prominenten Stelle dem französischen König Ludwig XIV., dem Sonnenkönig, ein Denkmal zu setzen.

Der Kunsthistoriker Wolfgang Lotz hat die Baugeschichte genau untersucht und die verschiedenen widerstrebenden Interessen aufgedeckt. Aber auch ohne Kenntnis der Baugeschichte fällt dem aufmerksamen Betrachter der Treppe auf, daß einiges auf Frankreich hinweist, so die Lilien, die Wappenblume des französischen Königshauses der Bourbonen, die sich auf den Eckpfosten am Fuß der Treppe befinden.

Der Ausgangspunkt für die Geschichte der Treppe liegt aber strenggenommen an ihrem oberen Ende, dort wo die Via Sistina in den Platz einmündet. Im Zuge der Straßenbaumaßnahmen, die Papst Sixtus V. Ende des 16. Jahrhunderts veranlaßte, um die wichtigsten Pilgerkirchen zu verbinden, entstand die Via Sistina (damals Strada Felice). Die Straße endete jedoch damals vor der Kirche SS. Trinità dei Monti im Nichts, denn der Plan, sie bis zur Kirche S. Maria del Popolo fortzusetzen, erwies sich wegen des Abhanges als nicht durchführbar. So entstand der Wunsch, die Lücke zumindest durch eine Treppe zu schließen. Alte Ansichten der Gegend zeigen bereits einen Pfad, der sich den Hügel hinunter schlängelte und damit eine erste provisorische Verbindung herstellte.

Bewegung kam in die Angelegenheit, als der französische Gesandte Etienne Gueffier nach seinem Tod 1665 eine beträchtliche Summe für die Errichtung einer Treppe an dieser Stelle hinterließ. Durch diese Stiftung wurde der Plan zum Bau der Treppe zu einem Politikum, denn oben befand sich, angeschlossen an die Kirche, das Kloster des französischen Ordens der Minimes (heute das Nonnenkloster Sacré-Coeur). König Karl

VIII. von Frankreich erwarb das Gelände extra für ein Kloster dieses Ordens, es war also von Anfang an in französischem Besitz, eine Art Reichskloster, direkt dem König unterstellt.

Mit der Stiftung wurde das Kloster für die Finanzierung und den Bau der Treppe verantwortlich. Doch das Geld reichte nicht aus; um die Summe zu erhöhen legte man es erst einmal gewinnbringend an. Nach sechzig Jahren war der nötige Betrag erreicht.

Schon kurz vor dem Tod Gueffiers mischte sich bereits der französische Hof in die Angelegenheit ein, um hier eine Treppe zu bauen, allerdings nicht aus besonderer Freigebigkeit, sondern mit politischen Hintergedanken. Enorme Geldmittel wurden lockergemacht, um das Projekt voranzutreiben. Der französische Kardinal Mazarin erklärte den Bau quasi zur Chefsache. Die Treppe war eher Mittel zum Zweck und Nebensache, entscheidend war der Gedanke, mitten in Rom den Ruhm des französischen Königshauses zu demonstrieren. Hierzu sollte auf der Treppe ein Reiterstandbild König Ludwigs XIV. aufgestellt werden. Kein Wunder, daß der damalige Papst Alexander VII. energisch gegen dieses Projekt eingestellt war. Die Wirkung entspräche ungefähr derjenigen, wie wenn heute z. B. ein fremder Staat in Berlin neben dem Reichstag ein Denkmal für einen eigenen Staatsmann aufstellen würde.

Der Effekt eines derartigen Denkmals wäre damals noch viel stärker gewesen, galten doch der französische König als auch der Papst als Inbegriff für absolutistische Staatsführung, die keine andere Macht im Lande neben sich duldete.

So ist es leicht zu verstehen, daß die Pläne natürlich nicht ausgeführt wurden, obwohl verschiedene bedeutende Architekten dafür Entwürfe geliefert hatten, darunter auch Bernini. Eine Kopie des Planes von ihm hat sich erhalten, selbstverständlich mit einem Reiterstandbild des französischen Königs im Zentrum. Als der Papst deutlich machte, daß er der Treppe nur ohne Standbild zustimmen könne, verlor der französische Hof das Interesse für das Projekt.

Als nun 1720 die Stiftung Gueffiers durch Verzinsung den nötigen Betrag erreicht hatte, begann erneut das Taktieren, dieses Mal jedoch zwischen dem Kloster und dem Papst. Seitens des Klosters wurde wieder versucht, Machtsymbole Frankreichs unterzubringen. Erst als man diese Absicht aufgab, stimmte der Papst dem Plan zu, den der Hausarchitekt des Klosters geliefert hatte. Mit dem Bau wurde 1723 begonnen, nach drei Jahren war die Treppe vollendet und damit eines der prägnantesten Bauwerke Roms.

Das Merkwürdige daran ist aber, daß vom Baumeister Francesco de Sanctis kaum etwas bekannt ist. Wenig andere Bauten sind von ihm errichtet worden, darunter nichts Außergewöhnliches. Dazu kommt noch, daß er die Pläne für diesen Geniestreich schon im Alter von 25 Jahren angefertigt hatte. Viele Kunsthistoriker vermuten jedoch einen Zusammenhang der Gestaltung der Spanischen Treppe mit der Treppenanlage des heute nicht mehr bestehenden Ripetta-Hafens, der sich ungefähr auf gleicher Höhe wie die Spanische Treppe, in der Fortsetzung der Via Condotti, am Tiber befand. Diese früher entstandene Treppe zum Fluß stammte von Alessandro Specchi, dem Konkurrenten De Sanctis im Wettbewerb um die Spanische Treppe, und wies eine ähnliche Gestaltung auf. Leider wurde diese Anlage im Zuge der Tiberregulierung vor hundert Jahren abgebrochen, Ettore Roesler Franz, der Chronist dieser Zerstörungen, hat sie vor dem Abbruch in Aquarellen festgehalten, außerdem existieren noch alte Fotos und Stiche.

Interessant ist die Zahlensymbolik der Treppenanlage, taucht doch relativ oft die Zahl drei bei der Gliederung des Bauwerks auf. Die Treppe ist in drei Treppenfluchten nach oben aufgeteilt, unten sogar in der Breite dreigeteilt, es gibt drei Plätze, zwei zwischen den Treppenfluchten und oben vor dem Obelisken. Dieses Zahlenspiel erklärt sich schnell, wenn man bedenkt, daß die Kirche am oberen Ende der Heiligen Dreifaltigkeit geweiht ist.

Auch nach der Fertigstellung der Treppe hörten die Komplikationen noch nicht auf, ein Teil der Anlage stürzte wenige Jahre nach der Vollendung ein. Darüber hinaus mischte sich nachträglich noch eine andere Nation in den Machtkampf um politisches Prestige ein: Die Spanier. Durch die Lage ihrer Botschaft am Fuß der Treppe glaubten sie, die Polizeigewalt über das ganze umliegende Gelände inklusive der Treppe zu besitzen. Frankreich unterlag in dieser Angelegenheit, genauso wie bei der Namensgebung, denn schnell bürgerte sich der Name Spanische Treppe ein, der Platz am Fuß der Treppe hieß wegen der Botschaft bereits Spanischer Platz. Lange Zeit stritt man sich noch um den Unterhalt und die damit verbundenen Kosten. Heute ist die Stadt Rom dafür zuständig, die 1995/96 für eine umfassende Restaurierung sorgte.

Die Treppe entwickelte sich schnell zum Touristenmagneten, sie war der Hauptgrund für die Umstrukturierung des Viertels, das zum Fremdenviertel wurde. Die Römer nannten es wegen den vielen nordischen und protestantischen Besuchern auch Ketzerviertel oder das Ghetto der Engländer. Schnell siedelten sich Hotels und andere, von Fremden profitierende Einrichtungen an, man denke nur an die Cafés wie das Caffè Greco, der Teesalon Babington oder die Luxusgeschäfte der Via Condotti. Künstlertreffpunkte entstanden, davon zeugen noch heute die Via Margutta mit ihren Ateliers und Ausstellungen und die kunsthistorische Bibliothek Hertziana. Die Treppe zog im Laufe der Geschichte aber auch nicht ganz einwandfreie Gestalten an, die von den Fremden auf andere, manchmal nicht immer legale Weise profitieren, natürlich auch Bettler und vor allem Modelle, die durch die vielen Künstler ein gutes Auskommen fanden. Es waren meist Bauern aus den Sabiner Bergen mit ihren Familien in malerischen Trachten, die im Winter in die Stadt kamen, um sich ein Zubrot zu verdienen. Manche Modelle waren unter den Malern so begehrt, daß nicht wenige Reisende die Modelle bereits von den Bildern ihrer heimatlichen Museen oder Ateliers her kannten.

Nach der jüngst erfolgten Restaurierung versucht die Stadtverwaltung durch restriktive Maßnahmen dem bunten Treiben Einhalt zu gebieten. Man darf sich zwar auf der Treppe niederlassen, doch jeglicher Verzehr von Essen oder Getränken ist verboten, spezielle Wachleute passen auf.

Ohne konsequente Planung entstand hier ein grandioses Ensemble, das verschiedene Monumente aus verschiedenen Zeiten harmonisch vereinigt. Die Kirche mit ihrer separaten, in das Gesamtbild der Anlage passenden Treppe, bestand schon vor dem Bau der Spanischen Treppe. Der Obelisk wurde erst nach der Fertigstellung der Treppe aufgestellt. Goethe sah ihn während seines römischen Aufenthalts noch vor der Kirche liegen. Wie beim Treppenbau konnten sich Kloster und Papst nicht über den genauen Aufstellungsort einigen. Letztendlich siegten hier die päpstlichen Behörden, 1789 wurde er nach deren Vorstellungen aufgerichtet.

Ein besonderes Kapitel ist der Brunnen am Fuß der Spanischen Treppe, die sogenannte „Barcaccia", ein steinernes Boot in einem tiefergelegten Becken, ein Brunnen, der bereits vor dem Bau der Treppe plätscherte. Hier entstand die Legende, die Form des Brunnens erinnere an ein Boot, das während eines Tiberhochwassers bis an diese Stelle geschwemmt wurde. Der Anlaß für den Brunnen war jedoch viel politischer, als die vermeintliche Überlieferung vermuten läßt. Auftraggeber war Papst Urban VIII. aus dem Geschlecht der Barberini, sein Wappentier die Biene, aber auch das Sonnensymbol am Brunnen weisen darauf hin. Der Vater von Gian Lorenzo Bernini, Pietro Bernini, schuf diesen Brunnen 1629, vermutlich mit Hilfe seines Sohnes. Wie viele römische Brunnen ist er wegen des geringen Wasserdrucks in den Boden versenkt. Der italienische Dichter Gabriele D'Annunzio nannte das Schiff „Diamantenfregatte", es schien ihm, als würde das in der Sonne glitzernde Wasser wie Diamanten funkeln.

Vielerlei Bezüge lassen sich aus dem Schiff herauslesen, so eine Verwandtschaft mit dem Navicella-Brunnen auf dem Caelius vor der Kirche S. Maria in Domnica, den ein antikes Schiffchen ziert. Aber auch die christliche Symbolik spielt eine Rolle, das Schiff Petris, das Schiff der Kirche, das Schiff als Symbol der Hoffnung.

Betrachtet man den Brunnen jedoch genauer, sieht man seitlich Kanonenrohre, aus denen Wasser herausschießt. Urban VIII. war nicht nur ein geistlicher Herrscher, sondern auch ein sehr weltlicher mit einer starken Flotte von Kriegsschiffen. Während seines Pontifikats kümmerte er sich mit großer Hingabe nicht nur um die geistliche Macht, sondern gerade am Schluß fast nur noch um die Verteidigung des Kirchenstaates, den Festungsbau und eben die Herstellung von Kanonen. Leicht läßt sich der Brunnen als Symbol für die „kämpferische" Kirche auslegen. Schließlich befindet sich südlich neben der Piazza di Spagna auch der Palazzo di Propaganda Fide, der Palast der Kongregation zur Verbreitung des Glaubens, das Missionszentrum der katholischen Kirche. Böse Zungen behaupten von diesem Palast, hier werden die Missionare gemästet, die irgendwann später von den Kannibalen in den heidnischen Ländern gefressen werden.

So stößt man auf diesem Platz und auf der Treppe auf handfeste politische Interessen und verborgene Symbolik, heute jedoch ohne Wirkung. Niemand denkt an die früheren Machtspiele, wenn im April und Mai die Spanische Treppe mit Blumen übersät ist, wenn die großen Modeschauen auf der Treppe stattfinden und elegante Models die neuesten Kreationen vorführen, oder wenn man einfach nur die Treppe hinaufsteigt und von oben die Aussicht genießt.

Spanische Treppe: Piazza di Spagna. Die spanische Botschaft befindet sich unten schräg gegenüber der Treppe

SS. Trinità dei Monti: Piazzale della Trinità dei Monti. Täglich 10.00 Uhr – 12.30 Uhr, 16.00 Uhr – 18.00 Uhr

DAS MONSTERPORTAL IN DER VIA GREGORIANA UND DIE BIBLIOTECA HERTZIANA

Das „Monster"

Kein anderes Kulturinstitut in Rom oder auf der ganzen Welt kann sich rühmen, ein phantasievolleres Portal als das der Biblioteca Hertziana zu besitzen. Dieser ungewöhnliche Eingang befindet sich in der Via Gregoriana, leicht zu erreichen von der oberen Terrasse der Spanischen Treppe. Unversehens stößt man auf den Rachen eines Monsters, verschlossen mit einer Holztür, so als könnte man nur mit dieser „Maulsperre" den Passanten vor weiterem Schaden schützen. Trotzdem sieht es noch ziemlich gefährlich aus mit seinem riesigen, verschlossenen Schlund, den stechenden Augen mit ihren Schneckenhauspupillen, der zerdrückten Nase und den wilden Augenbrauen, zwischen denen schwer der Schlußstein des Portals lastet. Links und rechts an den Fenstern lauern weitere kleinere Monsterchen, diese allerdings mit rechteckigen vergitterten Mäulern, mit der Zunge als Fenstersims und beidseitig in den Voluten des Fensterstocks versteckten Fratzen. Pflanzenfresser sind unsere Tierchen anscheinend nicht, denn die beiden Buchsbäumchen an der Treppe wachsen und gedeihen und werden ausschließlich durch Gärtnerhand gestutzt.

Doch so groß scheint der Hunger der Monster gar nicht zu sein. Vielleicht bewachen sie eher die reiche Sammlung der Bibliothek und schützen sie vor Neugierigen und Unbefugten. Denn die Benutzung der Bibliothek ist nur einem bestimmten Personenkreis gestattet, alle anderen Interessierten werden abgewiesen. Oder man denkt bei ihrem Anblick an einen Eingang zu einer Geisterbahn auf einem Volksfest, vielleicht verbergen sie das Andenken an all die großen Geister, die im Lauf der Jahrhunderte hier gelebt oder gearbeitet haben und aus dem Palast einen der kulturellen Brennpunkte der Stadt machten.

Die Zahl dieser Geister ist immens und beginnt beim Erbauer und ersten Besitzer, dem Maler Federico Zuccari.

Zuccari nahm die Gelegenheit wahr, als nach der Errichtung der Via Sistina durch Papst Sixtus V. allen denjenigen Vergünstigung geboten wurde, die ein Gebäude an der neuen Straße errichteten. Damals, Ende des 16. Jahrhunderts, lag das Gelände noch am

Stadtrand, die Spanische Treppe war noch nicht errichtet. Vielleicht sah man hier und da noch Überreste der riesigen Villa des Römers Lucullus, die sich in der Antike auf dem Gelände befand und schon eine öffentliche Bibliothek besaß. Vielleicht reizte das dreieckige Grundstück, einem Tortenstück ähnlich, die Phantasie des Malers. So entstand auf diesem Dreieck sein „Künstlerhaus", eine Kombination von Wohnhaus und Atelier. Die besondere Attraktion und sicherlich der Stolz des Eigentümers war das bizarre Portal in der Form eines Monsters, eine Mischung von Traum und Wirklichkeit, geplant als phantasievoller Zugang zum Garten des Hauses.

Die Zeit des Manierismus, der Übergang von der Renaissance zum Barock, liebte solche Spielereien und Launen. Vermutlich kam die Anregung zu diesem Portal durch den kurz zuvor entstandenen Park der Monster in Bomarzo nördlich von Rom, wo man in weit größerem Rahmen ähnliche Skulpturen geschaffen hat, die den Park in eine Art Zauberwald verwandelten. Es war vermutlich Zuccari, der den dortigen Palast der Orsini ausmalte und damit den Park und dessen kuriose Gestaltung kennenlernte.

Zuccari schuf nicht nur ein phantasievolles Äußeres, als eigener Herr konnte er den Palast nach seinen Vorstellungen mit einem allegorischen Bildprogramm über die Kunst und die Tugenden ausmalen. Daneben schuf er Darstellungen seiner Verwandten und des bereits verstorbenen älteren Bruders Taddeo, der genauso wie Federico Maler war. Beide waren sehr erfolgreich, Federico bekam Aufträge in ganz Europa, die ihn bis nach London und Spanien führten. Er arbeitete im Vatikan und besorgte die Ausmalung der Florentiner Domkuppel. Doch er war nicht nur praktisch begabt, genauso interessierte ihn die Theorie, er schrieb Abhandlungen über Ästhetik und war einer der Begründer der römischen Malerakademie, der immer noch bestehenden Accademia di S. Luca, die heute im Palazzo Carpegna in der Nähe der Fontana di Trevi residiert und dort ihre reiche Sammlung von Kunstwerken ausstellt.

1590 erwarb Zuccari das Grundstück an der Via Sistina, der Bau des Palasts war vermutlich um 1600 beendet. Leider konnte sich der Maler nicht lange an seinem Haus erfreuen, er starb 1609. Schon vor seinem Tod bestimmte er im Testament, daß sein Anwesen an die Akademie übergehen soll, allerdings mit folgender Auflage: Die Akademie sollte aus dem Palast eine Art Wohnheim und Atelier für arme junge Künstler machen, egal welcher Nationalität. Doch sein Testament wurde mißachtet, denn aus finanziellen Gründen konnte die Akademie die Pläne Zuccaris nicht verwirklichen, der Palast wurde bald darauf verkauft. Der neue Eigentümer vergrößerte das Anwesen und ließ ein weiteres Stockwerk hinzufügen. 1702 wurde der Palast der Wohnsitz einer erlauchten Persönlichkeit, nämlich von Maria Casimira, der verwitweten Königin von Polen. Sie war Französin und die Gattin des berühmten Jan III. Sobieski, der 1683 die Türken vor Wien vernichtend geschlagen hatte und damit Europa vor den weiteren türkischen Eroberungsgelüsten rettete. Das Andenken an diesen König wird übrigens in Rom immer noch gepflegt, im Vatikan hat man einen eigenen Saal zu seinen Ehren gestaltet. Nach dem Tod ihres Mannes zog sie nach Rom. Sie glaubte, daß man in der Stadt des Papstes die Witwe des Türkenbezwingers und Retters der Christenheit gerne empfinge.

Rom war damals ein beliebter Wohnsitz für große Persönlichkeiten im Ruhestand und für verwitwete oder ehemalige Königinnen, nur wenige Jahre zuvor lebte die frühere schwedische Königin Christine in der Stadt. Genauso wie Christine hatte Maria Casimira große Geldsorgen, die sie nach zwölf Jahren Aufenthalt bewogen, die Stadt zu verlassen und nach Frankreich zu gehen, wo sie bald darauf verstarb. Doch während ihrer römischen Zeit machte sie aus dem Palazzo einen Musenhof. Damals führte der Komponist und Kapellmeister der Königin, Alessandro Scarlatti, etliche seiner Musikstücke in den prunkvollen Räumen auf. Maria Casimira ließ den Palast nach ihren Wünschen umbauen, die markanteste Änderung nach außen war der Anbau der Loggia an der Spitze des Gebäudes zur Kirche SS. Trinità dei Monti hin. Wie schön muß damals der Ausblick gewesen sein, als der Blick über das unbebaute Gelände vor der Porta del Popolo bis zum Monte Mario schweifen konnte!

Nach diesem königlichen Intermezzo ging der Palast in den Besitz von Alessandro Nazzari über, der aus dem Palast eine Künstlerherberge machte, was zumindest dem letzten Willen Zuccaris etwas näher kam als die Bestimmung als königlicher Witwensitz. Im Palast wohnte zeitweise der Bildhauer Pietro Bracci, der den Figurenschmuck für die Fontana di Trevi schuf. Ausländische Künstler aus England folgten. Joshua Reynolds und weitere englische Maler lebten während ihres römischen Aufenthalts im Palast. Hier war die erste Wohnung von Johann Joachim Winckelmann, dem Altertumsforscher und Begründer der modernen Archäologie, hier arbeitete der französische Maler Jacques Louis David. In der Nachbarschaft hatte der Maler Salvator Rosa sein Atelier, in dem später Stendhal und Ingres wohnten. Im benachbarten Haus in der Via Sistina residierte die hochverehrte Malerin Angelika Kauffmann (in der Via Sistina 72, im ehemaligen Haus des Malers Anton Raphael Mengs).

In das allgemeine Interesse rückte der Palast, als er vom preußischen Konsul Jakob Salomon Bartholdy bewohnt wurde. Der kunstsinnige Diplomat erteilte 1816 den noch kaum bekannten Nazarenern den Auftrag zur Ausmalung eines Raumes. Das Thema für die Fresken stammte aus dem Alten Testament, es war die Geschichte von Joseph in Ägypten. Der Erfolg der Bilder war groß und brachte den Malern den künstlerischen Durchbruch, der Palast wurde dank ihrer Arbeiten zum Anziehungspunkt für deutsche Kunstfreunde. Leider scheiterten die Pläne zur Einrichtung einer deutschen Künstlerakademie, ähnlich der benachbarten französischen in der Villa Medici, die vielgerühmten Fresken wurden überdies von der Nationalgalerie in Berlin angekauft und dorthin überführt. Nur noch die Fresken im Casino Massimo am Lateran zeugen von der Anwesenheit der Nazarener in Rom.

Erst um 1900 erinnerte sich jemand an das Testament von Zuccari: die deutsche Mäzenin Henriette Hertz. Sie machte aus dem Palast einen Ort der Kulturpflege und des Studiums der Kunstgeschichte, sie legte den Grundstein zu der heutigen Biblioteca Hertziana. In ihrem Testament bestimmte sie die deutsche Kaiser-Wilhelm-Gesellschaft als Erben ihrer Bibliothek und des Palastes, ihre Kunstsammlung vermachte sie dem italienischen Staat. Diese wird heute im Museo di Palazzo Venezia aufbewahrt. Schon vor ihrem Tod am 9. April 1913 waren die nötigen Vorarbeiten für die Stiftung beendet, so erlebte sie noch die Eröffnung der Bibliothek. Begraben ist die großzügige Stifterin auf dem Protestantischen Friedhof an der Cestius-Pyramide. Noch zu ihren Lebzeiten wurde der Palast erweitert, allerdings zu Lasten des Gartens, der sich ehemals hinter dem Monsterportal befand. Dazu kam der Ankauf von benachbarten Häusern, darunter in den sechziger Jahren der ehemalige Palazzo Stroganoff, das frühere Atelier von Salvator Rosa und die Wohnung Stendhals. Heute ist dort die reichhaltige Fotosammlung untergebracht. Während der Zeit des Nationalsozialismus erinnerte man sich in anderer Weise an die Person der Stifterin: Henriette Hertz war Jüdin. Ihr

Andenken wurde getilgt und der Name der Bibliothek geändert. Entgegen ihres ausdrücklichen Willens, wonach die Bücher die Stadt nie verlassen durften, wurde der komplette Bestand während der deutschen Besetzung Roms in einem Bergwerk in den Alpen ausgelagert. Nach dem Krieg kehrten die Schätze zurück. 1953 wurde die Bibliothek an die Max-Planck-Gesellschaft übergeben, die seitdem für den Unterhalt sorgt.

Die Hertziana ist eine der wichtigsten Spezialbibliotheken zur italienischen Kunst und wie Kenner meinen, eines der wenigen Kulturinstitute in Rom, die reibungslos funktionieren. Heute hat die Bibliothek einen Bestand von über 180.000 Bänden und über 400.000 Fotos. Alle Bücher, ausgenommen besonders wertvolle Exemplare, sind frei im Regal aufgestellt, man hat ohne lange Wartezeiten sofort Zugriff auf die benötigte Literatur. Es ist eine reine Präsenzbibliothek, keines der Bücher kann entliehen werden. Darüber hinaus wird nur Kunsthistorikern mit wissenschaftlichem Interesse das Studium der Bücher gestattet. Diese Art der Aufstellung der Bücher ohne verschlossene und platzsparende Magazine sorgt bei dem ständig wachsenden Bestand für enorme Platzprobleme. Denn eine Erweiterung ist wegen der dichten Bebauung ringsherum nicht möglich, ebensowenig aus Gründen des Denkmalschutzes ein zusätzliches Stockwerk. So ist es aufgrund der Enge des Raumes durchaus berechtigt, nur Wissenschaftlern die Benutzung der Bibliothek zu gestatten. Die Bibliothek betreibt kaum Werbung oder Öffentlichkeitsarbeit, keine Schilder weisen auf diesen Bücherschatz hin.

So hat das Portal in dieser Hinsicht vielleicht durchaus noch einen positiven Nebeneffekt: Es schützt durch seine einschüchternde Wirkung vor neugierigen Besuchern, die es dann doch lieber sein lassen, den Pförtner um Einlaß zu bitten.

Palazzo Zuccari mit Biblioteca Hertziana: Zwischen Via Sistina und Via Gregoriana. Das kuriose Portal befindet sich in der Via Gregoriana 30. Die Bibliothek ist nicht zugänglich!

Galleria dell'Accademia di San Luca: Piazza dell'Accademia di San Luca 77 (zwischen Fontana di Trevi und Via del Tritone). Nur Montag, Mittwoch und Freitag von 10.00 Uhr – 13. 00 Uhr geöffnet, dazu am jeweils letzten Sonntag des Monats. Die Akademie nannte sich nach dem heiligen Lukas, der angeblich selbst Maler war (man denke nur an die vielen Ikonen, die ihm der Legende nach zugeschrieben werden) und deshalb Schutzpatron der Maler wurde. Ihre Mitglieder stifteten bei der Aufnahme in die Akademie ein eigenhändiges Werk. Dadurch kam eine beachtliche Sammlung zusammen, die u.a. Werke von Rubens, Tizian, Reni, Van Dyck, Canova, Thorvaldsen und ein Raffael zugeschriebenes Bild besitzt. Interessant sind die vielen Selbstportraits der Sammlung, darunter drei von Malerinnen: Lavinia Fontana, Angelika Kauffmann, Elisabeth Vigée-Lebrun

Protestantischer Friedhof: Via Caio Cestio 6: Dienstag bis Sonntag 9.00 Uhr – 18.00 Uhr, im Herbst und Winter nur bis 17.00 Uhr. Hier ist Henriette Hertz begraben. Vom Eingang aus rechts bis zum letzten Abschnitt vor der Kapelle. In der achten Reihe von unten gezählt befindet sich ihr Grab

DER SCHEIN TRÜGT:
PERSPEKTIVISCHE SPIELEREIEN UND
BAROCKE INSZENIERUNGEN

Die Zeit des Barocks war das Zeitalter der Inszenierungen und der Illusion, die Kirchen und Paläste hatten Decken, die sich durch Malerei in den Himmel öffneten. Man erfreute sich an perspektivischen Spielereien, die das Auge täuschten. In Rom, der Hauptstadt des Barocks, findet man besonders viele davon, es gibt kaum eine barocke Kirche in der Stadt, wo man nicht versucht hat, mehr oder weniger gelungen, den vorhandenen Raum dank ausgefeilter Technik und perspektivischer Tricks für den Betrachter zu vergrößern oder zu öffnen. Einige außergewöhnliche und verblüffende Beispiele für diese Art der Täuschung des Beschauers werden in diesem Kapitel vorgestellt.

Die erste entdeckt man im Palazzo Spada an der Piazza Capo di Ferro, in unmittelbarer Nähe des Campo de'Fiori und des Palazzo Farnese. Der Palazzo Spada ist für sich schon eine Sehenswürdigkeit mit seiner eleganten stuck- und statuengeschmückten Fassade und dem Innenhof. Erbaut zwischen 1450 und 1550 für den Kardinal Capo di Ferro ist er heute Sitz des italienischen Staatsrates. Schon an der Hauswand gegenüber des Hauptportals, genau in dessen Achse, fällt ein Brunnen auf, dessen Rückwand mit vorgetäuschten Quadersteinen bemalt ist. Betritt man den Hof und schaut durch das Portal zurück, wirkt der Brunnen dank der Bemalung der Mauer wie ein Teil des Palastes, es entsteht die Illusion eines Vorhofes, obwohl sich vor dem Palast ein öffentlicher Platz befindet. Dieses Spiel mit der optischen Vergrößerung des Palastes geht im Innenhof weiter.

Auf der linken Seite befand sich früher ein Durchgang in einen weiteren Innenhof. Heute sind die Bögen des Durchganges mit Glasscheiben geschlossen, der dadurch gewonnene Saal beherbergt die Bibliothek des Palastes. Diesen anschließenden Hof dominiert ein imposanter und scheinbar langer Säulengang, an dessen Ende eine überlebensgroße Statue steht. Sobald aber jemand hinter dem Gang an der Statue vorbeiläuft, stellt man fest, daß man auf eine optische Täuschung hereingefallen ist, die sich höchstwahrscheinlich der geniale Architekt Francesco Borromini um 1650 ausgedacht hat. In Wirklichkeit ist die Statue am Ende des Ganges gerade einmal einen Meter hoch, der Gang ungefähr 9 m lang. Optisch jedoch wirkt der Gang viermal so lang, nämlich 36 m.

Solche Spielereien gibt es nicht erst seit dem Barock. Ein berühmtes früheres Beispiel für diese Art von Scheinarchitektur ist die Gestaltung des Chorraumes der Kirche S. Maria presso S. Satiro in Mailand, entstanden Ende des 15. Jahrhunderts. Der Architekt Donato Bramante, der erste Architekt der Peterskirche, hat hier eine flache Wand durch ein perspektivisches Flachrelief optisch vertieft. Borromini hat diesen Mailänder Bau vermutlich gekannt.

Das Vorbild für die Gestaltung des Ganges war das Portal und die Einfahrt des benachbarten Palazzo Farnese. Dessen Durchgang ähnelt in der Säulenanordnung einer gestreckten Variante des Ganges im Palazzo Spada. Der Innenhof im Palazzo Spada verfügt jedoch nur über sehr wenig Raum, die Enge inspirierte Borromini zu dieser ungewöhnlichen Lösung. Gerade begrenzter Raum war für ihn eine besondere Herausforderung, er hatte ein besonderes Talent, auf kleinen Flächen trotzdem imposante, größer wirkende Bauwerke zu errichten, man denke nur an die winzige Kirche S. Carlo alle Quattro Fontane, ein wahres Wunder auf minimaler Fläche.

Borromini hat im Palazzo Spada den Effekt dadurch erzielt, indem er den Boden zum Ende hin ansteigen ließ und das Gewölbe des Ganges absenkte, gleichzeitig wurden nach hinten die Säulen in der Höhe verkürzt und die Abstände dazwischen kleiner. Während am Eingang die Höhe des Ganges über 5 m und die Breite 3 m beträgt, sind die Maße am Ende um die Hälfte auf 2,50 m Höhe und 1 m Breite geschrumpft. Auch das Muster im Fußboden verändert sich und trägt zur verlängernden Wirkung bei, die Quadrate werden nach hinten immer kürzer und schmäler. Dasselbe gilt für die Statue des Kriegsgottes Mars, die selbst inklusive Sockel kleiner als ein aufrecht stehender Mensch ist. Doch die manipulierte Perspektive des Ganges und des anschließendes Kiesweges läßt sie viel größer erscheinen.

Die ursprüngliche Ausführung Borrominis wurde später verändert. Für das Gewölbe des Ganges sah der Architekt an drei Stellen Öffnungen im Gewölbe vor, durch die Tageslicht in den Gang strömen konnte. Das Licht sollte zu einer größeren Tiefenwirkung beitragen. Man erkennt diese Unterbrechungen im Gewölbe noch heute, lediglich ein Schacht ist offen und läßt Licht in den Gang. Der vorgesehene Kontrast von Hell und Dunkel ging damit verloren, der Gang wirkt eher wie ein dunkler Tunnel.

Ähnliche Tricks hat man im Theater verwendet. Auch die Bühnenbilder dieser Zeit vermitteln mit ihren prächtigen Stadtansichten eine Größe, die jede Bühne gesprengt hätte. Besonders schön ist das auf der Bühne des Teatro Olimpico in Vicenza zu sehen, das der Architekt Andrea Palladio im 16. Jahrhundert erbaut hat.

Neben dem Staatsrat beherbergt der Palazzo Spada die kleine, aber feine Galleria Spada, die Bilder u. a. von Tizian, Andrea del Sarto, Reni und die antike Statue des römischen Feldherren Pompeius enthält, zu deren Füßen vermutlich Caesar ermordet wurde. Im Laufe des Rundganges durch die Räume gelangt man auch in den Hof mit dem Säulengang. Den kleinen Park, den man vom großen Innenhof des Palasts erreicht, sollte man ebenfalls nicht auslassen. Sicherlich gibt es in Rom schönere und größere Gärten, doch im Viertel um den Palazzo Farnese ist es wohl der einzige. Unter wild wuchernden Callas schwimmen in kleinen Becken Goldfische, unter dunklen Blättern leuchten Orangen und über allem erheben sich wohlgewachsene Palmen.

Auch der Konkurrent Borrominis, Bernini, kannte dieses kleine Kunststück im Palazzo Spada. Beim Bau seiner Scala Regia, der prunkvollen Zugangstreppe zum Vatikanischen Palast, hat er auf Motive und Prinzipien des Ganges zurückgegriffen. Die Treppe ist vom Petersplatz einzusehen, der Eingang befindet sich am Ende der rechten, nördlichen Kolonnade, bewacht von zwei Schweizergardisten. Bernini hatte zwar mehr Platz für die Anordnung der Treppe zur Verfügung, machte aber noch mehr daraus, in dem er die Treppe optisch verlängerte. Auch hier spielt die nach hinten abnehmende Breite des Ganges, die geschickte Plazierung der Säulenreihen und das von oben oder von der Seite hereinflutende Licht eine große Rolle für das Zustandekommen des Effekts. Am Petersplatz verbirgt sich noch eine weitere perspektivische Spielerei Berninis. Von einem markierten Punkt neben den Brunnen verschwinden die

Säulenreihen hintereinander und verschmelzen zu einer einzigen. Auch die Wirkung der Kirchenfassade wird durch einen Trick vergrößert: Der Platz zwischen den Kolonnaden und der Kirche ist nicht rechteckig, sondern trapezförmig, die flankierenden Bauten weichen in Richtung Kirche nach außen. Dieser Kunstgriff, eine Art Umkehrung des Effekts der Treppe und des Ganges im Palazzo Spada, zieht die Kirche optisch nach vorn und verhilft ihr damit zu einer stärkeren Beherrschung des Platzes, läßt sie größer erscheinen, als sie tatsächlich ist.

Nach demselben Prinzip gestaltete Michelangelo den Kapitolsplatz. Bei genauer Betrachtung der gesamten Anlage fällt auf, daß der Platz ebenfalls trapezförmig ist und sich in Richtung Senatorenpalast verbreitert, ebenso weichen die Fassaden der seitlichen Paläste nach außen.

Wer jetzt auf den Geschmack gekommen ist, dem sei ein weiteres Bravourstück der Täuschung empfohlen: Die gemalte Kuppel der Jesuitenkirche S. Ignazio in der Nähe des Corsos.

Schon der Vorplatz der Kirche stimmt auf die perspektivischen Spielereien im Inneren ein, er gleicht dem Bühnenbild zu einem barocken Theaterstück. Auf der einen Seite die prächtige Fassade der Kirche, auf den anderen Seiten geschwungene Hausfassaden, die den Platz einheitlich umgeben und abschließen. Man muß schon genau hinschauen, um zu erkennen, daß von diesem kleinen Platz fünf Gassen abgehen, teilweise raffiniert versteckt hinter den Hausecken. Im mittleren dieser Gebäude befindet sich übrigens der Sitz einer Sonderabteilung der Carabinieri, die für die Bekämpfung von Kunstdiebstahl und –schmuggel zuständig ist.

Die Kirche selbst, eine der wichtigsten Kirchen der Jesuiten, wurde 1626 - 1650 erbaut. Entworfen wurde sie vom Jesuitenpater Orazio Grassi, die malerische Ausstattung besorgte Andrea Pozzo aus Trient, ebenfalls ein Mitglied dieses Ordens. An die Kirche schließt sich das Kolleg der Jesuiten an, ein riesiger Komplex, der heute die staatliche Verwaltung der Kunstdenkmäler beherbergt.

Betritt man die Kirche, ist man überwältigt von der Größe des Raums und der Pracht der Ausstattung. Man erblickt die riesige Deckenmalerei und über der Vierung die merkwürdige Kuppel, allerdings stark verzerrt und dadurch als vollkommen flach erkennbar. Der Schlüssel zur Erkenntnis befindet sich aber auf dem Fußboden der Kirche. Erst wenn man einen bestimmten Punkt aufsucht, der durch eine runde Marmorplatte im Boden markiert ist, erschließt sich die Decke und die Kuppel. Aber wieso ist die Kuppel gemalt, hier, in der Stadt der Kuppeln? Ist den Jesuiten nach dem kostspieligen Bau das Geld ausgegangen? Weit gefehlt!

Der eigentliche Grund für diesen Illusionismus ist viel profaner als man denkt. In unmittelbarer Nachbarschaft der Kirche befand sich die Bibliothek des Dominikanerordens. Die Jesuiten hatten sehr wohl die Absicht, eine große Kuppel für die Kirche zu errichten, allerdings waren die benachbarten Dominikaner dagegen. Sie fürchteten, eine Kuppel für eine Kirche dieser Größe würde ihrer Bibliothek das Licht nehmen. So kam es, daß bei der Einweihung der Kirche im Jahr 1650 die Kuppel fehlte und man sich überlegen mußte, wie man das Problem in beiderseitigem Einverständnis lösen konnte.

Es dauerte über dreißig Jahre, bis man diesen Streit auf ungewöhnliche Weise schlichtete und den außergewöhnlichen Plan von Andrea Pozzo billigte. Pozzo, der begabteste Illusionsmaler dieser an Illusionen wohl nicht armen Zeit, malte innerhalb von nur zwei Jahren das Bild einer Kuppel mit 13 m Durchmesser in Ölfarben auf

Leinwand, perspektivisch genau abgestimmt auf die bereits erwähnte Marmorscheibe im Fußboden. Die Malerei beruht in ihrer Konstruktion auf den Prinzipien der Anamorphose, d. h. Bilder, die nur von einem bestimmten Betrachterstandpunkt voll zu erkennen sind, ansonsten entweder verzerrt oder abstrakt wirken. Anamorphosen waren im Barock äußerst beliebt als optische Spielerei, vergleichbar unseren 3-D-Bildern. Es gab eine Vielzahl von Bildern dieser Art, die nur durch schräge bzw. seitliche Betrachtung oder durch Spiegel ihr Geheimnis preisgaben. Pozzo war der erste, der dieses Prinzip in die Architekturmalerei einführte. Es ist nicht die einzige Kuppel dieser Art, die er entworfen hat, aber sie hat wie ein Prototyp die Entwicklung dieser Malerei beeinflußt.

Leider wirken die Farben heute etwas sehr nachgedunkelt, man sollte ein paar Münzen für die Beleuchtung der Decke opfern. Es erscheint unglaublich, aber die Decke ist wirklich flach! Etliche Kritiker haben Pozzo nach der Vollendung vorgeworfen, seine gemalte Kuppelkonstruktion wäre als reales Bauwerk nicht solide genug, aber bisher ist noch kein Stein aus der Leinwand herausgebrochen! 1891 kam es jedoch zu einer Beschädigung ganz anderer Art: Durch eine Explosion in einem benachbarten Pulvermagazin entstand eine Druckwelle, die einen großen Riß in der Leinwand verursachte. Lange Zeit besaß die Kirche deswegen nicht einmal eine gemalte Kuppel. Erst zwischen 1961 - 1963 wurde das Kuppelbild restauriert, der Riß ist vollkommen verschwunden.

Andrea Pozzo war auch für die weitere malerische Ausgestaltung der Kirche zuständig. So stammen die gleichfalls bedeutenden Fresken in den Zwickeln der Kuppel und in der Apsis aus seiner Hand. Höhepunkt dieser Aufträge ist jedoch das Fresko im Langhaus der Kirche. Für die riesige Fläche benötigte er drei Jahre. Die Decke ist gewölbt, aber auch hier wird die tatsächliche Struktur durch eine neue gemalte ersetzt, die sich ins Unendliche des Himmels öffnet. Die gebaute Architektur der Kirche wird mit Mitteln der Illusion nach oben fortgesetzt. Dargestellt ist der Triumph des hl. Ignatius, dem Gründer des Jesuitenordens, und seine Aufnahme in den Himmel. Umgeben ist er von einer Vielzahl von allegorischen Gruppen, die in verblüffenden Untersichten und Verkürzungen dargestellt sind, inmitten einer steil in den Himmel ragenden Architektur aus Säulen und Bögen. Auch dieses Deckenbild hat einen optimalen Betrachterstandpunkt, eine weitere Marmorplatte im Kirchenschiff, genau unter der Mitte des Freskos, bietet die beste Wirkung.

Doch wie kommt so eine Malerei zustande? Andrea Pozzo hat die Methode in seinem Buch über die Perspektive genau beschrieben, ein Buch, das als Lehrbuch damals in kaum einer Freskowerkstatt fehlte. Die geplante Architekturkulisse wird zuerst komplett mit allen Ornamenten, Personen und mit den gewünschten Lichteffekten perspektivisch genau auf eine kleinformatige, aber den Maßverhältnissen der Decke entsprechende ebene Fläche gemalt und diese mit einem regelmäßigen Gitter überzogen. Dieses Gitter oder Netz (daher der Name „Quadraturmalerei") ist das wichtigste Hilfsmittel des Malers. Ein Gitter mit den gleichen Maßverhältnissen muß auf die gewölbte Fläche der Decke übertragen werden. Der erste Schritt hierfür besteht darin, am Gewölbeansatz Seile längs und quer zu spannen. Diese Seile werden so gespannt, daß sie der Gitterstruktur auf dem Vorlagebild entsprechen. Theoretisch könnte man jetzt auf den Kirchenboden eine starke Lichtquelle stellen, durch den Schattenwurf der aufgespannten Seile würde sich eine Projektion des Netzes auf der gewölbten Decke ergeben, die der auf der gemalten ebenen Vorlage entspräche. Allerdings wäre in diesem Fall der Schattenwurf zu ungenau. Pozzo hat sich damit beholfen, das gespannte Netz und damit das Gittermuster der Vorlage mit Hilfe von Fäden auf das Gewölbe zu übertragen. So wurde Quadrat für Quadrat des Netzgitters unter dem Gewölbe mit vom Boden gespannten Fäden übertragen, die alle vom späteren idealen Standpunkt oder Augenpunkt am Fußboden ausgehen und jeweils mit den Kreuzungspunkten des gespannten Netzes unter dem Gewölbe verbunden waren. Verlängert man diese Fäden bis zum Gewölbe, ergibt sich an den Berührungspunkten der Fäden mit dem Gewölbe die Struktur des aufgespannten Netzes, das seinerseits wieder der Struktur des Gitters auf dem Vorlagebild gleicht. Man stelle sich alle diese Fäden im Kirchenschiff vor! Es wäre ein ganz und gar surrealer Anblick, wenn diese Verspannung heute noch einmal installiert werden würde! Doch sicher hat Pozzo nicht alles auf einmal verspannt, sondern Quadrat für Quadrat übertragen.

Erst nach diesen entscheidenden Vorarbeiten konnte Pozzo mit der eigentlichen Mal-tätigkeit beginnen, indem er den Bildinhalt der Quadrate auf dem kleinen Vorlagebild in die entsprechenden (verzerrten) Felder der Decke in Freskotechnik übertrug; die Gittereinteilung diente ihm dabei zur Orientierung.

Im Gegensatz zur Kuppel, deren Wirkung sich nur von einem Punkt aus optimal erschließt, ergibt sich beim Langhausfresko auch von anderen Blickrichtungen als von der Scheibe im Fußboden aus noch eine gute Wirkung. Diese „Vielsichtigkeit" war eine ausdrückliche Bedingung im Auftrag der Jesuiten, die Pozzo bravourös gemeistert hat.

Ein weiteres schönes Beispiel für diese Art der Deckenmalerei befindet sich im Palazzo Barberini, hier hat im Hauptsaal ein anderer berühmter Barockmaler, Pietro da Cortona, den Triumph der Familie Barberini verewigt.

Noch ein paar Worte zum Architekten der kulissenartigen Gebäude am Platz vor der Kirche, die wegen ihrer Fassadengestaltung eine gewisse Ähnlichkeit mit Möbel-stücken aus der Zeit des Rokokos haben, man denke nur an jene zierlichen Kommoden, die heute noch als Nachbauten in vielen Möbelkatalogen angeboten werden. Diese Ähnlichkeit kommt nicht von ungefähr, denn der Architekt Filippo Raguzzini soll auch als Entwerfer von Möbeln tätig gewesen sein. Wie viele Künstler, die das Bild der Stadt durch ihre Werke geprägt haben, stammte er nicht aus Rom. Papst Benedikt XIII. ließ nach seinem Amtsantritt 1724 viele Künstler aus seiner Heimat Benevent nach Rom kommen und versorgte sie mit lukrativen Aufträgen, darunter auch Raguzzini. Der Architekt stammte zwar aus Neapel, hat aber bis dahin hauptsächlich in Benevent gearbeitet, auch wenn dort heute kaum noch Bauten von ihm erhalten sind. Während des Pontifikats Benedikts XIII. trug er durch verschiedene Kirchenbauten zum Stadtbild bei, unter seiner Leitung entstand auch das für die damalige Zeit fortschrittlichste Krankenhaus Roms, das Ospedale di S. Gallicano.

Als der Papst 1730 starb, war es mit der Protektion vorbei. Sein Nachfolger Clemens XII. bevorzugte Florentiner Architekten. Raguzzini erhielt keine großen Aufträge mehr, obwohl er sich noch ab und zu an öffentlichen Ausschreibungen beteiligte. Anscheinend blieb er bis zu seinem Tod 1771 in Rom, beschäftigte sich lediglich mit Privatbauten, von denen nichts Genaues bekannt ist. Ein gewisses Ansehen muß er durch seine Bauten noch erreicht haben, sonst wäre er wohl kaum in hohem Alter in etliche Künstlervereinigungen aufgenommen worden. Seinen Tiefpunkt erlebte er nach dem Tod seines päpstlichen Gönners. Kurz nach dem Amtsantritt des neuen Papstes wurde er sogar wegen angeblicher Unterschlagung von Farben und anderer Materialien zwei Monate eingesperrt. Seine späteren Kritiker prägten das Urteil, er habe mit seinen Bauten Rom verschandelt, eine harte Wertung angesichts der einfallsreichen Fassadengestaltung an der Piazza S. Ignazio, die heute als sein Hauptwerk angesehen wird, wegen der man ihn als Vater des römischen Rokokos bezeichnet.

Dieser Auftrag kam von den Jesuiten, die sich für den Platz vor ihrer Kirche eine repräsentative Gestaltung wünschten, gleichzeitig auch finanzielle Erträge erwarteten. Es entstand hier 1728/29 ein neuer Typ von Mietshäusern für eine in Rom immer mehr anwachsende Schicht von Einwohnern der oberen Mittelklasse, die sich komfortable Wohnungen leisten konnten. Die vornehmen Mietwohnungen kann man daher fast als die ersten Apartmenthäuser der Stadt bezeichnen. Elegant wirken die Gebäude heute noch. Das Wechselspiel von hervor- und zurücktretenden Wänden, die zierlichen Ornamente an den Fenstern und die winzigen Balkone machen den Platz vor der Kirche zu einem Kleinod des römischen Rokokos, ein Stil, der sich in Rom nie so ausgeprägt hat wie in Frankreich oder Süddeutschland.

Palazzo Spada: Piazza Capo di Ferro 13. Museum geöffnet von Dienstag bis Samstag 9.00 Uhr – 19.00 Uhr, Sonntag 9.00 Uhr – 13.00 Uhr. Der Gang kann auch ohne Museumsbesuch vom großen Innenhof des Palazzo eingesehen werden

Scala Regia: Petersplatz, am Ende der rechten (nördlichen) Kolonnade. Nicht zugänglich, aber vom Portal einsehbar. Zwischen den Brunnen und dem Obelisk befinden auf beiden Seiten je eine Marmorplatte (nicht zu verwechseln mit denen der Sternzeichen), von denen man den Effekt mit den verschwindenden Säulen beobachten kann

S. Ignazio: Piazza S. Ignazio. Täglich 7.30 Uhr – 12.30 Uhr, 16.00 Uhr – 19.15 Uhr. Der Entwurf Pozzos für die Malerei befindet sich im Raum 11 der Galleria Nazionale d'Arte Antica im Palazzo Corsini, Via della Lungara 10. Donnerstag bis Freitag von 9.00 Uhr – 19.00 Uhr, Samstag 9.00 Uhr – 14.00 Uhr, Sonntag und Feiertage 9.00 Uhr – 13.00 Uhr

Weitere perspektivische Spielereien und Täuschungen findet man in Rom noch an anderen Orten:

Palazzo Barberini (Galleria Nazionale d'Arte Antica): Via delle Quattro Fontane 13. Dienstag bis Freitag 9.00 Uhr – 21.00 Uhr, Samstag bis 23.00 Uhr, Sonntag bis 20.00 Uhr. Im Hauptsaal hat Pietro da Cortona das perspektivische Deckenfresko zum Ruhm der Familie Barberini ausgeführt. In den Sammlungen der Galerie findet man darüber hinaus kleine anamorphotische Bilder, die nach einem ähnlichen Prinzip wie die gemalte Kuppel von Pozzo konstruiert sind. Der Schöpfer dieser Spielereien ist der Franzose Jean-Francois Niceron, sie stammen aus der Mitte des 17. Jahrhunderts. Es handelt sich hier um verzerrte runde Bilder, sogenannte Zylindrische Anamorphosen. Im Museum liegen sie flach auf dem Boden einer Vitrine, im Bildmittelpunkt stehen zylindrische oder kegelförmige Spiegel. Erst im Spiegel zeigt sich der durch die Verzerrung verborgene Bildgegenstand

S. Maria degli Angeli: Piazza della Repubblica. Täglich 8.00 Uhr – 12.30 Uhr, 16.00 Uhr – 19.00 Uhr. Hier sind im Hauptschiff zwei komplette Altäre mit allem Zubehör in Freskotechnik auf eine flache Wand gemalt, sogar eine kleine Apsis hinter den Altären ist angedeutet

S. Martino ai Monti: Via del Monte Oppio 28 (auf dem Esquilin zwischen S. Maria Maggiore und Kolosseum). Täglich 7.00 Uhr – 12.00 Uhr, 16.30 Uhr – 19.00 Uhr, im Winter nur bis 18.30 Uhr. Hier hat man versucht, die Kirche durch perspektivische Malereien zu vergrößern. Im oberen Teil der Wand des Kirchenschiffs hat man Rundbögen mit tiefen Gewölben gemalt, es entsteht der Eindruck, die Kirche besitze Emporen. Nicht versäumen darf man die schönen Wandbilder: Im linken Seitenschiff haben sich zwei Fresken mit Darstellungen der Innenräume der alten Peterskirche und der Laterankirche erhalten. Die Bilder zeigen die Kirchen vor deren Neu- oder Umbau und besitzen damit einen hohen dokumentarischen Wert. In beiden Seiten- schiffen hat der Franzose Gaspar Dughet Mitte des 17. Jahrhunderts Landschaften aus der römischen Campagna gemalt, die ersten Landschaftsbilder in einer römischen Kirche, bei denen der religiöse Inhalt eigentlich Nebensache ist, die Heiligen wirken wie Staffagefiguren

Villa Farnesina: Via della Lungara 230. Montag bis Samstag 9.00 Uhr – 13.00 Uhr. Eine interessante perspektivische Malerei findet man in der Villa Farnesina, einem Renaissancepalast, den sich der reiche Bankier Agostino Chigi am Tiber hat bauen lassen. Hauptanziehungspunkt sind zwar die Fresken Raffaels, doch im ersten Stock, im Salone delle Prospettive, hat der Architekt der Villa, Baldassare Peruzzi, die perfekte Illusion offener Räume geschaffen. Die Wände öffnen sich zu Loggien, zwischen den Säulen bieten sich Ausblicke auf das Rom des 16. Jahrhunderts

SS. Trinità dei Monti: Piazzale della Trinità dei Monti. Wer Geschmack an den kleinen ana- morphotischen Bildern von Niceron im Palazzo Barberini gefunden hat, den wird das Fresko im Kloster von SS. Trinità dei Monti erst recht begeistern. Für die Besichtigung wende man sich an die Klosterpforte, erreichbar über eine eigene Treppe links. Dargestellt ist hier der hl. Franziskus von Paola, gemalt hat das Fresko der Franzose Emmanuel Maignan im Jahre 1642. Steht man vor diesem Fresko, sieht man nur langgezogene Farbschlieren, die sich fast über die ganze Länge (20m) des Korridors erstrecken. Inmitten dieser Streifen hat der Maler ohne Verzerrung eine Ansicht der Meerenge von Messina versteckt, kleine Schiffe treiben in diesem Ozean aus Farbe. Erst wenn man das linke Ende des Ganges erreicht und schräg zurückschaut, offenbart sich der tatsächliche Bildinhalt: Unter einem Baum erkennt man den Heiligen. Es ist eine der wenigen erhaltenen großen Anamorphosen. Genauso eindrucksvoll sind die gemalten perspektivischen Ruinenphantasien in der Sala delle Rovine

Interessante perspektivische Effekte verbergen auch sich in folgenden zwei Kapellen:

S. Carlo ai Catinari: Piazza Cairoli. Täglich 7.30 Uhr – 12.00 Uhr, 16.30 Uhr – 19.00 Uhr, Sonntag 8.30 Uhr – 12.30 Uhr, 16.30 Uhr – 19.30 Uhr. In der Cappella S. Cecilia (auf der rechten Seite die dritte Kapelle) findet man eine verblüffende Kuppelgestaltung. Der Raum wirkt wie eine Kammer aus Licht, Engel steigen vom Himmel herab, umgeben von festlich drapierten Girlanden und Stoffbahnen

S. Maria in Trastevere: Piazza S. Maria in Trastevere. Täglich 7.30 Uhr – 13.00 Uhr, 16.00 Uhr – 19.00 Uhr. Diese Kirche ist bekannt für ihre Apsismosaiken aus dem 13. Jahrhundert, entworfen von Pietro Cavallini. Leicht übersieht man daher diese kleine Kuriosität: In der fünften Kapelle des linken Seitenschiffs, der Cappella Avila, hat der Architekt Antonio Gherardi (1680) eine phantastische Deckengestaltung aus mehreren Kuppeln geschaffen. Aus verborgenen Quellen strömt Licht in den Raum

SPRECHENDE WÄNDE:
INSCHRIFTEN IN ROM

Rom ist eine sehr laute Stadt. Ruhige Orte sind selten, überall wird man vom Krach der Autos oder Vespas belästigt. Doch in Rom gibt es noch eine andere Art von „Lärm", der eigentlich gar nicht zu hören ist: Hier sprechen die Wände! Doch deren Stimmen sind leise und erfordern beim Passanten eine gewisse Sensibilität, die Botschaften auch wahrzunehmen.

In einer ewigen Stadt wie Rom waren besonders die Päpste auf ihren eigenen Nachruhm bedacht. Denn sie bestiegen meist in hohem Alter den Thron, folglich blieb ihnen nur wenig Zeit, für ihr Andenken zu sorgen, eine dynastische Erbfolge war ja ausgeschlossen. Ein Papst, der etwas auf sich hielt, verewigte sich deshalb in Bauwerken. Eine entsprechende Inschrift zu Ehren des Bauherren, Stifters oder Förderers und seiner oft maßlosen Eitelkeit durfte da natürlich nicht fehlen. Von allen Fassaden schallt es gleichsam dem Betrachter entgegen: Hier baute Paul, dort Urban, Clemens, Alexander, Innozenz, Leo und wie sie alle heißen, zur Identifizierung immer mit der lateinischen Zählung. Manchmal übersteigt in dieser Parade der Eitelkeit die Größe des Textes sogar das eigentliche Gebäude. Man muß nur auf den Gianicolo zur weit sichtbaren Fontana dell'Acqua Paola hinaufsteigen. Auf der riesigen Schauwand rühmt sich Papst Paul V. als Vollender des Bauwerks, der eigentliche Brunnen darunter scheint nur Beigabe, eine Art Sockel für die Inschrift, die ein Drittel der ganzen Fassade wie eine gigantische Reklametafel einnimmt. Doch in den meisten Fällen geht es bescheidener zu. Inschriften findet man nicht nur an Bauten des Barocks, sondern auch an antiken Gebäuden, die ein Papst restaurieren ließ. Über dem Eingang zum Kolosseum erinnert eine Inschrift an die Arbeiten, die Papst Pius V. zum Erhalt des Bauwerks durchführen ließ. Derartiges wird heute nicht mehr von den Päpsten bezahlt, potente Sponsoren machen mit ihrem Einsatz für die Monumente Eigenwerbung. Das Transparent der Banca di Roma am Kolosseum übertrifft die kleine Inschrift des Papstes um ein Vielfaches.

Selbst wenn man auf Inschriften oder Namen verzichtete, das Wappen des Papstes durfte auf keinen Fall fehlen. Bestimmte Wappen von besonders baufreudigen Päpsten springen einem beim Spaziergang durch die Stadt immer wieder ins Auge, mühelos läßt sich bei deren Kenntnis die Baugeschichte rekonstruieren. Bienen im Wappen weisen auf Papst Urban VIII. aus der Familie Barberini hin, den Förderer von Gian Lorenzo Bernini. Kugeln stehen für einen Medici-Papst. Ein Adler in Verbindung mit einem Drachen steht für einen Papst aus dem Geschlecht der Borghese, eine Taube mit einem Zweig steht für Innozenz X., den Papst aus der Familie der Pamphilj. Wie ein Siegel oder Logo wurde mit einem Wappen alles gekennzeichnet, was man errichtet oder auch nur vollendet hat, ohne in manchen Fällen sonderlich viel dafür getan zu haben.

Zahllos sind die Inschriften und Gedenktafeln, die auf berühmte Besucher der Stadt hinweisen. In Stadtvierteln wie dem um die Spanische Treppe (besonders in der Via Sistina und Via Gregoriana) häufen sich diese Tafeln, man muß nur die Augen offen halten, um die Wohnungen oder Sterbestätten von Persönlichkeiten aus aller Welt auszumachen.

Ein Buchstabenzug, der einem wirklich überall begegnet, den man sogar mit Füßen tritt, ist das altehrwürdige Kürzel **SPQR**. Jeder Kanaldeckel trägt dieses Signet, die Fahrzeuge der Müllabfuhr, die Stadtbusse, jede Anschlagtafel, die Trinkbrunnen und natürlich das Stadtwappen. Eine frühe Form von Firmenlogo, Staatswappen und Corporate Identity in einem, eine moderne Werbeagentur hätte kein prägnanteres und kürzeres Symbol für alles, was mit Rom zu tun hat, schaffen können.

Hinter diesen vier Buchstaben verbirgt sich die antike Formel „Senatus Populusque Romanus", zu deutsch „Der Senat und das Volk von Rom". SPQR war das Hoheitszeichen des antiken Staates so wie heute der Bundesadler oder die Nationalflagge. Wo SPQR zu lesen war, machte Rom seine Ansprüche geltend, auch in der fernsten Provinz. Erstaunlich ist, daß dieses Zeichen den Untergang des Römischen Reiches unbeschadet überstand und durch alle Zeiten hindurch verwendet wurde. Es zeugt von der Kontinuität des antiken Gedankengutes, nach der sich die heutige Stadtverwaltung als Erbe des römischen Senats sieht. Die Abkürzung reizte Spötter zu anderen Deutungen der vier Buchstaben, nicht immer sehr anständige: So wurde es mit „Sono Pazzi Questi Romani" erklärt, auf deutsch „Die sind verrückt, die Römer". Eine ironische Deutung stammt vom römischen Mundartdichter G. G. Belli: „Solo Preti Qui Regnano", auf deutsch: „Hier regieren nur Priester".

Eine andere Art von Kontinuität vermitteln die Tafeln mit den Wappen und Nummern, die an den Hausecken in der Altstadt die mittelalterlichen Stadtviertel, die „Rioni", kennzeichnen. Diese Einteilung ging aus den vierzehn antiken Verwaltungsbezirken, den „Regiones", hervor. Die Anzahl schwankte, meist waren es zwölf oder dreizehn, heute sind es, unter Einschluß der Ende des 19. Jahrhunderts entstandenen Stadtviertel zweiundzwanzig. Den Namen erhielten sie meist nach topographischen Besonderheiten (z.B. Monti nach der Lage auf dem Esquilinhügel, Ripa für die Lage am Aventin und Tiberufer oder Ponte nach der Engelsbrücke) oder prägnanten Bauten (z. B. Colonna nach der Marc-Aurel-Säule oder S. Eustachio nach der gleichnamigen Kirche). Die Einteilung nach Rioni ist in unserer Zeit nur noch dekorativer Natur, aber in verstärktem Maße wird sie wieder verwendet. In den mittelalterlichen Städten dagegen war die Bedeutung eines abgegrenzten Stadtviertels eine ganz andere. Eine wilde Rivalität herrschte zwischen den Vierteln, eine Rivalität, die man heute noch beim berühmten Pferderennen des Palio in Siena spürt, bei dem die Viertel nicht gerade sanftmütig zum Wettkampf antreten. Jedes Viertel hatte eine eigene Miliz, befehligt von einem eigenen Hauptmann, natürlich ein eigenes Wappen, das heute noch die Tafeln ziert und vom Zusammenhalt der Menschen im Viertel zeugt. Ein später Nachklang der Rioni sind die Stadtteilbrunnen, die man zwischen 1920 und 1930 errichtete.

Andere Inschriften erzählen noch mehr von den Lebensgewohnheiten der Menschen, man muß aber schon genauer hinsehen.

Schon vor zweihundertfünfzig Jahren erkannten die Stadtväter, daß es mit der Sauberkeit in den Straßen nicht zum besten stand. Die damalige Straßenverwaltung, genauer der Monsignor delle Strade, erließ strenge Verbote, die man an vielen Ecken und Wänden von Gebäuden der Altstadt anbringen ließ. Diese Verbotstafeln begegnen einem auf Schritt und Tritt, niemand hat sie entfernt, obwohl sie doch längst ihre Gültigkeit verloren haben, auch wenn die Ursache der Verbote, die Straßenverunreinigung nach wie vor ein Problem ist. Man erkennt die Schilder leicht, der italienische Text lautet fast identisch überall folgendermaßen:

„D'ORDINE DI MONS. ILL.MO E REV.MO PRESIDENTE DELLE STRADE SI VIETA A TUTTE LE SING.LE PERSONE FARE MONDEZZARO NELLA VIA ... PENA DI SCUDI DIECI PER VOLTA ET ALTRE PENE CORPORALI – NERBATE – CEPPI – GIRI DI ROTA O COME IL MASTRO VOLESSE SECONDO L'ETA E IL SESSO...“

Frei übersetzt hat der derjenige 10 Scudi zu entrichten, der die Straßen verunreinigt. Andere Strafen wie Peitschenhiebe, Pranger oder ähnliches werden angedroht, je nach Schwere des Delikts, Alter oder Geschlecht. Besonders gehäuft sind diese Schilder um den Palazzo del Monte di Pietà, dem ehemaligen Pfandhaus, am gleichnamigen Platz, vielleicht um zu verhindern, daß Einlieferer ihre nicht als Pfand akzeptierten Gegenstände einfach auf andere Weise entsorgten. Kurioserweise hat man zu Dekorationszwecken eine dieser Tafeln im Vorraum des McDonald's Restaurant an der Spanischen Treppe aufgestellt. (Dort hat man übrigens auch die Kopie eines Mosaiks angebracht, dessen Original man in den ehemaligen Gärten des Lucullus entdeckte, die sich in der Nähe der Spanischen Treppe befanden. Lucullus war der legendäre Feinschmecker des antiken Rom, was würde er wohl sagen, wenn er wüßte, daß ein Mosaik aus seinem Besitz heute den Eingang dieses Schnellrestaurants ziert.) Doch die angedrohten Strafen haben an der Spanischen Treppe und auch sonst in der Stadt ihre abschreckende Wirkung verloren, kaum jemand der Gäste beachtet die Tafel, geschweige kennt ihre wahre Bedeutung. Leider weiß man nicht, ob die Verbote zur Zeit der Aufstellung beachtet oder Übertretungen bestraft wurden.

Die Stadtverwaltung griff auch in die Spielgewohnheiten ihrer Bürger ein. Am Porticus der Octavia im Ghetto befindet sich eine Tafel mit einem Glücksspielverbot, ebenfalls mit Strafandrohung nach besonderem Ermessen.

Am selben Gebäude findet man noch eine andere interessante Inschrift, bei der es um Fische geht. Mit diesem Text hat es eine besondere Bewandtnis. Im Mittelalter befand sich hier der Fischmarkt, deshalb der Name der Kirche, die in den antiken Porticus eingebaut wurde: S. Angelo in Pescheria. Mit dieser Kirche verbindet sich die traurige Tatsache, daß die Juden des benachbarten Ghettos noch bis in die Mitte des 19. Jahrhunderts gezwungen wurden, hier die katholische Predigt zu hören. Doch zurück zur Inschrift, die besagt, daß die Köpfe der Fische, deren Länge ein bestimmtes Maß überschritt, im Konservatorenpalast auf dem Kapitol abzuliefern sind. Dieselbe Inschrift wird wiederholt auf dem zweiten Treppenabsatz des Konservatorenpalastes, hier sogar mit dem Relief eines Fisches. Die Köpfe dienten als eine Art Steuer, auf alle Fälle waren es köstliche Leckerbissen, die in die Kochtöpfe der Stadtväter wanderten oder als kostbare Gaben weiterverschenkt wurden, bis sie in die Hände einer allseits bewunderten Dame kamen. Der Text warnt die Fischer vor Schwindel, keiner kann sich damit entschuldigen, von der Ablieferungspflicht nichts zu wissen. Bemerkenswert ist das Abbild des Fisches im Konservatorenpalast, das ohne Zweifel einen Stör darstellt, einen Fisch, der anscheinend früher im Tiber noch heimisch war. Heute wundert man sich, daß dort überhaupt noch Fische schwimmen.

Im Bereich des Marsfeldes stößt man auf zahlreiche Markierungen von Tiberhochwassern, die das niedrig gelegene Viertel oft heimsuchten. Die Gefahr wurde erst durch die gewaltigen Hochwassermauern Ende des 19. Jahrhunderts gebannt. Die älteste dieser Inschriften befindet sich in der Via dell'Arco dei Banchi, am gleichnamigen Bogen. Sie stammt aus dem Jahr 1277, die Buchstaben sind noch gotisch. Der Stein zeigt aber nicht mehr die Höhe des Wassers der damaligen Überschwemmung an, denn er stand früher an einer anderer Stelle. Besonders viele Markierungen an einer Wand, fast wie eine Chronologie des Hochwassers, sind an der Fassade der Kirche S. Maria sopra Minerva zu sehen. Auf jeder Tafel deutet ein ausgestreckter Zeigefinger auf den genauen Wasserstand. Die Kirche scheint weit vom Fluß entfernt, doch die Fluten drangen sogar bis hierher. Zwei Säulen mit einer Vielzahl von Markierungen stehen an der Piazza del Porto di Ripetta, dem ehemaligen Gelände des Ripetta-Hafens, der im Zuge der Errichtung der Schutzmauern zerstört wurde. Diesen Platz erreicht man leicht vom Stadtpalast der Familie Borghese, ein Flügel erstreckt sich fast bis zum Tiber und endet dort in einer kuriosen Balkonkonstruktion. Über der Figur des Pasquino an der gleichnamigen Piazza ist eine Markierung in die Wand eingelassen, der Figur stand folglich auch in diesem realen Sinne schon oft das Wasser bis zum Hals.

Eine andere Tafel am Tiber fordert den Passanten zum Gebet auf. Sie befindet sich auf der Altstadtseite des Ponte Sisto und lautet sinngemäß aus dem Lateinischen übersetzt: „O du, der du vorbeigehst, bete zu Gott, daß unser Papst Sixtus IV. immer in guter Gesundheit und uns lange erhalten bleibt, und dir, wer du auch bist, soll dieses Gebet auch gelten." Sixtus IV. ließ diese Brücke für das Heilige Jahr 1475 errichten, das wird auf der Inschrift gegenüber verkündet. Heilige Jahre hatten in Rom immer den Nebeneffekt, daß allerhand gebaut und restauriert wurde, was in besonderem Maße für das Heilige Jahr im Jahr 2000 gilt, als man zu diesem Anlaß in den Jahren davor die Stadt in eine riesige Baustelle verwandelte.

An der Brücke kümmerte sich der Papst um das körperliche Wohlergehen, doch andere Inschriften sorgen für das seelische: Eine Tafel verspricht im Vorbeigehen einen Sündenablaß im Wert von 200 Tagen, der auch für die Seelen im Fegefeuer gültig ist. An der Ecke der Via Baccina, hinter dem Augustus-Forum und dessen riesiger Feuerwand, in der Nähe des Palazzo del Grillo, wird dieses Versprechen eingelöst, sofern man zum Madonnenbild (La Madonnella oder die Madonna del buon cuore) aufrichtig und mit reuigem Herz betet. Ausdrücklich wird erwähnt, daß es für jeden Gläubigen gilt, egal welchen Geschlechts. Die Tafel stammt aus dem Jahr 1797, Papst Pius VI. hat sie anbringen lassen. Pius VI. war jener unglückliche Papst, der zur Zeit Napoleons regierte. Als die Franzosen die Stadt eroberten, ließ Napoleon den Papst verhaften und nach Frankreich bringen, wo Pius 1799 starb.

Das war natürlich nur eine kleine Auswahl von den vielen Wappen, Zeichen und Inschriften, die man in Rom praktisch im Vorübergehen aufliest. Doch es soll eine Ermutigung sein, die Wände, Hausecken oder die Straßenschilder genauer anzusehen. Wer mit offenen Augen durch die Straßen geht, wird sicher noch ganz andere Entdeckungen machen, die mehr über das Leben in der Stadt verraten als dicke Geschichtsbücher oder Reiseführer. Auch mit geringen Italienischkenntnissen lassen sich die Texte meist entschlüsseln und bereiten manche Überraschung.

MIT DEM FAHRRAD DURCH DIE VILLA BORGHESE

Römer auf dem Fahrrad sind eine Seltenheit. Anstatt das Verkehrschaos in der Stadt durch Radfahren zu umgehen, steigt man lieber auf eine Vespa und rast halsbrecherisch an den im Stau stehenden Autos vorbei. Die enormen Abgase, die fehlenden Radwege und die Hitze im Sommer sind nicht gerade ein Anreiz aufs Fahrrad umzusteigen, außerdem muß man sich zu sehr auf den Verkehr konzentrieren, um überhaupt ein Vergnügen dabei zu empfinden.

Und doch, findige Römer haben hier eine Marktlücke entdeckt, es gibt tatsächlich Fahrradverleiher. Besonders auf die Zielgruppe der Touristen haben es die Verleiher abgesehen, denn vorzugsweise findet man deren bunte Prospekte in Hotels und an Informationsstellen. Gerade im historischen Zentrum ist es durchaus eine Alternative zur herkömmlichen Besichtigung zu Fuß, auch wenn man dabei auf die vielen, nur an laute Vespas gewöhnten Fußgänger achtgeben muß. Es ist schon ein tolles Gefühl, durch die Via Condotti auf die Spanische Treppe zuzufahren oder eine Runde um die Fontana di Trevi zu drehen. Wer Mut und Nerven besitzt, kann eine Rundfahrt entlang der römischen Stadtmauer unternehmen.

Vergnügen pur ist aber eine Fahrt auf dem Pincio und durch den Park der Villa Borghese. Unmittelbar im Park gibt es Verleiher, die allerdings nicht immer vertrauenswürdige Räder anbieten, eine genau Inspektion empfiehlt sich. Als Kaution genügt in der Regel die Hinterlegung eines Dokuments oder eines bestimmten Geldbetrages, und schon kann es losgehen. Wer Lust hat, kann sich hier auch Inline-Skates inklusive der nötigen Ausrüstung ausleihen. Gemütlicher sind jene kleinen Wägelchen für die ganze Familie mit Pedalantrieb, die man ebenfalls mieten kann. Auf Autos braucht man hier nicht achtgeben, lediglich eine Straße durchquert den Park.

Der Park ist heute in staatlichem Besitz. Seine Entstehung aus zwei verschiedenen Teilen läßt sich immer noch gut erkennen. Der eine Teil auf dem Pincio, die Aussichtsterrasse und die Alleen mit den Büsten, wurde erst Anfang des 19. Jahrhunderts eingerichtet. Die Römer verdanken die Anlage Napoleon, während dessen Herrschaftszeit über Italien die Piazza del Popolo und der Pincio umgestaltet wurden. Der Park trug auch für eine Weile seinen Namen, die große Terrasse immer noch. Bis dahin befanden sich hier nur Weingärten der benachbarten Klöster. Der Name Pincio leitet sich von der Familie Pincius ab, die hier in der Antike eine Villa besaß.

Der römische Architekt Giuseppe Valadier entwarf diesen Teil des Parks und war auch der Schöpfer der Piazza del Popolo und deren Terrassen am Hang. Ganz Rom traf sich im 19. Jahrhundert hier im Park, um den angeblich schönsten Ausblick auf die Stadt im Lichte der letzten Sonnenstrahlen zu genießen. Wer besonders vornehm war, kam zu Pferde oder mit der eigenen Kutsche, nicht nur wegen der Bequemlichkeit, sondern vor allem um gesehen zu werden. Heute gleicht die zentrale Terrasse, der Piazzale Napoleone, gelegentlich eher einem Rummelplatz.

In diesem Teil des Parks befindet sich der Obelisk des Antinous, dann eine kuriose Wasseruhr und der Mosesbrunnen, in dem Moses in einem Korb stilecht unter Papyrus-

Palmen auf dem Pincio

stauden aus dem Wasser gefischt wird. Ein wahres italienisches Walhall unter freiem Himmel bilden entlang der Wege die vielen Büsten der berühmtesten Römer und Italiener. Die Römer behandeln ihre Helden mit nicht sehr großer Ehrfurcht, zahlreich sind die Verunstaltungen der Köpfe, die sich nicht dagegen wehren können.

Berühmtheiten von heute und solche die sich dafür halten, trafen sich bis vor kurzem noch in der Casina Valadier, einer eleganten Villa, ebenfalls von Valadier mit der Absicht erbaut, dem Park einen weiteren Anziehungspunkt zu geben. Man erreicht das Gebäude auf der Viale del Belvedere von der großen Terrasse aus Richtung Spanische Treppe. Valadier hat die Villa in einer Mixtur aus verschiedenen Baustilen über einer alten römischen Zisterne errichtet, die noch sichtbar ist und in der Antike die Gärten versorgte. Das Lokal war noch vor wenigen Jahren einer der angesagtesten Treffpunkte der Römer und der High Society. Leider ist es jetzt geschlossen, dem Besitzer ging das Geld aus, die weitere Zukunft ist ungewiß. Von diesem Teil des Parks kann man auch einen Blick in den Garten der Villa Medici werfen, der hinter einem Gitterportal beginnt. Lange mit Hecken gesäumte Wege führen zur Villa, deren prächtige Fassade von hier aus leider nicht zu erkennen ist.

Der weitaus größere Teil liegt auf der anderen Seite der Brücke, die sich über die Viale del Muro Torto spannt. Erst 1908 wurden die beiden Teile durch die Überführung miteinander verbunden. Dort überschreitet man einen Teil der Aurelianischen Mauer, der spätantiken Stadtmauer. Tief unten braust der Verkehr wie in einer Schlucht. Auf der anderen Seite beginnt der historische Teil des Parks mit der Magnolien-Allee, eine botanische Kostbarkeit und ein außergewöhnlicher Empfang.

Angelegt wurde der Park Anfang des 17. Jahrhunderts von den Fürsten Borghese, genauer vom Kunstmäzen und Kardinal Scipione Borghese, viele Teile der alten Ausstattung sind noch vorhanden. In der Zeit der Gründung des Gartens gab es hier alle Arten von exotischen Pflanzen, daneben Tiergehege, Vorgänger des Zoologischen Gartens, der jetzt in der äußersten Ecke des Parks eingerichtet ist. Die Familie führte mit der Anlage eine antike Tradition fort, denn schon bei den Römern war der Pincio von Gärten und Weingärten durchzogen. Neben dem Stadtpalast besaß man zusätzlich auch eine standesgemäße Villa außerhalb der Stadt, wo man die heißen und ungesunden Sommermonate verbringen konnte. Daher kam es, daß sich um die Stadt ein Kranz von Villen bildete (wobei „Villa" steht nicht nur für das Haus, sondern für das gesamte

Anwesen), der sich bis in die Albaner Berge erstreckte, wo es im Sommer am kühlsten und die Luft am gesündesten war. Von diesen Sommerhäusern sind heute nur noch ein paar erhalten, während eine große Zahl der Bauspekulation zum Opfer fiel. Bei einem Blick auf den Stadtplan wird einem diese römische Besonderheit bewußt, die ausgedehnten Grünanlagen der Stadt befinden sich alle nicht unmittelbar im Zentrum, sondern fast immer außerhalb des von der Stadtmauer eingeschlossenen Gebiets.

Als die Familie Borghese die Villa errichtete, dachte sie dabei nicht nur an sich: Der Park war nie für die Allgemeinheit geschlossen, jedermann hatte Zutritt. Der heutige Zustand des Parks spiegelt die historische Entwicklung der Gartenkunst wider. Um die eigentliche Villa, das Casino, existieren noch Barockgärten mit abgezirkelten Bosketts. Der Großteil des Parks ist jedoch im Stil des englischen Gartens gehalten. Ende des 18. Jahrhunderts wünschte der Fürst Marcantonio Borghese einen Park im modernen Stil. Er beauftragte den italienischen Architekten Antonio Asprucci und den schottischen Gartenspezialisten Jacob Moore, eine Umgestaltung in dieser aufkommenden Gestaltungsform durchzuführen. Damals entstanden der kleine See und die Piazza di Siena. Weitere Veränderungen im Stil der Zeit folgten unter Fürst Camillo Borghese und seinem Architekten Luigi Canina, der Park erhielt u.a. zwei klassizistische Eingangstempel am Piazzale Flaminio und zwei ägyptische Torbauten.

Am östlichen Rand liegt das eigentliche Zentrum des Parks, das Casino Borghese, das immer noch die Kunstsammlung der Borghese beherbergt, für die es einst gebaut wurde, heute allerdings in staatlichem Besitz. Erst kürzlich wurde das Casino nach langwieriger Restaurierung wiedereröffnet, nachdem man es 1983 ziemlich abrupt wegen Baufälligkeit für die Öffentlichkeit sperrte. Die Arbeiten gingen sehr schleppend voran, doch die Sanierung ist wirklich gelungen. Die Galerie verfügt jetzt im Kellergeschoß über Einrichtungen wie eine Bar oder einen Buchstand, die den Besuch angenehmer gestalten und die Wartezeit überbrücken helfen. Denn aus Sicherheitsgründen wurden strenge Besuchszeiten eingeführt. Das zweite Stockwerk mit der Bildergalerie und den Meisterwerken Raffaels oder Tizians kann nur noch nach vorheriger Reservierung besucht werden, der Besuch selbst ist auf eine halbe Stunde beschränkt. In der Hochsaison ist eine frühe Reservierung am Vormittag ratsam, so daß man zumindest für den Nachmittag noch einen Termin bekommt. Für das Erdgeschoß gibt es keine Beschränkung, hier kann man die berühmte Figur der Paolina Borghese von Antonio Canova, die Skulpturen Berninis und die Bilder Caravaggios bewundern. Im Erdgeschoß begegnet man auch Scipione Borghese, dem Erbauer und ehemaligen Hausherrn des Casinos. In einem der Säle sind zwei fast identische Büsten des Kardinals aufgestellt. Beide stammen von Bernini. Der Kardinal war ein großer Förderer des Künstlers, viele seiner Kunstwerke wanderten aus Berninis Atelier direkt in die Borghese-Sammlung und sind heute die Attraktionen des Museums. Bei genauem Hinsehen erkennt man auf der Vorderseite der einen Büste einen feinen Riß im Stein. Als der Künstler dies bemerkte, schuf er innerhalb von nur 14 Tagen die zweite makellose Replik.

In der näheren Umgebung des Casinos hat der Park noch sein barockes Gepräge, so wie es auch der Kardinal sah, wenn er sein Sommerhaus verließ. Hinter dem Gebäude plätschert der bezaubernde Venus-Brunnen, umgeben von Kopien antiker Statuen. In nördlicher Richtung schließen sich zwei kleine Pavillons mit phantasievollen Dachaufbauten an. Getrennt sind sie durch sogenannte „Giardini segreti", „geheime Gärten",

Die Drachen der Borghese

durch Hecken abgeschlossene Anlagen mit kleinen Brunnen. Beide Gebäude hatten eine besondere Zweckbestimmung: Das erste mit seiner außergewöhnlichen Dachkonstruktion mit Gittertürmchen ist die sogenannte „Uccelleria", das Vogelhaus. Die Gitter lassen vermuten, daß die Vögel innen frei herum flogen, was aber nicht richtig ist. Sie dienten lediglich der Beleuchtung und Belüftung, die Vögel selbst waren in Käfige eingesperrt. Gleich darauf folgt die „Meridiana", das Gebäude mit einer Sonnenuhr (daher der Name "Meridiana") und vielen kleinen Drachen und Adlern an den Wänden, den Wappentieren der Borghese, die auch an der Uccelleria auftauchen. Durch die Drachen und die Adler auf den Dächern wirken sie beide fast ein wenig chinesisch, besonders das Vogelhaus. Beide Tiere lassen sich an vielen Stellen im Park finden, besonders putzig sind die Drachenreliefs an der Balustrade um den Vorplatz des Casinos. Hinter dem Casino und dem Venusbrunnen beginnt die weite Fläche des Parco dei Daini, des Hirschgartens, in dessen Mitte sich ein Wasserturm aus den zwanziger Jahren befindet. Obwohl der Park hier eher einer Schotterwiese gleicht, durchsetzt mit einigen Bäumen, ist dieser Teil besonders belebt, hier spielen die Kinder Fußball und die Mütter fahren mit ihren Babys spazieren. An der nördlichen Seite befindet sich immer noch die bühnenartige, säulengeschmückte Schauwand, das sogenannte „Teatrino", der Lieblingsplatz von Goethe, der hier besonders gerne saß und dichtete. Heute würde manches Gedicht ungeschrieben bleiben, die Wand ist stellenweise eingezäunt, überall bröckelt es und verfällt, doch eine Restaurierung hat begonnen.

Goethe hat wie viele andere Dichter hier im Park ein Denkmal bekommen. Es steht in der Viale di Goethe und ist ein Werk des Bildhauers Gustav Eberlein. Der deutsche Kaiser schenkte es der Stadt Rom anläßlich seines Besuches im Jahr 1899. Gestalten aus seinen Werken umlagern den Dichter, der wie ein Säulenheiliger pathetisch über ihnen steht. Die Franzosen haben Victor Hugo ein Denkmal errichtet, es befindet sich an der gleichnamigen Piazza. Fast unscheinbar ist das Denkmal für Lord Byron. Sitzend bewacht der Dichter den Zugang des Parks vom Piazzale Brasile aus.

Doch zurück zum Casino. Unter Bäumen verborgen befindet sich südlich des Casinos etwas abseits ein merkwürdiges Gebäude, ein Rundtempel in der Tiefe, den man an-

*An der Piazza
di Siena*

scheinend durch Ausgrabungen wieder ans Licht gebracht hat: Der sogenannte „Tinello", oder „Grotta dei Vini". Beide Namen verraten den profanen Zweck, es war lediglich ein Weinkeller und Lagerraum. Wenn man hinunterschaut, erkennt man noch das Portal, das weiter in die Tiefe führt.

Vor dem Casino, Richtung Westen, erstreckt sich der schönste Teil des Gartens. Herrliche Alleen, gesäumt von riesigen Pinien, die bei Wind bedrohliche Geräusche von sich geben, ein regelmäßiges Wegenetz, aufgelockert durch Brunnen, kleine Tempel oder andere antike Nachbauten. Hier befand sich zu Zeiten der Borghese der Hauptzugang zum Park. Der Eingang von der heutigen Via Pinciana bewahrt über dem Portal immer noch seine alte Inschrift „Villa Burghesia". Die Allee vom Portal führt direkt zu einem der schönsten Brunnen des Parks, dem Brunnen mit den Seepferdchen, entworfen vom Maler Christoph Unterberger aus Tirol, der auch für zwei andere Bauten im Park mitverantwortlich ist: Den Tempel des Antoninus und der Faustina in der Nähe der Piazza di Siena, eine künstliche Tempelruine, wie sie in keinem englischen Garten (und schon gar nicht in Rom) fehlen durfte, und dem Äskulap-Tempel auf der Insel im „Laghetto", im kleinen See des Parks.

Vom Brunnen ist es nicht mehr weit zur Piazza di Siena, dem Pferdestadion, umgeben von den schönsten Pinien des Parks, die wegen der freien Fläche der Arena und den zwei malerischen Gebäuden besonders gut zur Geltung kommen. Der Name Siena leitet sich daher ab, daß die Familie Borghese aus der Gegend um Siena kam, vielleicht auch eine Erinnerung an den Palio, das berühmte Pferderennen in Siena, das immer noch zweimal im Jahr die Stadt in Aufregung versetzt. Noch heute finden hier gelegentlich Pferdewettkämpfe (so anläßlich der Olympischen Spiele 1960 oder die Vorführungen der Carabinieri) und Konzerte statt. Etwas Außergewöhnliches ereignete sich hier 1842, als von diesem Platz eine Montgolfiere, ein Heißluftballon, in den römischen Himmel aufstieg.

Auf der einen Seite steht die Casina dell'Orologio, benannt nach der Uhr am kleinen Turm. Das Gebäude diente anfangs als Gärtnerhaus, dann zwischenzeitlich als Gaststätte und heute der Gartenverwaltung. Gegenüber auf dem Hügel, inmitten der Bäume, liegt etwas versteckt die sogenannte „Casina di Raffaello", das „Häuschen" Raffaels,

Laghetto mit Äskulap-Tempel

ein Landhaus, zusammengebaut mit der kleinen Kirche der Jungfrau Maria. Das Haus hat mit Raffael leider gar nichts zu tun. Ende des 18. Jahrhunderts entstand die Legende, daß Raffel hier ein Sommerhaus besaß. Doch diese Legende galt nie für dieses Gebäude, sondern für ein heute zerstörtes Anwesen (während der Bombardierung und Eroberung Roms 1849 durch die Franzosen), das sich in der Nähe des Piazzale Brasile befand. Aus unerklärbaren Gründen wurde diese falsche Überlieferung nach der Zerstörung auf dieses Gebäude übertragen. Vielleicht, weil der Name so gut auf das romantische Häuschen mit der Kirche inmitten der herrlichen Bäume paßt! In dieser Ecke des Parks kann man noch ein kleines Holzkino aufsuchen, das Cinema dei Piccoli (Kinderkino), immer noch in Betrieb, daneben ein Karussell, der moderne Nachfahre des beliebten Ponyreitens und der Kutschfahrten für Kinder. (Die Kasperltheater, die „Teatri dei Burattini", die es hier gab, sind leider verschwunden.) In unmittelbarer Entfernung befindet sich der runde Diana-Tempel (allerdings fehlt das Standbild der Göttin, der Sockel ist leer), außerdem eine kleine Ädikula mit der Figur einer Muse.

Auf der anderen Seite der Via Canonica, der breiten Allee, die an der Piazza di Siena vorbeiführt, gelangt man zum Laghetto, dem künstlichen See mit dem romantischen Inseltempel, der dem Gott der Heilkunst geweiht ist. Hier kann man Boote mieten, und wer genau hinsieht, erkennt die vielen Schildkröten, die sich auf Steinen und Pfählen am Ufer sonnen. In der Nähe des Sees fallen ein paar Figuren auf, die einem merkwürdig bekannt vorkommen. Es sind die Originalfiguren der Tritonen von der Fontana del Moro, dem südlichen Brunnen auf der Piazza Navona. Dort befinden sich lediglich Kopien aus dem 19. Jahrhundert. Warum aber die Originale hier in den Park wanderten, bleibt eines der ungelösten Rätsel der Stadt.

Ein burgartiges Anwesen macht in der Nähe des Faustina-Tempels neben der Piazza di Siena den Passanten neugierig: Die „Fortezza", die ehemalige Fasanerie des Parks, jetzt das Museum für den Bildhauer Pietro Canonica (1869 – 1959), ein außerhalb Italiens fast unbekannter Bildhauer, der in der Fortezza wohnte und hier sein Atelier einrichtete. Eine Skulptur von ihm steht vor dem Hauptportal, es ist der Alpino (die italienische Variante der Gebirgsjäger) mit einem Maultier. Das Gebäude ist von einer zinnenbewehrten Mauer und kleinen Türmchen umgeben, durch ein großes Portal betritt man den schönen Innenhof.

Hinter dem Museum senkt sich das Gelände zu einem breiten Tal, dem Valle dei Platani, dem das Valle del Graziano folgt. Am Abhang dieses Tales liegt das hübsche kleine Casino del Graziano, der letzte Überrest des Weingartens, der sich einst hier befand. Den Namen verdankt das Häuschen seinem früheren Besitzer, dem Gelehrten Stefano Graziano, der das Gelände Anfang des 16. Jahrhunderts an die Borghese verkaufte.

In der äußersten Ecke des Parks neben dem Tal ist seit 1911 der Zoologische Garten Roms eingerichtet. Der Eingang des Zoos ist für sich schon eine Sehenswürdigkeit, ein phantasievolles Portal mit allerlei exotischen Tieren und Türmchen. Der bekannte Hamburger Zoodirektor Hagenbeck war an der Planung der Anlage beteiligt.

Vom Zoo ist es nicht mehr weit zur Galleria Nazionale d'Arte Moderna, der staatlichen Sammlung nicht mehr ganz so moderner Kunst. Ein paar Schritte weiter liegt die ehemalige Villa des Papstes Julius III., eine heitere Renaissancevilla aus dem 16. Jahrhundert, mit einer Abfolge von Innenhöfen und einem prächtigen Nymphäum. Heute beherbergt das Gebäude das außergewöhnliche etruskische Museum mit vielen Funden aus den alten Etruskerstädten Latiums.

Unermüdliche können mit dem Fahrrad noch einen Abstecher zur Piazza del Popolo unternehmen. Wenn man von der zentralen Piazza Canestra der Autostraße folgt, sieht man rechts den Löwenbrunnen, dem allerdings zur Zeit das Wasser ausgegangen ist. Nach dem Victor-Hugo-Denkmal und der ehemaligen Orangerie passiert man die ägyptischen Propyläen mit zwei Obelisken, ein Relikt aus der Zeit der Ägyptenmode, leider in schlechtem Zustand, danach den Äskulap-Brunnen. Von hier ist es nicht mehr weit zu den zwei klassizistischen Eingangstempelchen, dem Piazzale Flaminio und der Porta del Popolo, allerdings mit großem Verkehrsaufkommen.

Von der zentralen Terrasse, dem Piazzale Napoleone, auf dem Pincio ist die Spanische Treppe mit dem Rad leicht zu erreichen, die Fahrt an der Casina Valadier und an der Villa Medici vorbei ist wegen der Aussicht auf die Stadt und auf die vielen sonst unsichtbaren Dachgärten wirklich zu empfehlen, auch hält sich auf der Straße der Verkehr in Grenzen. An der Spanischen Treppe genießt man mit dem Rad das Vergnügen, fast wie ein Exote bestaunt zu werden. Nach der Fahrt durch den Park gibt man am Ende sein Fahrrad äußerst ungern wieder an den Verleiher zurück.

Park der Villa Borghese / Pincio: Eingänge von der Piazza Borghese, vom Piazzale Brasile und von der Piazza del Popolo über die Treppen. Täglich 7.00 Uhr – Dämmerung

Galleria Borghese: Piazza Scipione Borghese. Dienstag bis Samstag 9.00 Uhr – 17.00 Uhr, Sonntag 9.00 Uhr – 13. 00 Uhr. Im Sommer längere Öffnungszeiten. Kartenvorbestellung ist empfehlenswert, entweder vor Ort oder telefonisch (mit Aufschlag) Montag bis Freitag 9.30 Uhr – 17.00 Uhr, Tel. 06/84241607. Bei nicht rechtzeitigem Erscheinen verfällt die Eintrittskarte!

Museo Canonica: Via Canonica. Täglich außer Montag 9.00 Uhr – 13.30 Uhr, Sonntag 9.00 Uhr – 13.00 Uhr, Dienstag und Donnerstag 15.00 Uhr – 18.30 Uhr, im August geschlossen

Zoologischer Garten: Viale del Giardino Zoologico. Täglich 8.30 Uhr – 16.30 Uhr

Galleria Nazionale d'Arte Moderna: Dienstag bis Samstag 9.00 Uhr – 19.00 Uhr, Sonntag 9.00 – 13.00 Uhr

Villa Giulia, Museo Nazionale Etrusco: Piazzale di Villa Giulia 6. Dienstag bis Samstag 9.00 Uhr – 19.00 Uhr, Sonntag 9.00 Uhr – 13.00 Uhr

Alle anderen im Text erwähnten Gebäude des Parks sind nicht zugänglich!

Das Caffè Greco und Giorgio de Chirico

Als 1986 die erste Filiale von McDonald's in Rom an der Spanischen Treppe ihre Pforten öffnete, war die Aufregung groß. Es kam zu Demonstrationen, die Stimmung machten gegen das Lokal im Herzen der Stadt und dessen Fast-Food-Gerichte. Der römische Modeschöpfer Valentino, der in der Nähe sein Atelier unterhält, bangte sogar wegen der Geruchsbelästigung um seine Inspiration. Zum Schutz des Lokals stand in den Wochen nach der Eröffnung ein Polizist mit kugelsicherer Weste und Gewehr vor dem Eingang, man fürchtete Anschläge oder ähnliches. Heute hat sich die Aufregung gelegt. Mittlerweile gibt es mehrere Filialen über die ganze Stadt verstreut, schnell wurde das Lokal ein Anziehungspunkt für die Jugend der Welt, aber auch für junge Römer. Ein beliebter Treffpunkt ist es geworden, in der besten Tradition der Gegend um die Spanische Treppe, jedoch ohne die geringste Verweilmöglichkeit, auf schnellen Konsum ausgerichtet. Ein Restaurant, wie es nur heute entstehen kann, genauso wie zweihundert Jahre zuvor hier ein anderes Lokal entstand, wenngleich unter ganz anderen Bedingungen: Das Caffè Greco in der Via Condotti.

Wer früher nach Rom reiste, für den war es die erste Anlaufstelle, hier konnte man seine Ankunft bekanntmachen. Im Lokal traf man Freunde, Landsleute, von hier aus konnte man sich um eine Unterkunft umsehen, hier kam die Post aus der Heimat an, hier diskutierte man heiß über alle möglichen Themen.

Der Aufstieg des Caffè Greco zum führenden Künstlertreff Roms im 18. und 19. Jahrhundert hängt nicht nur mit dessen Kundschaft zusammen, sondern auch mit der Verbreitung des Kaffees und der wachsenden gesellschaftlichen Bedeutung des Bürgertums.

Ab Mitte des 17. Jahrhunderts wurde der Kaffeekonsum in Europa zunehmend beliebter. Die begehrten Früchte der Kaffeepflanze, ursprünglich in Äthiopien beheimatet, fanden über die arabischen Länder und die Türkei ihren Weg in die westliche Welt. Großes Aufsehen erregten die türkischen Gesandtschaften in Wien und Paris, die das Getränk den neugierigen Zeitgenossen vorstellten. 1683 eröffnete in Wien mit großem Erfolg das erste Kaffeehaus, es kam zu einer wahren Kaffeemanie, mit der Folge, daß die Nachfrage nach dem Rohstoff anstieg. Den Europäern gelang es, das Kaffeemonopol der arabischen Staaten zu durchbrechen, fortan baute man die Pflanze auch in den neuen Kolonien in Amerika an. Die Kaffeebohnen wurden zu einem wichtigen Handelsgut, Kaffeehäuser schossen allerorts wie Pilze aus dem Boden. Mit diesem Boom untrennbar verbunden, sogar von ihm gefördert, war der Aufstieg des europäischen Bürgertums zu einer politischen Kraft, die das alte Feudalsystem letztendlich entmachtete. Der gewaltigste Ausbruch dieser neuen Kraft erschütterte Europa in der Französischen Revolution. Diese aufstrebende Schicht suchte nach einem Ort für Geselligkeit und Gedankenaustausch, außerhalb der ihr verschlossenen Höfe oder Salons. Das Kaffeehaus bot all diese Möglichkeiten und leistete zur wachsenden Emanzipation des Bürgertums einen nicht unerheblichen Beitrag. Der neue Treffpunkt stärkte das bürgerliche Selbstbewußtsein, hitzige Diskussionen schürten manch revolutionäres Gedankengut.

Dieser Kaffeehausboom erreichte natürlich auch Rom.

Die ersten Berichte über das Caffè Greco stammen aus dem Jahr 1760. Wie kann es anders sein, ein Steuerbefehl vom Rechnungshof des Kirchenstaates an den Wirt hat sich erhalten. Man kann jedoch davon ausgehen, daß das Lokal schon vorher bestand. So erzählt der berühmte Casanova in seinen Memoiren, daß er schon 1742 mit seinen Freunden ein Café in der Via Condotti besuchte, sicherlich der Vorläufer des Caffè Greco. Café zum Griechen, der Name stammt vom ersten Wirt des Lokals, Nicola di Maddalena, der aus der Levante stammte. Dieser Wirt hatte einen guten Riecher für den Standort des Lokals inmitten des Fremdenviertels um die Spanische Treppe. Gegenüber befand sich früher ein sehr günstiges und unter den Besuchern beliebtes Speisehaus, die Trattoria Barcaccia. Gern trank man nach dem Essen noch einen Kaffee, man ging weiter ins Caffè Greco. Das Caffè Greco war damals keineswegs das einzige Café in Rom, aber das einzige, das bis in unsere Zeit überdauerte. Stendhal zum Beispiel berichtet in seinem Buch „Rom, Neapel und Florenz 1817" von einem anderen, viel größeren Café im Palazzo Ruspoli am Corso, mit seinen arroganten Kellnern und dem vielen Schmutz. Im Caffè Greco herrschte ein anderer Geist, der Wirt kannte die Wünsche seiner Gäste. Als Anfang des 19. Jahrhunderts Kaffee knapp wurde, servierte er seinen Kunden lieber kleinere, dafür aber reine Portionen, anstatt wie andere Wirte Wasser zuzugeben. Der Zulauf war enorm.

Mit Beginn jenes Jahrhunderts begann die Glanzzeit des Lokals. Besonders die deutschen Gäste gaben hier den Ton an. Nach den napoleonischen Kriegen hatte man endlich Zeit zu reisen, man fuhr wieder nach Italien. So voll mit Deutschen war das Café nie mehr wieder. Man diskutierte über die damals konkurrierenden Kunstrichtungen, den Klassizismus und die Romantik, leichter ging das natürlich mit einer Tasse Kaffee. Das Caffè Greco war mehr als ein Treffpunkt, es war eine Nachrichtenbörse, ein Kommunikationszentrum, eine Institution, wie bereits am Anfang erwähnt. Noch heute bewahrt das Café die originale Briefbüchse aus Blech auf, in der damals die ankommende Post für die Gäste gesammelt wurde. Viele Künstler bestimmten das Café zu ihrer Postanschrift, neugierig blätterte man den Inhalt der Kiste durch, ob Briefe aus der Heimat oder gar Geldsendungen angekommen waren, was einem Festtag gleich kam. Die meisten der Künstler, die dort verkehrten, waren arme Schlucker, immer in Geldnot im teuren Rom, sehnlichst wartete man auf finanzielle Unterstützung von Angehörigen oder Mäzenen, um das Leben, das Studium und die Arbeit zu finanzieren. Aus Sparsamkeitsgründen mietete man gemeinsam Modelle, die sich an der Spanischen Treppe anboten, gemeinsam zog man zu Museen oder Denkmälern, um durch einen „Gruppentarif" Geld zu sparen. Von einem idyllischen Künstlerleben also keine Spur, dieses Bild prägten nur die wenigen anerkannten und wohlhabenden Künstler, die es sich leisten konnten, in Palästen zu wohnen oder große Ateliers zu unterhalten.

Das Café war ein Treffpunkt für alle Nationalitäten und Gesellschaftsklassen, auch wenn natürlich nur die Namen der bekannten Gäste überliefert sind. Man kann davon ausgehen, daß jeder Rombesucher zumindest einmal im Caffè Greco einkehrte: Goethe, Herder, die Nazarener-Maler, Lord Byron, Shelley, Keats, König Ludwig I. von Bayern, Schopenhauer, Berlioz, Corot, Gogol, Liszt, Wagner, Casanova, für den Westernhelden Buffalo Bill war es während seines Aufenthalts in Rom das Lieblingscafé. Von ihm findet man an den Wänden noch ein Foto mit originaler Widmung. Trotz dieser internationalen Klientel galt es immer als deutsches Café, man nannte es deswegen auch „Caffè Tedesco". Doch nicht alle waren vom Treiben im Café begeistert. Der Komponist Felix Mendelssohn-Bartholdy fand es 1830 bei einem Besuch furchtbar. Ihm graute es vor dem finsteren Raum, dem Tabaksqualm, ihn ekelte es vor den unangenehmen Gästen, ihrem abstoßenden Äußeren, ihren verbalen Grobheiten und schließlich vor dem Ungeziefer auf ihren Hunden. Auch ein anderer Komponist, der Franzose Hector Berlioz, war entsetzt über das Lokal und seine Klientel. Der folgende Spruch läßt tief in das gesellige Leben der deutschen Gäste und Künstler blicken: „Der Kaffee in dem Caffè Grec, den Katzenjammer jaget weg". Damals besaß das Café sogar einen Stammbettler, den berühmten Baiocco, benannt nach der geringsten römischen Kupfermünze. Baiocco war verkrüppelt und verdiente sich seinen Lebensunterhalt durch Betteln vor dem Café, viele Künstler haben ihn in ihren Bildern verewigt.

Die glorreiche Zeit des Lokals währte bis 1870, dann wandelte sich die Kundschaft, das Lokal war unter Künstlern nicht mehr gefragt, man ging woanders hin. Der führende Treffpunkt der Intellektuellen wurde das Caffè Aragno am Corso, Ecke Via delle Convertite, das im Gegensatz zum Caffè Greco nicht überlebt hat und heute ein Schnellrestaurant ist. Oder die legendären Cafés an der Piazza Colonna, die auch nicht mehr bestehen. Rom war zudem nicht mehr der große Anziehungspunkt für Europas Künstler, diese Rolle übernahm damals Paris.

Die Einrichtung des Caffè Greco hat sich seit dieser Zeit nicht großartig verändert, wenngleich es nicht mehr ganz das Aussehen der glorreichen Epoche besitzt. Vorne befindet sich immer noch die Theke mit der Stehbar, immer dicht umlagert von eiligen Gästen. Es schließt sich ein langer, schlauchartiger Raum mit Oberlicht anstelle von Fenstern an, der sogenannte „Omnibus". Die Wände hier sind mit italienischen Stadtansichten und Landschaftsbildern geschmückt, die 1889 der damalige Wirt Francesco Gubinelli teilweise selbst ausführte. Erinnerungen an all die berühmten Gäste sind ausgestellt, dazu gehören auch etliche unbezahlte Rechnungen. Seit längerer Zeit steht das Lokal unter Denkmalschutz. Auch wenn das Café nicht mehr die Bedeutung hat wie früher, berühmte und vor allem viele Besucher hat es immer noch.

Die italienischen Schriftsteller und Maler der Nachkriegszeit wählten das Greco wieder zu ihrem Stammcafé. Einer der bekanntesten Gäste der letzten Jahre war der metaphysische Maler Giorgio de Chirico, der gleich nebenan wohnte, eine fast mythische Gestalt, allein schon wegen seiner rätselhaften Bilder. Für de Chirico war das Caffè Greco der geeignetste Ort, um den Weltuntergang abzuwarten. Ein anderer großer italienischer Maler der Nachkriegszeit, Renato Guttuso, hat de Chirico inmitten des Cafés verewigt, wie er an einem der Marmortische sitzt, begleitet von seinem jugendlichen Ebenbild und einer Figur aus einem seiner Bilder. Es ist ein reales und gleichzeitig imaginäres Bild, bevölkert mit japanischen Touristen und sonstiger Kundschaft, dazu Portraits von Buffalo Bill, Marcel Duchamp, André Gide und einer Skulptur von Picasso, eine Collage aus Traum und Wirklichkeit.

So ist es wirklich, man sitzt an den unbeweglichen Marmortischchen, betrachtet die anderen Gäste und die vielen mehr oder weniger gelungenen Bilder an den Wänden, die Traumlandschaften, die Portraits, nach und nach kommt die Erinnerung an all die vielen Gäste durch die Jahrhunderte, man träumt von Begegnungen mit Goethe oder

Ludwig I. von Bayern und erwacht erst wieder, wenn der überaus freundliche Kellner im Frack die gepfefferte Rechnung überreicht und sich die Unbequemlichkeit der Bänke spürbar bemerkbar macht.

Der ehemalige Stammgast und fast zum Inventar zählende Giorgio de Chirico verstarb 1978 im Alter von 90 Jahren, seitdem ist sein Platz verwaist. Doch eine postume Begegnung mit seiner Person ist seit kurzem möglich.

Nur wenige Schritte vom Caffè Greco sind es zum ehemaligen Atelier und der Wohnung des Malers im Palazzo dei Borgognoni neben der Spanischen Treppe. Wenn de Chirico keine Lust mehr hatte, im Caffè Greco auf den Weltuntergang zu warten, zog er sich in sein privates Refugium im obersten Stockwerk des Gebäudes zurück. Von 1947 bis zum Tod lebte de Chirico zusammen mit seiner Frau Isabella Far in dieser Wohnung, die heute Sitz der Stiftung Giorgio und Isa de Chirico ist. Lange nach dem Tod des Malers und seiner Frau ist die Atelierwohnung jetzt zugänglich gemacht worden. Alles wurde so belassen, wie es zu Lebzeiten des Paares aussah. Noch im nachhinein erlebt man beim Rundgang durch die Wohnung den scheinbar zwiespältigen Charakter des Malers. An den Wänden hängen zahlreiche originale Gemälde, die aus der Wohnung ein kleines Museum machen, das die Entwicklung des Künstlers widerspiegelt. Doch wenn man die Signaturen und Jahreszahlen näher betrachtet, bemerkt man, daß alles aus den späten Jahren des Malers stammt. De Chirico wiederholte seine frühen Bilder im Alter, von manchen Motiven existieren zwischen zehn und zwanzig fast identische Fassungen. Gleichzeitig malte er Bilder in seinem Altersstil, Bilder, bei denen oft zwischen Kunst und Kitsch kaum noch unterschieden werden kann. De Chirico veränderte im Laufe des Lebens seinen Stil in einer radikalen Weise, es erscheint fast unglaublich, daß es sich beim Schöpfer des frühen und späten Oeuvres um ein und denselben Maler handelt.

De Chirico wurde 1888 als Sohn italienischer Eltern in Volos/Griechenland geboren. Sein Kunststudium begann er in Athen, doch der frühe Tod des Vaters veranlaßte die Mutter, mit ihren Söhnen Giorgio und Andrea (Komponist und ebenfalls anerkannter Maler, der sich zwecks der besseren Unterscheidung Alberto Savinio nannte) nach München zu ziehen. Dort studierte der junge Giorgio an der Kunstakademie und geriet in Kontakt mit der Welt der deutschen Romantik und der sogenannten Deutschrömer Arnold Böcklin und Max Klinger. Gleichzeitig tauchte er tief in die Geheimnisse der Philosophie Nietzsches und Schopenhauers ein. Langsam reifte seine Bilderwelt, leere und traumähnliche Stadtlandschaften mit Arkaden und Türmen in merkwürdigem Licht und unnatürlichen Himmeln, nur spärlich bevölkert von schemenhaften Gestalten oder rätselhaften Gliederpuppen. Zusammen mit seinem Freund Carlo Carrà begründete er die „Pittura Metafisica", eine Malerei, bei der gewöhnliche Dinge in einem fremden Zusammenhang auftauchen, um deren metaphysische Bedeutung, deren magische Poesie zu enthüllen So vereinte de Chirico zum Beispiel im berühmten Bild „Canto d'Amore" einen Apollokopf mit einem Handschuh und einer Kugel und versetzte dieses Arrangement in eine unwirkliche Stadtansicht.

In Paris stieß er zum inneren Kreis der Surrealisten, die von seinen geheimnisvollen und mystischen Bildern begeistert waren. Seine surrealistischen Freunde wendeten sich jedoch Ende der zwanziger Jahre von ihm ab, verhöhnten ihn gleichsam, als sich sein Rückfall in die Malerei der Renaissance und des Barocks abzeichnete. De Chirico wollte nun ein klassischer Maler werden und huldigte seinen neuen Vorbildern wie Raffael, Tizian oder Rubens, indem er ihre Werke kopierte oder in ihrem Stil malte. Fortan bevölkerten Krieger, Pferde und nackte Frauen seine Bilder, es entstanden zahllose Stilleben, die er als „Schweigende Leben" bezeichnete, im Gegensatz zum italienischen Ausdruck für diese Art der Malerei, „Natura Morta", tote Natur. Am deutlichsten spiegelte sich sein neues Verständnis als klassischer Maler in Selbstportraits in Renaissancekostümen wider. Gleichzeitig, vor allem im Alter, fuhr er fort, im metaphysischen Stil zu arbeiten, wobei er meistens seine frühen Gemälde kopierte. Denn seine avantgardistischen metaphysischen Bilder wurden weiterhin als innovativ geschätzt und gesucht, während seine akademisch anmutenden Bilder der zweiten Phase ein geringeres Interesse hervorriefen. Erst in den letzten Jahren setzte eine, wenn auch sehr kritische, Neubewertung seiner zweiten Schaffensphase ein, mit dem Versuch, die Konstanten in den frühen und späten Bilder aufzudecken.

Mit dieser zweiten Schaffensphase kann man sich in der Atelierwohnung auseinandersetzen. Seine eigenen „echten" frühen Bilder stiftete de Chirico der Römischen Nationalgalerie, die Kopien der metaphysischen Bilder, die späten Bilder und die Skulpturen mit Motiven aus seinen Werken sind im großen Salon zu sehen, der fast komplett die ganze untere Etage einnimmt. Bewußt wurde er schon zu Lebzeiten als eine Art repräsentatives Museum eingerichtet. Überraschend ist die gediegene, wenn auch etwas pompöse Möblierung mit Stilmöbeln und allerlei Nippes, die so gar nicht zu seinen rätselhaften Bildern passen mag. Im Korridor des Salons steht auch der Fernseher des Meisters, der es sich gern im Sessel gegenüber bequem machte und fernsah, um sich von der Bilderflut inspirieren zu lassen. „Das war sein Fenster zur Realität", erläutert die Führerin.

Strikt war der Repräsentationsbereich von der eigentlichen Wohnung und dem Atelier im Obergeschoß getrennt. Sehr bescheiden muten die beiden Schlafräume des Paares an. De Chirico besaß nur eine kleine Kammer mit einem Bett, seine Frau Isabella schlief im benachbarten, etwas größeren Schlafzimmer. Im Zimmer von Giorgio liegt noch seine letzte Lektüre griffbereit, Jack London und das Buch von Nina Kandinsky über ihren Mann Wassily in deutscher Sprache. Auch bei Isabella sieht es so aus, als wäre sie nur eben schnell hinausgegangen und käme gleich zurück, um die Geldscheine auf der Kommode einzustecken. Am Ende des Rundganges betritt man das kleine Atelier mit Oberlicht, wo de Chirico neben seinen Malerutensilien auch die Requisiten aufbewahrte, Plastikobst oder Gipsbüsten, die er als Vorlagen für seine Bilder verwendete und auf den Gemälden im Salon auftauchen. Das letzte Bild de Chiricos, eine Kopie nach Michelangelos Tondo Doni aus den Uffizien, steht noch unfertig auf der Staffelei und erzählt auch in diesem Stadium vom seltsamen Künstlerleben de Chiricos, der ein klassischer Maler sein wollte, dessen unklassische Bilder das Publikum jedoch mehr interessieren.

Antico Caffè Greco: Via Condotti 86. Montag bis Samstag 8.00 Uhr – 20.45 Uhr

Atelier und Wohnung von Giorgio de Chirico: Fondazione Giorgio e Isa de Chirico an der Piazza di Spagna 31, Palazzo dei Borgognoni. Montag bis Freitag von 10.00 Uhr – 13.00 Uhr, vorherige telefonische Anmeldung (06/6796546) und Italienischkenntnisse notwendig

DIE BRITEN IN ROM
BABINGTON'S TEA ROOMS UND DAS
CAFFÈ DEGL'INGLESI

Bei der Nationenvielfalt an der Spanischen Treppe übersieht man leicht, daß die Treppe von zwei durch und durch englischen Institutionen eingerahmt wird: Rechts in dem rosa Gebäude ist das Keats-Shelley Memorial untergebracht, eine Erinnerungsstätte und ein Museum zu Ehren der beiden englischen Dichter. Auf der anderen Seite weist ein vornehmes und zurückhaltendes Werbeschild auf Babington's Tea Rooms hin, eine fast schon exotische Einrichtung in der Stadt der Espresso-Bars. Und dazu eine etwas altmodische Einrichtung, so wie die anderen historischen Cafés, das Caffè Greco in der Via Condotti, das Notegen (vor über hundert Jahren vom Schweizer Jon Notegen gegründet) in der Via del Babuino und weiter entfernt hinter der Piazza Navona das Jugendstilcafé Pace im Vicolo della Pace mit seiner herrlich umrankten Fassade, Orte, in denen man das Gefühl hat, die Zeit sei stehen geblieben.

So wie die Deutschen ihre Heimstatt im Caffè Greco fanden, so waren Babington's Tea Rooms der Treffpunkt für die Besucher aus England und Übersee. Seit 1896 existiert diese englische Einrichtung, wo man sich Punkt 5 Uhr für den Nachmittagstee traf. Zwei Damen, Anna Maria Babington, Tochter einer alteingesessenen Familie aus Derbyshire in England, und Isabel Cargill aus Neuseeland haben diesen Teesalon gegründet und jahrelang geführt.

Drei Jahre bevor es zur Eröffnung des Teesalons kam, trafen die beiden Damen in Rom ein, mit der festen Absicht, sich hier irgendwie zu etablieren. Miss Babington brachte als Startkapital 100 englische Pfund mit. Beide waren zuerst unschlüssig, was man anfangen könnte. Vermutlich waren sie beide leidenschaftliche Teetrinkerinnen, denn bald fiel ihnen auf, daß es in der ganzen Stadt keinen Ort gab, wo man eine anständige Tasse Tee bekam. In der Stadt wimmelte es in diesem Jahr von Besuchern aus aller Welt, die wegen der Jubiläen von Papst und Königshaus nach Rom gekommen waren. Darüber hinaus gab es in Rom eine große englische Kolonie, die ständig hier lebte. Die Marktlücke war gefunden! So entstand die Idee, für die heimwehkranken Ladies und Gentlemen einen Teesalon zu gründen, wie sie ihn aus ihrer Heimat kannten und schätzten. Man servierte Earl Grey, natürlich mit Scones und Muffins, daneben englisches Frühstück und kleine Gerichte. Im Winter brannte (und brennt) ein angenehmes Kaminfeuer.

Die Idee schlug ein, denn schon der erste Salon in der Via Due Macelli, in der Nähe der Spanischen Treppe, war ein großer Erfolg, bald konnte man eine Filiale an der Piazza S. Pietro einrichten. Die Krönung des Unternehmens war aber die Eröffnung des Lokals direkt an der Spanischen Treppe. Hier um den Platz, im von den Römern so genannten „Ketzerviertel", wohnten die meisten Engländer, der Erfolg war fast vorprogrammiert. Die beiden Damen richteten die neuen Räumlichkeiten liebevoll und stilsicher ein, im Geschmack der Zeit wählte man eine japanisch angehauchte Möblierung.

Und auch sonst kümmerten sie sich um das Wohl ihrer Gäste. Man war voll des Lobes über das Lokal, denn die Zeitgenossen schätzten die Sauberkeit, die gemütliche Einrichtung, man stellte fest, daß für ausreichende Wärme im Winter und angenehme Kühle im Sommer gesorgt war. Eine weitere Attraktion war der Leseraum mit englischen Zeitungen, auch der Vorzug, daß sämtliche Räume im Erdgeschoß liegen, wurde hervorgehoben. Bei den Räumen handelte es sich übrigens um aufgelassene Stallungen. Nicht nur die Küche und die freundliche Bedienung wurde gelobt, entscheidend waren außerdem die damals mäßigen Preise.

Auch als Fräulein Cargill sich vermählte, gab sie ihre Arbeit im Teesalon nicht auf. 1903 heirate sie den italienischen Maler Pozzo, doch bis 1928 führte sie mit Miss Babington den Teesalon weiter. Erst als sich 1928 ihre Freundin im hohen Alter aus dem Betrieb zurückzog und in die Schweiz übersiedelte, um dort ihren Lebensabend zu verbringen, übernahm Signora Pozzo das Lokal komplett, später führten es ihre Nachkommen weiter.

Das Babington war nicht das erste englische Lokal an der Spanischen Treppe. Schon hundert Jahre vorher, um 1770, gab es das berühmte Caffè degl'Inglesi, das Café der Engländer (Piazza di Spagna 88, heute ist dort ein Bekleidungsgeschäft untergebracht), das ganz in Vergessenheit geriet. Die Gründung und der Name dieses Lokals beruhte auf einem Vorfall, der sich im benachbarten Caffè Greco abspielte: Die deutschen Gäste des Lokals müssen anscheinend ziemlich laut gewesen sein, was den englischen Gästen mißfiel, vermutlich kam es zu Streitereien. Im Anschluß daran zog die englische Kundschaft geschlossen aus dem Café, suchte sich einen neuen Treffpunkt und fand ihn in einem benachbarten Café, das sich bald zu Werbezwecken Caffè degl'Inglesi nannte. Für die Ausgestaltung wurde der Architekt Giovanni Battista Piranesi verpflichtet (der Schöpfer der großartigen Veduten Roms und der Erbauer des Malteserkomplexes auf dem Aventin), der das Café in einem „futuristischen" Stil ausstattete, ein Stil, der damals noch gar nicht in Mode war und bei den Besuchern erhebliches Befremden hervorrief. Denn wenn man dieses Lokal betrat, hatte es ganz und gar nichts mit einem Café gemein, eher glaubte man sich in eine düstere ägyptische Grabkammer versetzt. Zahlreichen Besuchern kamen diese Räume nicht ganz geheuer vor, man war nicht begeistert, seinen Kaffee oder seine Schokolade in einer derartigen Gruftatmosphäre zu trinken. Das Unternehmen bestand aber trotzdem fast 20 Jahre, dann verschwand das Café, nur noch ein paar Entwurfsskizzen Piranesis und die meist negativen Berichte von Besuchern blieben erhalten.

Leider war diese Vision Piranesis im Rom des Jahres 1770 einfach zu früh, denn wenige Jahre später geriet ganz Europa in den Bann einer Ägyptenmode, die fast alle Lebensbereiche erfaßte. Im Zuge von Napoleons Ägyptenfeldzug, dank den Reiseberichten und mitgebrachten Fundstücken (u.a. nahm er wie die römischen Kaiser ebenfalls einen Obelisken als Souvenir mit nach Paris), trat das Land am Nil wieder ins Bewußtsein einer breiten Öffentlichkeit. Man eiferte in Architektur, Malerei und Kunstgewerbe diesem wiederentdeckten Kunststil nach, es entstanden Wohnräume, Möbel und Porzellan nach ägyptischem Vorbild, genau so wie sie auch Piranesi für das Caffè degl'Inglesi entworfen hatte. In Rom hat sich ein Beispiel für diese Mode erhalten, nämlich die ägyptischen Torbauten vom Architekten Luigi Canina im Park der Villa Borghese.

Piranesi selbst war nie in Ägypten, doch Rom bot ihm für seine Studien ausreichend Anschauungsmaterial. In den päpstlichen Sammlungen gab es genug ägyptische Stücke, Originale oder Imitationen, die von den Römern in der Antike als Altertümer gesammelt und bei Ausgrabungen in der Stadt entdeckt wurden. Denn schon in der Antike war dank des Besuchs von Königin Kleopatra in Rom und der späteren Eroberung des Landes durch Augustus zeitweise alles Ägyptische groß in Mode.

Der Künstler studierte zusätzlich noch die wenigen Reiseberichte, die es damals von diesem fast unbekannten Land gab, vor allem deren Illustrationen mit den fremdartigen Tempeln und Götterbildern.

Die Beschäftigung mit den Ägyptern paßte in das Kunst- und Weltbild Piranesis, der von einer Wiedererweckung der antiken Architektur träumte, dies jedoch nur in seinen Entwürfen und graphischen Blättern verwirklichen konnte. Piranesi sah die Werke der Ägypter als erste Stufe der Kunstentwicklung an, die dann über die Etrusker zu den Römern weiterging. Seinen Mitmenschen erschien dieser pseudoägyptische Stil fremd und abstoßend. Sie konnten nichts anfangen mit den monumentalen Prunkfassaden und Schauarchitekturen, den unheimlichen und fremden Götterbildern, auch wenn dazwischen phantasievolle Nil- und Wüstenlandschaften mit Pyramiden, Obelisken, Tempeln und Palmen wie in einem Fenster sichtbar waren, die den Blick in die Ferne schweifen ließen. Es lag vermutlich nur am Zweck der Räume als Café, daß sie nicht großen Anklang fanden, denn wenig später wurden andere Räumlichkeiten ebenfalls in einem ägyptischen Stil ausgemalt, wenngleich moderater, nämlich die Säle der ägyptischen Sammlung im Vatikan und diejenigen der Galleria Borghese, die durchaus allgemeine Zustimmung fanden.

Für einen heutigen Besucher im Zeitalter der Erlebnisgastronomie wäre diese künstliche ägyptische Welt eine Attraktion ersten Ranges, eine Möglichkeit aus der Gegenwart zu fliehen und in eine ferne andere, vermeintlich bessere und schönere Welt einzutauchen. Nicht umsonst ist alles Ägyptische „in", Ausstellungen mit Kostbarkeiten vom Nil sind Publikumsrenner, das Geschäft mit Büchern, Imitationen und allerlei zweifelhaften Souvenirs floriert. Damals erntete Piranesi nur Ablehnung, für ihn war es sicher eine herbe Enttäuschung, daß die Zeitgenossen seine Visionen nicht schätzten.

Zur Zeit Piranesis wollte das Publikum nicht in Ägypten sein, zur Zeit der Damen Babington und Cargill träumte man von der fernen englischen Heimat und pflegte deren Rituale auch in der Fremde. Dies kann man heute noch tun, man kann sich in den Teesalon setzen und stilvoll das Ritual des Five o'clock tea zelebrieren. Die Illusion wäre perfekt, wäre da nicht die italienische Bedienung und die Preise in Lire. Und wenn man aus dem Fenster schaut, fehlt der graue englische Nebel und Nieselregen, statt dessen scheint die Sonne und Passanten ohne Regenschirm flanieren vorbei.

Babington's Tea Rooms: Piazza di Spagna 23. Täglich außer Dienstag 9.00 Uhr– 23.30 Uhr. An Feiertagen geschlossen

Ehemaliges Caffè degl'Inglesi: Piazza di Spagna 88. Nicht erhalten!

ORANGEN, BRAUTPAARE UND HEILIGE AUF DEM AVENTIN

Schon in der Römerzeit war der Aventin das bevorzugte Wohngebiet der Wohlhabenden, und das hat sich bis heute nicht geändert. Hier stehen besonders stattliche Häuser, abgeschirmt durch hohe Mauern oder Hecken. Alles strahlt hier Gediegenheit und Wohlstand aus, es gibt nur wenig Autoverkehr und der Lärm der Stadt dringt kaum hinauf. Läden oder Bars findet man nur am Rande des Hügels. Für die Bedürfnisse von Besuchern verirrt sich nur sehr selten einer der fürs römische Stadtbild typischen Paniniwägen herauf. Alles wirkt etwas abweisend, und doch, einen Besuch sollte man nicht versäumen. Geht man vom Circo Massimo die Via di S. Sabina hinauf, verstummt nach und nach der Krach der Autos, die den Zirkus umtosen. Links und rechts sieht man in den städtischen Rosengarten hinein, der während der Rosenblüte für jedermann geöffnet ist. Doch sollte man sich hier nicht zu lange aufhalten, die eigentliche Attraktion befindet sich erst weiter oben. An einer nicht besonders schönen Mauer sieht man schon von weitem ein Portal. Sobald man eintritt, ist man überrascht über den Park, der sich dahinter verbirgt. Es ist der Parco Savello, angelegt auf dem Gelände des ehemaligen Gartens des benachbarten Klosters S. Sabina, noch immer begrenzt von den alten Mauern der Festung der Familie Savelli aus dem 12. Jahrhundert.

Ein von hohen Pinien gesäumter Kiesweg führt zu einer Terrasse, auf deren Mauer wie auf einem Tablett serviert die Kuppel der Peterskirche thront. Links und rechts im Rasen verstreut wachsen herrliche Orangenbäume, die im Frühjahr voller Früchte sind, ein wahrer Garten der Hesperiden, deren legendärer Garten den Menschen der Antike einem Paradies gleichkam. Die Hesperiden waren in der griechischen Mythologie die Töchter der Hesperis und des Atlas, dem sagenhaften Träger des Himmelsgewölbes. Als der Göttervater Zeus sich mit Hera vermählte, erhielt das Paar von allen Göttern Geschenke. Mit einem besonderen Geschenk konnte die Erdgöttin Gaia aufwarten, sie ließ einen Baum mit goldenen Früchten aus dem Boden sprießen. Die Hesperiden erhielten den Auftrag, diese goldenen Früchte zu hüten. Hera schickte zur Unterstützung noch einen hundertköpfigen Drachen, um ungebetene Besucher von diesem Wundergarten fernzuhalten. Nur dem Halbgott Herakles gelang es durch List, einige dieser Früchte zu rauben. Mit dem Diebstahl der Früchte war eine weitere seiner zwölf Heldentaten vollbracht. Später gab die Göttin Athene das Raubgut wieder an die Hesperiden zurück, denn nur im Garten durften die Früchte wachsen und aufbewahrt werden. Die Sage siedelt diesen Garten in Libyen an, genauer am Rande des Atlasgebirges, dessen Name sich vom Vater der Hesperiden ableitet.

Die Orangenbäume des Parks passen wunderbar in diese Geschichte von den goldenen Früchten in einem geheimen Garten, genauso gut könnte man sich diesen Garten hier auf dem Aventin vorstellen. Leider kannten die antiken Griechen die Orangen von heute noch gar nicht, die goldenen Früchte waren in ihrer Vorstellung wohl eher Äpfel oder Quitten.

Durchquert man die von Oleanderbüschen gesäumte Allee und steigt auf die kleine Aussichtsterrasse, genießt man einen wunderbaren Blick auf Rom, tief unten strömt der

Tiber, gesäumt vom Grün der Uferstraßen, gegenüber Trastevere und der Gianicolo mit S. Pietro in Montorio, dem Garibaldi-Denkmal und dem Leuchtturm, umgeben von herrlichen Pinien, man sieht einen Teil der Tiberinsel, das Kapitol von hinten, das Nationaldenkmal, viele Kuppeln, darunter die Spitze der Kuppel von S. Ivo alla Sapienza, die wie eine Raketenspitze in den Himmel ragt. Das oberste Geschoß der Engelsburg erscheint in der Ferne und als Krönung die Peterskirche, deren Kuppel merkwürdigerweise jetzt optisch viel kleiner erscheint, als man sie vom Eingang aus wahrgenommen hat, von wo aus sie den Horizont dominierte.

Von der kriegerischen Vergangenheit des Ortes im Mittelalter als Austragungsort von Familienfehden spürt man nichts mehr, nur außerhalb auf der Nordseite des Parks führt ein Weg, eine Art Wallgraben, entlang der alten Festungsmauer, die hier ihren abweisenden Charakter bewahrt hat. Von hier gelangt man auf einem Treppenweg zwischen alten Mauern hinunter zum Tiber.

Im Park sollte man unbedingt eine Weile im Schatten der Orangenbäume im Gras verweilen, oder noch besser einen ganzen Nachmittag, man erlebt das römische Familienleben pur. Denn wie kommende und gehende Theatergruppen treten hier Familien, Paare oder ganz besondere Gesellschaften auf. Schon bei einem kurzen Aufenthalt bemerkt man mindestens zwei oder drei Hochzeitspaare, mit mehr oder weniger Anhang, die sich hier für Fotos oder ganze Videofilme ablichten lassen. Je nach Vermögen begleitet sie ein Fotograf oder ein ganzes spezialisiertes Team, um das Paar in allen möglichen und unmöglichen Posen aufzunehmen. Der Rest der eleganten Hochzeitsgesellschaft begleitet diese Bemühungen teils interessiert, teils gelassen und nützt den Aufenthalt im Park als willkommene Verschnaufpause. Wenn ein Luftballonverkäufer da ist, freuen sich besonders die Kinder, doch ab und zu entgleitet der Luftballon, ein immer kleiner werdendes Pünktchen verliert sich im Himmel zwischen dem Laub der Bäume.

Außerhalb des Gartens, an dem kleinen Platz vor der Kirche S. Sabina, befindet sich der schöne Maskenbrunnen, aus dem das Wasser in eine riesige antike Wanne fließt, ein naher Verwandter vom „Mund der Wahrheit" in der Vorhalle der Kirche S. Maria in Cosmedin am Fuße des Aventins.

Falls die Kirche S. Sabina offen ist, sollte man die Chance nützen und auch das Innere besichtigen. Nach der alten Überlieferung baute man die Kirche über dem Haus einer reichen römischen Dame namens Sabina. Deren Dienerin konnte ihre Herrin überzeugen, zum Christentum überzutreten. Beide sollen während der ersten Christenverfolgungen umgekommen sein. Die Geschichte birgt einen wahren Kern, denn unter der Kirche fand man bei Ausgrabungen tatsächlich die Reste eines antiken Hauses. Die Kirche entstand im 5. Jahrhundert n. Chr. kurz nach der Plünderung der Stadt durch die Truppen des Gotenkönigs Alarich. Die 24 Säulen des Kirchenschiffs aus edlem Marmor stammen vermutlich aus dem Tempel der Juno Regina oder der Diana, die beide im Altertum hier auf dem Aventin wichtige Kultstätten besaßen, ein frühes Beispiel für die Wiederverwendung von antiken Bauteilen. Dank einer sorgfältigen Restaurierung erhält man hier einen Eindruck von einer frühchristlichen Basilika, von der sogar das originale Portal aus Zypressenholz mit außergewöhnlichen Schnitzereien aus der Erbauungszeit erhalten ist. In den Bildfeldern sind Szenen aus dem Alten und Neuen Testament dargestellt, darunter die Kreuzigung, die zu den ältesten figürlichen Darstellungen dieses Themas zählt. Als man 1836 die Tür restaurierte, veränderte der Restaurator in einem anderen Bildfeld einen der beschädigten Köpfe in seinem Sinne: In der Szene mit dem Zug der Israeliten durch das Rote Meer gab er dem ertrinkenden Pharao die Züge von Napoleon und brachte damit seine Verachtung gegenüber dem verstorbenen Kaiser zum Ausdruck.

Von der Mosaikausstattung der Kirche hat sich leider kaum etwas erhalten, lediglich an der Eingangswand kann man noch geringe Reste entdecken. Die Malerei in der Apsis aus dem 16. Jahrhundert soll aber eine Nachempfindung der verlorenen Mosaiken sein und stammt von Taddeo Zuccari, dem Bruder von Federico Zuccari, der für sich an der Spanischen Treppe ein kurioses Künstlerhaus baute.

Früher wurde die Kirche oft als Ersatzkirche für Zeremonien verwendet, die eigentlich in S. Paolo fuori le Mura hätten stattfinden sollen. Allzu oft in der Geschichte kam es vor, daß der Tiber über die Ufer trat und die Kirche S. Paolo überschwemmte und damit unzugänglich machte. S. Sabina war in diesem Fall ein Ausweichquartier. Deswegen fand in der Kirche schon einmal ein Konklave, eine Papstwahl, statt.

Anfang des 13. Jahrhunderts überließ der damalige Papst dem Spanier Dominikus (um 1181 - 1221) die Kirche. Hier befindet sich demnach die Keimzelle für den Predigerorden der Dominikaner, der im Laufe seiner Geschichte viele bedeutende Denker hervorbrachte, dem allerdings auch aus heutiger Sicht der Makel anhaftet, an der Inquisition, der Verfolgung von Ketzern, maßgeblich beteiligt gewesen zu sein. Um den heiligen Dominikus ranken sich in Rom zahlreiche Legenden. Eine davon lautet, daß er einen Orangenbaum aus seiner Heimat mitbrachte und genau hier, im Hof des Klosters, einpflanzte. Der Baum, der dort heute wächst, soll immer noch der originale Baum sein, also der erste Orangenbaum Italiens und der altehrwürdige Ahnherr der Nachkommen im benachbarten Park. Der Innenhof ist leider nicht zugänglich, doch von der Vorhalle der Kirche kann man durch ein Guckloch hineinsehen und den Baum betrachten.

Die süßen Früchte, die wir heute so schätzen, sind aber erst um 1550 durch portugiesische Mönche über Lissabon nach Europa gekommen (das alte italienische Wort „Portogalli" oder die griechische Bezeichnung „Portokália" erinnern daran), die die Pflanzen aus China mitbrachten. Heute vermutet man, daß die Pflanze ursprünglich in Südostasien heimisch war. Doch der Umweg über China gab den Früchten den Namen, Citrus sinensis, wobei sinensis für China steht. Auch im deutschen Wort Apfelsine erkennt man noch im zweiten Wortteil die Herkunft der Orangen.

Die Orangen des Heiligen stammen folglich wohl von der bitteren Sorte ab, die man bis ins 16. Jahrhundert anbaute. Gegessen wurden diese Früchte, die schon die Römer unter dem Namen Citrus medica kannten, kaum, sie waren einfach zu bitter. Die Pflanze diente als Topf- oder Zierpflanze, die Früchte fanden Verwendung zu Würz- oder Duftzwecken, als Mottenschutz oder Gegengift. Im frühen Mittelalter kam über die arabischen Länder, zu denen damals auch das maurische Spanien und natürlich Nordafrika zählte, eine weitere Zitrusfrucht nach Europa, nämlich die Zitrone, die süßer als die bereits bekannte bittere Sorte war.

Die Orangen, die im benachbarten Park wachsen, zählen anscheinend nicht zu der erwähnten süßen chinesischen Sorte. Obwohl kein Drache sie bewacht, bedarf es trotzdem herkulischen Mutes, eine davon zu probieren: So golden sie im dunklen Laub leuchten, so sauer sind sie, wenn man sie verzehrt.

Parco Savello: Via di S. Sabina. Täglich geöffnet

S. Sabina: Piazza Pietro d'Illiria 1. Täglich 9.00 Uhr – 12.45 Uhr, 15.30 Uhr – 18.00 Uhr, der Innenhof mit dem Baum ist nur von der Vorhalle durch ein Guckloch einzusehen. Die Kirche besitzt auch einen schönen Kreuzgang, ein Werk der Cosmaten, der gelegentlich geöffnet ist. Man erreicht ihn von der Vorhalle durch eine Glastür neben der Marienfigur

Piranesi: S. Maria del Priorato (nächstes Kapitel)

DIE MALTESERRITTER UND IHR BLICK INS PARADIES

Ein weiterer stiller Platz auf dem Aventin ist die Piazza dei Cavalieri di Malta, die meist wegen eines besonderen Schlüsselloches aufgesucht wird. Wie der Name schon verrät, befindet sich hier hinter hohen Mauern verborgen der Sitz des souveränen Ordens der Malteserritter. Die ganze Dekoration des Platzes ist mit Malteserkreuzen übersät und stammt von dem ansonsten kaum als Architekten hervorgetretenen Giovanni Battista Piranesi. Piranesi, gebürtiger Venezianer, hat durch seine Kupfer-stichfolgen des barocken Roms das Bild der Stadt in ganz Europa bekannt gemacht. Noch heute kann man Nachdrucke der Stiche in Andenkengeschäften erstehen, die Originale werden teuer gehandelt. Weniger bekannt ist aber seine Tätigkeit als Designer und Architekt, doch im Bereich der Architektur blieben leider seine Pläne meist unverwirklicht. Interessant ist in diesem Zusammenhang eine Äußerung Piranesis über die Architektur: „Nur die Architektur ist gut, die schöne Ruinen hinterläßt", folglich ist man nach seiner Ansicht hier in Rom nur von Resten der hervorragendsten Architektur umgeben.

Das einzige Bauwerk, das er nach seinen Vorstellungen verwirklichen konnte, ist die Anlage der Malteserritter hier auf dem Aventin, darunter eine Kirche, die sich hinter der Mauer verbirgt und der Piazza dei Cavalieri di Malta (als eine Art Vorhof zur Kirche). Die schöne Architektur des Ensembles ist alles andere als in dem von Piranesi so geschätzten ruinösen Zustand. Auf dem Gelände befand sich im frühen Mittelalter ein Kloster der Benediktiner, im 12. Jahrhundert gelangte es in den Besitz des geheimnisumwitterten Templerordens. Als dieser Orden dann 1312 aufgehoben wurde, übergab man den Komplex den Vorläufern der heutigen Malteserritter, den Rhodos-rittern, die dort ihre römische Niederlassung einrichteten. Wegen des schlechten Zu-standes der mittelalterlichen Grabeskirche für die Mitglieder des Ordens, S. Maria del Priorato, erhielt Piranesi 1765 vom damaligen Großmeister des Ordens, Kardinal Gio-vanni Battista Rezzonico, den Auftrag zur Neugestaltung.

Rezzonico, ein Neffe des Papstes Clemens XIII., war ein großer Gönner und Mäzen des Künstlers, Piranesi hat ihm einige seiner Bücher und Entwürfe gewidmet. Die Kirche sowie die ganze Anlage kann leider nur mit besonderer Genehmigung des Ordens be-sichtigt werden. Sie befindet sich an der äußersten Ecke des Anwesens am Abhang zum Tiber hin. Nur vom gegenüberliegenden Ufer kann man noch ein Stück der Fas-sade erkennen. In der Kirche befindet sich das Grab Piranesis, der 1778 nach einem Ausflug nach Paestum, wo er die griechischen Tempel studierte, verstarb.

Das Portal und der Platz geben einen guten Eindruck von den architektonischen Vor-stellungen Piranesis. Überall prangt das Malteserkreuz, das Wappen des Ordens, doch die meisten anderen Elemente weisen zurück in die Antike. Piranesi entwarf Deko-rationen im Stil römischer Weihereliefs. Auf den Reliefs erkennt man Anker, Schiffs-schnäbel, Schilde, Helme oder Steuerruder, Symbole für die kriegerische und maritime Macht der Ritter. Immer wieder liest man die Inschrift „FERT", die Abkürzung für den lateinischen Wahlspruch des Ordens: „Fortitudo eius Rhodus tenuit", „durch ihre

Tapferkeit wurde Rhodos gehalten", eine Erinnerung an die lange und mutige Verteidigung der Insel Rhodos gegen die Türken, die bis ins 16. Jahrhundert das Hauptquartier der Ritter war. Obelisken wechseln mit Stelen ab, auf denen das Wappen der Familie Rezzonico (ein doppelköpfiger Adler mit Turm), der Familie des Großmeisters und Auftraggebers und natürlich Malteserkreuze eingemeißelt sind.

Piranesi mischte hier zeitgenössische Motive und Symbole seiner Auftraggeber mit etruskischen und römischen Elementen und schuf eine Art Ruhmesdenkmal für die Familie und den Orden. Diese Weihestätte bezieht sich wiederum auf die Vergangenheit und auf die Überlieferung des Aventins als Ort von etruskischen Tempeln und anderen mythischen Heiligtümern aus der Frühzeit der Stadt. So befand sich auf dem Hügel auch das Grab des sagenhaften Aventinus, des Königs der von Rom eroberten Stadt Alba Longa, der hier auf dem Berg durch Blitzschlag zu Tode kam. Dieser Aventinus war es vermutlich, der dem Berg den Namen gab.

Piranesis besondere Aufmerksamkeit galt der Idee, das antike Rom in der barocken Stadt durchblicken zu lassen, nicht nur durch die Architektur, sondern auch durch verborgene Symbolik. Deutlich wird dies z. B. bei den Schlangen, die auf den Reliefs dargestellt sind: Einerseits ein Hinweis auf die medizinische Tätigkeit des Ordens, die Schlange als Symbol für den Gott der Heilkunst Äskulap, andererseits auf den alten Namen des Aventins, nämlich Mons Serpentarius, zu deutsch Schlangenberg.

Der Platz hat einen besonderen Charakter, der anders ist als die römischen Plätze, ruhig, nobel und feierlich, was durch die Lage auf dem ohnehin zurückhaltenden Aventin noch verstärkt wird. Piranesis ursprüngliche Intention hinsichtlich der Platzgestaltung ist aber nicht mehr in Reinform erhalten, da hinter den Obelisken und Stelen jetzt hohe Bäume aufragen und nebenan die neoromanische Kirche S. Anselmo des Benediktinerordens erbaut wurde. Der Raum über den Mauern sollte nach seinem Willen frei von jeglicher Bebauung oder Bepflanzung bleiben, der Blick des Passanten sollte ohne weitere Orientierungsmöglichkeiten über der Mauer ins Leere gehen. Dadurch und wegen der verschiedenen Höhen der Stelen und Obelisken sollten die tatsächlichen Maß- und Größenverhältnisse verschleiert werden, der Platz erschien damit weiter, als er tatsächlich war.

Heute dagegen ist er trotzdem groß genug, um einer Vielzahl von Autos Platz zu bieten. Die Mauern waren lange durch Gerüste gesichert, sind mittlerweile aber restauriert. Der nächste Schritt wäre die Verbannung der Autos, um der ursprünglichen Idee Piranesis wieder näher zu kommen.

Nicht unbedingt in Piranesis Absicht lag der Blick durch das Schlüsselloch des Portals, wegen dem heute viele Besucher den Platz und den Aventin überhaupt aufsuchen. Der Beschlag des Schlüsselloches ist deswegen auch sehr abgewetzt. Schaut man hindurch, bietet sich, so sagt der Volksmund, ein Blick ins Paradies! Durch einen langen Laubengang aus Lorbeerbäumen erblickt man am Ende die Kuppel der Peterskirche.

Von den verborgenen anderen Gebäuden des Ordens, dem kleinen Park mit seinen malerischen Vogelhäusern, der Villa und der Kirche sieht man indes nichts, und den wenigsten wird bewußt, daß sie durch das Schlüsselloch quasi ins Ausland schauen!

Der Malteserorden hat seinen Hauptsitz erst Anfang des 19. Jahrhunderts nach Rom verlegt. Der kriegerische Orden, der Europa einmal in einer großen Schlacht vor dem Vordringen der Türken gerettet hat, ist zu seinen ursprünglichen, karitativen Aufgaben zurückgekehrt. Zur Zeit der Kreuzzüge im 11. Jahrhundert gegründet, war es seine

Hauptaufgabe, den Pilgern nach Jerusalem beizustehen und diese im Krankheitsfall zu betreuen. Die Malteser (bzw. die Johanniter, bzw. die Rhodosritter, wie sie in ihrer wechselvollen Vergangenheit schon hießen) gründeten für die damalige Zeit fortschrittliche Krankenhäuser entlang der Pilgerwege. Nach und nach trat jedoch der militärische Zweck in den Vordergrund, sie wurden gefürchtete Feinde der Türken. Den Türken gelang es trotzdem, sie zuerst aus dem Heiligen Land, dann aus Rhodos, ihrem ersten Fluchtpunkt, zu vertreiben. Eine Eroberung Maltas, dem nächsten Sitz der Ritter, gelang den Türken jedoch nie, sie wurden vernichtend geschlagen, die türkische Expansionsgefahr für den Mittelmeerraum war damit gebannt. Die Ziele und Ideale des Ordens überlebten sich jedoch im Hinblick auf die veränderten politischen Verhältnisse. Für Napoleon war es leicht, das marode Regierungssystem der Ritter, ein anachronistisches Relikt aus dem Mittelalter, zu stürzen. Auf der Durchreise zum Feldzug nach Ägypten besetzte er 1798 Malta, der letzte Großmeister, übrigens ein Deutscher, dankte ab und verließ die Insel. Auf dem Wiener Kongreß wurde das weitere Schicksal des Ordens behandelt, seine alten Herrschaftsrechte wurden bestätigt. 1834 kam es zur Ansiedlung in Rom, auf dem Gelände ihrer Ordenskirche S. Maria del Priorato. Zum Orden gehört auch die markante Loggia der Rhodosritter am Trajansforum und der Palast in der Via Bocca di Leone, der heutige Sitz des Großmeisters.

Der Orden hat einen souveränen und damit exterritorialen Status, unterhält diplomatische Beziehungen zu vielen Ländern, besitzt eine eigene Gerichtsbarkeit. Er gibt Briefmarken heraus, die in der Geschäftsstelle in der Via Bocca di Leone erworben werden können. Doch Vorsicht! Nur mit wenigen Ländern sind postalische Verträge abgeschlossen. Die Marken gelten nicht für Sendungen nach Deutschland, Österreich oder in die Schweiz, von den Postverwaltungen Ungarns oder Portugals werden sie aber anerkannt. Eigene Münzen, mehr für Sammler als reale Zahlungsmittel, werden ebenfalls geprägt, die Umrechnungstabelle ist etwas kurios der italienischen Lira angepaßt: so entspricht die höchste Münze, der Scudo nur 480 Lire, 1 Tari nur 40 Lire und der kleine Grane nur 2 Lire!

Die Mitglieder des Ordens nennen sich immer noch Ritter, der Großmeister wird in einer Vollversammlung der Länder gewählt. Die letzte Wahl fand 1988 statt, aus ihr ging Andrew Bertie als neuer Großmeister hervor. Auf der ganzen Welt betreibt der Orden immer noch, getreu seinen Idealen, Krankenhäuser und andere medizinische Einrichtungen.

Malteserpriorat und Schlüsselloch: Piazza dei Cavalieri di Malta (Aventin). Nicht zugänglich

Loggia dei Cavalieri di Rodi: Piazza del Grillo (hinter Augustus-Forum). Nicht zugänglich

Botschaft der Malteser: Via Condotti 68, Postamt (Montag bis Samstag 8.00 Uhr – 12.00 Uhr) in der Via Bocca di Leone 69

DIE SCHLAFENDE ERINNYE
IM PALAZZO ALTEMPS

In einer Szene aus dem Roman „Homo Faber" von Max Frisch stoßen die beiden Hauptpersonen im Römischen Nationalmuseum auf den Kopf einer schlafenden Erinnye, einer antiken Rachegöttin:

[...] „In einem großen Kreuzgang *(Museo Nazionale)* weigerte ich mich, ihren Baedeker anzuhören, ich hockte auf der Brüstung und versuchte eine italienische Zeitung zu lesen, ich hatte sie satt, diese Sammlungen von steinernen Trümmern. Ich streikte, aber Sabeth war noch immer überzeugt, ich halte sie zum Besten mit meinem Geständnis, daß ich nichts von Kunst verstehe – ihrerseits gestützt auf einen Ausspruch ihrer Mama, jeder Mensch könne ein Kunstwerk erleben, bloß der Bildungsspießer nicht.
„Eine gnädige Mama!" sagte ich.
Ein italienisches Paar, das durch den großen Kreuzgang ging, interessierte mich mehr als alle Statuen, vor allem der Vater, der ihr schlafendes Kind auf den Armen trug – Sonst kein Mensch.
Vögel zwitscherten, sonst Grabesstille.
Dann, als Sabeth mich allein gelassen hatte, steckte ich die Zeitung ein, die ich sowieso nicht lesen konnte, und stellte mich vor irgendeine Statue, um den Ausspruch ihrer Mama zu prüfen. Jeder Mensch könne ein Kunstwerk erleben! – aber Mama, fand ich, irrte sich.
Ich langweilte mich bloß.
Im kleinen Kreuzgang (Verglasung) hatte ich Glück: eine ganze Gruppe deutscher Touristen, geführt von einem katholischen Priester, drängte sich vor dem Relief wie vor einer Unglücksstätte, so daß ich neugierig wurde, und als Sabeth mich fand („Da bist du ja, Walter, ich dachte schon, du bist zu deinem Campari verschwunden!") sagte ich, was ich eben von dem Priester gehört hatte: *Geburt der Venus.* Vor allem das Mädchen auf der Seite, Flötenbläserin, fand ich entzückend ... Entzückend, fand Sabeth, das sei kein Wort für ein solches Relief; sie fand es toll, geradezu irrsinnig, maximal, genial, terrific.
Zum Glück kamen Leute –
Ich kann es nicht ausstehen, wenn man mir sagt, was ich zu empfinden habe; dann komme ich mir, obschon ich sehe, wovon die Rede ist, wie ein Blinder vor.
Kopf einer schlafenden Erinnye.
Das war meine Entdeckung (im selben Seitensaal links) ohne Hilfe eines bayerischen Priesters; ich wußte allerdings den Titel nicht, was mich keineswegs störte, im Gegenteil, meistens stören mich die Titel, weil ich mich mit antiken Namen sowieso nicht auskenne, dann fühlt man sich wie im Examen ... Hier fand ich: Großartig, ganz großartig, beeindruckend, famos, tiefbeeindruckend. Es war ein steinerner Mädchenkopf, so gelegt, daß man drauf blickt wie auf das Gesicht einer schlafenden Frau, wenn man sich auf die Ellbogen stützt.
„Was sie wohl zusammenträumt -?"

Keine Art der Kunstbetrachtung, mag sein, aber es interessierte mich mehr als die Frage, ob viertes Jahrhundert oder drittes Jahrhundert v. Chr. ... Als ich nochmals die Geburt der Venus besichtigte, sagt sie plötzlich: Bleib! Ich darf mich nicht rühren. Was ist los? frage ich. Bleib! Sagt sie: Wenn du dort stehst, ist sie viel schöner, die Erinnye hier, unglaublich, was das ausmacht! Ich muß dich davon überzeugen, Sabeth besteht darauf, daß wir die Plätze wechseln. Es macht etwas aus, in der Tat, was mich aber nicht verwundert; eine Belichtungssache. Wenn Sabeth (oder sonst jemand) bei der Geburt der Venus steht, gibt es Schatten, das Gesicht der schlafenden Erinnye wirkt, infolge eines einseitigen Lichteinfalls, sofort viel wacher, lebendiger, geradezu wild. „Toll", sagte sie, „was das ausmacht!"
Wir tauschten noch einmal oder zweimal die Plätze, dann war ich dafür, endlich weiterzugehen, es gab noch ganze Säle voll Statuen, die Sabeth gesehen haben wollte - "[...]

Im Mittelpunkt dieser Liebesgeschichte steht ein Schweizer Ingenieur, der von Liebe nichts wissen will: Walter Faber, ein Technokrat, ist überzeugt davon, alles im Leben lasse sich berechnen. Auf der Heimreise von New York trifft er auf dem Schiff das junge Mädchen Sabeth, das ihm in Paris wieder begegnet. Faber verliebt sich in Sabeth und beschließt, sie auf dem Weg zu ihrer in Athen lebenden Mutter zu begleiten. Auf Sabeths Wunsch besuchen sie die Kunststädte und Museen Italiens, in Rom das Museo Nazionale in den Diokletiansthermen. Faber hat für diese Dinge nichts übrig, doch der Kopf einer schlafenden Erinnye beeindruckt ihn tief. Die Erinnyen waren in der griechischen Mythologie die Rachegöttinnen, die aus der Unterwelt hervorstiegen, unbarmherzig verfolgten sie Mörder und Frevler als ihre Opfer. In Rom schlief die Göttin noch, doch bald erwachte sie. Im Gegensatz zu Sabeth war für Faber das scheinbare Erwachen der Göttin nur eine Frage der Belichtung. Doch die Szene im Museum und die Entdeckung des Kopfes ist ein weiterer, symbolhafter Schritt zum tragischen Ende der Beziehung.
Das Schicksal schlägt gnadenlos zu. Wie eine griechische Tragödie endet die Geschichte der beiden Liebenden und bringt das berechenbare Weltbild Fabers zu Fall: Kurz vor Athen verunglückt Sabeth, die Ärzte können sie nicht mehr retten, sie stirbt. In Athen trifft er auf ihre Mutter, es ist seine ehemalige Jugendfreundin, die er verlassen hatte, ohne zu ahnen, daß sie schwanger war. Sabeth war ihre gemeinsame Tochter ...
Der Kopf dieser schlafenden Erinnye, die Walter Faber so beeindruckt hat, ist heute eines der Prunkstücke des Museo Nazionale Romano im Palazzo Altemps. Als Max Frisch den Roman schrieb, wurde sie noch im Stammsitz des Museums, in den Diokletiansthermen ausgestellt. Aufgrund der Neuordnung des Museums wird die Sammlung zukünftig auf mehrere Standorte verteilt sein, deswegen wechselte die Erinnye ihren Ruheort und träumt nun im Palazzo Altemps vor sich hin.
Seit 1997 beherbergt der Palazzo neben der Sammlung Mattei und Altemps die berühmte Antikensammlung der Familie Ludovisi, heute in staatlichem Besitz. Die Sammlung umfaßt weltberühmte Kunstwerke wie die Erinnye, den Ares, den Schlachtensarkophag und den Ludovisi-Thron mit seiner ungewöhnlichen Darstellung der Geburt der Venus und seitlich die erwähnte Flötenspielerin. Der Thron ist bis heute eines der rätselhaftesten antiken Bildwerke, das immer noch nicht ganz gedeutet ist. Es

ist nicht einmal geklärt, ob er überhaupt echt ist, denn es gibt Hinweise, die manche Forscher zur Annahme verleitet haben, das Stück ist eine Fälschung.

Garantiert antik ist der Kopf, von dem Walter Faber tief beeindruckt ist, jene schlafende Erinnye, auch wenn es sich dabei vermutlich nicht um ein Original, sondern um eine hellenistische Kopie handelt. Der Zauber, der von diesem Kopf ausgeht, läßt sich kaum in Worte fassen. Man kann Sabeth nur zustimmen, der Kopf verändert abhängig von der Beleuchtung oder dem Blickwinkel seine Wirkung. Heute wird er in einem großen Saal mit künstlicher Beleuchtung, leider weit entfernt von einem Fenster, ausgestellt.

Im Reigen der zahlreichen Meisterwerke sticht noch eines besonders ins Auge: Jene überlebensgroße Büste der Juno, die sogenannte Juno Ludovisi, die Goethe so sehr gefiel, daß er einen Abguß von ihr erwarb. „Zu meiner Erquickung habe ich gestern einen Abguß des kolossalen Junokopfes, wovon das Original in der Villa Ludovisi steht, in den Saal gestellt. Es war dieses meine erste Liebschaft in Rom, und nun besitz' ich sie. Keine Worte geben eine Ahnung davon. Es ist wie ein Gesang Homers" (Aus: Italienische Reise, 6. Januar 1787). Dieser Abguß zierte zunächst seine römische Wohnung am Corso, später (und immer noch) sein Weimarer Haus am Frauenplan.

Der Museumssitz, der Palazzo Altemps mit seinem markanten Eckturm in der Nähe der Piazza Navona, wurde um 1480 für Girolamo Riario, den Neffen des Papstes Sixtus IV. errichtet. Nach dem Tode des Papstes wurde der Palast geplündert und blieb lange unbewohnt 1568 kaufte ihn der Kardinal Marcus Sitticus Altemps (aus Salzburg, der Sohn des Grafen Hohenems, das mit „Altemps" ins Italienische übersetzt wurde). Bis fast zum Ende des 19. Jahrhunderts blieb er im Besitz dieser Familie, dann ging er in kirchlichen Besitz über, man richtete hier das Spanische Kolleg ein. 1981 wurde er vom italienischen Staat angekauft und umfassend restauriert. Der Palast mit seinem herrlichen Innenhof ist ein würdiger Sitz für die berühmten Kunstwerke, die in den prächtigen Räumen wohldosiert aufgestellt sind. Denn genauso sehenswert wie die Exponate sind die Räume mit ihren Fresken aus der Erbauungszeit. Besonders interessant ist die Kapelle, die von den Malern Pomarancio und Ottavio Leoni freskiert wurde, vor allem wegen ihres Inhalts: Sie bewahrt das einzige Papstgrab in einem römischen Palast! 1602 fand man in den Calixtus-Katakomben die Gebeine des frühchristlichen Papstes Anicetus, der von 157 – 168 Papst war und den Märtyrertod erlitt. Als besondere Anerkennung wurde den Altemps gestattet, diese Reliquien in der Kapelle ihres Palastes aufzubewahren, die Fresken dort zeigen Szenen aus dem Leben des Heiligen. Die Gebeine befinden sich heute noch dort, kurioserweise in einer antiken Urne, die angeblich einst die Asche des römischen Kaisers Alexander Severus barg. Genauso prächtig ist die Decke der Loggia ausgemalt: Hier wird eine offene Pergola mit üppig wuchernden Blättern vorgetäuscht, durch die gemalter blauer Himmel scheint und Landschaftsbilder zu sehen sind, dazwischen allerlei Getier.

Besonders eindrucksvoll ist der Palast abends, wenn dank der langen Öffnungszeiten des Museums der Innenhof beleuchtet wird und sich ein lebhaftes Spiel von Licht und Schatten ergibt.

Museo Nazionale Romano im Palazzo Altemps: Piazza S. Apollinare 44. Dienstag bis Freitag 9.00 Uhr bis 22.00 Uhr, am Wochenende nur bis 19.00 Uhr

PASQUINO & CO.:
DIE SPRECHENDEN FIGUREN

Zahlreich sind in Rom die Fragmente aus der Antike, die irgendwo in eine Hauswand gemauert oder am Straßenrand liegen- oder stehengeblieben sind, Architekturteile wie Säulen oder Mauerreste, zerbrochene Skulpturen, die das Glück hatten, nicht in einen der Kalköfen zu wandern.

Der Volkswitz oder -zorn machte einige dieser Statuenreste zum Sprachrohr für Kritik und Spott, um auf diese Weise die Unzufriedenheit mit der päpstlichen Regierung oder den mächtigen Adelsfamilien zum Ausdruck zu bringen. Die alten verstümmelten Figuren wurden durch kritische Geister zum Leben erweckt und begannen zu sprechen. Der Stein sprach über angeheftete anonyme Zettel mit spöttischen Sprüchen oder Gedichten, die schnell in aller Munde waren. Und der Stein antwortete, es gab regelrechte Dispute zwischen einzelnen Figuren, an der einen fand sich eine Frage, eine andere gab später die Antwort oder zumindest einen Kommentar.

Die Figuren existieren noch, allerdings sind sie verstummt, nur gelegentlich findet man einen ironischen Spruch angeheftet. Im 16. und 17. Jahrhundert waren sie jedoch gefürchtet, die Gedichte, die sich an ihnen fanden, begründeten sogar eine eigene Literaturgattung: Das „Pasquill" oder die „Pasquinade", benannt nach Pasquino, der bekanntesten und einflußreichsten Figur auf dem gleichnamigen Platz in der Nähe der Piazza Navona. Gleichfalls berühmt war Marforio, der innigste Gesprächspartner des Pasquino, daneben der Facchino, der Babuino und der Abate Luigi. Auch eine Dame gehörte zu diesem illustren Kreis: Madama Lucrezia.

Beginnen wir mit **Pasquino**, dem traurigen Torso einer griechischen Statuengruppe aus dem 2. Jahrhundert v. Chr., die vermutlich Menelaos und den toten Patroklos darstellte. Menelaos war nicht nur der Bruder des mykenischen Königs Agamemnon, er war auch der Gatte der schönsten Frau des Altertums, der schönen Helena. Als diese mit dem trojanischen Jüngling Paris (das Urteil des Paris!) durchbrannte, trommelte der betrogene Ehemann die Helden Griechenlands zusammen, um seine Frau zurückzuholen. Man zog gegen die Stadt Troja in den Krieg, denn dort vermutete man die Flüchtlinge. Was für Folgen dieser Aufruf hatte, ist allgemein bekannt. Patroklos war einer dieser griechischen Helden, der bei einem Alleingang von den Trojanern getötet wurde. Dessen heroische Tat inspirierte den unbekannten Bildhauer zu dieser Figurengruppe, die den toten Patroklos darstellte, wie er von Menelaos vom Schlachtfeld gezogen wurde. Erkennen kann man das heute kaum noch, doch eine ähnliche, sehr gut erhaltene Skulptur mit Ajas und Achilles in der gleichen Pose ist in Florenz in der Loggia dei Lanzi aufgestellt.

An sich ist ein toter Held noch kein Anlaß für Hohn und Spott, wäre er nicht im Keller eines Hauses gefunden worden, das einmal dem berüchtigten Lästermaul Pasquino gehörte. Dieser Pasquino, ein Schneider (oder ein Gastwirt, ein Barbier oder ein Lehrer, es gibt mehrere Versionen), war gefürchtet für seine Bosheiten und genoß dadurch eine gewisse Immunität, die allerdings nach seinem Tod endete. Sofort nach Pasquinos

Dahinscheiden begann man sein Haus abzu-
brechen, dabei fand man die Figurengruppe.
Kardinal Caraffa ließ sie 1501 am Platz
aufstellen (die Figur „dankte" es ihm damit,
daß sie beim Tode des Kardinals in Trauer-
kleidung gehüllt war), der tote Schneider
Pasquino erlebte dadurch eine Art Wiedergeburt, denn am Tag danach hingen schon
die ersten Spottgedichte an der Statue.

An Spöttern, Kritikern und Denkern war in
diesem Viertel kein Mangel, schließlich war
die Gegend um die Piazza ein Zentrum für
Drucker, Verleger und Buchhändler, der
Platz hieß ursprünglich Piazza dei Librai,
Buchhändlerplatz. In einer dieser Drucke-
reien wurde übrigens der erste fremd-
sprachige Romführer gedruckt, der, wie
kann es anders sein, in deutscher Sprache
erschien. Diese Konzentration hatte zur
Folge, daß hier zahlreiche Schriftsteller,
Anwälte und Notare lebten, dazu auch die
ersten Journalisten und Nachrichtenhändler,
die an ausländische Herrscher oft un-

Pasquino

zensierte Informationen lieferten. Dazu kamen die vielen Studenten und Professoren,
die in der Gegend um den Platz wohnten, denn in der unmittelbaren Umgebung befand
sich neben der Piazza Navona im Palazzo della Sapienza die päpstliche Universität.

Kein Wunder also, daß immer wieder neue anonyme Schmähgedichte auftauchten, die
meist in der Nacht angebracht wurden und tagsüber für Diskussionsstoff sorgten. Der
päpstlichen Herrschaft war diese Art von Kritik natürlich ein Dorn im Auge, doch
Verbote und scharfe Strafen schreckten niemanden ab, trotz Belohnungen wurde keiner
dieser Schreiber jemals gefaßt. Auch der Plan, die Figur verschwinden zu lassen, wurde
aufgegeben, die anonymen Schreiber würden sich in diesem Fall eben einen anderen
Platz suchen. Der Inhalt dieser Gedichte würde heute niemand mehr aufregen, im Zeitalter des Skandaljournalismus ist man mittlerweile ganz anderes gewöhnt als diese
harmlose Satire. Die Schmähsprüche wurden gesammelt und von einem der benachbarten Verlage herausgegeben. Zwei dieser Sprüche sind sehr bekannt geworden. Der
eine traf Papst Urban VIII. aus der Familie der Barberini. Für die Errichtung des riesigen Papstaltars in der Peterskirche durch Bernini ließ er die bronzenen Dachbalken des
Pantheons einschmelzen. Pasquino meinte dazu in einem lateinischen Wortspiel: „Was
die Barbaren nicht geschafft haben (bei ihren Raubzügen im untergehenden Rom),
machen jetzt die Barberini." Auch die reiche Familie Farnese wurde zur Zielscheibe
des Spotts. Als ihr riesiger Familienpalast aus finanziellen Gründen einfach nicht fertig
wurde (obwohl man sich das Baumaterial gratis vom Kolosseum und anderen antiken
Ruinen holte), was deswegen oft Baustopps und Architektenwechsel zur Folge hatte,
forderte Pasquino die Römer auf: „Gebt Almosen für das Bauwerk der Farnese."

Während des 16. Jahrhunderts war Pasquino in der vorösterlichen Zeit der Mittelpunkt der Festa di Pasquino. Vor der Statue, die an diesem Tag meist phantasievoll als antike Persönlichkeit kostümiert war, versammelten sich Studenten und Professoren, um eigene Epigramme und Gedichte zum Lob der päpstlichen Regierung vorzulesen. Natürlich prüfte man die Gedichte vor deren Vortrag oder Veröffentlichung sehr genau, um zumindest an diesem Tag kritische Töne zu verhindern. Diese Veranstaltung soll nach neuesten Erkenntnissen der Figur zum Namen verholfen haben: Pasquino leitet sich wahrscheinlich nicht vom Namen des Schneiders ab, sondern etwas prosaischer von „Pasqua", der italienischen Bezeichnung für Ostern. In unserer Zeit erfuhr das Fest um Pasquino eine Wiederauferstehung. Jedes Jahr am 25. April versammelt man sich erneut vor der Figur, um moderne Pasquille vorzutragen.

Der große Gegenspieler von Pasquino war die Figur des Flußgottes **Marforio**, eine ehemalige Brunnenfigur, die heute im Innenhof des Kapitolinischen Museums aufgestellt ist und wieder ihrer ursprünglichen Profession nachgeht, nämlich einen Brunnen zu zieren, wie sie es schon in der Antike tat. Steht man vor der Figur, werden ein klein wenig die Jahrtausende lebendig, denn sie stand in der Antike in der Nähe des Mamertinischen Kerkers und des Severus-Bogens auf dem Forum. Wie viele Kaiser und Senatoren werden wohl schon an ihr vorbeigezogen sein! Der Standort gab der Figur den Namen, denn eine Inschrift bezeichnete die Stelle als „Martis Forum", Forum des Mars, die Römer machten daraus Marforio.

Marforio

Nie war er verschüttet oder zugedeckt, schon im Mittelalter war Marforio eine Sehenswürdigkeit, die in damaligen Pilgerführern erwähnt wurde. Diese lange Leben ist an Marforio nicht spurlos vorübergegangen, er war praktisch an fast allen Gliedmaßen amputiert. Als man ihn 1595 als Brunnenfigur aufstellte, war es der Architekt Giacomo della Porta, der ihn mit täuschend echt wirkenden Prothesen versah. Damals, als es unter ihm wieder sprudelte, begann seine legendäre Zeit. Sein neuer Standort war das noch nicht so dicht bebaute Kapitol. Hier konnte er schnellstens antworten, wenn am Morgen an Pasquino ein neues Gedicht gefunden wurde. Als dann aber der Palast des Kapitolinischen Museums fertiggestellt wurde, verschlug es ihm fast die Sprache, denn man brachte ihn in den Innenhof des Palastes (an ein übrigens viel zu kleines Brunnenbecken). Sein Redefluß versiegte bald darauf, er wurde stumm und konzentrierte sich wieder auf seine ursprüngliche Tätigkeit als Wasserspender. Abends, wenn die Besucher des Museums das Gebäude verlassen, hält er vielleicht noch Zwiesprache mit der kleinen Papstbüste, die man über ihm an der Mauer angebracht hat. Vielleicht hat er sich mit dem Kaiser Marc Aurel angefreundet, der jetzt hinter einer Glasscheibe den Innenhof bewacht, seit ihn die römischen Abgase vom Sockel auf dem Kapitolsplatz vertrieben haben und an seine Stelle ein gegen Luftverschmutzungen resistenter Doppelgänger getreten ist.

Gegenüber dem Kapitol, in einer Ecke am Palazzo Venezia, befindet sich der Überrest einer überlebensgroßen Frauenfigur, eine arg beschädigte „Dame ohne Unterleib" aus der Antike. Die Römer nennen sie liebevoll **Madama Lucrezia**, sie ist immer gut aufgelegt mit ihrem leicht lächelnden, verwaschenen Mund. Man vermutet, daß sie ursprünglich wohl eine Statue der ägyptischen Göttin Isis war, eine einflußreiche Göttin, die in Rom in der Nähe des Pantheons und S. Ignazio einen großen Tempel besaß, möglicherweise kann es sich bei der Dame auch um eine Skulptur der Faustina handeln, der Gattin des Kaisers Konstantin.

Wie dem auch sei, ihren heutigen Namen Lucrezia verdankt sie der Phantasie des römischen Volkes, das die Figur mit der Person der schönen Lucrezia d'Alagno verband, der Geliebten des Königs von Neapel, Alfonso von Aragon.

Madama Lucrezia

Die echte Lucrezia stammte aus einer vornehmen Familie, ihr Vater Niccolò war 1428 sogar römischer Senator. Mitte des 15. Jahrhunderts ließ sich Lucrezia in dem Stadtviertel nieder, wo sich immer noch die verstümmelte Marmorfigur befand. Das Ende der schönen Lucrezia war tragisch, nach dem Tod ihres Geliebten wollte auch sie nicht mehr weiterleben, wenige Tage später soll sie sich in ihrer Wohnung erhängt haben. Wie sich der Name Lucrezias auf die Figur übertrug, kann man nur vermuten. Angeblich schenkte ein Kardinal Lucrezia die Figur. Vielleicht sahen die Römer auch eine gewisse Ähnlichkeit zwischen dem Kopf der Skulptur und Lucrezia, eine gewiß nicht sehr schmeichelhafte Auszeichnung, wenn man der Marmorfigur einmal tief in die Augen schaut.

Um die Figur herum entstand eine Vielzahl von Geschichten und Bräuchen, sie wurde Gegenstand einer zweifelhaften Verehrung, z.B. soll man sich vor ihr verneigen und ihr den nötigen Respekt erweisen. Zweimal im Jahr, am 25. April, dem Tag des hl. Markus (nebenan befindet sich die Kirche S. Marco) und am 1. Mai wurde die Figur herausgeputzt. Sie erhielt eine besondere Verkleidung aus bunten Stoffen, der Kopf wurde mit Zwiebel- und Knoblauchkränzen behängt. Derartig geschmückt fungierte sie als Gastgeberin des Sankt-Markus-Balls und des Lumpenballs, Volksfeste mit Tanz und Musik, Böllerschießen und Feuerwerk bis tief in die Nacht hinein. Den ersten Tanz widmete man natürlich der Gastgeberin, zur Volksbelustigung trat ein Ballett aus Buckligen und Krüppeln auf. Poeten verfaßten Lobeshymnen auf die Ballkönigin, eines davon lautet übersetzt wie folgt: „Ich war in vergangenen Zeiten eine mächtige Matrone oder besser gesagt eine Göttin Latiums, ich die heute Lucrezia genannt werde und wenn mein Gesicht rot gefärbt wird, dann freue ich mich, daß man mir mit Schminke die Schamröte wiedergibt, wie sie einer jungen Braut wohl ansteht." Alles in allem, ein derbes Vergnügen nach dem Geschmack des einfachen Volkes. Die Tradition dieses Festes hat längst aufgehört zu bestehen, kaum beachtet und verlassen steht die Dame in der Ecke und träumt wehmütig von ihren turbulenten Abenteuern.

Zu den sprechenden Figuren gehört auch der **Facchino**, ein kleiner Wandbrunnen, eingelassen in die Mauer des Palazzo Simonetti, heute Sitz der Banca di Roma, Ecke Corso und Via Lata. Facchino hat im Gegensatz zu Marforio bis jetzt noch keinen wohlwollenden Restaurator gefunden, sein Gesicht ist ziemlich zerschlagen, die Nase fehlt ganz. Der arme verunstaltete Mann hält ein Faß in seinen Händen, aus dem Wasser sprudelt. Vor über hundert Jahren verbannte man ihn zudem noch vom alten Standort am belebten Corso in die kleine Seitenstraße.

Dargestellt ist hier eine populäre Figur aus dem Volke, also dieses Mal nichts Antikes, geschaffen um 1580. Es ist ein Wasserhändler mit einem Faß in seiner Berufskleidung, ein Aquaiolo. Die Wasserhändler waren damals ein wichtiger Berufsstand für die Versorgung der Stadt. Sie füllten Brunnen- oder Flußwasser ab und brachten es zum Verkauf in die Häuser ohne Brunnen. Die Vereinigung der vielen Wasserhändler setzte sich hier selbst ein Denkmal, als sie den Brunnen in Auftrag gab. Das Volk schrieb diesen Brunnen oft Michelangelo zu, was aber absolut haltlos ist. Die portraitierte Person soll es aber tatsächlich gegeben haben, ein Dienstmann namens Abondio Rizzo, wie man früher einer jetzt verschwundenen Inschrift entnehmen konnte. Dieser Abondio war wegen seiner Stärke und Trinkfestigkeit berühmt.

Eine weitere Legende sieht in der Figur eine Darstellung Martin Luthers. Luther war als junger Mönch eine Weile im Kloster von S. Maria del Popolo in Rom. Dieser Aufenthalt und seine Kenntnis der Zustände im Rom der Renaissance trugen nicht unerheblich zur Reformation und zur Entstehung des Protestantismus bei.

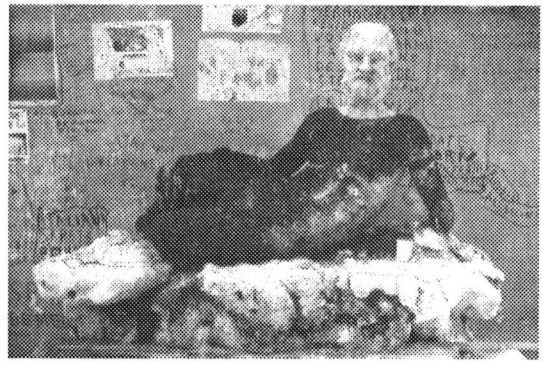

Babuino

In einer der Straßen, die von der Piazza del Popolo ausgehen, der Via del Babuino, findet man eine weitere sprechende Figur, allerdings in einem traurigen Zustand: Der **Babuino**, zu deutsch Pavian. Einst war er ein antiker Flußgott oder eventuell eine Silensfigur, ein Begleiter des Gottes Bacchus, hat aber seine ganze Würde eingebüßt und thront ziemlich verstümmelt und schwarz über einem antiken Wasserbecken. Babuino hat jedoch eine interessante Geschichte, er ist das Ergebnis der ersten privaten Beteiligung an einer öffentlichen Wasserversorgung in der Stadt.

Die Familie der Grandi erhielt das Recht, von der nach Norden verlängerten Aqua Virgo (die Wasserleitung zur Fontana di Trevi) Wasser für ihre eigenen Gärten hier auf diesem Gelände abzuzweigen. Im Gegenzug finanzierte sie die Aufstellung dieses öffentlichen Brunnens mit der Figur als Aufsatz, damals allerdings an einem anderen Standort. 1877 wurde der Brunnen im Zuge von Bauarbeiten abgebaut, zeitweise war er sogar ganz verschollen. Erst 1957 fügte man die verstreuten Teile des Brunnens an der Wand der Kirche S. Atanasio dei Greci wieder zusammen, wenngleich ziemlich schmucklos. Gelassen wendet Babuino den vielen Schmierereien an der Wand den

Rücken zu, ein hübscher Blumenstand daneben macht aber trotzdem eine malerische Ansicht daraus.

Ebenfalls aus der Antike stammt die letzte sprechende Figur: Der **Abate Luigi**, der in einer ruhigen Ecke an der Außenwand der Kirche S. Andrea della Valle steht, eingekreist von Autos und Mofas. Die Figur ist gut erhalten, dargestellt ist ein Mann in Toga. Die Toga war das vornehmste Kleidungsstück der antiken Römer, ein Ehrengewand, das nicht jeder tragen durfte. Vermutlich handelt es sich deswegen um das Abbild eines Konsuls oder Senators. Das Anziehen einer Toga war sehr schwierig und nur mit fremder Hilfe zu schaffen. Noch gut erkennt man den komplizierten Faltenwurf des Gewandes. Das Volk gab diesem ehemals vornehmen Römer den Namen Abate (Abt) Luigi. Der Name kommt von der angeblichen Ähnlichkeit der Statue mit dem schlagfertigen Kirchendiener der nahen Kirche SS. Sudario dei Piemontesi, dem Abate Luigi. Leider hat der steinerne Abate im Verlauf der Jahrhunderte mehrmals seinen Kopf verloren, deutlich erkennbar an den unterschiedlichen Farben des Steins. Doch dank dem reichhaltigen kommunalen Depot mit antiken Bruchstücken bekam er immer wieder einen Ersatzkopf. Die Inschrift auf dem Sockel ist wie ein Gleichnis für die Geschichte der Stadt, heißt es doch hier: „Ich war einst ein Bürger des alten Roms, heute nennt mich jeder Abate Luigi. Der Volkswitz brache mir, Marforio und Pasquino unsterblichen Ruhm. Beleidigung, Ungemach und Tod erlitt ich, doch hier gewann ich neues beständiges Leben."

Abate Luigi

Die sprechenden Figuren:

Pasquino: Piazza del Pasquino, Nähe Piazza Navona

Marforio: Innenhof des Kapitolinischen Museums, Kapitol, vom Kapitolsplatz auch ohne Betreten des Museums einsehbar

Madama Lucrezia: Am Palazzo Venezia, auf der Fassadenseite der Piazza S. Marco, neben der Kirche

Babuino: Via del Babuino, vor Kirche S. Atanasio dei Greci

Facchino: Via Lata, Ecke Via del Corso, im Sockelgeschoß des Palastes

Abate Luigi: Piazza Vidoni, direkt an der Außenmauer der Kirche S. Andrea della Valle

Das Geheimnis des Goldmachers

Es gibt sicherlich attraktivere Gegenden als die um die Piazza Vittorio Emanuele II und interessantere Ruinen als die Überreste auf dem Platz. Trotzdem lohnt sich ein Besuch wegen eines seltsamen Monuments, der magischen Pforte und den Statuen des Gottes Bes. Der Platz ist leicht zu erreichen, eine Metrostation befindet sich direkt unter ihm. Die vielen Marktstände um den Platz herum machen ihn äußerst lebendig, hier kaufen nur die Anwohner ein, die Preise sind dementsprechend niedrig. Der Platz wirkt ein wenig schäbig, ebenso der Park ein wenig verwahrlost, obwohl ganz neu gestaltet. Man hat hier keine Kosten gescheut, um dem Park ein modernes Gesicht zu geben, anscheinend wurden aber die letzten Raten nicht bezahlt, denn die Brunnen aus edlem Travertin blieben lange ohne Wasser und füllten sich statt dessen mit Unrat.

Der Platz und das gesamte Viertel wurden ab 1873 als erstes großes Bauvorhaben der neuen Hauptstadt ganz neu errichtet. Auf der Platzmitte war ein großes Denkmal für die Unabhängigkeit und Einheit Italiens vorgesehen, das aber letztendlich nicht verwirklicht wurde. Vielleicht verdanken aber diesem Umstand die Ruinen im Park ihr Fortbestehen. Als erstes fällt der Überrest der sogenannten „Trofei di Mario", der Trophäen des Marius, ins Auge. Diese Ruine bekam ihren Namen von den zwei Trophäen-Skulpturen, die sich ursprünglich hier befanden, jetzt aber beidseitig die Balustrade am Ende der Treppe zum Kapitol schmücken. Trophäen nennt man die antiken Siegesdenkmale aus Stein, bestehend aus einen Stamm, der mit Waffen, Rüstungen und Schilden behängt ist. Beide Skulpturen feierten den Sieg, den Kaiser Domitian 89 n. Chr. über die Stämme der Catten und Dacer errang. Der Volksmund nannte sie im Mittelalter die „bewaffneten Gänse" und irgendwann entstand auch die Sage, daß sie anläßlich eines Triumphes des römischen Feldherrn Marius, dem Sieger über den Stamm der Cimbern, aufgestellt wurden. Die beiden Skulpturen standen ursprünglich ganz woanders, als aber der Kaiser Alexander Severus während seiner Regierungszeit zwischen 222 und 235 n. Chr. ein Nymphäum an diesem Ort erbaute, wurden die beiden Skulpturen wiederverwendet und in den Neubau integriert. Von diesem Nymphäum, einer Brunnenanlage der Aqua Julia, stammen die hier erhaltenen Ruinen, doch die zwei Skulpturen gaben der ganzen Anlage den Namen.

Man steht hier also vor dem traurigen Überrest von einem der Ahnherren der großen römischen Brunnen wie der Fontana di Trevi oder der Acqua Paola auf dem Gianicolo. Der Grundriß der Anlage entsprach einem Trapez, auf dem sich eine mehrstöckige Anlage erhob, ein großes Brunnenbecken und darüber eine Schaufassade, seitlich flankiert von zwei Bögen, in denen die Trophäen standen. Man vermutet, daß der Brunnen Teil einer kaiserlichen Villa war, denn ringsherum fand man Spuren eines kostbaren Marmorfußbodens. Als während der Goteneinfälle die Wasserleitungen gekappt wurden, begann der Verfall des Monuments, der kostbare Marmor und die Dekorationen wurden geraubt, übrig blieb der Ziegelkern, heute eingezäunt und lediglich von Katzen bevölkert.

Ebenfalls eingezäunt ist die Porta Magica, die Magische Pforte, mit ihren zwei seltsamen Figuren. Ein kleines Schild verkündet, daß dieses Monument von einer Schulklasse adoptiert wurde, die sich darum kümmert und es pflegt.

Die Pforte ist heute vermauert, die Türfassung ist mit allerlei magischen Zeichen und winzigen lateinischen Inschriften versehen. Die Pforte ist der letzte Rest der prächtigen Villa des Marchese Massimiliano Palombara (1614 – 1685), die sich ungefähr auf dem Areal des heutigen Platzes und Viertels erstreckte. Leider behinderte die Villa den Neubau der Eisenbahn und des Stadtviertels und teilte damit zwangsläufig dasselbe Schicksal wie viele andere Villen: Sie wurde abgebrochen, das mysteriöse Tor aus dem Garten der Villa versetzte man auf die neue Piazza Vittorio Emanuele II, wo es heute etwas verloren unter den Bäumen des Parks steht.

Der ehemalige Eigentümer, der Marchese Palombara, war Freimaurer und Mitglied des Geheimordens der Rosenkreuzer. Leidenschaftlich beschäftigte er sich mit der Astrologie, der Alchimie und mit der Kabbala, der jüdischen Geheimlehre. Hier in der Villa hatte er sein Versuchslaboratorium eingerichtet, hier traf er sich mit seinen gleichgesinnten Freunden zu Diskussionen und Experimenten. Das brennendste Thema dieses Kreises um den Marchese war die Suche nach dem Stein der Weisen, also dem Geheimnis der Goldherstellung, der Wunschtraum aller Alchimisten. Eines Tages erwischten die Diener im Park der Villa einen Mann, der am Gartentor Kräuter pflückte. Der Unbekannte gab vor Goldmacher zu sein und im Park eine Pflanze entdeckt zu haben, die zum Herstellungsprozeß des edlen Materials notwendig sei. Der Marchese gestattete ihm daraufhin gern den Zutritt zu seinem Laboratorium, wo der Fremde umgehend mit der Arbeit begann. Während des chemischen Experiments verbrannte er die Kräuter und machte am Ende aus der Asche einen Brei. Über Nacht sollte dieser Brei sich zu Gold verwandeln. Merkwürdigerweise verschwand der Fremde am frühen Morgen, ohne dem Marchese die genaue Vorgehensweise verraten zu haben. Tatsächlich fand man in dem Topf, in dem am Abend zuvor noch der Brei lag, reines Gold. Lediglich die verschlüsselte Formel hatte der Fremde in die Tür eingeritzt, doch keiner konnte sie deuten, nicht einmal der Marchese selbst.

Der Marchese war mit der um diese Zeit in Rom lebenden Königin Christine von Schweden bekannt, die sich ebenfalls für Alchimie interessierte. Auch bei ihr tauchte jener geheimnisvolle Fremde auf und schaffte es, Gold zu machen. Die Königin hätte diese Formel gern anzuwenden gewußt, war sie schließlich ständig in Geldnot, der Marchese hatte ihr schon früher Geld geliehen, für dessen Rückzahlung sie ihre Diamanten versetzten mußte. Doch der Fremde verschwand bei ihr ebenso schnell wie er aufgetaucht war.

Eine andere Überlieferung besagt, daß der Marchese die Formel beim Studium eines alten Buches entdeckt hatte. Doch niemand konnte den Sinn aufdecken. So ließ er die Botschaft in das Portal einritzen, in der Hoffnung, daß irgend ein Passant die Lösung des Rätsels finden könnte.

Zahlreich sind die Erklärungen der Formel, die man sich seitdem ausdachte. Doch bisher niemand hatte Erfolg, was auch gut ist, denn die Entdeckung hätte sicher eine Wirtschaftskrise zur Folge. Die Formel besteht aus etlichen lateinischen Inschriften, die wegen der vielfältigen Deutungsmöglichkeit und der verschlüsselten Symbolik schwer zu übersetzen sind. Sie sind über die ganze Tür, den Giebel, den Türrahmen und die Schwelle verteilt, am Rahmen in Verbindung mit den astrologischen Sternsymbolen.

Die Botschaft beginnt im Giebel. Dort sieht man einen Davidsstern, davor das Siegel Salomos, umgeben von einem Kreis.

In der Kreislinie liest man:

CENTRUM IN TRIGONO CENTRI
(Das Zentrum im Dreieck des Zentrums)

Im zweiten Kreis um den Stern steht:

TRIA SUNT MIRABILIA
DEUS ET HOMO MATER ET VIRGO TRINUS ET UNUS
(Drei an der Zahl sind die wunderbaren Dinge: Gott und der Mensch, die Mutter und die Jungfrau, dreifältig und eins)

Auf dem Rahmen sind die Symbole der Planeten eingeritzt, bei jedem steht ein Zusatz:
Saturn
QUANDO IN TUA DOMO NIGRI CORVI PARTURIENT ALBAS COLUMBAS TUNC VOCABERIS SAPIENS
(Wenn in deinem Hause die schwarzen Raben weiße Tauben gebären, wirst du hierauf wissend genannt)

Jupiter
DIAMETER SPHAERAE THAU CIRCULI CRUX ORBIS
NON ORBIS PROSUNT
(Der Durchmesser der Kugel, das Thau des Kreises, das Kreuz der Welt nützt der Welt nichts)

Mars
QUI SCIT COMBURERE AQUA ET LAVARE IGNE FACIT DE TERRA COELUM ET DE COELO TERRAM PRETIOSAM
(Wer mit Wasser verbrennen und mit Feuer reinigen kann, macht aus der Erde den Himmel und aus dem Himmel kostbare Erde)

Venus
SI FECERIS VOLARE TERRAM SUPER CAPUT TUUM
EIUS PENNIS AQUAS TORRENTUM CONVERTES IN PETRAM
(Wenn du es machen kannst, die Erde über deinen Kopf fliegen zu lassen, verwandelst du aus seinen Federn die Wasser der Sturzbäche in Stein)

Merkur
AZOT ET IGNIS DEALBANDO LATONAM VENIET
SINE VESTE DIANA
(Wenn Stickstoff und Feuer Latona weiß färben, erscheint Diana ohne Gewand)

Sonne
FILIUS NOSTER MORTUUS VIVIT REX AB IGNE REDIT ET CONIUGIO GAUDET OCCULTO

(Unser toter Sohn lebt, der König kehrt aus dem Feuer zurück und freut sich an der verborgenen Verbindung)

Auf der Schwelle steht die merkwürdige Inschrift, die man spiegelbildlich auch anders herum lesen kann:

SI SEDES NON IS
(zwei Deutungen sind möglich: Wenn du sitzt, gehst du nicht; oder: Wenn du nicht sitzt, gehst du)

Oben in der Mitte steht die hebräische Inschrift wie eine Art Anrufung:

RUCH ALHIM
(Heiliger Geist)
darunter:
HORTI MAGICI INGRESSUM HESPERIDUM CUSTODIT DRAGO ET SINE ALCIDE COLCHIDAS DELICIAS NON GUSTASSET JASON
(Ein Drache bewacht den Zugang zum magischen Garten der Hesperiden und ohne Alcides (=Herkules) hätte Jason nicht die Genüsse von Kolchis gekostet)

Der letzte Teil ist auf der Stufe eingeritzt:
EST OPUS OCCULTUM VERI SOPHI APERIRE TERRAM UT GERMINET SALUTEM PRO POPULO
(Es ist das verborgene Werk des echten Weisen, die Erde aufzugraben, damit daraus das Wohl des Volkes hervorsprießt)

Dieses goldene Geheimnis hüten bis heute die zwei furchterregenden Figuren zu beiden Seiten der Pforte. Sie haben nichts mit dem Marchese und dessen Villa zu tun, man fand sie bei Ausgrabungen auf dem Quirinal, vermutlich stammen sie aus dem Isis-Tempel, der sich ehemals dort befand. Unheilvoll, wie zwei böse Dämonen blicken sie den Passanten an, doch in Wirklichkeit sind es den Menschen wohlgesinnte Wesen, nämlich Darstellungen des ägyptischen Gottes Bes. Dieser Gott, eine Mischung aus Zwerg und Löwe, war eine Art Geburtshelfer, er stand Mutter und Kind bei und beschützte sie vor den Gefahren, die bei einer Geburt auftreten konnten. Oft wurde die Figur des Gottes in Möbelstücke geschnitzt, z. B. in das Bett von Schwangeren oder Säuglingen. Darüber hinaus war er auch als Beschützer des Tanzes und der Musik bekannt und für die Körperpflege zuständig, sein guter Ruf war im ganzen Mittelmeerraum verbreitet. Eigene Tempel für ihn gab es nicht, Bes war eher eine volkstümliche Gottheit, die man im Notfall anrief oder als Amulett bei sich trug.
Die Figuren hier sind nicht die einzigen des Gottes, die in Italien gefunden wurden, auch in den Vatikanischen Museen sind etliche Abbilder ausgestellt. Aber es sind die einzigen, die ein derartig bedeutendes Geheimnis hüten. Bis heute konnte es ihnen kein Mensch entlocken.

Porta Magica und Trophäen des Marius: Piazza Vittorio Emanuele II. Nur von außen einsehbar

Die Eitelkeit der Welt und ihr Spiegelbild: Der Friedhof der Kapuziner

Von der Piazza Barberini schlängelt sich eine der berühmtesten und elegantesten Straßen der Stadt in einer sanften S-Kurve den Hügel zum Pincio hinauf: die Via Vittorio Veneto. Der ungewöhnliche Name erinnert an einen Sieg der italienischen Truppen über die österreichischen im ersten Weltkrieg.

In den fünfziger Jahren war sie der Schauplatz des fast schon mythischen Dolce Vita, des süßen Lebens, einer Epoche, die genauso schnell verschwand wie sie heraufzog. Die Straße war der Inbegriff des Luxus, der Spielplatz und Laufsteg der römischen Schickeria und der internationalen Stars. Die schlimmen Jahre des Faschismus und des Krieges waren vorbei, die alten und neuen Reichen genossen ihr Vermögen. Dank amerikanischen Geldes kam es in Rom zu einem Filmwunder, denn damals konnte man im daniederliegenden Italien für wenig Geld große Filme drehen.

Es kommt nicht von ungefähr, daß ein Teil des Films „La Dolce Vita" von Federico Fellini hier in den Lokalen dieser Straße spielt, obwohl die Geschehnisse des Films mehr der Phantasie des Regisseurs entsprangen als der Wirklichkeit entsprachen. Doch die Stars des Kinos, Anita Ekberg, Marcello Mastroianni oder Elizabeth Taylor und solche, die sich dafür hielten oder es werden wollten, saßen hier an den Tischen der mondänen Cafés oder Bars. Man genoß es, im Café de Paris, im Nachtclub Jacky O., bei Doney oder in den eleganten Hotels gesehen zu werden, immer belauert von den neugierigen Fotografen, den Paparazzi, die darauf warteten, bis sich einer der Stars eine Blöße gab. Und wenn es keine Skandale oder peinlichen Fotos gab, so provozierten die Fotografen einfach eine unerfreuliche Situation und knipsten drauf los. Wer den Film von Fellini kennt, wird sich an etliche derartige Szenen erinnern.

Die Parade der Eitelkeit ist mittlerweile vorbei, die Epoche bereits Legende. Die Cafés oder Nachtclubs existieren zwar noch, doch man hat das Gefühl, alles ist ein wenig in einen Dornröschenschlaf versunken, obwohl immer wieder versucht wird, das Image der Straße aufzupolieren und an ihre glanzvolle Vergangenheit anzuknüpfen.

Um so merkwürdiger ist der Kontrast zur Kapuzinerkirche S. Maria della Concezione, der in der Zeit des Dolce Vita sicherlich noch ausgeprägter war. In der Malerei gibt es Bilder, die dem Betrachter die Vergänglichkeit des irdischen Lebens vor Augen führen, Stilleben mit Symbolen des Todes wie Schädeln oder verlöschenden Kerzen, Darstellungen von Frauen oder Männern vor Spiegeln, die darin ihr Angesicht als Totenkopf oder ein Skelett erblicken. Eine Steigerung dieser Bilder ins Reale kann man im Friedhof der Kapuziner unter dieser Kirche erleben. Hier verbirgt sich einer der makabersten Orte der Stadt.

Wie wäre es wohl einem der damaligen Stars ergangen, wenn er, verfolgt von den Paparazzi, sich in diese Gewölbe am Beginn der Via Veneto geflüchtet hätte?

In den fünf Kapellen des Friedhofes ruhen die Gebeine von ca. 4000 Mönchen des Kapuzinerordens. Aus den Knochen hat man kunstvolle Ornamente, Dekorationen,

Rosetten, Lampen und Altäre zusammengesetzt, Verzierungen für die Decken und Wände der Kapellen. Der Eintritt befindet sich außen an der Doppeltreppe, die zur hoch gelegenen Kirche hinaufführt. Nacheinander durchwandert man die fünf Räume durch einen seitlichen Korridor, spärlich beleuchtet durch je ein Fenster. Die Namen der Kapellen sprechen für sich, so heißt die zweite entsprechend dem menschlichen Knochenbau von unten nach oben die Krypta der Schienbeine, die dritte ist die Krypta der Beckenknochen, hier hat man etliche Mumien in Kapuzinerkutten in Knochennischen aufgestellt. Die vierte ist die Krypta der Schädel. Der letzte Raum ist als Sühnekapelle angelegt, hier gedenkt man der päpstlichen Soldaten, die bei der Erstürmung Roms am 20. September 1870 durch die königlich italienischen Truppen zu Tode kamen. Im Eingangsraum hängt ein kleines Skelett in der Mitte des Gewölbes, deshalb der Name Krypta des Skeletts. Nach der Legende stammt es von einer als Kind verstorbenen Prinzessin aus dem Geschlecht der Barberini, jener mächtigen Familie, aus deren Reihen Papst Urban VIII., der große Förderer Berninis hervorging.

Den Barberini gehörte das ganze Gelände um die heutige gleichnamige Piazza. Hier entstand ihr großer Palast, für den Platz davor gaben sie bei Bernini den Tritonenbrunnen in Auftrag, und hier entstand auch die neue Kapuzinerkirche mit dem Kloster. Mit dem Neubau begann man 1626 auf Initiative von Kardinal Antonio Barberini, der selbst Mitglied des Ordens war. Dieser Kapuzinerkardinal, fast schon ein Widerspruch in sich, war der Bruder des Papstes Urban VIII. Als dieser zum Papst gewählt wurde, rief er seinen Bruder aus einem Kapuzinerkloster der Campagna zurück in die Stadt. Der bescheidene und gläubige Antonio erschrak fast, als er vom Bruder die Kardinalswürde bekam. Urban VIII. war bezüglich seiner Verwandten und Neffen sehr karitativ veranlagt, allen verschaffte er lukrative Ämter und Würden. Antonio trug weiterhin unter seinem Kardinalsgewand seine Kapuzinerkutte und konnte sich mit seinem hohen Amt nicht abfinden, was ihn aber nicht davon abhielt, ganz im Gegensatz zu den Armutsidealen seines Ordens, enorme Pfründen und Reichtümer anzusammeln.

Der Orden der Kapuziner existiert heute noch, doch seine Blütezeit erlebte er im 18. Jahrhundert, damals gefördert von den Mächtigen und Adeligen. Er ging aus einer Abspaltung vom Franziskanerorden hervor. Die Franziskaner hatten sich im 16. Jahrhundert von den Grundsätzen des hl. Franziskus anscheinend schon sehr weit entfernt, so daß einige Mönche wieder zu den ursprünglichen Idealen des Gründers zurückkehren wollten. Sie suchten die Einsamkeit und die Armut, zogen predigend von Ort zu Ort und pflegten während der Pest oder anderen Epidemien die Kranken. Den Kapuzinern war persönliches Gebet wichtiger als feste Gottesdienste oder die Teilnahme an öffentlichen Prozessionen. Ihre Kleidung glich der des hl. Franziskus, eine einfache Kutte mit angenähter spitzer Kapuze. Die Reform der Kapuziner und ihre Ordensregel wurde mehrmals von den Päpsten bestätigt, doch immer argwöhnisch beobachtet von ihren ehemaligen Ordensbrüdern, den Franziskanern. Der Orden wuchs schnell, während seiner Blütezeit hatte er ca. 35.000 Angehörige und über 1700 Niederlassungen.

Die Klöster lagen meist abgelegen oder am Stadtrand. So erklärt sich auch die Lage des Neubaus des Klosters am Rande der Piazza Barberini. Damals lag die Piazza Barberini wirklich am Rande der Stadt, am Übergang von der Bebauung zum umliegenden Land, heute dagegen ist sie ein wichtiger Verkehrsknotenpunkt mitten in der Stadt. Es existierte noch keine Via Veneto, nur eine einfache Ulmenallee mit einem Kreuzweg führte von der Piazza zur Kirche, an die sich das große Kloster anschloß. Das Kloster und die

Allee existieren freilich nicht mehr, sie fielen zusammen mit der Villa Ludovisi und deren Park dem Neubau der Via Veneto ab 1895 zum Opfer. An der Stelle des Klosters hat man Ministerien errichtet. Die Kirche ist der einzige Rest der Anlage.

Die Kapuziner besaßen in Rom auf dem Quirinal bereits eine Niederlassung. Doch dem Kardinal Antonio schwebte mit seinem Neubau ein Ort der Stille und Abgeschiedenheit am Stadtrand vor, für den er auf familieneigenen Grund und Boden zurückgreifen konnte. Die Kapuzinermönche erklärten sich mit einem Neubau einverstanden, aber nur unter folgender Bedingung: Aus dem alten Bau wollten sie alles mitnehmen, vor allem die Reste ihrer verstorbenen Mitbrüder, die unter der alten Kirche bestattet lagen. Als das neue Kloster 1631 fertig war, wurde die Bedingung erfüllt: Nach dem Umzug der lebenden Mönche kam es zum Umzug der toten Mönche. In vielen Wagenladungen wurde der Inhalt der Gräber in den neuen Friedhof überführt. Man stelle sich einmal diesen merkwürdigen Transport durch die Stadt vor, wie zur Steigerung des Effekts wurde die Verlegung der Gebeine in der Nacht bei Fackelschein durchgeführt!

Die Beziehung des barocken Menschen zum Tod war eine ganz andere als heute, der paradoxe Begriff vom „lebendigen Tod" charakterisiert diese Einstellung besonders gut. Dem Tod haftete nichts Düsteres an, freudig und ohne Furcht ging der Gläubige ihm entgegen, denn erst jetzt begann das wahre Leben. Darüber hinaus herrschte in Rom dank den Katakomben und den vielen Reliquien ein anderes Verhältnis zu den Letzten Dingen, im Gegensatz zu heute, wo man solche Einrichtungen eher als makaber oder gruselig ansieht und sie mehr wegen des schönen Schauers als aus religiösen Motiven besucht.

Die Mönche fanden nichts dabei, ihre ehemaligen Mitbrüder auf kunstvolle Weise zur Schau zu stellen und zu Ornament und Dekor zu verarbeiten. Übrigens war es nicht der einzige Friedhof dieser Art in der Stadt, weitere existieren immer noch u. a. in der Via Giulia unter der Kirche S. Maria dell'Orazione e Morte und in der Kirche SS. Stimmate di S. Francesco am belebten Largo di Torre Argentina, Ecke Via dei Cestari.

Trotzdem ist man froh, diese Stätte mit ihrem bizarren Totenkult zu verlassen. Als Kontrast zu den Krypten sollte man die Kapuzinerkirche darüber nicht versäumen. Hier ist am Hochaltar der Stifter der Anlage, der Kapuzinerkardinal Antonio Barberini begraben. Auf der Grabplatte liest man die beeindruckende Inschrift „Hic iacet pulvis, cinis et nihil", zu deutsch: „Hier ruht Staub, Asche und nichts."

Die einschiffige Kirche mit den vielen Seitenkapellen beherbergt etliche kostbare Gemälde bedeutender Barockmaler, so von Pietro da Cortona, Domenichino und Lanfranco, ein angebliches Bild von Caravaggio und im Altarbereich die Portraits des Kardinals Antonio Barberini und seines päpstlichen Bruders Urban VIII.

In der ersten Seitenkapelle auf der rechten Seite, der Kapelle des Erzengels Michaels, hängt ein besonderer Schatz: Das Gemälde des Sieges des Erzengels über den Teufel von Guido Reni. Der Bologneser Maler ist ansonsten für seine süßlichen Bilder von Madonnen, Heiligen oder antiken Helden bekannt, Bilder, bei denen die Dargestellten auf inbrünstige Weise ihre Augen zum Himmel verdrehen. Hier haben wir einen strahlenden und triumphierenden Engel vor uns, darunter den gestürzten häßlichen Teufel.

Das Bild gehört zur Erstausstattung der Kirche, mit der Darstellung des Teufels ist eine Anekdote verbunden. Angeblich ärgerte sich Reni über die üble Nachrede des Kardinals Giovanni Battista Pamphilj, der ihn als faul bezeichnete. Der Künstler rächte sich am Kardinal, indem er die Fratze des Teufels nach dessen Antlitz malte. Die

Ähnlichkeit fiel natürlich den Zeitgenossen und auch dem Dargestellten auf, schließlich hatte der Kardinal ein besonders unangenehmes Äußeres, das man in ganz Rom kannte. Reni selbst wies die Ähnlichkeit entschieden zurück, eine eventuelle Übereinstimmung mit lebenden Personen sei rein zufällig. Den Engel habe er aus seiner Phantasie gemalt, für den Satan hat er sich ganz auf Tatsachen gestützt, schließlich habe er mehrmals Visionen des Teufels gehabt, so kenne er dessen Gesicht sehr genau und habe es nicht anders darstellen können.

Reni hatte Glück, diese Argumente konnte man nicht widerlegen, er kam ungeschoren davon. Er starb fast zwanzig Jahre nach der Vollendung des Bildes und hat es nicht mehr erlebt, wie der geschmähte Kardinal zum Papst gewählt wurde und sich vielleicht am Maler gerächt hätte. Aus dem Kardinal wurde Papst Innozenz X., jener Papst, der bei Bernini den Vierströmebrunnen auf der Piazza Navona in Auftrag gab, jener Papst, den Velázquez portraitiert hat und dessen großartiges Bild man in der Galleria Doria Pamphilj mit dem Gesicht des Teufels vergleichen kann.

S. Maria delle Concezione: Via Veneto 27. Kirche 7.00 Uhr – 12.00 Uhr, 15.45 Uhr – 19.30 Uhr. Krypta 9.00 Uhr – 12.00 Uhr, 15.00 Uhr – 18.00 Uhr

S. Maria dell'Orazione e Morte: Via Giulia. Geöffnet nur Sonntag und an Feiertagen um 18.00 Uhr zur Messe. Hier hatte die gleichnamige Bruderschaft ihren Sitz, die sich um die Beisetzung und das Seelenheil von Armen oder Alleinstehenden kümmerte. Die barocke Fassade besitzt etliche makabre Details, so Kapitelle mit Schädeln oder an den Opferstöcken Sgraffitos mit Skeletten

SS. Stimmate di S. Francesco: Via dei Cestari, Ecke Largo di Torre Argentina. Geöffnet am Vormittag und späten Nachmittag. Von der Sakristei betritt man einen kleinen Friedhof, der mit Knochen dekoriert ist

EIN HAUCH DER EWIGKEIT:
DER PROTESTANTISCHE FRIEDHOF

Einer der schönsten und ruhigsten Orte in Rom ist der Protestantische Friedhof an der Pyramide des Cestius. Von diesem Platz geht ein Zauber aus, dem man sich kaum entziehen kann, es ist ein Ort, der sich tief in die Erinnerung eingräbt.

Von außen wirkt der Friedhof ziemlich abweisend, er ist von einer sehr hohen Mauer umgeben, Zutritt bietet nur das massige Portal mit der Aufschrift „Resurrecturis", d. h. „Denen, die auferstehen werden." Erst nachdem man an der Glocke geläutet hat, wird das Portal von einem der Friedhofsgärtner geöffnet. Dicht gedrängt liegt ein Grab neben dem anderen auf dem zur Begrenzungsmauer (der römischen Stadtmauer) ansteigenden Gelände, durchzogen von Zypressenalleen und viel Grün. Alles wirkt auf wunderbare Weise ein wenig vernachlässigt im Vergleich zu penibel gepflegten deutschen Friedhöfen, doch das ist gerade der besondere Reiz. Betritt man den ältesten Teil, die „Parte Antica", glaubt man wirklich, in eine andere Welt, in die Ewigkeit einzutauchen: Inmitten einer weiten Rasenfläche sind uralte Grabsteine und Stelen zwischen hohen Bäumen verstreut, eine strahlend weiße Pyramide ragt in den Himmel, die den feierlichen Eindruck noch verstärkt, daneben als Kontrast die zinnenbewehrten Türme des Stadttores.

Ein englischer Landschaftsgarten, ein vor langer Zeit gesehenes Traumbild könnte es sein, und doch, nichts ist hier mit Absicht geplant worden, alles hat sich im Laufe der Jahrhunderte zu einem harmonischen Ensemble zusammengefügt.

Die Pyramide hat sich der Römer Caius Cestius, ein hoher Beamter unter Kaiser Augustus, in einer Periode allgemeiner Begeisterung für das Land am Nil als Grabmal errichten lassen. Leider ist die Grabkammer im Inneren nicht zugänglich. Zur Zeit der Erbauung, vermutlich wohl um 12 v. Chr., lag sie noch weit vor der Stadt, da die Römer ihre Toten nicht im Stadtbereich bestatten durften. Die Ausfallstraßen, man denke nur an die Via Appia, waren damals von Grabmälern gesäumt, die noch lange über den Tod hinaus vom Reichtum und Ansehen ihrer Erbauer Zeugnis ablegten. An einer dieser Ausfallstraßen, der Straße nach Ostia, dem antiken Hafen der Stadt, ließ Caius Cestius sein 27 m hohes Mausoleum aus Backsteinen mit einer Marmorverkleidung errichten, und zwar in einer Bauzeit von 330 Tagen, wie man noch immer auf der Inschrift an der Außenwand der Pyramide nachlesen kann. Sie war übrigens nicht das einzige derartige Grabmal, es sind weitere Pyramiden in Rom überliefert, jedoch nicht mehr erhalten. Als es mit dem Römischen Reich bergab ging und Einfälle von Barbaren drohten, begann man unter Kaiser Aurelian mit dem Bau einer Stadtmauer (ab 270 n. Chr.). Die Stadt, die jahrhundertelang keinen Schutz benötigte, wurde innerhalb von zwölf Jahren mit einem riesigen Mauerring umgeben. Es mußte schnell gehen, bereits vorhandene Gebäude wie die Pyramide wurden kurzerhand in die Mauer integriert und damit erhalten. Ab jetzt sicherte ein Stadttor, die Porta Ostiense, den Zugang in die Stadt. Das ganze Mittelalter war die Pyramide auch ein besonderes Wahrzeichen Roms, wenn irgendwo auf alten Bildern oder Fresken die Stadt als Szenerie oder Hintergrund abgebildet ist, ragt neben anderen aus der Antike übrigge-

Pyramide des Cestius

bliebenen Bauten wie dem Kolosseum und der Trajanssäule auch die Pyramide des Cestius in den Himmel. Oder man entdeckt sie als Versatzstück in romantischen Landschaftsbildern.

Der durch die Barbareneinfälle und den Niedergang des Imperiums verursachte Einwohnerschwund machte aus der Metropole Rom einen Ort mit wenigen Einwohnern, verteilt auf verschiedene Siedlungsinseln innerhalb des einst riesigen Stadtgebietes. Große Teile lagen folglich brach oder dienten als Steinbruch. Auf dem Gelände um die Pyramide weideten Viehherden, weit entfernt von den übriggebliebenen Ansiedlungen, die sich mehr im Bereich des Marsfelds konzentrierten. Erst spät, Ende des 19. Jahrhunderts, wuchs die Stadt wieder über den antiken Mauergürtel hinaus, die Gegend um die Pyramide wurde zu einem dicht besiedelten Wohnviertel. Das Stadttor, die antike Porta Ostiense, jetzt Porta S. Paolo, war plötzlich zu schmal für den modernen Verkehr, die Stadtmauer wurde durchbrochen und das Tor nutzlos. Heute beherbergt es das Museo della Via Ostiense, das mit Modellen und Fotos die Veränderungen der Gegend dokumentiert.

Ab Mitte des 18. Jahrhunderts wurden an diesem abgelegenem Ort erstmalig Protestanten beigesetzt. Der ungeheure Zustrom von Besuchern aus allen Teilen Europas nach Rom machte eine Begräbnisstätte für die Nichtkatholiken notwendig, für die bisher kein eigener Friedhof vorhanden war und auch nicht geduldet wurde. Das älteste gefundene Grab ist das eines Studenten aus Oxford namens Langton, der 1738 im Alter von 25 Jahren in Rom starb und neben der Pyramide begraben wurde. Sein Grab wurde erst während Ausgrabungen im Bereich der Pyramide in den dreißiger Jahren des 20. Jahrhunderts entdeckt. Bis dahin galt das Grab des deutschen Barons Georg von Werpup, eines Studenten aus Hannover, als das älteste. Mit seinem Tod verbindet sich die Geschichte, daß er bei einer Papstaudienz geäußert haben soll, in Rom an der Pyramide begraben sein zu wollen. Sein Wunsch ging in Erfüllung. Bei der Abreise aus Rom kam er durch einen Sturz aus der Kutsche zu Tode.

Die Protestanten hatten es in der Stadt des Oberhaupts der Katholischen Kirche besonders schwer, sie wurden als Menschen zweiter Klasse angesehen und waren Anfeindungen und Mißtrauen nicht nur des Klerus, sondern vor allem des römischen Volkes ausgesetzt. So erzählt der hier auf dem Friedhof begrabene (evangelische) Dichter

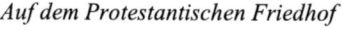

Auf dem Protestantischen Friedhof

172

Wilhelm Waiblinger in seinen Reisebeschreibungen, daß seine Zimmerwirte immer wieder versuchten ihn auszuhorchen, ob er denn auch wirklich gut katholisch sei. Eine ernstere Angelegenheit war das Begräbnis eines Protestanten. Zur Zeit des Kirchenstaates durften diese Begräbnisse nur nachts unter Fackelschein durchgeführt werden. Die Obrigkeit fürchtete Ausschreitungen seitens des Volkes, nur wenige Ausnahmen sind bekannt, bei denen meist ein Polizeiaufgebot den Trauerzug bei Tag schützte. Ein Geistlicher war nicht zugelassen, es durften auch keine christlichen Symbole auf den Gräbern angebracht werden. Eine langwierige Angelegenheit war die Ummauerung des Geländes, mühsame Verhandlungen von Vertretern protestantischer Staaten mit dem Kirchenstaat waren notwendig. Anlaß für die Errichtung einer Mauer war die oftmalige Schändung von Gräbern, da sich in der Nähe der Hügel Testaccio, der Scherbenberg, der Müllberg des antiken Roms aus Millionen von Bruchstücken, mit seinen bei den Römern beliebten Weinkellern befand. Das fröhliche Leben dort und die Abneigung gegen die Protestanten wirkte sich nicht positiv auf die Friedhofsruhe aus. Dazu kamen die Viehherden, die weiterhin auf dem Gelände weideten.

Erst mit dem Ende des Kirchenstaates 1870 und dem Beginn des Königreiches Italien mit Rom als Hauptstadt begann in Glaubensfragen ein liberaler Geist zu herrschen, man gestattete die Errichtung einer Mauer. Zusätzlich konnte das Gelände durch Grundstückskäufe erweitert werden, eine Kapelle und verschiedene Nutzbauten wurden errichtet. Die Verwaltung obliegt heute einem Generalkomitee, das sich aus den Botschaftern protestantischer und sonstiger interessierter Länder zusammensetzt. Die Anzahl der Gräber beträgt ca. 4000. Geht man durch die Reihen, findet man nicht nur Gräber von Protestanten. Angehörige aller Glaubensrichtungen sind hier bestattet, darunter viele orthodoxe Christen und Juden, sogar etliche Katholiken, die ein Grab bei ihren protestantischen Verwandten einem katholischen Friedhof vorgezogen haben.

Viele Grabsteine tragen den Namen bekannter Persönlichkeiten, die fern ihrer meist nördlichen Heimat starben. Gottfried Semper (der Erbauer der Dresdner Oper), die Kinder Wilhelm von Humboldts, Goethes Sohn August, die englischen Dichter Shelley und Keats, um nur einige Namen zu nennen. Ein besonders schönes Grabmal ist der trauernde Engel, den der amerikanische Bildhauer William Wetmore Story seiner Frau Emelyn errichtete und unter dem er auch selbst begraben liegt. Im Frühjahr ist das Grab von weißen Calla-Blüten umgeben. Auf vielen Steinen spiegelt sich die Liebe des hier Begrabenen zu Rom wider, so auf dem einfachen Grab von Hans und Ida Barth mit dem eingemeißelten Spruch: „Rom, du bist eine Welt." An anderen wachen bleiche Engel. Ein steinerner Hund läßt sich sogar durch starken Efeubewuchs nicht davon abhalten, seinem toten Herren in alle Ewigkeit die Treue zu halten. Und immer wieder Blumen, blaue Iris, rosa Kamelien, rote Rosen in einer Vase vor einer trauernden Jugendstilschönheit. Unleserliche Inschriften, von Moosen und Flechten überzogene Steine, herabfallende Blätter, wuchernder Efeu, die Natur macht alle hier Liegenden namenlos, bis sie die ordnende Hand des Gärtners wieder aus ihrer Anonymität befreit. Anonym bleibt Goethes Sohn, ein Portraitmedaillon ziert den Stein, sein Vorname wird nicht genannt. Lakonisch in Latein heißt es lediglich, daß hier „Goethes Sohn, dem Vater vorausgehend" begraben ist. Auf eigenen Wunsch hat dagegen John Keats die Anonymität vorgezogen. „A Young English Poet" und „Here lies One Whose Name was writ in Water" ist auf dem einfachen Grabstein an der äußersten Ecke des Friedhofs gegenüber der Pyramide zu lesen. Der Grabstein von Rosa Bathurst erzählt dagegen fast schon geschwätzig ausführlich die tragische Geschichte von ihrem Tod: Rosa, ein junges englisches Mädchen, war der Mittelpunkt der englischen Kolonie in Rom, bei einem Reitausflug am Tiberufer stürzte sie vom Pferd und ertrank.

Lebendiger Bewohner des Friedhofs

Stellenweise liegen schlafende Katzen auf den Grabsteinen oder stromern durch die Reihen, denn die Katzen sind die einzigen lebenden Bewohner des Friedhofs. Besonders viele tummeln sich im ausgegrabenen Bereich um die Pyramide. Hier sieht man noch eine römische Straße, ein paar Säulen und viele Mauerfragmente, bevölkert von einer ganz anderen Ausprägung des „Römischen", eben den römischen Katzen. Eine Gruppe besorgter Katzenfreunde bringt ihnen jeden Tag Futter, aus allen Ecken springen dann die Tiere herbei. Die Römer haben eine besondere Zuneigung zu diesen Tieren, und diesen Umstand hat Reinhard Raffalt in seinem Buch „Concerto Romano" besonders treffend erklärt:

„Haben Sie schon einmal versucht, eine Katze zu dressieren? Einer Katze beizubringen, daß sie etwas nicht tun darf, was sie absolut tun will? Und haben Sie jemals versucht, einen Römer ähnlich zu behandeln? Römer und Katzen haben den gleichen Charakter - sie sind keineswegs hinterlistig, solange man ihnen den Raum gönnt, den sie brauchen, um sich in die Sonne legen zu können. Wer aber kommt und diktiert: jetzt wird organisiert, der ist verraten. Unter Katzen ist eine Diktatur undenkbar, unter Römern ist sie - wie die Geschichte zeigt - gänzlich erfolglos. Und noch eins: Römer und Katzen lieben das Nichtstun. Das göttliche Gefühl, nichts, aber auch wirklich nichts machen zu müssen, da zu sein, auf warmen Stufen zu sitzen, zu flirten und möglichst einen zu finden, der die Plackerei für das nächste Mittagessen übernimmt. Das ist das Ideal, das einen Römer mit einem gatto verbindet. Und dieses Ideal ist zu einer großen Liebe geworden."

Protestantischer Friedhof: Via Caio Cestio 6. Dienstag bis Sonntag 9.00 Uhr – 18.00 Uhr, im Winter nur bis 17.00 Uhr. Im Büro ist ein kleines Buch in deutscher Sprache mit einem Lageplan der Gräber erhältlich

Cestius-Pyramide: Piazzale Ostiense. Nicht zugänglich

Museo della Via Ostiense: Porta S. Paolo. Piazza di Porta S. Paolo. Unregelmäßige Öffnungszeiten

ATTRAKTIONEN FRÜHERER TAGE

Am Kolosseum / Piazza Navona

DAS KOLOSSEUM BEI MONDSCHEIN

Nähert man sich dem Kolosseum, hat man eher den Eindruck eines riesigen Rummelplatzes als den eines Kulturdenkmals: Busse halten und entladen ihren Inhalt oder nehmen ihn wieder auf, Touristengruppen strömen mehr oder weniger andächtig hinein und wieder hinaus, fliegende Händler verkaufen Ansichtskarten oder Nippesfiguren, unechte Gladiatoren Römer posieren für Fotos, Diebe lauern auf schnelle Beute, immer auf der Hut vor den Polizisten aus ihren mobilen Wachstuben, Hochzeitspaare und deren Anhang ziehen von einem Fotostop zum anderen.

Es wird geschaut, geschrien, gekauft, geguckt, gelaufen, gegessen, geblitzt, getrunken, gerastet, gezerrt, gefeilscht, geschwitzt, gewartet, geknipst, gestohlen, gesessen, geschoben, gehalten, gezahlt, gehupt, gelesen, gedacht und gelacht.

Es wird studiert, fotografiert, renoviert, posiert, observiert, flaniert, promeniert, restauriert und abkassiert.

So ähnlich muß es an diesem Platz auch gewesen sein, als das Kolosseum noch intakt und Anziehungspunkt für alle Müßiggänger war, als im Inneren noch Tiere und Menschen aufeinander gehetzt wurden.

Doch in der Zwischenzeit hatte das Kolosseum einen ganz anderen Charakter:

Es war eine Burg der verfeindeten Adelsgeschlechter, ein Ort der Zurückgezogenheit für Mönche und Eremiten, ein heiliger Ort mit einem Kreuz in der Mitte der Arena und einem Kreuzweg am Rande, eine Kirche unter freiem Himmel, ein Ort für Geisterbeschwörungen (so erzählt es auf schaurige Weise der Bildhauer Benvenuto Cellini in seinen Memoiren), ein Steinbruch für Barockpaläste und Lagerhaus für ganz Rom, ein Treffpunkt zwielichtiger Gestalten, Obdachlosenasyl, eine Ziegenweide, ein Biotop mit einer üppig wuchernden Vegetation, obwohl immer wieder seitens der Päpste versucht wurde, den Verfall durch Restaurierungen aufzuhalten.

Für die Besucher des 18. und 19. Jahrhunderts war es vor allem eines:

Der romantischste Ort von Rom.

Scharenweise fuhren empfindsame Gemüter in Kutschen zum Kolosseum, um bei Nacht, Nebel und vor allem bei Mondschein die unheimliche und imposante Ruine aufzusuchen, um im Fackel- und Kerzenschein durch die Bögen und Ränge

Dunkle Gewölbe im Kolosseum

zu wandern und die Licht- und Schatteneffekte zu genießen. (Übrigens war es damals in ganz Europa Mode, mit Fackeln nachts die Museen zu besuchen und im Schein der Flamme Skulpturen zu betrachten.) Maler standen mit ihren Staffeleien in der Arena, um den Zauber auf Leinwand zu bannen. Der leise Ruf einer Eule, ein Lagerfeuer unten in der Arena oder bengalische Beleuchtung steigerten diesen schönen Schauer noch. „Es ist unmöglich die feierliche Größe der Szenerie zu beschreiben. Das Mondlicht floß durch den eingestürzten Teil herein und beleuchtete mit vollem Glanze die besterhaltene Seite. Da in diesem Licht keine Einzelheiten zu sehen waren, konnte man fast meinen, das Kolosseum sei noch ganz mit Zuschauern gefüllt." So faßte die englische Lady Knight 1795 ihren nächtlichen Besuch in Worte.

Zahlreich sind die Berichte über den Zauber solcher nächtlicher Besuchte, aber auch über den Nervenkitzel und die Gefahr, der man sich dabei aussetzte, immer auf der Hut vor Steinschlag oder Überfall. Nur noch literarisch kann man heute das Innere des Kolosseums bei Nacht besuchen, das Monument hat mittlerweile feste Öffnungszeiten und wird bei Sonnenuntergang geschlossen. Die Ruinen sind von den angeblich über tausend Pflanzen gesäubert, die hier Botaniker einmal gezählt haben. Aus dem Inneren sind die Kirche und die Eremitenzellen verschwunden. Das Skelett des Baus ist freigelegt, die unterirdischen Verliese und Zellen ausgegraben und die Bögen vom Schutt der Jahrhunderte befreit. Doch imposant und beeindruckend ist die Ruine immer noch.

Wie schön ein solcher Besuch bei Mondschein war, schildern die folgenden Texte früherer Besucher. Goethe faßte seine Empfindungen mit folgenden Worten zusammen:

„Rom, den 2. Februar 1787
Von der Schönheit, im vollen Mondschein Rom zu durchgehen, hat man, ohne es gesehen zu haben, keinen Begriff. Alles Einzelne wird von den großen Massen des Lichts und Schattens verschlungen, und nur die größten allgemeinsten Bilder stellen sich dem Auge dar. Seit drei Tagen haben wir die hellsten und herrlichsten Nächte wohl und vollständig genossen. Einen vorzüglich schönen Anblick gewährt das Coliseo. Es wird nachts zugeschlossen, ein Eremit wohnt darin an einem Kirchelein, und Bettler nisten in den verfallenen Gewölben. Sie hatten auf flachem Boden ein Feuer angelegt, und eine stille Luft trieb den Rauch erst auf der Arena hin, daß der untere Teil der Ruinen bedeckt war und die ungeheuern Mauern oben drüber finster herausragten; wir standen am Gitter und sahen dem Phänomen zu, der Mond stand hoch und heiter. Nach und nach zog sich der Rauch durch die Wände, Lücken und Öffnungen, ihn beleuchtete der Mond wie einen Nebel. Der Anblick war köstlich. So muß man das Pantheon, das Kapitol beleuchtet sehn, den Vorhof der Peterskirche und andere große Straßen und Plätze. Und so haben Sonne und Mond, eben wie der Menschengeist, hier ein ganz anderes Geschäft als anderer Orten, hier, wo ihrem Blick ungeheure und doch gebildete Massen entgegenstehn. "
(Aus: „Italienische Reise")

Aus der Zeit kurz vor Goethes Aufenthalt in Rom stammt der folgende Text von Jakob Georg Christian Adler, der sich in Rom zwecks „Studium der morgenländischen Literatur und biblischen Kritik" aufhielt. Adler reiste von 1780 bis 1782 nach Italien und blieb 15 Monate in Rom. Ergriffen beschreibt er das große Vergnügen seines nächtlichen Besuchs der Ruine:

„Im Kolosseum.
So viel ich aus den Ruinen erkennen konnte, bestand das Inwendige des Amphitheaters aus drei Absäzzen. Nach einigen Reihen Sizzen übereinander folgte eine Terasse oder ein freier Raum, dann war eine Mauer in die Höhe geführt, in welcher die Öfnungen oder Thüren waren, aus denen man nach der Terasse niederging; über dieser fing dann die zweite Reihe von Sizzen an und so fort. Der einzige zweite Portikus ist noch erhalten und gibt eine unbeschreibliche Idee von Größe. Die Arena ist mit Schutt aufgehäuft, die unterirdischen Behältnisse für die wilden Tiere sind zugegraben, die Sizze teils verfallen, teils weggebracht, das Gewölbe eingestürzt, die marmornen Treppen weggeschleppt, und die ganze Hälfte beinahe bis zur Erde demolirt. – Jetzt ist das Amphitheater – das sollte man sicher nicht rathen – der Sommerpalast der Bettler und das Magazin der Puzzolanerde. Man sieht des Sommers die Bettler bei Schaaren sich in diesen Ruinen versamlen, in welchen sie schlafen. Man kann auch zum Wegweiser, wenn man durch die Ruinen herumklettern will, keinen beßeren als einen Bettler oder Bewoner [sic!] derselben wählen. [...] In dem Koliseo brachte ich einst bei Mondschein einen meiner vergnügtesten Abende zu. Es war Vollmond und ein überaus klarer Himmel. Der Mond warf über die eine halb niedergerißene Seite des Amphitheaters sein Licht auf die gegenüberstehende , die noch in ihrer ganzen Höhe steht. An der einen Seite also der dunkelste Schatten, der allmählig sich verlor, je näher man der gegenüberstehenden kam, und an dieser dann völliges Licht. Dann selbst in dieser prächtig beleuchteten Mauer wieder dunkle Grüfte, nämlich die vormaligen Logen des Theaters. Am Ende des Gebäudes zwischen zwei hohen melancholischen Steineichen brante eine einsame Lampe über dem Häuschen und der Kapelle eines Einsiedlers. Zwischen den Mauern und unter den gewölbten Gängen lagen Schaaren von armen Leuten, die hier ihre Nachtherberge hatten. Und in einiger Entfernung schlug unermüdet die Nachtigall. Ich weilte bis nach Mitternacht mit unbeschreiblichem Vergnügen unter dieser Pracht der Verwüstung ..."
(Aus: „Reisebemerkungen auf einer Reise nach Rom")

Hans Christian Andersen, der große dänische Märchendichter, bereiste vor seiner Zeit als erfolgreicher Schriftsteller Italien. Die Erlebnisse und Eindrücke dort verarbeitete er in einem seiner ersten Romane, in „Der Improvisator" aus dem Jahr 1835, ein Roman, der zu Unrecht zugunsten der Märchen vernachlässigt wird. Andersen erzählt die merkwürdigen Schicksalswindungen im Leben des römischen Waisenkindes Antonio und dessen späteres Auftreten als Improvisator, als Stehgreifdichter. Auf der Flucht vor seinen neuen Zieheltern gelangt der kleine Antonio ins nächtliche Kolosseum:

„Das Mondlicht verbreitete beinahe Tageshelle; jeder Gegenstand zeigte sich deutlich in scharfen Umrissen; ich hörte jemand kommen – gewiß um mich zu suchen. In meiner Angst flüchtete ich mich in das riesengroße Kolosseum, das wie eine ganze Felsenpartie vor mir lag. Ich stand in dem doppelten Bogengange, der groß und wohlerhalten, als wäre er erst gestern vollendet, um das halbe Gebäude läuft. Hier war es stockfinster und eiskalt. Ich ging inmitten der Säulen ein paar Schritte vorwärts, doch

leise, ganz leise; denn das Geräusch der eigenen Fußtritte machte mich noch ängstlicher. Ich gewahrte ein ganz niedrig auf der Erde angezündetes Feuer und konnte davor die Umrisse dreier menschlicher Gestalten unterscheiden. Waren es Bauern, die sich hier ein Nachlager gesucht hatten, um nicht zur Nachtzeit durch die öde Campagna zu reiten? Oder waren es vielleicht Soldaten, die im Kolosseum Wache hielten? Oder wohl gar Räuber? Es war mir, als hörte ich ihre Waffen klirren, und ich zog mich daher leise dorthin zurück, wo die hohen Pfeiler stehen, ohne irgendein anderes Gewölbe als das, das die Gebüsche und Schlingpflanzen bilden. Seltsame Schlagschatten fielen im Mondscheine auf die hohen Mauern; Quadersteine, aus ihren Fugen geglitten und mit Immergrün bewachsen waren, schienen herabstürzen zu wollen und nur an den dichten Ranken festzuhängen.

Oben in dem mittleren Säulengange bewegten sich Leute, gewiß Reisende, die spät im Mondschein diese merkwürdige Ruine besahen; unter ihnen war eine weiß gekleidete Dame. Noch habe ich dies seltsame Bild deutlich vor Augen: wie sie zum Vorschein kamen, verschwanden und in der Beleuchtung des Mondlichts und der roten Fackel sich wieder zwischen den Säulen zeigten. Die Luft war ganz tiefblau; das Gebüsch erschien wie der schwärzeste Sammet: jedes Blatt hauchte Nacht aus. Mein Auge folgte den Fremden. Noch nachdem ich sie ganz aus den Augen verloren hatte, gewahrte ich den roten Schein der Fackel; doch auch sie verschwand, und ringsum herrschte Totenstille.

Hinter einem der vielen hölzernen Altäre, die in der Ruine nebeneinander stehen und die Ruhepunkte der Kreuzwanderung des Erlösers darstellen, setzte ich mich auf ein zerbrochenes Kapitell, das im Grase lag. Der Stein war kalt wie Eis; mein Kopf brannte; es war Fieber in meinem Blute. Schlafen konnte ich nicht, besonders als mir all das einfiel, was mir von diesem alten Gebäude erzählt worden war: von den gefangenen Juden, welche diese großen Steinblöcke für den mächtigen römischen Kaiser hatten aufrichten müssen; von den wilden Tieren, die in diesem Raume miteinander, ja oft auch mit Menschen gekämpft hatten, während das Volk auf den steinernen Stufen saß, die von der Erde bis zu dem obersten Säulengange treppenartig hinaufreichten.

Es raschelte im Gebüsch über mir; ich sah hinauf und es war mir, als sähe ich etwas sich dort bewegen. Ach ja! Ringsum zeigte mir meine Phantasie blasse, düstere Gestalten, die hämmerten und mauerten; ich hörte deutlich jeden fallenden Schlag, sah hagere, schwarzbärtige Juden Gras und Buschwerk ausreißen, um Stein auf Stein zu häufen, bis das ganze ungeheure Gebäude aufs neue errichtet dastand; und nun war alles ein Menschengewimmel, Kopf an Kopf; das Ganze erschien mir noch unendlich größer, ein lebendiger Riesenkörper.

Ich sah die Vestalinnen in langen, weißen Gewändern, sah den prächtigen Kaiserhof und die nackten, blutenden Gladiatoren, vernahm wie es brüllte und heulte in den untersten Bogengängen. Von mehreren Seiten her stürzten ganze Scharen von Tigern und Hyänen heraus, sie eilten dicht an der Stelle, wo ich mich hingeworfen hatte, vorüber; ich spürte ihren brennenden Odem, sah den roten Feuerblick und klammerte mich an dem Stein fest, auf dem ich saß, die Madonna um Rettung anflehend. Aber immer wilder tobte es ringsumher; dennoch gewahrte ich mitten darin das heilige Kreuz, so wie es noch dasteht, das ich stets fromm geküßt hatte, wenn ich dort vorüberkam. Ich strengte alle meine Kräfte an und empfand deutlich, daß ich es mit

meinen Armen umschlang; doch alles ringsum stürzte zusammen: Menschen, Tiere; ich
verlor die Besinnung und fühlte nichts mehr.
Als ich wieder die Augen öffnete, war mein Fieber vorbei; doch ich war entkräftet, und
die Müdigkeit lag mir wie Blei in den Gliedern. Ich lag wirklich auf den Stufen zu dem
großen hölzernen Kreuzes und betrachtete nun die ganze Umgebung; sie hatte gar
nichts Erschreckendes an sich; tiefe Feierlichkeit schwebte über dem Ganzen. Eine
Nachtigall schlug in dem Buschwerk oben an der Mauer und ich dachte an das liebe
Jesuskind, dessen Mutter jetzt, da ich keine mehr hatte, ja auch die meinige war,
schlang meine Arme um das Kreuz, lehnte den Kopf daran und versank bald in
ruhigen, stärkenden Schlaf." [...]
(Aus: „Der Improvisator")

Der nächste Text stammt aus einem der schönsten Rombücher, das jemals geschrieben
wurde: „Die Römischen Spaziergänge" (1829) vom französischen Schriftsteller
Stendhal. Das Buch ist eine Mischung aus Stadtführer und genauer Schilderung der
gesellschaftlichen Verhältnisse der Stadt. Es wurde Stendhals erster großer literarischer
Erfolg, obwohl es wegen der kritischen Ansichten über das Papsttum durchaus ange-
feindet wurde. Das Kolosseum war für Stendhal eines der außergewöhnlichsten Bauwerke der Stadt, dem er ausführliche Besuche und Beschreibungen widmete. Ihm
erschien der Trümmerhaufen vielleicht schöner als in den Tagen seines höchsten
Glanzes. „Damals war es nur ein Theater, jetzt hingegen ist es das schönste Wahrzeichen des römischen Volkes."

„28. November 1828 [...] Heute abend bei schönem Mondlicht besuchten wir das
Kolosseum. Ich hatte geglaubt, wir würden dort eine Stimmung von süßer Schwermut
finden. Was uns jedoch Herr Izimbardi gesagt hat, ist richtig: Dieses Klima ist so
schön und atmet solche Wollust, daß selbst der Mondschein seine Schwermut völlig
verliert. Das schöne Mondlicht mit seiner zarten Traumhaftigkeit findet man an den
Ufern des Sees von Windermere im Norden Englands. Es schlug Mitternacht; der
Kustode war benachrichtigt und öffnete uns. Er wollte uns durchaus begleiten; das ist
seine Pflicht. Wir baten ihn, uns aus der nächsten Osteria einige Flaschen Vino buono
zu holen.
Das Schauspiel, das wir genossen, als wir in diesem ungeheuren Bauwerk allein
standen, war gewaltig, doch ohne jede Schwermut. Es war eine große, erhabene
Tragödie, aber keine Elegie ... Das Mondlicht war so hell, daß wir einige Verse von
Lord Byron lesen konnten."[...]
(Aus: „Römische Spaziergänge")

Eines der klassischen Italienbücher des 19. Jahrhunderts war das Italienbuch von
Viktor Hehn. In mehreren, veränderten Auflagen erschien es während der Um-
wälzungen, die mit der Eroberung Roms 1870 einsetzten. Rom wurde zur Hauptstadt
des italienischen Königreichs, was für die Stadt enorme Veränderungen zur Folge
hatte. Das galt auch für das Kolosseum, denn ab 1870 begannen die Ausgrabungen in
seinem Inneren. Nach und nach kamen die Untergeschosse zu Tage, der romantische
Zustand verschwand. Grundlage für sein Buch waren die Tagebücher von der ersten

Italienreise im Jahre 1839/40. Die folgende Schilderung stammt aus diesen frühen Reisenotizen.

„Rom, den 17. Februar.

Bei vollem Mondschein, der alle Plätze der Stadt wie mit frischem Schnee bedeckte, und noch glühender Weinbegeisterung stürmten wir gestern um 11 Uhr abends aus der Kneipe nach dem Kolosseum. Das ungeheure Gebäude sah innerlich grau und schauerlich aus, ein wüstes Gerippe mit verwitterten Knochen; auswendig umgangen, wächst es auf der nördlichen Seite, wo die vier Stockwerke noch stehen, zu einer schwarzen Riesenwand auf, während auf der südwestlichen jede Bogenöffnung ein seltsames Bild umschließt. Jede dieser Öffnungen ist ein Ausschnitt aus einer phantastischen Welt, in der nichts Wesenhaftes mehr ist, einer Welt aus Lichtstreifen und Linien und Trümmern, ohne zwingendes Gesetz, voll wunderbarer leichtgeborener Anschauungen, dem Worte unfaßlich. Das Mondlicht ist dem Märchen eigen. Der Zufall zog die Umrisse des Verfallenen, das Altertum, das immer voll gedankenschweren Ernstes finster blickt, lächelt ob der leichten Nacht, die hier im Grunde schwarze Finsternis zusammenrafft, dort ihr lustiges Silbergespinst von Pfeiler zu Pfeiler zieht.

Nicht bloß das Kolosseum, das ganze Forum war verwandelt. Jetzt sah man deutlich, wie schwer die Architektur der römischen Triumphbögen ist: der Bogen des Konstantin zeichnete sich in einer schwarzen Ungestalt gegen das Licht, er sah einem Elefanten ähnlich, der auf vier plumpen Füßen einen unförmigen Leib trägt. Nicht bloß phantastische Trümmer, auch jede andre Architektur, vom Mondlicht beschienen, reizt uns mächtig. Denn unser Zeitalter versteht und liebt nur das Malerische, darum beleuchten wir plastische Bildwerke und architektonische Bauwerke. Die einen besuchen wir bei Fackelschein, die andern, wenn der Vollmond auf ihnen liegt.

Die in einem Bogengange rot lodernde Lampe des Wachpostens lockte uns nochmals zum Kolosseum zurück. Jetzt sind hier Wachen aufgestellt; sonst waren die finsteren Gänge die Schlupfwinkel nächtlicher Räuber, eine Romantik mehr, die nun fehlt. So haben sich in den Wüstentrümmern des Morgenlandes räuberische Beduinen niedergelassen, oder ungeheure Schlangen, wilde Raubtiere und stachelige Dornen drohen uns aus verschütteten Mauerhöhlungen. "
(Aus: „Reisebilder aus Italien und Frankreich")

Der letzte Text stammt von der deutschen Autorin Fanny Lewald, die 1847 in Italien unterwegs war. Mit offenen Augen, ohne Vorurteile, aber durchaus kritisch, bereiste sie das Land. Die Reise finanzierte sie aus den Erlösen ihrer ersten erfolgreichen Bücher, der Ortswechsel sollte neue Motive vermitteln. Für die alleinlebende Lewald war die Reise ein Schritt mehr zur persönlichen Freiheit, zur Befreiung von Konventionen, die ihr Leben in Berlin einengten. In Rom besuchte sie das Kolosseum bei Nacht, doch der Zauber eines nächtlichen Besuchs hatte sich herumgesprochen, eine Attraktion, die sich kein Reisender mehr entgehen ließ, von Einsamkeit keine Spur mehr.

„Es ist Mode, das Colosseum im Mondschein mit Fackelbeleuchtung zu betrachten. Die Wirkung ist schön, welche das massenhafte Gebäude gegen den hellen Nachthimmel hervorbringt, und die wilden, hinstreifenden Lichtreflexe der Fackeln

machen einen wunderbaren Eindruck. Indes die Abendbesuche im Colosseum entbehren, grade weil sie in der Mode sind, den Hauptreiz der Einsamkeit. Wie vor einem Theater halten die Equipagen an dem Eingang, und in allen Sprachen hört man die umherspazierenden Fremden ihre Bewunderung ausdrücken, dort, wo vielleicht ihre Vorfahren, als gefangene Barbaren sterbend, die grausame Schaulust der Römer ergötzten.

Aber wenn man früh am Morgen in das Colosseum wandert, dann genießt man es allein, ungestört und deshalb um so reicher. [...] Einsam geht man die Via Sacra entlang und tritt in den weiten Circus des Colosseums.

Alles ist still. In drei Reihen erheben sich die riesigen Bogenhallen des Theaters übereinander. Der rötliche Stein spielt in vielfarbigem Schimmer, so daß man den Marmor nicht vermißt, welcher ihn überkleidete. Einzelne Wände, ganze Teile des Gebäudes stehen in ihrer ursprünglichen Herrlichkeit da; andere hat die Zeit zerstört. Zwischen dem Bestehenden und Verfallenen füllt die Natur die Lücken aus. Reiches Grün wuchert von den Sitzreihen hervor; wo sonst die schönen Frauen Roms hinabsahen auf das blutige Spiel, blühen Goldlack und Nelken. Statt der reichen Geschmeide, die hier funkelten, blitzt der Tau in unzähligen glänzenden Tropfen; kein Schmerzenslaut sterbender Menschen und Tiere erklingt, nur leiser, süßer Vogelgesang tönt von dem blauen Himmel nieder, dessen goldenes Licht selbst dem kalten Gemäuer Wärme und Farben verleiht." [...]
(Aus: „Italienisches Bilderbuch")

Kolosseum: Piazza del Colosseo. Winter täglich außer Sonntag und Mittwoch 9.00 Uhr – 16.30 Uhr, im Frühling bis 17.30 Uhr, im Sommer bis 19.00 Uhr, im Herbst bis 17.00 Uhr. Sonntag und Mittwoch 9.00 Uhr bis 13.00 Uhr

DIE ÜBERSCHWEMMUNG DER PIAZZA NAVONA

Die Piazza Navona ist einer der schönsten römischen Plätze, ein Anziehungspunkt für Einheimische und Fremde, mit vielen Cafés, Eisdielen und Restaurants, mit einem der schönsten Brunnen der Stadt. Seine ungewöhnliche gestreckte Hufeisenform verdankt der Platz dem Umstand, daß an dieser Stelle Kaiser Domitian im 1. Jahrhundert n. Chr. ein Stadion für die von ihm besonders geschätzten griechischen Kampfsportarten errichten ließ. Hier betätigte man sich sportlich, Wagenrennen fanden hier nie statt, daher fehlte im Stadion auch die Spina, die in einem Circus normalerweise die Fahrbahnen von einander trennte. Überreste des Baus, darunter ein ehemaliges Portal des Stadions, sind auf der Rückseite der Häuser heute noch sichtbar, tief unter dem Straßenniveau der im Norden anschließenden Piazza di Tor Sanguigna. Auch auf der Außenseite folgen die runden Fassaden dem ehemaligen Verlauf des Stadions. Der Legende nach fand in einem der Räume unter dem Stadion das Martyrium der hl. Agnes statt, zu Ehren der Heiligen errichtete man darüber die Kirche S. Agnese in Agone. Agone bedeutet „auf dem Kampfplatz", aus Agone wurde nach und nach der heutige Name „Navona".

Die ehemalige Arena blieb frei von Bebauung, in und über den Ruinen der Tribünen entstanden Häuser und die Kirche. Auf der westlichen Längsseite errichteten die Pamphilj ihren Stadtpalast, was für die weitere Entwicklung des Platzes von großer Bedeutung war, wurde er doch damit zum Forum, zum „Salon" der Familie, die ihn prächtig ausschmückte. Von Papst Innozenz X. Pamphilj erhielt Bernini den Auftrag zur Errichtung des imposanten Vierströmebrunnens. Der Platz war einer der zentralen Festplätze Roms, er erlebte Feuerwerke, Theateraufführungen, Pferderennen, Stierkämpfe. Noch heute findet der römische Weihnachtsmarkt auf dem Platz statt, und der tägliche Besucherstrom im Sommer macht aus ihm wieder ein Theater und einen Jahrmarkt unter freiem Himmel mit allerlei Gauklern, Wahrsagern, Händlern und Straßenmalern, die in Scharen auf Kunden warten.

Doch eine lange gepflegte Tradition ist verschwunden:
Der „Lago di Piazza Navona".
Zum ersten Mal feierte man dieses kuriose Wasserfest 1652. Schnell wurde es fester Bestandteil der römischen Sommerfeste, zu denen man auch die Feuerwerke, die Tierhetzen und Stierkämpfe im Augustus-Mausoleum zählte.
An jedem Augustwochenende verstopfte man die Abflüsse der Brunnen, damit das Wasser aus den Becken überlief und sich über den Platz verbreitete. Der ganze Platz wurde zum See. Das besondere Vergnügen war dann, daß die Adeligen, aber auch reiche Bürger in eigenen oder Mietkutschen durch das Wasser fuhren, während sich am Rande, am Ufer, die Zuschauer und viele Händler scharten. Strenggenommen war das Fest nicht besonders appetitlich, das Wasser war wegen der Kutschen und Tiere bald mit Dreck und Kot verunreinigt und wurde zu einer braunen Brühe. Deswegen wurde es aus hygienischen Gründen wenige Jahre später untersagt. Doch ab 1703 feierte man

Vierströmebrunnen

es erneut, eine Tradition, die bis ins Jahr 1866 andauerte. Von den letzten Überflutungen existieren sogar schon Fotos.

Der deutsche Dichter Wilhelm Müller erlebte 1818 dieses etwas „zweifelhafte" römische Sommerfest. Die von ihm (und von allen möglichen Fremdenführern) erzählte Anekdote über die Stellung der Statuen des Brunnens, ist übrigens falsch, denn der Brunnen stand bereits vor der Vollendung der Kirche.

Rom, den 18. August
[...] Ich ging vorgestern zuerst nach der Piazza Navona. Es war um die Zeit der Lustfahrt, gegen fünf Uhr nach unsrer Rechnung, wo die Häuser schon breite Schatten werfen, daß wenigstens der überschwemmte Teil des Platzes damit bedeckt wird. In der Mitte des fast eirunden Raumes erhebt sich eine große Fontäne mit einem ägyptischen Obelisken und vier kolossalen Statuen, die auf der Felsmasse, die jenem zur Basis dient, sitzen und lagern. Sie stellen die Hauptströme der Welt vor und sind wie die Anlage des ganzen Springbrunnens von der Erfindung des Bernini. (Von einer dieser Statuen, welche die Hände gegen die Kirche S. Agnese ausstreckt, erzählt man die Anekdote, es habe Bernini durch diese Stellung den schlechten, verhältnislosen Bau dieser Kirche aushöhnen wollen, so daß sein Koloß die einstürzende Fassade auffangen solle. Der Einfall ist nicht übel und läßt den Ungeschmack des eigenen Bauwerks einigermaßen übersehen.) Aus den Urnen dieser Flußgötter wird der unmerklich vertiefte Umkreis der Fontäne, etwa ein Drittel des Platzes, bis zu einer Höhe von zwei Fuß überschwemmt. Montags wird das Wasser durch Röhren wieder abgeleitet, und der Platz bleibt frei bis zum nächsten Sonnabend, wo nach geschlossenem Markte die Urnen abermals überzuströmen beginnen. Das trockene Pflaster rings um den See ist mit Buden, Spaziergängern und Zuschauern angefüllt, die sich zum Teil auf Stühlen und Bänken ausruhen, teils die breite Treppe vor der Kirche S. Agnese zu ihren Sitzen gewählt haben. Auch die Fenster und Balkone sind bunt mit Köpfen besetzt, und für eine kleine Erkenntlichkeit kann jeder Fremde sich ihrer bedienen. Unter den Buden zeichnen sich die hohen Gestelle der Wassermelonenverkäufer aus, die fast wie rote

Neptunbrunnen

Türme anzusehen sind, wenn die geschnittenen Früchte sie bis zum Gipfel bedecken. Aber alle Augen sind auf den See gerichtet.

Dieser wimmelt und schäumt von glänzenden Staatskarossen, leichten Kaleschen, Leiterwagen, Reitern, Handpferden und Eseln. Der Marchese fährt mit seiner Dame in langsamer Parade um die Fontäne, das Wasser geht bis an die Achsen und drüber, und die Rosse wiehern vor Lust in dem frischen Fußbade. Daneben treibt der Bauer sein müdes Vieh in die Schwemme, und ein andrer Signore reitet mit kurzen Steigbügeln hinterdrein. Aber der reiche Landmann hat seine ganze Familie in festlichem Putze auf einen großen Heuwagen geladen, und so läßt er sie mitten unter Prinzen und Marchesen der vornehmen Kühlung genießen. Die Buben streifen sich die weiten Hosen über die Knie und plätschern am Rande umher, ihre Gespielen besprützend, bis sie etwa einem Erwachsenen zu nahe kommen, der sie dann herausjagt. Die Kutscher hingegen fahren sehr behutsam, besonders wenn sie herauslenken, damit die Umstehenden sich nicht zu beklagen haben, denn das Wasser ist vom Staube schmutzig geworden. So treibt man sich, im Nassen und im Trockenen, bis gegen Sonnenuntergang auf dem Platze umher; der Corso ist heute öde und leer, und auf dem Monte Pincio wird man höchstens einem schwermütigen Engländer begegnen.

Was meinst Du zu diesem Feste? Die antiken Herren vergegenwärtigen sich durch dasselbe eine Naumachie. Glück zu! Ich will es nehmen, wie es ist, und nächsten Sonntag mit meinen Freunden einen Wagen mieten, um es auch von innen kennenzulernen. [...]

(Aus: „Rom, Römer und Römerinnen")

Die Illumination der Peterskuppel und die Girandola

Früher wie heute ziehen die Feierlichkeiten der Osterwoche die Reisenden und Pilger magisch an. Zwar waren es ehemals nicht so viele Besucher wie heute, doch das Gedränge war genauso groß. Der Besuch der Feierlichkeiten in der Hauptstadt der Christenheit war ein „Muß" auch für all jene, die vom katholischen Glauben nicht sehr viel hielten. So zogen englische Ladies und Gentlemen scharenweise in die Peterskirche oder in die Sixtinische Kapelle, um den Gottesdiensten und Zeremonien beizuwohnen, man begab sich schon Stunden vorher dorthin, um sich einen guten Platz zu sichern. Zeitgenossen sprachen von der Heiligen Woche wie von einem großen Schauspiel in mehreren Akten für die Fremden, denn die Einheimischen kümmerten sich kaum darum, und für sie wäre in der Sixtinischen Kapelle auch gar kein Platz mehr gewesen.

Eine besondere Attraktion war die Aufführung des berühmten „Miserere" von Gregorio Allegri, das nur in der Karwoche erklang, gesungen von den Kastraten des päpstlichen Chores, deren Stimmen man mit Engeln verglich. Optischer Höhepunkt war am Abend des Ostersonntags (und an anderen hohen Festtagen wie dem Peter-und-Paul-Fest) die Beleuchtung der Vorhalle, Fassade, Kolonnaden und Kuppel der Peterskirche mit vielen Tausenden von kleinen Flammen und Laternen.

Abschluß der Osterfeierlichkeiten war neben der Erleuchtung der Kuppel der Peterskirche das berühmte Feuerwerk auf der Engelsburg, die Girandola. Der Legende nach soll sich dieses Spektakel Michelangelo ausgedacht haben, Bernini soll es vervollkommnet haben. Von der Spitze der Engelsburg schoß kelchförmig das Feuer in die Höhe und vergoldete die Umgebung. Den besonderen Effekt ergab die Spiegelung im Wasser des Tibers. Es wurde bis zum Ende des 19. Jahrhunderts an hohen Festtagen veranstaltet, so am Abend des Ostermontags oder auch am 29. Juni, dem Peter-und-Paul-Fest.

Die Kuppel der Peterskirche im Gegenlicht

Diese Illuminationen müssen für die Menschen ein unvergleichliches Spektakel gewesen sein, in einer Zeit, als man nur Kerzen- oder Gasbeleuchtung kannte. Das Besondere an der Kuppelbeleuchtung war, daß die Beleuchtung trotz des großen Aufwands auf ein einziges Zeichen hin fast gleichzeitig an allen Punkten dank einer riesigen Menge Arbeiter aufflammte. Bis 1870 fand diese Erleuchtung regelmäßig statt, später dann erst wieder von 1925 bis 1947. Noch heute sieht man von der obersten Plattform der Kuppel viele kleine schwarze Pfannen auf den Rippen der Kuppel, in denen einst Feuer brannte. Doch mittlerweile sind sie nutzlos geworden, da man elektrisches Licht verwendet. Der einzigartige Zauber der nächtlichen Illumination verschwand, die Beleuchtung der Kuppel wurde zur Alltäglichkeit, die man wie selbstverständlich hinnimmt.

Goethe erlebte die Beleuchtung der Kuppel anläßlich des Peter-und-Paul-Festes am 29. Juni 1787

„Das große Fest St. Peter und Paul ist endlich auch herangekommen; gestern haben wir die Erleuchtung der Kuppel und das Feuerwerk vom Kastell gesehn. Die Erleuchtung ist ein Anblick wie ein ungeheures Märchen, man traut seinen Augen nicht [...] Die schöne Form der Kolonnade, der Kirche und besonders der Kuppel erst in einem feurigen Umrisse und, wenn die Stunde vorbei ist, in einer glühenden Masse zu sehn, ist einzig und herrlich. Wenn man bedenkt, daß das ungeheure Gebäude in diesem Augenblicke nur zum Gerüste dient, so wird man wohl begreifen, daß etwas Ähnliches in der Welt nicht sein kann. Der Himmel war rein und hell, der Mond schien und dämpfte das Feuer der Lampen zum angenehmen Schein, zuletzt aber, wie alles durch die zweite Erleuchtung in Glut gesetzt wurde, ward das Licht des Mondes ausgelöscht. Das Feuerwerk ist wegen des Ortes schön, doch lange nicht verhältnismäßig zur Erleuchtung." [...]
(Aus: „Italienische Reise")

Das Italienbuch von Johann Wilhelm von Archenholz erschien 1785 und wurde zu seiner Zeit viel gelesen und als eine Art Reiseführer verwendet. Ausführlich schilderte die Beleuchtung der Peterskuppel. Er geht auch auf die Gefahren ein, der sich die Arbeiter beim Entzünden aussetzen:

„Vermittelst einer lebhaften Einbildungskraft kann man sich, nach richtigen Beschreibungen, deutliche Vorstellungen von den außerordentlichen Dingen machen, ja sehr oft übertrifft die Idee die Sache selbst. Indessen sieht man bisweilen sinnliche Gegenstände, die keine Beschreibung erreicht und keine Phantasie darstellen kann. Unter diese gehört die Erleuchtung der Peterskuppel; ein Schauspiel, dem nichts gleichkommt und worauf große Summen verwandt werden. Die Illumination hat zwei Abteilungen. Sobald es finster wird, steckt man die kleinen Lampen an, die nichts weiter als Lichter sind, mit einer papiernen Hülle umgeben. Diese anscheinende Kleinigkeit wird durch die ungeheure Anzahl der Lampen zu einer kostbaren Angelegenheit. Die zierliche Anordnung derselben vermehrt die Pracht des Anblicks und übertrifft bei weitem die zweite Erleuchtung, die zwei Stunden später geschieht. Diese besteht aus fünfhundert Pechpfannen, womit die Kuppel gleichsam bedeckt ist und deren gewaltiges Feuer den Schein aller Lampen so sehr verdunkelt, daß man sie gar

nicht mehr sieht. Das Signal zur Anzündung wird durch eine Fackel gegeben, mit welcher ein Mann auf die Spitze des Kreuzes, das auf der Kuppel steht, klettert und die brennbaren Materien daselbst in Brand steckt. Diese Expedition ist ausnehmend gefährlich, denn fällt er, wie sichs bisweilen zuträgt, so ist er des Todes. Auch beichtet er vor der Unternehmung; ist sie aber glücklich ausgeführt, so erhält er fünf Scudi. Sobald dieses gefahrvolle Zeichen gegeben ist, steht in einigen Sekunden die Kuppel in vollen Flammen; eine Verwandlung, die mit einer solchen erstaunlichen Geschwindigkeit bewirkt wird, daß es einer Zauberei ähnlich ist. Sie geschieht durch fünfzig Männer, die so geschickt als schnell dabei zu Werke gegen, nachdem vorher alles sehr sinnreich eingerichtet ist. Diese Illumination sowohl als das Feuerwerk von der Engelsburg geschieht immer zwei Tage hintereinander, weil der Tag vor dem Feste, nach der römischen Etikette, schon einen Teil des Festes ausmacht. Bei der Anwesenheit durchlauchter Gäste wird die Erleuchtung noch vermehrt." [...]
(Aus: „Rom und Neapel")
Folgendermaßen beschreibt 1827 der deutsche Dichter August von Platen in einen Brief an einen Freund die Kuppelbeleuchtung und das berühmte Feuerwerk:

[...] „Ein andres Fest ist die Beleuchtung der Kuppel, Fassade und der Säulenhallen auf dem Petersplatz, welche in zwei Verwandlungen vor sich geht und den grandiosesten Effekt eigentlich in der Ferne, z. B. auf dem Monte Pincio macht. Den Schluß [der Feierlichkeiten der Karwoche] des Ganzen und das Schönste von allem ist die sogenannte Girandola, ein Feuerwerk, das nach der Angabe Michelangelos, in der Form des Vesuvs, von den Zinnen der Engelsburg abgefeuert wird. Das läßt sich nun freilich nicht beschreiben; aber es ist ein so großartiges Schauspiel, als man nur irgend in der Welt sich denken kann. Man muß sich aber dabei die Engelsburg, diesen babylonischen Turm, dieses Riesengrab des Kaisers Hadrian, diesen kolossalen Festungsbau des modernen Roms vorstellen, zu dessen Füßen die [sic!] Tiber fließt, in deren Wellen sich Flammen, die das ganze Firmament bedecken, abspiegeln. Dies ist das Osterfest in Rom, das mit leisen Klagesängen, wie mit Äolsharfen, anfängt und mit dem lautesten Jubel, dem Geläut aller Glocken und dem Donner aller Kanonen schließt."
(August von Platen, Brief an Friedrich von Fugger vom 19. April 1827. Entnommen aus „Deutsche Briefe aus Italien")

Friedrich Hebbel erlebte 1845 die Feierlichkeiten der Karwoche die Kuppelbeleuchtung und die Girandola. In einem Brief nach Deutschland erzählt er von den Ereignissen:

„Abends [Ostersonntag] wurde die Petrikirche von oben bis unten beleuchtet. Das ist ein einziger Anblick; besonders der Moment, wo die einfache Lampenbeleuchtung sich, wie auf einen Zauberschlag, in eine flammende Fackelillumination verwandelt. Zuerst erscheint eine einzelne Fackel, die ein Mensch, rasch emporsteigend, oben auf dem eisernen Kreuz befestigt; hierauf steht das ganze ungeheure Gebäude, wie im Nu, in seiner Glorie da, es ist wie ein Flammenfrühling, den die Nacht auf einmal gebiert. Montagabends die Girandola (sprich Schi), ein großes Feuerwerk, das jährlich zu Ostern auf der Engelsburg abgebrannt wird, auch sehr schön und, obgleich ich in

Paris wohl noch brillantere gesehen habe, doch wirksamer als alle, weil man es des hohen Gebäudes wegen besser sieht. Die Engelsburg war ursprünglich das Grabmal des Kaiser Hadrians, der sie bei seinen Lebzeiten aufführen und rund herum mit Marmor, von dem man jetzt keine Spur mehr erblickt, verkleiden ließ; sie bildet ein rundes Oval und ist im edelsten Stil. Ihre Größe ergibt sich aus ihrer gegenwärtigen Bestimmung von selbst; vielleicht hätte man den alten Kaiser ruhig schlafen lassen, wenn er sich mit einer bescheideneren Grabstätte begnügt hatte. Es machte einen eigenen Eindruck, sie mit bengalischer Flamme beleuchtet zu sehen, wenn man sich an ihre ursprüngliche Bestimmung erinnerte; es war, als ob die Gegenwart der Vergangenheit ihre Zunge zeigte. "[...]
(Friedrich Hebbel, Brief an Elise Lensing vom 30. März 1845. Entnommen aus „Deutsche Briefe aus Italien")

Der letzte Text stammt von Charles Dickens, der während seines Romaufenthaltes Zeuge der zwei Illuminationen wurde:

„But, when the night came on, without a cloud to dim the full moon, what a sight it was to see the Great Square full once more, and the whole church, from the cross to the ground, lighted with innumerable lanterns, tracing out the architecture, and winking and shining all round the colonnade of the piazza! And what a sense of exultation, joy, delight, it was, when the great bell struck half-past seven – on the instant – to behold one bright red mass of fire, soar gallantly from the top of the cupola, to the extremest summit of the cross, and the moment it leaped into its place, become the signal of a bursting out of countless lights, as great, and red, and blazing as itself, from every part of the gigantic church; so that every cornice, capital, and smallest ornament of stone, expressed itself in fire: and the black solid groundwork of the enormous dome seemed to grow transparent as an eggshell!
A train of gunpowder, an electric chain – nothing could be fired more suddenly and swiftly than this second illumination; and when we had got away, and gone upon a distant height, and looked towards it two hours afterwards, there it still stood, shining and glittering in the calm night like a jewel! Not a line of its proportions wanting; not an angle blunted; not an atom of its radiance lost.
The next night – Easter Monday – there was a great display of fireworks from the Castle of St. Angelo. We hired a room in an opposite house, and made our way, to our places, in good time, through a dense mob of people choking up the sqaure in front, and all the avenues leading to it; and so loading the bridge by which the castle is approached, that it seemed ready to sink into the rapid Tiber below. There are statues on this bridge (execrable works), and, among them, great vessels full of burning tow were placed: glaring strangely on the faces of the crowd, and not less strangely on the stone counterfeits above them.
The show began with a tremendous discharge of cannon; and then, for twenty minutes or half an hour, the whole castle was one incessant sheet of fire, and labyrinth of blazing wheels of every colour, size, and speed: while rockets streamed into the sky, not by ones or twos, or scores, but hundreds at a time. The concluding burst – the

Girandola – was like the blowing up into the air of the whole massive castle, without smoke or dust.

In half an hour afterwards, the immens concourse had dispersed; the moon was looking calmly down upon her wrinkled image in the river; and half-a-dozen men and boys, with bits of lighted candle in their hands: moving here and there, in search of anything worth having, that might have been dropped in the press: had the whole scene to themselves. "

(Aus: „Pictures from Italy")

RÖMISCHE KUPPELN

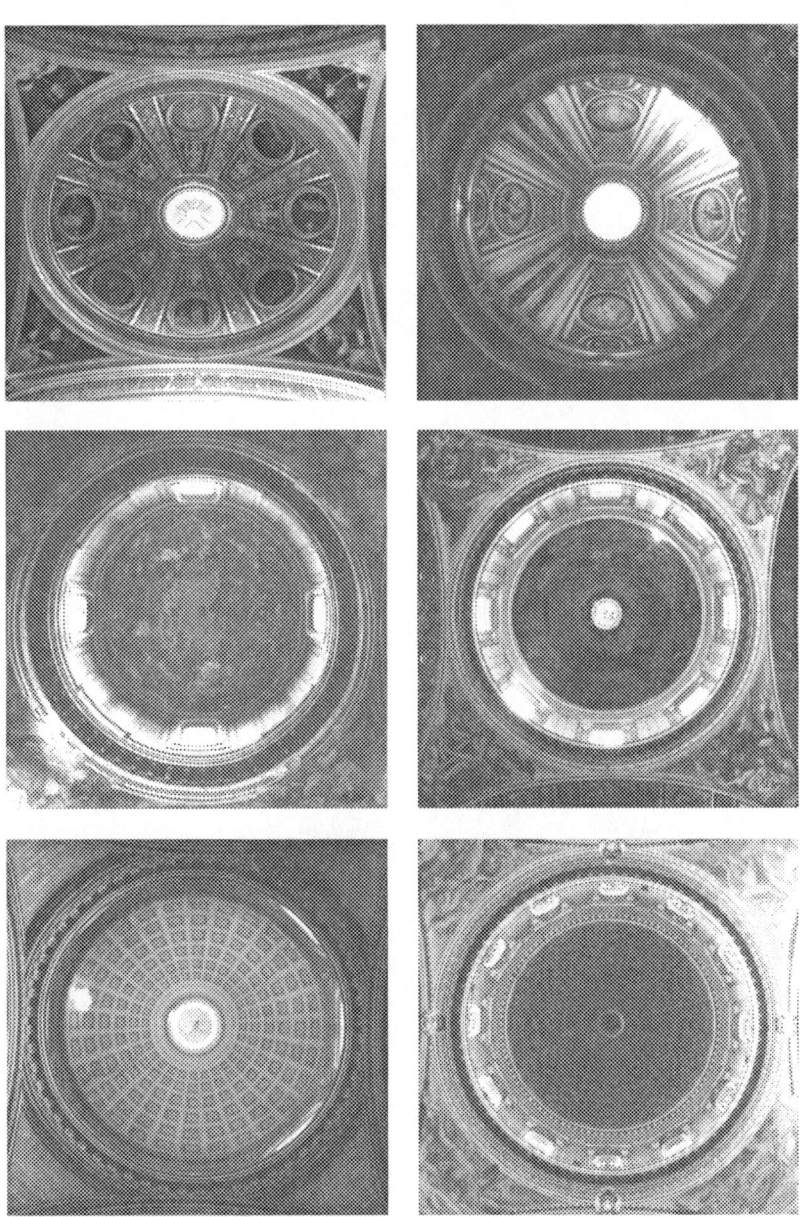

SS. Apostoli / S. Antonio dei Portoghesi
S. Andrea delle Fratte / S. Andrea della Valle
S. Maria in Campitelli / S. Carlo ai Catinari

RÖMISCHE KUPPELN

S. Carlo alle Quattro Fontane / Peterskirche

AUF DER SUCHE NACH DER VERLORENEN STADT: DIE VERÄNDERUNGEN ROMS

Via Sistina / Das Nationaldenkmal vom Gianicolo aus

ARCHITEKTUR UND STEIN: TRAVERTIN, DER BAUSTOFF ROMS

Der Baustoff, der in Rom am meisten verwendet wurde und wird, ist nicht Marmor, sondern der einheimische Travertin. Das fällt dem Reisenden schon bei der Ankunft auf, die Träger an den Bahnsteigen der Stazione Termini sind mit Travertinplatten verkleidet. Travertin verfolgt einen auf Schritt und Tritt: An den Wänden der U-Bahn und an anderen öffentlichen Bauwerken bemerkt man Travertin, man läuft auf Travertin, man läßt sich auf Stufen oder Bänken aus Travertin nieder, man besucht Kirchen aus Travertin oder bewundert Paläste aus Travertin.

Travertin, den Namen verbindet man überall auf der Welt mit Rom, denn nirgendwo sonst gibt es ein so großes Vorkommen und eine derartige Verwendung wie hier, auch wenn der Stein mittlerweile in alle Welt exportiert wird. Deutschland, Japan, Saudi-Arabien und die Vereinigten Staaten sind die größten Abnehmer. So leuchtet Travertin unter kalifornischer Sonne an den Außenwänden des riesigen neuen Getty-Centers in den Hügeln über Santa Monica, des wohl größten Kunstkomplexes der Welt. Ludwig Mies van der Rohe hat Travertin für den Bau seines epochalen Pavillons für die Weltausstellung in Barcelona verwendet. Also kein Stein für Bauwerke der Vergangenheit, sondern ein Stein, der von zeitgenössischen Architekten aus aller Welt geschätzt wird.

Obwohl der Stein fast schon zum Synonym für das römische Stadtbild geworden ist, stammt er nicht aus der Stadt. Der Name verrät die Herkunft: Travertin läßt sich vom lateinischen „Lapis tiburtinus" ableiten, d. h. „Stein aus Tibur". Tibur war der antike Name der Stadt Tivoli, circa 50 km östlich von Rom. Tivoli, herrlich gelegen auf einem Ausläufer der Sabiner Berge, war ein beliebtes Ziel für die Städter, wenn ihnen im Sommer die Stadt zu heiß und zu ungesund wurde. Man zog in die Umgebung, in die kühleren und windigeren Hügel um Rom. Dieser sommerlichen Stadtflucht verdankt Tivoli seine Sehenswürdigkeiten, vor allem die Villa d'Este mit ihren unzähligen Brunnen und dem wunderschönen Park. Am Fuß des Hügels in der Ebene lockt die Villa des Kaisers Hadrian, eine wichtige und weitläufige Ausgrabungsstätte inmitten einer romantischen Parklandschaft.

Fährt man von Rom in Richtung Tivoli, übersieht man kaum die enormen Löcher in der Landschaft. Riesige Steinbrüche links und rechts der Straße, senkrecht in die Tiefe abfallend, dazu oft altertümliches und modernstes Gerät nebeneinander, Berge von Schutt und Bruch zeugen von der Beliebtheit des Steines durch die Jahrhunderte, durch die Jahrtausende. Ca. 1.300.000 Tonnen werden jährlich abgebaut, ungefähr 80% der weltweiten Produktion stammt aus Italien.

Travertin ist eigentlich nichts anderes als eine besondere Art von Kalksinter. Sinter sind mineralische Ausscheidungen an Quellaustritten. Bekannt sind die großen Kalksinterterrassen von Pamukkale in der Türkei, die wie eine erstarrte Schneelandschaft aussehen, aber auch Tropfsteine in Höhlen gehören zu den Sintergesteinen. Das Gebiet um Tivoli und die umgebenden Sabinerberge sind reich an Wasser und Quellen, über etliche Aquädukte holten die antiken Römer schon ihr Wasser aus dieser Gegend. Dieser Wasserreichtum trug erheblich zur Bildung des Gesteins bei. Der Stein entsteht aus den Ablagerungen von stark kalkhaltigem Wasser, durch verschiedene chemische Prozesse zerfallen die im Wasser gelösten Verbindungen und die unlöslichen Bestandteile lagern sich in Form von Kalk oder kieseligen Bindungen ab. Ist das Wasser besonders kalkhaltig entstehen Poren. Der im Wasser gelöste Kalk schichtet sich abhängig von der Wassermenge und der Kalkhaltigkeit unregelmäßig, dabei sind Einschlüsse von Muscheln oder anderem möglich, im Travertin sind Fossilien keine Seltenheit. Im Laufe der Zeit entsteht der Stein durch Verdichtung.

Im Gegensatz zu den schneeweißen Terrassen in der Türkei hat der römische Kalksinter, der Travertin, eine beige-hellgelbe Farbe. Der Stein ist von ungleichmäßigen Poren durchzogen und leicht gebändert, da die Ablagerungen nicht regelmäßig erfolgten. Seine langsame Entstehung ist sichtbar, man denkt an die Jahresringe eines Baumes, wenn man die Bänder im Stein verfolgt, dazwischen immer wieder diese kleinen Löcher. Kein vollkommen perfekter oder makelloser Stein wie Marmor aus Carrara, aber vielleicht gerade deswegen so interessant für Architekten. Vielleicht ist ihnen insgeheim bewußt, wie sehr der Charakter und das Aussehen des Steins zu dieser Stadt paßt. Wie Travertin setzt sich Rom aus übereinanderliegenden Schichten zusammen, durchsetzt mit Einschlüssen, entstanden auf dem Schutt der Jahrtausende, auf unregelmäßigen Schuttebenen, die der Grund für das merkliche Wachstum der Stadt nach oben waren. Wie die Poren im Stein, doch hier vertikal, sind diese Schichten der Stadt von Löchern und Gräben durchzogen, die Einblick in tiefere Ebenen gestatten, in frühere Zeiten, in denen das Aussehen der Stadt ein ganz anderes war.

Das Vorkommen des Travertins ist nicht nur auf Tivoli beschränkt. Es gibt Travertin aus der Toskana und den Marken, allerdings mit anderen Farben, von gelblich bis grau oder braun. Ansonsten sind Vorkommen des Steins eher selten. In Deutschland gibt es vereinzelt Fundstellen, so in der Nähe von Bad Cannstatt bei Stuttgart und in der Gegend von Weimar, doch die Farbe der deutschen Variante läßt sich nicht mit dem Aussehen des römischen Travertins vergleichen.

Der Stein läßt sich nach dem Abbau gut bearbeiten, man kann ihn schleifen, polieren, er verhärtet sich an der Luft und weist damit eine beachtliche Resistenz gegen Umwelteinflüsse auf. Trotzdem machen ihm die aggressiven Abgase in den Städten zu schaffen.

Schon die Römer verwendeten den Stein aus der Umgebung. Der antike Architekturtheoretiker Vitruv erwähnt den Baustoff in seinen Schriften und bemerkt die Belastbarkeit und die Unempfindlichkeit gegenüber Witterungseinflüssen, jedoch die geringe Resistenz bei Feuer, das den Stein zum Zerbröseln bringt. Fast das ganze Kolosseum oder das Marcellus-Theater sind aus Travertin gebaut, auch wenn man den Baustoff unter der dicken Dreckschicht kaum noch erkennen kann. Beim Großteil der kaiserzeitlichen Bauwerke wurde neben Marmor vor allem Travertin verwendet. Auch die Peterskirche wurde im 16. Jahrhundert aus Travertin errichtet. Die Beliebtheit des Steines sorgte nicht nur für aufregende Bauwerke, sie führte auch dazu, daß diese Bauwerke demontiert wurden. Es war natürlich leichter, billiger und ungefährlicher, in der Stadt vorhandenes Material zu verwenden, als es aus den alten Steinbrüchen zu holen und auf schlechten Wegen in die Stadt zu transportieren. Durch den enormen Einwohnerschwund wurden viele antike Gebäude nutzlos, durch die neue christliche Religion verloren die heidnischen Tempel ihre Bedeutung. Wie in einem gigantischen Recyclingverfahren wurde das Baumaterial wiederverwendet. Nicht die Einfälle von

Barbaren und deren Plünderungen waren es, die Rom zerstörten, es waren fast immer die Bewohner selbst!

Die Säulen der Tempel wanderten in die neuen christlichen Kirchen, man muß sie nur genau betrachten, schon erkennt man unterschiedliche Formen, Größen und andersartige Kapitelle. Die Cosmaten verwendeten die Reste für ihre großartigen Dekorationen, sie zersägten die Säulen oder Steinblöcke und schufen damit die prächtigen Kirchenausstattungen.

So diente das Kolosseum als Steinbruch, die Steine des Monuments sind heute in Bauten in der ganzen Stadt eingemauert. Dieser Raubbau ging bis in die Barockzeit, obwohl man schon in der Renaissance den Wert und die Schönheit der antiken Gebäude wiederentdeckte und schätzte. Doch wenn der finanzielle Nutzen den ästhetischen überwog, wurden sogar große Baumeister schwach und schreckten nicht davor zurück, die Werke ihrer antiken Kollegen zu plündern. In Rom sagt man, falls es irgendeinmal zu einer Art Wiederauferstehung der antiken Bauten kommen sollte, würde der Großteil der mittelalterlichen und barocken Gebäude ganz verschwinden oder nur noch als Ruine dastehen.

Was nicht mehr für Neubauten verwendungsfähig war, wurde auf ganz rigorose Weise verwertet: Der viele Marmor und der Travertin, sei es in Form von Bauteilen oder als Skulpturen, wanderte in den Ofen. Bis in die Barockzeit gehörten die großen Kalköfen zum gewohnten Stadtbild Roms, fast schon ein Symbol der Vergänglichkeit des irdischen Daseins. Sie befanden sich immer in der Nähe von Ruinen oder direkt in ihnen, man kann betriebswirtschaftlich von einer Minimierung des Transportweges bei gleichzeitiger Optimierung der Lagerbestände sprechen. Das permanente Rauchen ihrer Kamine war ein Zeichen für die Menge der „Rohstoffe" und für die große Nachfrage, als die Stadt sich wieder bevölkerte und die Bautätigkeit anstieg. Übrig blieb nur Kalk, verwendet für Gebäude oder weiße Wände.

Wie viele Skulpturen mögen in diesen Öfen verschwunden sein, sei es aus Geldgier, Achtlosigkeit oder religiösem Fanatismus! Andererseits, welch große Menge an Skulpturen füllen immer noch die Säle der römischen Museen und des Vatikans, trotz zweitausend Jahre Raubbau durch Verfeuerung oder Verkauf ins Ausland. Wie groß muß erst die Menge in der Antike gewesen sein, als aus dem ganzen Imperium die schönsten Stücke der Provinzen in die Hauptstadt transportiert wurden. Nichts blieb von der Pracht, mit der die Kaiser die Stadt verschönerten, doch nur dadurch konnte die Stadt entstehen, die wir heute kennen und bewundern. Nichts bleibt bestehen, alles fließt, alles verändert sich. Schicht auf Schicht entstand über den Ruinen eine neue Stadt.

Der weiße Marmor ist aus dem Stadtbild größtenteils verschwunden, nur der Sündenfall des schneeweißen Nationaldenkmals stört die Farbharmonie. Aus der Marmorstadt wurde die Travertinstadt, der Stein, der heute der Stadt die unnachahmliche Farbe verleiht.

ARCHITEKTUR UND RELIGION: SIXTUS V.

Ein besonderes Pontifikat für die Stadt war das von Sixtus V. Ende des 16. Jahrhunderts. Obwohl es nur fünf Jahre dauerte, setzte Sixtus in dieser knappen Zeit mit seinen Straßenbauten urbanistische Maßstäbe, die sich bis heute bewährt haben und sich entscheidend auf die Gestalt und Entwicklung der Stadt auswirkten.

Noch heute erinnert eine kleine Inschrift am Hause 58c der Via Sistina an die Errichtung des bedeutendsten Bauwerkes des Papstes, die Errichtung der Strada Felice, die vom Pincio zur Kirche S. Croce in Gerusalemme führt, heute jedoch unter anderen Namen. Der erste Teil, die heutige Via Sistina, erinnert an den Bauherrn Sixtus, der alte Name für die ganze Straße, Strada Felice (wörtlich übersetzt heißt Strada Felice auch die „glückliche Straße"), an den Vornamen des Papstes, der vor seiner Amtszeit Felice Peretti hieß.

Unglaublich mutet der Aufstieg von Felice Peretti zum höchsten Würdenträger der katholischen Kirche an. Seine Eltern waren so arm, daß sie nicht einmal das Schulgeld für den kleinen Felice aufbringen konnten. Bei einem Franziskanerpater erhielt er den nötigen Unterricht, folglich trat er später in diesen Orden ein. Seine Sparsamkeit war berüchtigt, ebenso seine Energie, die er aufbrachte, um seine Pläne zu verwirklichen. Diese standen anscheinend schon vor seiner Wahl zum Papst im Jahre 1585 fest, denn sofort danach ließ er die Arbeiten beginnen. Neben seinen Straßen errichtete er ein Krankenhaus und eine Wasserleitung, baute den Lateranpalast um, ließ im Vatikan eine Druckerei einrichten, versetzte Obelisken, vollendete die Kuppel der Peterskirche, bekämpfte das Bandenunwesen im Kirchenstaat und schuf auch sonst Ordnung, vor allem in den notorisch zerrütteten Finanzen des Vatikans. Sein sparsames Wirtschaften hatte zur Folge, daß trotz der regen Bautätigkeit finanzielle Rücklagen gebildet werden konnten. Kein Wunder also, wenn ihn die Römer den „Eisernen Papst" nannten. Sein prächtiges Sommerhaus, die Villa Montalto, lag in der Nähe des Zentrums seiner städtebaulichen Bemühungen, nämlich bei S. Maria Maggiore. Heute ist die Villa mit ihrem großen Park und den Weinbergen verschwunden, auf dem Gelände rollen jetzt die Züge in die Stazione Termini ein.

Was für Ziele verfolgte er mit seinen Baumaßnahmen?

Hierzu muß man unbedingt einen Blick auf das Zeitalter werfen, in dem dieser Papst lebte: Es war die Zeit der Gegenreformation. Am Anfang des 16. Jahrhunderts standen die Thesen Luthers und die Entstehung des Protestantismus, damit verbunden der Abfall der nördlichen Länder von der katholischen Kirche. Luther war als Mönch selbst in Rom im Kloster von S. Maria del Popolo gewesen und kannte die Zustände in der Stadt, das ganz und gar nicht religiöse Leben der Päpste als weltliche Herrscher. Als eine Art Schadensbegrenzung versuchten die nachfolgenden Päpste ihrerseits, den katholischen Glauben zu stärken und zu verbreiten, was auch für Papst Sixtus V. galt: Sixtus war Angehöriger des Franziskanerordens und fühlte sich dessen Idealen verpflichtet, nämlich der Erneuerung der katholischen Kirche.

Ansatzpunkt für dieses Ziel war für Sixtus und seinen Architekten Domenico Fontana u.a. eine Verbesserung der baulichen Gegebenheiten in Rom. Rom sollte zu einer katholischen Metropole werden, zu einer vom Katholizismus geprägten Stadt. Eine Festung des Glaubens sollte entstehen, von Pilgerstraßen durchzogen, ein Ziel für Gläubige aus aller Welt, angezogen von den heiligsten Stätten der Christenheit.

Die Ideen zu einer Renovierung der Stadt im christlichen Sinn waren nicht so neu, auch vorhergehende Päpste erkannten die Dringlichkeit und leiteten bereits Maßnahmen ein oder ließen Pläne anfertigen. Schließlich war der bauliche Zustand der Stadt im 15. Jahrhundert nicht besonders gut. Die Altstadtquartiere im Tiberknie waren überbevölkert, die Straßen waren verwinkelt, eng und kaum gepflastert, die enorme Anzahl von Pilgern, die damals schon nach Rom strömten (im Heiligen Jahr 1575 sollen es 400.000 gewesen sein!), verursachte große Verkehrsprobleme in dieser aus allen Nähten platzenden Stadt. Straßenbau und neue Wohnquartiere waren folglich dringend notwendig. Das besondere Verdienst von Sixtus V. war aber die Tatkraft, mit der er innerhalb von fünf Jahren seine Pläne nach einem umfassenden und einheitlichen Gesamtplan weitgehend verwirklichte.

Der Straßenbau und die Erneuerung einer Wasserleitung waren die Voraussetzung für die Schaffung eines neuen Wohnviertels. Damit war der erste Schritt für das Stadtviertel „Monti" getan, das nun rund um die Kirche S. Maria Maggiore auf seit der Antike unbebautem Gebiet entstehen konnte. Sixtus selbst sah darin lediglich einen positiven Nebeneffekt, denn der Hauptzweck seiner neuen Straßen lag für ihn im religiösen Bereich zur Verbesserung der Wallfahrtsmöglichkeiten. Sein eigentliches Ziel war es, die sieben Hauptkirchen und andere wichtige Kirchen, die Titelkirchen oder Stationskirchen, durch bequeme Straßen zu verbinden und damit leichter erreichbar zu machen. Für den Pilger war der Besuch der sieben Hauptkirchen von besonderer Bedeutung, denn damit war ein Ablaß von Sünden verbunden.

So entstand u.a. eine gerade Verbindung von SS. Trinità dei Monti über S. Maria Maggiore zur Kirche S. Croce in Gerusalemme (damals unter dem Namen Strada Felice), von S. Maria Maggiore zu S. Giovanni in Laterano (heute Via Merulana). Die Zugänglichkeit von S. Giovanni in Laterano wurde durch die neue Via di S. Giovanni in Laterano verbessert, die von der Kirche zum Kolosseum führt. Darüber hinaus ließ er die Via Panisperna (von S. Maria Maggiore Richtung Piazza Venezia, jedoch nicht in voller Länge ausgeführt) errichten, die Via Pia (heute Via XX Settembre), bereits von seinem Vorgänger begonnen, vollendete er.

Weitere Maßnahmen waren geplant, blieben jedoch unrealisiert, manche wären ganz utopisch gewesen und hätten enorme Eingriffe in die Bausubstanz zur Folge gehabt. Sixtus hätte beinahe für die Verlängerung der Via di S. Giovanni in Laterano bis zum Kapitol das Kolosseum abtragen lassen, doch die Unruhe im Volk hielt ihn davon ab, diese alte Märtyrerstätte zu zerstören. Auch die Fortsetzung der Strada Felice zur Piazza del Popolo kam nicht zustande, doch später entstand als eine Art Fortsetzung der Straße den Berg hinunter die Spanische Treppe.

Mittelpunkt all dieser Projekte war S. Maria Maggiore, von der etliche der neuen Straßen sternförmig ausgingen. Dieser Kirche galt die besondere Wertschätzung von Sixtus, durch die bessere Erreichbarkeit förderte er die Marienverehrung, dort ließ er als Anbau an die Kirche eine Kapelle errichten, in der er nach seinem Tod 1590 begraben wurde. Neben der Kirche besaß er auch jene bereits erwähnte Sommervilla, die Villa Montalto.

Im Zusammenhang mit dieser religiösen Erneuerung steht auch die Christianisierung von alten heidnischen Kultobjekten, die aus der Antike übriggeblieben waren oder die man wiederentdeckte. Die Säulen des Trajan und des Marc Aurel wurden mit Statuen der heiligen Petrus und Paulus gekrönt, die wiedergefundenen Obelisken wurden an der Spitze mit einem Kreuz versehen und an markanten Stellen des neuen Wegenetzes als Kreuzsymbole und ideale Zielpunkte aufgestellt. Damit wurden sie zu Triumphsäulen des siegreichen Christentums. So wurde der Obelisk von der Peterskirche direkt vor die Kirche versetzt. Vor S. Giovanni in Laterano, S. Maria Maggiore und auf der Piazza del Popolo ließ er weitere Obelisken aufstellen. Nahtlos in dieses Wegzeichenkonzept paßt der erst Ende des 18. Jahrhunderts aufgerichtete Obelisk an der Spanischen Treppe, der den Beginn der Via Sistina markiert.

Den Gesamtplan hat Sixtus übrigens dauerhaft verewigen lassen. Im Bibliothekssaal des Vatikanischen Palastes, dem Salone Sistino, kann man das Fresko mit einer Ansicht und einem Plan Roms aus der Vogelschau bewundern und studieren, auf dem die neuen Straßen dargestellt sind. Deutlich erkennt man die spärliche Bebauung und die Obelisken als Zielpunkte. Auf anderen Fresken im gleichen Saal sieht man detailgetreue Ansichten der Obelisken, deren Errichtung oder Versetzung.

Wer die Intentionen von Sixtus V. nacherleben will, dem sei ein Spaziergang auf einem Teil seiner bedeutendsten Straßenschöpfung, der Strada Felice, von der Spanischen Treppe bis zur Kirche S. Maria Maggiore empfohlen, ein Gang von Obelisk zu Obelisk. Der Architekt Fontana hat diese Straße folgendermaßen beschrieben:

„Unser Heiliger Vater hat diese Straßen von einem Ende der Stadt bis zum anderen ausgedehnt, und weil er die Hügel und Täler, die sie überqueren mußten, nicht scheute, sondern bald abtragen, bald auffüllen ließ, hat er sie zu sanften Ebenen und wunderschönen Stätten gemacht. Auf ihrem Weg eröffnen sich an vielen Stellen Aussichten auf die niedrigsten Teile der Stadt in verschiedenen und wechselnden Perspektiven. So erschließen diese Schönheiten über ihre religiösen Ziele hinaus eine Weide für alle unsere Sinne."

Diese Schönheit und das menschliche Maß der Straße spürt man noch heute, obwohl manche der wunderschönen Stätten verschwunden sind und der moderne Großstadtverkehr mit seinen negativen Auswirkungen sich der Straße bemächtigt hat.

Ausgangspunkt ist der Obelisk am oberen Ende der Spanischen Treppe. Dieser Obelisk wurde hier in der Nähe gefunden, nämlich in den ehemaligen Gärten des reichen Römers Sallust, die sich zwischen Pincio und Quirinal befanden. Sixtus plante, wie bereits erwähnt, eine Verlängerung der Straße bis zur Piazza del Popolo, genauer zur Kirche S. Maria del Popolo, um diese Kirche in das Pilgerkirchensystem zu integrieren und damit ihre Bedeutung zu stärken. Gleichzeitig wäre damit von der Porta del Popolo, jenem Stadttor, durch das die meisten Pilger und Besucher aus dem Norden die Stadt betreten haben, ein direkter Zubringer zu S. Maria Maggiore und in das Stadtviertel Monti entstanden. Die Verbindung erwies sich jedoch wegen des Hügels als nicht durchführbar.

Am vornehmen Hotel Hassler Villa Medici und anderen noblen Herbergen vorbei steigt man gemächlich zur Piazza Barberini hinunter. Leicht übersieht man am Haus mit der

Nummer 58 c die kleine Inschrift, die an den Bau der Straße erinnert: „Sixtus V P[ontifex] M[aximus] viam aperuit religioni ornamenti commoditati." Der Zweck der Straße wird hier mit Religion, Zierde und Bequemlichkeit angegeben, wobei Religion natürlich an erster Stelle in der Reihenfolge genannt wird. Die Bequemlichkeit war für damalige Verhältnisse sehr groß, konnten auf der gepflasterten Straße doch fünf Kutschen nebeneinander fahren, eine enorme Erleichterung für den ansteigenden Verkehr der Pferdekutschen, der bestimmt in den engen Gassen genauso chaotisch war wie heute der Autoverkehr.

Wo sich heute das Hotel de la Ville befindet, stand einst der Palast der im 18. Jahrhundert hochberühmten Malerin Angelika Kauffmann. An den Häusern mit eleganten Läden entdeckt man viele Gedenktafeln zu Ehren ehemaliger bedeutender Bewohner. So an Haus Nr. 64, der Seitenfassade des Palazzo Zuccari, für Federico Zuccari, Maler und Erbauer des Palastes, der heutigen Biblioteca Hertziana. Am Haus Nr. 47 findet man eine besonders große Tafel: Hier wohnte einst der Kupferstecher und Architekt Giovanni Battista Piranesi, der dänische klassizistische Bildhauer Bertel Thorvaldsen und der Architekt Luigi Canina, der an der Umgestaltung des Parks der Villa Borghese beteiligt war. Wer Lust hat, kann links einen Abstecher in die Via Francesco Crispi 87 unternehmen, dort hat der Hausbesitzer die Fassade mit den Portraits von Michelangelo, Raffael und Tizian schmücken lassen. Der dänische Dichter Hans Christian Andersen wohnte im Haus Nr. 104, hier schrieb er seinen großen Italien-Roman „Der Improvisator". An der Hauswand von Nr. 125 gedenkt man des russischen Dichters Nikolai Gogol und an Nr. 123 des polnischen Literaten Cyprian Norwid. Neben Piranesi wohnte ein weiterer großer Kupferstecher in der Via Sistina, im Gebäude Nr. 138: Luigi Rossini, der Anfang des 19. Jahrhunderts tätig war.

Die Senke füllt heute die belebte Piazza Barberini mit dem Tritonenbrunnen Berninis aus. Auf der linken Seite thront wie auf einem Plateau der Palast der Familie Barberini, aus deren Reihen Urban VIII. stammte, der große Förderer Berninis, dem wir als Auftraggeber natürlich auch den Brunnen in der Mitte des Platzes verdanken. Noch bis Mitte des 19. Jahrhunderts war Rom hier fast zu Ende, der Platz hatte ein ländliches Gepräge, denn die Bauern, die aus der Umgebung in die Stadt kamen, stellten hier ihre Wägen ab.

Die Straße weicht keinen geographischen Gegebenheiten aus, schnurgerade und steil führt sie auf der anderen Seite wieder hinauf, jetzt aber unter dem Namen Via delle Quattro Fontane, vorbei am mächtigen Gitterzaun des Palazzo Barberini, der jetzt die Galleria Nazionale d'Arte Antica beherbergt. In dieser Straße wohnte unter Nr. 9 der Schweizer Historiker Jacob Burckhardt, der Verfasser etlicher wichtiger Italienbücher. Die vier Brunnen, von der die Straße ihren Namen hat, befinden sich am Scheitelpunkt des Hügels, an der Kreuzung mit der von Sixtus V. vollendeten Via Pia (heute Via XX Settembre). Die Kreuzung ist eng, verkehrsreich und eigentlich nicht besonders attraktiv, auch die Brunnen haben schon einmal bessere Zeiten gesehen. Doch hier befindet sich eine Kostbarkeit, die kleine und geniale Kirche S. Carlo alle Quattro Fontane, ein Meisterwerk von Francesco Borromini. Borromini errichtete für den Orden der Trinitarier eine neue Niederlassung, bestehend aus Kirche (vollendet 1641), Kloster und Kreuzgang. Das Grundstück war nicht sehr groß, dazu unregelmäßig geformt und abschüssig. Zudem hatte Borromini auf den bereits vorhandenen Brunnen an der Ecke Rücksicht zu nehmen. Doch all dies war für den Architekten kein Problem, es entstand eine seiner schönsten Raumschöpfungen, geprägt vom lebhaften Spiel von Symmetrie und Asymmetrie, von konkaven und konvexen Linien. Über dem komplizierten Grundriß der Kirche erhebt sich die ellipsenförmige Kuppel mit einem Kassettenmuster aus Kreuzen (dem Symbol des Ordens) und Vielecken. Rechts neben der Kirche schließt sich der kleine zweistöckige Kreuzgang mit seinen logenartigen Arkaden an. Der Bau machte damals einen großen Eindruck auf die Zeitgenossen und begründete Borrominis Ruf als einen Architekten, der mit geringen finanziellen Mitteln und wenig Platz Bauwerke von außerordentlicher Qualität schuf, sowohl was das Aussehen als auch die technische Ausführung betraf. Da dem Orden das Geld ausging, wurde die äußere Gestaltung des Komplexes 1682 erst lange nach Borrominis Tod vollendet, so wie die Fassade mit dem Türmchen heute dasteht, hat sie der Baumeister nie sehen können. Weiter westlich auf der Via XX Settembre liegt eine andere geniale Kirchenschöpfung, die ovale Kirche S. Andrea al Quirinale von Borrominis Konkurrenten Bernini, die zum Vergleich mit S. Carlo einlädt.

Es lohnt sich, trotz des Verkehrs einen Moment an der Kreuzung zu verweilen und einen Blick zurück und nach vorn zu werfen: Die Straße erreicht hier ihren höchsten Punkt, die durch starke Bebauung fast unsichtbare hügelige Struktur der Stadt macht sich hier besonders bemerkbar: Beide Obelisken, der an der Spanischen Treppe und der vor S. Maria Maggiore, dazu die Kirche selbst, Anfang und Ziel, sind sichtbar, dazu noch in westlicher Richtung der Obelisk vor dem Quirinalspalast mit den Figuren der Rossebändiger. Hier wird besonders anschaulich, warum Sixtus V. für die neuen Straßen eine gerade Linie forderte, die Kirche, das Ziel, sollte bereits von weitem für den Pilger zu erkennen sein, ein Gleichnis für den geraden Weg zur rechten Kirche. Die vier Brunnen ließ ein privater Bauherr, Mutio Mattei, 1588 errichten, einst ein idyllischer Ort im kaum bebauten Gelände. Jeder Brunnen zeigt eine liegende Gottheit. Die beiden männlichen sind die Flußgötter, Tiber und Anio (oder Nil), die weiblichen stellen die Kraft (oder Juno, mit einem Löwen) und die Treue (oder Diana, mit einem Hund) dar.

Möglich waren die Brunnen nur, weil Sixtus eine neue Wasserleitung, die Acqua Felice, errichten ließ, um das Gebiet der Monti mit Wasser zu versorgen. Von dieser Leitung beziehen auch der Brunnen der Rossebändiger vor dem Quirinalspalast und die Fontana dell'Acqua Felice ihr Wasser. Der Letztgenannte ist eine typische „Mostra d'acqua", ein bühnenartiger Schaubrunnen, der die Ankunft des Wassers in der Stadt zeigen und feiern sollte. Er befindet sich nicht weit von der Kreuzung in östlicher Richtung an der Piazza S. Bernardo. Der Brunnen wird von einer riesigen Inschrift gekrönt, die den Erbauer Sixtus V. feiert und ähnelt ein wenig der Acqua Paola auf dem Gianicolo. Im Vergleich zu diesem Brunnen hat man hier auf Figurenschmuck nicht verzichtet. Den Mittelpunkt bildet eine Mosesfigur, als Anspielung darauf, wie Moses in der Wüste Wasser aus dem Felsen schlug. Allerdings hält er schon die Gesetzestafeln mit den zehn Geboten in der Hand, die er erst viel später auf dem Berg Sinai bekommen sollte. Dieser Moses galt bei den Römern als nicht besonders gelungen, als schlechte Kopie des berühmten Moses von Michelangelo. Bei der Einweihung des Brunnens sollen die Anwesenden lautstark ihr Mißfallen bekundet haben. Der Bildhauer Prospero Antichi soll sich der Legende nach wegen dem höhnischen Gelächter und dem Spott nach der Enthüllung umgebracht haben. Die beiden seitlichen

Reliefs haben ebenfalls mit Wasser zu tun, zwei Geschichten aus dem Alten Testament: Aaron leitet die Israeliten zum Wasser, Josua führt die Armee zum Roten Meer.

Doch zurück zu den vier Brunnen und zum geraden Weg zur Kirche. Die Straße führt gemütlich bergab und ändert erneut ihren Namen, auf dem letzten Stück nach der Kreuzung mit der Via Nazionale heißt sie Via Agostino Depretis. Genauso wie den Namen hat sie den Charakter verändert, kaum noch Läden, es dominieren Behörden oder Bürogebäude. Immer größer wird nun die Rückfassade von S. Maria Maggiore mit dem Obelisken und der schönen barocken Treppenanlage, die der Kirche als Unterbau und als (meist verschlossener) Hintereingang dient.

Der Obelisk vor der Treppe und Apsis der Kirche stammt vom Augustus-Mausoleum und fügt sich auch symbolisch in das Baukonzept Sixtus' ein. Die Legende erzählt von Kaiser Augustus, daß er in einer Vision auf dem Kapitol, an der Stelle, wo jetzt die Kirche Aracoeli steht, von der Geburt eines göttlichen Kindes erfuhr. Die Beziehung zur Kirche ergibt sich dadurch, daß in der Marienkirche der Mutter jenes göttlichen Kindes gehuldigt wird, außerdem bewahrt man hier als besonders wertvolle Reliquie die Weihnachtskrippe von Bethlehem auf. Die Straßen gingen zu Sixtus' Zeiten sternförmig von der Kirche aus, vielleicht ein Bezug zum Stern von Bethlehem, der über der Weihnachtskrippe leuchtete. Diese Sternform tritt durch spätere Straßenbauten heute noch stärker hervor.

In der Kirche befindet sich das Grab dieses Papstes in der großen Kapelle rechts neben dem Altar, die er schon zu seinen Lebzeiten errichten ließ und heute Cappella Sistina heißt. In einer Nische über dem Grab sieht man die kniende Figur des Papstes, dem die Stadt so viel zu verdanken hat.

Via Sistina: Ausgangspunkt ist die Spanische Treppe:

Bauinschrift am Haus 58 c, sehr klein und sehr dunkel!

Palazzo Barberini: Via delle Quattro Fontane. Von Dienstag bis Freitag 9.00 Uhr – 21.00 Uhr, Samstag bis 23.00 Uhr, Sonntag bis 20.00 Uhr. Der Palast beherbergt heute einen Teil der Galleria Nazionale d'Arte Antica

S. Carlo alle Quattro Fontane: Montag bis Samstag 9.30 Uhr – 12.30 Uhr, nachmittags Montag bis Freitag 16.00 Uhr – 18.00 Uhr

S. Andrea al Quirinale: Via del Quirinale 29. Täglich außer Dienstag von 10.00 Uhr – 12.00 Uhr und 16.00 Uhr – 19.00 Uhr. Im August nachmittags geschlossen

S. Maria Maggiore: Piazza di S. Maria Maggiore. Täglich 7.00 Uhr – 20.00 Uhr. Papst Sixtus V. ist in der Cappella Sistina begraben

Im Salone Sistino der Vatikanischen Bibliothek (im Rundgang durch die Vatikanischen Museen) befinden sich die Fresken, die Sixtus' Baumaßnahmen verherrlichen, allen voran der große Stadtplan mit den neuen Straßen und das interessante Fresko mit der Versetzung des Obelisken vor die Peterskirche

ARCHITEKTUR UND MALEREI: ETTORE ROESLER FRANZ UND DAS VERSCHWUNDENE ROM

Heute kann man sich schwerlich ohne die Kenntnis von alten Fotos oder den Aquarellen von Ettore Roesler Franz vorstellen, wie sehr Rom in den Jahren vor 1900 sein Gesicht verändert hat. Rom kurz vor 1870, das war immer noch eine dörflich geprägte Stadt mit malerischen Winkeln, das Rom 30 Jahre später war komplett umgestaltet. Ein Römer, der um 1870 die Stadt verlassen hätte und 30 Jahre später zurückgekehrt wäre, hätte sich kaum noch zurechtgefunden. Das gilt nicht nur das innere Gefüge der Stadt, sondern auch für die Größe: Besaß Rom um 1852 noch 175.000 Einwohner, waren es im folgenschweren Jahr 1870 schon 230.000 Einwohner, 1881 bereits 300.000 und 1900 bereits 500.000, ungefähr dreimal soviel in innerhalb von nur fünfzig Jahren! Die Umgestaltung und Ausdehnung der Stadt ist im nachhinein gesehen nicht besonders glücklich verlaufen, aber anscheinend gehören rigorose Eingriffe in die Bausubstanz durch die Jahrhunderte hindurch zum Wesen der Stadt. Platz für neue Stile und Entwicklungen entstand, die Rom zu diesem Neben- und Durcheinander machten, das wir heute so bewundern und schätzen und den Charakter der Stadt bestimmt. Doch im Vergleich zu den Zerstörungen, die früher das Erscheinungsbild der Stadt veränderten, entstand nach 1870 nicht ein neuer, anderer Stil, sondern fast ausnahmslos einfallslose Architektur. Allerdings muß man zugeben: Das Rom des 19. Jahrhunderts wäre den heutigen Anforderungen in punkto Straßenverkehr oder Wohnverhältnisse nicht gewachsen gewesen, die Umgestaltung brachte zumindest in dieser Hinsicht also nicht nur Negatives mit sich.

Die Ursache für die Umgestaltung liegt in den Ereignissen des Jahres 1870. Rom wurde damals endlich die Hauptstadt des vereinigten italienischen Königreiches. Dieses Datum stellt den Endpunkt des Risorgimento dar, der Verwirklichung des vereinigten Nationalstaates, den die Italiener lange herbeisehnten. Italien bestand bis dahin aus vielen kleinen Staaten mit verschiedenen Regierungen, mehr oder weniger von ausländischen Mächten abhängig. Mittelitalien gehörte zum Kirchenstaat mit dem Papst als weltlichen Herrscher. Während Norditalien, Süditalien und Sizilien in einem langwierigen Prozeß zum vereinigten Königreich zusammenwuchsen, existierte wie eine Insel als letzter Rest des alten Staatengefüges noch der marode und arg geschrumpfte Kirchenstaat mit Papst Pius IX. an der Spitze. Der Staat wurde in den letzten Jahren nur noch durch den französischen Kaiser Napoleon III. und die Präsenz französischer Truppen gestützt und damit am Leben erhalten. Als diese endgültig im August 1870 wegen des Deutsch-Französischen Krieges die Stadt und den Staat verließen, blieb zur Verteidigung nur noch das schwache päpstliche Heer zurück. Für die Zeitgenossen war damit das Ende des Kirchenstaates absehbar. Schon 1867, als das französische Militär vorübergehend abgezogen war, marschierte Giuseppe Garibaldi mit einem Heer von Freiwilligen gegen Rom, wurde aber in letzter Minute zurückgeschlagen. Immer neue Gerüchte von Aufständen mit dem Ziel Anschluß an das

Königreich Italien machten in den Jahren vor 1870 die Runde, der Großteil der Bewohner des Kirchenstaates war national gesinnt und daher für eine Vereinigung, auch wenn viele von der päpstlichen Regierung und dessen Günstlingswirtschaft profitierten. Der Angriff der königlichen Truppen auf den Kirchenstaat ließ nicht lange auf sich warten, die Stadt wurde am 20. September 1870 erobert. Diese Aktion war wirklich eine kriegerische Eroberung und mutet fast mittelalterlich an: Die italienischen Truppen schlugen eine Bresche in die antike Aurelianische Stadtmauer und gelangten dadurch in die Stadt. Dieses Loch in der Mauer ist natürlich längst geschlossen, doch die Stelle ist noch sichtbar, in geringer Entfernung nördlich der Porta Pia, ein Denkmal und eine Siegessäule feiern dort den Triumph.

Kurz nach der Einnahme fand eine Volksabstimmung statt. Eine überwältigende Mehrheit sprach sich für die Vereinigung aus, der neue italienische König Vittorio Emanuele II. konnte damit in Rom seine Residenz im ehemaligen päpstlichen Palast auf dem Quirinal einrichten. Ein Jahr später wurde Rom endgültig zur Hauptstadt Italiens.

Papst Pius IX. zog sich daraufhin wie ein freiwilliger Gefangener in den Vatikan zurück. Der neue Staat suchte eine friedliche Koexistenz, beließ ihm die Besitzungen des Vatikans, des Laterans und die Villa in Castel Gandolfo und versprach eine Art Rente. Der Papst wies die Rente jedoch zurück, belegte die Teilnehmer der Eroberung mit dem Kirchenbann, exkommunizierte den italienischen König und lehnte jeden Kontakt oder die Anerkennung des Staates ab. Erst die Lateranverträge 1929 beendeten diesen Zustand der Isolation, der Vatikan wurde zum souveränen Staat mit dem Papst als Oberhaupt.

Wie sah Rom damals aus, als Vittorio Emanuele II. hier einzog und die Herrschaft übernahm?

Die Stadt erstreckte sich noch immer nur auf einem Teil der Fläche, die das antike Rom eingenommen hatte, d. h. große Teile innerhalb des von der Aurelianischen Mauer umgebenen alten Stadtgebietes waren ohne Bebauung. Hier befanden sich Obstgärten, vereinzelte Kirchen und Villen, außerhalb der Mauer große Landgüter der vornehmen Familien, Felder, Weingärten. Man kann von zwei Grüngürteln sprechen, lediglich getrennt durch die alte Stadtmauer. Auf dem Forum Romanum weideten auch damals noch Rinder, der im Mittelalter gebräuchliche Name „Campo Vacchino" („Rinderfeld") paßte immer noch sehr gut. Das Kolosseum stellte die Grenze der Bebauung dar, danach konnte man ohne einen Menschen zu treffen bis zur Stadtmauer laufen. Die Wege waren von Mauern gesäumt, hinter denen private Gärten oder Felder lagen. Die Ruinen der Antike standen frei im Gelände, Hirten weideten dort ihre Schafe. Altertumsfreunde durchstreiften das Gelände. Der Tiber besaß noch nicht die großen Uferbefestigungen gegen das Hochwasser, die ihn heute von der Stadt trennen. Die Bebauung und die Gärten reichten damals noch dicht bis an den Fluß, ohne trennende Straßen. Lediglich fünf Brücken verbanden die Ufer, Brücken, die teilweise aus der Antike stammten. Damals war der Ponte Rotto noch in Gebrauch, die Brücke neben der Tiberinsel, von der heute nur noch ein einziger Bogen steht. Die Brücke war zwar auch nicht mehr komplett, der Tiber hatte bei einem Hochwasser die Verbindung unterbrochen, aber eine malerische Hängebrücke spannte sich über das fehlende Stück. Das Gelände um den heutigen Bahnhof war ohne Bebauung, lediglich die neu angelegte heutige Via Nazionale bestand bereits, eines der letzten Bauvorhaben der päpstlichen Regierung, die eine zaghafte Modernisierung einleitete. Lange dauerte es, bis der

Kirchenstaat sich dem aufkommenden Eisenbahnverkehr öffnete. Gab es zunächst nur lokale Verbindungen in die Umgebung, wurde erst 1862 eine Verbindung mit Neapel fertiggestellt und damit der Zentralbahnhof an die heutige Stelle vor den Diokletiansthermen verlegt, von denen sich der Name Stazione Termini ableitet.

In der Innenstadt herrschte stellenweise ein fast bäuerliches Leben. An der Piazza Barberini, heute ein wichtiger Verkehrsknotenpunkt, begannen hinter den Häuserreihen schon die Felder und Gärten, die Bauern aus der Campagna fuhren mit Ochsenkarren in die Stadt und stellten hier ihre Gespanne ab. Apropos Tiere, Esel waren aus dem Stadtbild nicht wegzudenken, sie dienten Personen- oder Warentransporten. Mitten in der Stadt gab es noch eine Molkerei mit Kühen, die die Städter mit frischer Milch versorgte. Auf der Piazza Farnese fand wöchentlich der Bauernmarkt statt, und unterhalb des Kapitols, an der heute verschwundenen Piazza Montanara, boten Tagelöhner ihre Dienste an. Besonders das Viertel um die Piazza Venezia, Kapitol und Palatin war ländlich geprägt, ein Viertel, das heute durch den Bau des Nationaldenkmals, der Vergrößerung der Piazza Venezia und der Anlage der Via del Teatro di Marcello komplett verschwunden ist. Die Straßenverhältnisse waren dem Verkehr mit Ochsen und Eseln angepaßt, Geradlinigkeit war selten, ebenso Pflasterung. Die wenigen geraden Straßen stammten entweder noch aus der Antike (z. B. der Corso) oder aus der Zeit von Papst Sixtus V., der im 16. Jahrhundert die sieben Pilgerkirchen durch bequeme Wege verband.

Für Reisende war dieses Rom natürlich reizvoller als ein modernes Rom, auch wenn man den Verfall der Stadt und der päpstlichen Regierung beklagte, von Bettlern und bedrängt wurde, unter Flöhen und Wanzen litt und die Stadt immer wieder von Fieberepidemien heimgesucht wurde. Der Amerikaner Henry Adams, der sich erstmals 1860 in Rom aufhielt, erinnert sich in seiner Autobiographie rückblickend an die Stimmung in der Stadt:

[...]„Aber im Jahre 1860 waren die Lichter und Schatten noch mittelalterlich, und das mittelalterliche Rom lebte; die Schatten atmeten und glühten in weichen Formen, die verlorene Sinne in sich aufnahmen. Noch hatte kein Sandsturm der Wissenschaft die Epidermis der Geschichte, des Gedankens, des Gefühls abgezogen. Die Bilder waren nicht gereinigt, die Kirchen nicht restauriert, die Ruinen nicht ausgegraben. Das mittelalterliche Rom war Magie."[...]

Als man Rom zur Hauptstadt erklärte, wurde eine enorme Bautätigkeit entfacht. Die Art und Weise wie man dabei vorging, läßt heute den Eindruck entstehen, als ob man möglichst schnell alle Relikte der päpstlichen Regierung auslöschen wollte, um die neue Hauptstadt auf Biegen und Brechen in die Moderne zu katapultieren. Es entstanden die riesigen Blöcke der Ministerien und Verwaltungsgebäude, man denke nur an den massigen Justizpalast neben der Engelsburg oder an das langgestreckte Finanzministerium in der Nähe des Bahnhofs. Die Büros wurden gefüllt mit königstreuen Beamten, für die natürlich Wohnungen benötigt wurden, genauso wie für die Vielzahl von Zugezogenen, die in der aufstrebenden Metropole ihr Glück versuchen wollten. Rings um den Bahnhof entstanden auf dem Gelände der abgerissenen Villen riesige Wohnviertel, ohne allerdings Grünanlagen zu erhalten oder Ersatz zu schaffen. Es hätte nicht viel gefehlt und der Park der Villa Borghese wäre ebenfalls zerstückelt und für Wohnbebauung verwendet worden.

Ein anderes neues Wohnviertel wurde hinter der Engelsburg am nördlichen Tiberufer angelegt: das Viertel Prati, das erste vollkommen neue Stadtviertel der Hauptstadt. Das Gelände war vorher bis zum Monte Mario fast frei von Bebauung, lediglich um den Vatikan gab es eine kleine Siedlung, den Borgo. In den Prati drückt sich das nicht sehr papstfreundlich gesinnte Denken des neuen Staates auch sichtbar in der Straßenplanung aus, sämtliche Straßen sind absichtlich nicht auf den Vatikan ausgerichtet. Das Zentrum des Viertels, die Piazza del Risorgimento, liegt direkt an einem Eckpunkt der alten vatikanischen Schutzmauer, so als wolle man dem Papst täglich seinen Machtverlust vor Augen führen. Auch der Name des Platzes, „Risorgimento", eben jener Einigungsprozeß, der letztendlich zur Eroberung Roms führte, wirkt hier wie eine kleine Provokation am Rande des Vatikans. Vielleicht ist es eine späte Rache, daß der direkt am Tiberufer neben der Engelsburg errichtete Justizpalast immer noch Probleme mit den Fundamenten und dem sandigen Untergrund hat, eigentlich ist er baufällig.

Sämtliche wichtigen Straßen, durch die sich heute die gewaltigen Verkehrsströme wälzen, wurden damals angelegt oder geplant, sei es die Via del Tritone, der Corso Vittorio Emanuele II, die Via XX Settembre oder die Piazza Venezia. Es mußte schnell gehen, die volkstümlichsten Viertel im Zentrum der Stadt wurden in einem Ausmaß zerstört, das die Zerstörungen der Barbareneinfälle bei weitem übertraf. Natürlich regte sich unter Intellektuellen Widerstand, doch der Wille zur Erneuerung war größer. Man kam auf aberwitzige Pläne, wie z. B. die Errichtung einer Hochbahn von der Spanischen Treppe zum Kolosseum, ein Plan der glücklicherweise nicht verwirklicht wurde. Diese enorme Bauwut hatte zwangsläufig eine enorme Spekulation zur Folge, eine Erscheinung, die noch heute das Wachstum Roms begleitet. Die Spekulation ging des öfteren nicht auf, regelmäßig kam es zu Baukrisen. Doch die Krisen konnten den Abriß nicht stoppen. Abgerissen wurden nicht nur einfache Gebäude, Wohnhäuser, die den Charme des Viertels ausmachten, sondern auch kunsthistorisch bedeutende Kirchen, Paläste oder Villen. Ersetzt wurde das alles durch meist einfallslose Neubauten, welche die gewachsene Struktur des Viertels zerstörten und damit die Gewohnheiten und Zusammensetzung der Bewohner veränderten. Als durchaus positiv kann man die Errichtung der Hochwassermauern am Tiber bewerten, die Stadt bekam endlich einen Schutz gegen die zerstörerischen Tiberhochwasser, die immer wieder das tief gelegene Marsfeld überfluteten. Besonders schlimm war die Flut von 1870, als das Wasser die Spanische Treppe erreichte. Dem Bau dieser Anlagen fiel allerdings viel alte Bausubstanz zum Opfer, darunter z.B. der Ripetta-Hafen in der Nähe des Augustus-Mausoleums mit seiner barocken Treppenanlage, die in ihrer Anlage der Spanischen Treppe ähnelte oder das renommierte Teatro Apollo in der Nähe des heutigen Ponte Umberto. Im Gespräch war damals sogar, die Tiberinsel komplett abzutragen und die beiden antiken Brücken abzureißen. Ein positiver Nebeneffekt war übrigens, daß im Zuge der Arbeiten (nicht nur am Tiberufer) viele antike Skulpturen oder Gebäudereste an Tageslicht kamen, darunter die herrlichen antiken Fresken auf dem Gelände der Villa Farnesina am Tiber (heute im Museo Nazionale Romano), als man deren Park wegen den Arbeiten am Ufer größtenteils zerstörte.

Was damals unwiederbringlich verloren ging, läßt sich an den Aquarellen von Ettore Roesler Franz erahnen, der als einziger in seinen Bildern diese verlorene Welt dargestellt hat. Zu seinen Lebzeiten anerkannt und auf Ausstellungen in ganz Europa vertreten, geriet er nach seinem Tod in Vergessenheit und erfreut sich erst in den letzten Jahren wieder steigender Beliebtheit. Lange Zeit wurden seine Bilder als wertlos abgetan, da sie angeblich lediglich dokumentarischen Charakter besäßen, man machte ihm den Vorwurf, für deren Zustandekommen Fotovorlagen als neues Hilfsmittel verwendet zu haben. Zudem ist sein Werk größtenteils auf Privatsammlungen verteilt, lediglich sein Zyklus mit 120 Rom-Ansichten, Darstellungen der alten Verhältnisse vor der Umgestaltung, ist im Museo di Roma an der Piazza di S. Pantaleo zu besichtigen. Die Aquarelle zeigen hohes malerisches Können und brillante Beherrschung der Technik. Erstaunlich ist es daher, daß Roesler Franz genaugenommen Autodidakt war und nie eine Malschule besucht hatte.

Geboren wurde er am 12. Mai 1845 in Rom. Der Name klingt für italienische Verhältnisse ungewohnt, die Ursprünge seiner Familie lagen in Böhmen. Von dort aus ist sein Urahn Franz Roesler im Gefolge eines österreichischen Kardinals nach Rom aufgebrochen. Roesler war Koch und machte sich in Rom bald selbständig, indem er eine Osteria in der Via Condotti eröffnete, eine Gaststätte, die die Römer lange einfach nur nach deren Gründer benannten, auch als sie bereits nach dem Tode von Franz Roesler (er war Mitglied in der Camposanto-Bruderschaft und ist folglich auf dem Friedhof im Schatten der Peterskirche begraben) vom Bruder Vinzenz geführt wurde. Zu dieser Gaststätte kam im Laufe der Zeit ein Hotel dazu, das man nicht ohne Grund Hotel d'Allemagne nannte, verkehrten hier doch besonders viele Deutsche, darunter auch Goethe während seines römischen Aufenthalts. Noch heute erzählt man sich in der Familie, daß der Dichter mit Costanza, der Tochter von Vinzenz Roesler ein Verhältnis hatte, aus dem sogar angeblich ein Kind hervorging, eine Erklärung für die gelegentliche künstlerische Begabung unter den Nachkommen.

Die Familie war durchwegs im Tourismusgewerbe tätig, das sie sehr wohlhabend machte. Sie führten eine Bank, eine Spedition und Andenkengeschäfte und nannten (und nennen) sich nach ihrem bekannten Urahn nur noch Roesler Franz. Der junge Ettore arbeitete zeitweise ebenfalls in jener Bank. Vorher war er jedoch in der englischen Botschaft tätig. Damals war dort Joseph Severn englischer Konsul. Severn war Maler, Literat und ehemaliger Freund von John Keats und ist neben ihm auf dem Protestantischen Friedhof begraben. Der junge Ettore hatte zwar vorher eine Architekturschule besucht, doch seine Begegnung mit Severn hat seinen malerischen Werdegang entscheidend geprägt. Auch nach dem Tod Severns war Roesler Franz seinem Mentor noch verbunden, auf der langen Spenderliste auf Severns Grabstein ist unter vielen anderen sein Name genannt. Acht Jahre war er auf dem Konsulat tätig, damit kam er zwangsläufig mit englischer Kunst und Kultur in Berührung. Nach der kurzen Tätigkeit in der Bank widmete er sich vollkommen der Malerei. Er unternahm Reisen durch ganz Europa und schaffte es, mit seinen Aquarellen auf vielen Ausstellungen präsent zu sein, vorwiegend Bilder mit Ansichten aus Rom und der Campagna, gelegentlich auch aus anderen Regionen Italiens. In Paris, London, Dresden, Sankt Petersburg und anderswo wurden seine Aquarelle präsentiert, den Durchbruch brachte jedoch die Ausstellung im neu eröffneten Palazzo delle Esposizioni in Rom, wo er die erste Serie seiner Rom-Aquarelle zeigte. Er war mit dem deutschen Historiker Ferdinand Gregorovius bekannt, Ehrenbürger Roms und Verfasser des Monumentalwerkes über die Geschichte der Stadt Rom im Mittelalter. Gregorovius war genauso wie Roesler Franz bestürzt über die gewaltigen Veränderungen des Stadtbildes und sah in den Aquarellen die letzten Zeugnisse für das verschwindende alte Rom. Er befürwortete den Ankauf der Bilder durch die Stadt Rom, die erste Serie wie die folgenden befinden sich heute im Museo di Roma. Neben der Malerei beschäftigte sich Roesler Franz wie viele Maler dieser Zeit mit der Fotografie, die ihm sowohl als selbständiges Ausdrucksmittel als auch als Stütze für die malerische Ausführung der Motive diente. Seinen Lebensabend verbrachte Roesler Franz in seinem Haus in Tivoli, am 26. März 1908 starb er in Rom.

Ausschlaggebend für seinen malerischen Werdegang war die Zeit als Angestellter des englischen Konsulats. Sein erstes Aquarell mit einer römischen Ansicht stammte zwar schon aus der Zeit vor der Tätigkeit dort, doch die Hinwendung zu diesem Themenkreis, der Wunsch, das Verschwindende festzuhalten, läßt eine profunde Kenntnis des englischen Kunsttheoretikers und Malers John Ruskin erkennen. Ruskin hatte in Venedig ein ähnliches Vorhaben verwirklicht, die Stadt malerisch und literarisch zu dokumentieren, nachzulesen in seinem berühmten Buch „The stones of Venice". Dieses Buch war auch im Besitz von Ettore Roesler Franz, vielleicht eine Art Auslöser für das Bewußtsein dafür, wie der Umbau der Stadt die gewachsene Struktur zerstörte und wie man den alten Zustand festhalten könnte, sei es durch Fotografie oder Malerei, und damit für die Arbeit an den 120 Aquarellen des „Roma Sparita", des verschwundenen Rom . Alles ist auf seinen Bildern topographisch genau, detailreich und vor allem lebendig dargestellt, man muß sich nur an den Straßennamen oder anderen Landmarken orientieren. Eine verlorene Welt tut sich auf.

Museo di Roma (Palazzo Braschi) mit den Bildern von Ettore Roesler Franz: Piazza S. Pantaleo 10. Zur Zeit wegen Renovierung geschlossen, Eröffnung voraussichtlich im Herbst 2000

Museo del Risorgimento: Im Nationaldenkmal an der Piazza Venezia, Eingang seitlich links Richtung Caesar-Forum. Mittwoch, Freitag und Sonntag 10.00 Uhr – 13.00 Uhr (oft geschlossen). Wer mehr über die Entstehung des vereinigten italienischen Königreiches erfahren will, dem sei ein Besuch des Museums empfohlen

Siegesdenkmal an der Stadtmauer nördlich der Porta Pia: Corso d'Italia. Hier ist die Stelle, an der die italienischen Truppen am 20. September 1870 eine Bresche in die Stadtmauer geschlagen haben und damit die Eroberung der Stadt eingeleitet wurde. Die Mauer wurde wiederaufgebaut und ein kleines Denkmal mit einer Siegessäule errichtet. Die Straße vom Quirinal bis zur von Michelangelo entworfenen Porta Pia ist nach diesem Datum benannt

ARCHITEKTUR UND POLITIK: DAS NATIONALDENKMAL UND DIE VIA DELL'IMPERO

Wer heute an der Piazza Venezia steht und in der Ferne wie eine effektvolle Theaterkulisse das Kolosseum sieht, sollte bedenken, daß die freie Sicht zu diesem Bauwerk noch gar nicht so lange möglich ist. Wo jetzt die schnurgerade Via dei Fori Imperiali verläuft, lag einst ein dichtbesiedeltes Stadtviertel, das dazu noch durch den Hügel Velia vom Kolosseum getrennt war.

Den Platz selbst gab es vor über hundert Jahren natürlich schon, allerdings viel kleiner, gesäumt von alten Palästen, von denen nur noch einer am originalen Platz steht. Die heutige Situation an der Piazza ist das Ergebnis eines schwerwiegenden Eingriffs in das Stadtbild, dessen Vorarbeiten bereits Ende des 19. Jahrhunderts eingeleitet wurden und der zwischen 1920 und 1930 seinen Höhepunkt fand.

Der erste Schritt zum Verschwinden des Stadtviertels um das Kapitol und die Kaiserforen war der Wunsch, dem ersten italienischen König Vittorio Emanuele II. ein großartiges Denkmal zu setzen, um die gerade vollendete Einigung des Staates, das Risorgimento, zu feiern und der jungen Nation eine Art geistigen und politischen Mittelpunkt zu geben. Die besten Künstler des Landes sollten zum Ruhm des Staates arbeiten, man schrieb einen Wettbewerb aus, der eine Vielzahl von Ideen und Modellen hervorbrachte. Als Sieger erkor man den neoklassizistischen Plan des Architekten Giuseppe Sacconi. Seinem Entwurf lag der Gedanke zugrunde, eine riesige Freitreppe als eine Art Sockel für einen Tempel als Abschluß zu errichten, ein künstlicher Berg und ein neuer Mittelpunkt des Staates in unmittelbarer Nähe des ehrwürdigen Kapitols, das in antiker Zeit durch den Jupitertempel der religiöse Mittelpunkt des Reiches war. Eine Treppenanlage, die Bezug nimmt auf die beiden Treppen, die zum Kapitol hinauf führen, eine Treppe, in der man durchaus eine Verwandtschaft mit der Spanischen Treppe feststellen kann, wenngleich ohne echten Hügel, den sie erklimmt, eine Treppe nur zum Selbstzweck.

Als man 1885 mit den Bauarbeiten begann, konnte man noch nicht ahnen, wie sehr sich die Bodenverhältnisse als problematisch für ein Bauwerk dieser Größe erweisen sollten. Es dauerte lange, bis mit viel technischem Aufwand ein solides Fundament für das Denkmal errichtet werden konnte. Erst 1911, 26 Jahre nach Baubeginn, 6 Jahre nach dem Tod des Architekten, konnte die Einweihung gefeiert werden, wobei das Monument zu diesem Zeitpunkt noch gar nicht fertig war. Anstelle der Skulpturen und Reliefs sah man teilweise nur Gipsentwürfe, die Treppe war noch unvollendet und die Bronzequadrigen auf dem Dach fehlten ganz und wurden erst 1927 aufgestellt.

Viel alte Bausubstanz wurde geopfert, schließlich war diese Seite des Kapitols durchgehend bebaut. Auch der mächtige Turm des Papstes Paul III. Farnese, der sich neben der Kirche Aracoeli befand und viele Jahrhunderte das Stadtbild prägte, wurde im Zuge der Bauarbeiten abgerissen.

Nach der Vollendung des Denkmals schieden sich die Geister an dessen künstlerischem, ästhetischem und architektonischem Wert. Die national gesinnte Seite sah in dem Bauwerk eine seltene Großartigkeit. In ihren Augen brachte es einen neuen, auffallenden Ton in die Stadt. Die andere Seite sah es als Fremdkörper, was nicht nur an der Größe (70 m hoch, 135 m breit, 130 m tief), sondern auch am verwendeten Baumaterial liegt. Anstatt des in der Stadt üblichen gelb-bräunlichen Travertins wurde es in einer schneeweißen Marmorsorte (Botticino, gebrochen in der Nähe der norditalienischen Stadt Brescia) ausgeführt. Alles zielt auf eine monumentale Wirkung ab. Im Mittelpunkt steht die 16 m hohe Reiterstatue des Königs, in dessen Pferdeleib 21 Personen Platz finden. (Soviel zählte man, als nach dem gelungenen Guß den beteiligten Arbeitern im Bauch des Pferdes ein Essen serviert wurde.)

Das Denkmal drängt sich von allen möglichen Blickwinkeln ins Stadtbild, als Zeugnis für den Größenwahn und den Überschwang der nationalen Selbstdarstellung des jungen Staates. Um diese Wirkung zumindest etwas zu mildern, stellte eine Gruppe Römer zwanzig Jahre nach Vollendung des Denkmals den Antrag, das ganze Bauwerk gelb anzustreichen und dadurch der Umgebung anzupassen. Der Antrag wurde jedoch von Mussolini persönlich abgelehnt.

Offiziell heißt es heute „Vittoriano" oder „Altar des Vaterlandes", die Spötter nennen es aber respektlos „Monumentissimo", „Gebiß", „Tintenfaß", „Hochzeitstorte", oder „Schreibmaschine". Lange kursierte unter Touristen der Ratschlag, man kann es nur genießen, wenn man auf die oberste Terrasse hinaufsteigt, denn dort ist der einzige Punkt in der Stadt, von dem aus das Denkmal nicht sichtbar ist. Diese Möglichkeit der „Flucht" hat man heute nicht mehr, das Monument ist mittlerweile für Besucher gesperrt. Lediglich zwei einsame Soldaten halten am Grab des Unbekannten Soldaten auf der unteren Terrasse Tag und Nacht Wache. Das große Gitter am Fuß der Treppe wird nur noch an nationalen Feiertagen im Boden versenkt.

Die Größe des Denkmals machte eine Umgestaltung der davor liegenden Piazza Venezia notwendig, um den nationalen Festen einen würdigen Rahmen zu bieten und vor allem Platz für Zuschauer zu schaffen. Der Platz sollte der Breite des Monuments entsprechen. Ursprünglich war er viel kleiner, umgeben von drei Palästen. Der Palazzo Venezia, die ehemalige Vertretung der Republik Venedig in Rom, wurde nicht verändert und ist immer noch die westliche Begrenzung des Platzes. Der kleinere Palazetto Venezia, der sich ihm im rechten Winkel auf der südlichen Seite anschloß und damit den freien Blick auf das Monument versperrt hätte, wurde abgetragen und weiter westlich wiederaufgebaut, neben der Kirche San Marco. Auf der östlichen Seite wurde der Platz durch den Stadtpalast der mächtigen Familie Torlonia begrenzt, Ort rauschender Feste im 19. Jahrhundert, als der reiche Bankier Torlonia seine Kunden aus aller Welt in den Palast einlud. Der Palast nahm einen Teil des heutigen Platzes ein, sein Abschluß lag ungefähr an der Einmündung des Corsos. Hinter dem Palast befanden sich enge Gassen mit einfachen Häusern, darunter das Haus Michelangelos, ein kleines Stadthaus mit Innenhof, in dem er lebte, arbeitete und am 18. Februar 1564 verstarb. Eine Tafel erinnert an den Standort des Hauses an der Piazza della Madonna di Loreto 24. An der durch den Abbruch vergrößerten östlichen Seite errichtete man das spiegelbildliche Pendant zum Palazzo Venezia gegenüber, den Palazzo delle Assicurazioni Generali di Venezia, Sitz der gleichnamigen Versicherung, den man mit einem alten Markuslöwen verzierte.

Heute ist der Platz eine der belebtesten Stellen Roms, in den gleich mehrere wichtige Verkehrsadern münden, wo ein einziger Polizist auf einem Podest mit wilden Pfiffen die Blechlawine zu bändigen versteht und Fußgänger wie gejagte Kaninchen über die Zebrastreifen laufen, um sich auf die Verkehrsinsel in der Mitte zu retten.

Die Entwicklung zum Verkehrsknotenpunkt wurde erst durch die zwei großen Straßendurchbrüche eingeleitet, die auf Veranlassung des Diktators Benito Mussolini Anfang der dreißiger Jahre durchgeführt wurden. Für Mussolini war die Piazza Venezia durch das Denkmal das Herz Roms und damit das Herz Italiens. Seinen Regierungssitz verlegte er in den Palazzo Venezia, in der Sala del Mappamondo (hinter dem Balkon) erledigte er an einem riesigen Schreibtisch seine Amtsgeschäfte. Vom Balkon des Palastes hielt er seine berüchtigten Reden an die Menge unten auf der Piazza Venezia. Hier träumte er von der Wiederauferstehung des Römischen Reiches, denn er sah sich als legitimen Nachfolger der römischen Kaiser, schließlich trennten ihn nur 50-60 Generationen von der Antike. Seine Visionen lassen sich in zwei Worten zusammenfassen: „Fate Grande!", „Macht es groß!", „groß" im Sinne der faschistischen Ideologie und Architektur.

Die Architektur war für ihn die wichtigste aller Künste, vielleicht hat er deshalb die Umgestaltung der Stadt so rigoros vorangetrieben. Programmatisch ist folgende Äußerung aus dem Jahr 1925: „Innerhalb von 50 Jahren muß Rom allen Völkern der Erde wunderbar erscheinen: Weitläufig, geordnet, mächtig, sowie zu Zeiten des ersten Kaisers Augustus. Der Stamm der großen Eiche muß von allem befreit werden, was ihn behindert."

Die Eiche war für ihn Rom, das er in antiker Weise nur „Urbe" nannte, die „Stadt" schlechthin. Das „Befreien" bedeutete für ihn die Isolierung der antiken und frühchristlichen Monumente, weite Flächen und Plätze sollten die erhaltenen Reste der Antike umgeben, so um das Marcellus-Theater, das Kapitol oder das Pantheon. Die „Behinderung", spätere Bausubstanz aus den Jahrhunderten der Dekadenz, die er als „parasitär" bezeichnete, mußte verschwinden. Nur durch diese Isolierung kann seiner Ansicht nach die wahre Bedeutung der antiken Baudenkmäler gewürdigt werden, nur dadurch können die tausendjährigen Monumente erst ins „Gigantische" wachsen.

So entstanden Pläne, die für die Altstadt, vom Pantheon bis zur Marc-Aurel-Säule, einen großflächigen Abriß vorsahen. Dort sollte nur noch Antikes oder Frühchristliches übrigbleiben, umgeben von breiten Straßen und Aufmarschplätzen, gesäumt von neuen monumentalen Gebäuden in einer Art maßlosem und kahlem Neoklassizismus, ein imperialer Stil, wie ihn der Diktator liebte. Dieses Projekt wurde glücklicherweise nicht ausgeführt.

Die Vorstellungen Mussolinis, gerade der Vergleich mit dem Stamm der Eiche, zeugen von keinem großen historischen Bewußtsein, beweisen seine Ahnungslosigkeit für das, was Rom eigentlich ausmacht, das langsame Wachsen, das Neben- und Übereinander von Epochen und Stilen, eben das große Durcheinander, das Rom eigentlich erst zu dem macht, was es ist.

Wurde das oben beschriebene Projekt nicht verwirklicht, waren die Architekten des Diktators an anderer Stelle nicht untätig. Die Idee der Isolierung wurde im Bereich um das Kapitol, an den Kaiserforen, am Marcellus-Theater und rund um das Mausoleum des Augustus (dort besonders abschreckend) vollständig verwirklicht.

Begründet wurde die Freilegung des Geländes einerseits mit archäologischem Interesse, im Sinne der Forschung und der Wiederauferstehung des antiken Roms. Unter Mussolini wurden bedeutende Ausgrabungen durchgeführt, u. a. bekam das Forum Romanum erst damals das Aussehen, wie wir es heute kennen. Andererseits waren es verkehrstechnische, hygienische und städtebauliche Gründe. Die vielen kleinen Gassen waren dem Verkehr einfach nicht mehr gewachsen, die Häuser waren oft in einem schlechten Zustand. Tausende der angestammten Bewohner mußten durch den Abbruch in die Borgate umgesiedelt werden, neue, seelenlose und schnell hochgezogene Vorstädte, die allerdings immer noch freundlicher waren als die Neubauviertel, die nach dem 2. Weltkrieg in der Peripherie der Stadt wucherten.

Die Chronologie der Maßnahmen beginnt mit dem Jahr 1924, als an den Kaiserforen die ersten Ausgrabungen in Angriff genommen wurden. Ab 1925 wurde das Viertel vor den Kapitolstreppen bis zum Marcellus-Theater abgerissen. Auch an anderen Stellen wurde gegraben und abgerissen, so um das Augustus-Mausoleum, am Largo di Torre Argentina, wo die republikanischen Tempel freigelegt wurden, vor dem Petersplatz, wo man als neue Zufahrt die Via della Conciliazione in das mittelalterliche Stadtviertel brach.

Jene Wucherungen, die gewachsene alte Bausubstanz, darunter etliche mittelalterliche Bauwerke, sah man als wertlos an, auch Barockkirchen fanden keine Gnade. Lediglich am Kapitol versetzte man die Kirche S. Rita, die sich früher links am Fuße der Treppe zu Aracoeli befand, um sie in der Nähe des Marcellus-Theater wiederaufzubauen.

Damit entstand Platz für zwei Straßen, die Via dell'Impero und die Via del Mare, die neuen Prachtstraßen des Regimes, die durch ihre Namen auch dessen Herrschaftsanspruch verkörperten. Die Via dell'Impero, Straße des Imperiums (heute Via dei Fori Imperiali), führt von der Piazza Venezia zum Kolosseum, vom Herz der Stadt und des Staates symbolisch ins Landesinnere (eine Verlängerung ins Umland war geplant), gesäumt von den Zeugnissen der Antike, wie eine moderne Via Appia Antica.

Die Via del Mare (heute Via del Teatro di Marcello) sollte in ihrer Verlängerung nach Ostia führen, Rom sollte über den alten Hafen wieder an das Meer angebunden werden. Der Name paßt gut zu den Expansionsträumen Mussolinis, der in antiker Weise vom Mittelmeer als „Mare Nostrum", „Unser Meer" sprach. Schließlich umfaßte das Römische Reich ehemals den ganzen Mittelmeerraum. Um das seinem Volk klar zu machen, wurden in der Via dell'Impero im Bereich der Maxentius-Basilika riesige Marmortafeln angebracht, auf denen die Ausbreitung des Römischen Reiches demonstriert wurde. Diese Tafeln hängen dort noch heute. Entfernt hat man nach dem Ende des Diktators dagegen jene Tafeln, auf denen Mussolini seine Feldzüge und Eroberungen in Afrika verherrlichte.

Ganze Straßenzüge und Stadtviertel wurden für die zwei Prachtstraßen abgerissen, die antiken Bauwerke freigelegt und oft in fragwürdiger, spekulativer Weise rekonstruiert. (Z. B. die Kurie auf dem Forum, die im Mittelalter in eine Kirche umgewandelt wurde und eine reiche barocke Verzierung besaß.) Vieles was freigelegt wurde, verschwand allerdings nach kurzer Zeit unter den neuen Trassen der Straßen, was paradoxerweise den Träumen von der Wiederauferstehung der Antike keineswegs widersprach. Die meisten Fundamente der damals abgetragenen Häuser wurden zugeschüttet und bilden für zukünftige Archäologen sicherlich irgendwann einen neuen und ergiebigen Forschungsgegenstand. Zur Zeit wird dort wieder gegraben, man kann in einen Teil

Die Via dei Fori Imperiali vor dem Kolosseum, im Bereich der Velia

dieser freigelegten Fundamente und Keller schauen, nur die Baustoffe und die noch an den Wänden klebenden Fliesen machen den Unterschied zu den antiken Ruinen mit ihrem alten Mauerwerk sichtbar.

Ein ganzer Hügel, die Velia zwischen der Maxentius-Basilika und dem Kolosseum, mußte für das letzte Stück der Straße abgetragen werden, dabei wurden wichtige archäologische Zeugnisse aus der Frühzeit Roms zerstört. Hier fand man auch das Skelett eines urzeitlichen Elefanten. Nur noch eine Treppe und die Stützmauern am Straßenrand erinnern an die Stelle des Durchbruchs. Mussolini muß sich wie Kaiser Trajan gefühlt haben, schließlich ließ dieser Kaiser für den Bau seines Forums und der Märkte ebenfalls einen Hügel abtragen, die Trajanssäule entspricht in ihrer Höhe dem entfernten Erdreich. Erst dank diesem Durchstich konnte Mussolini vom Balkon seines Amtszimmers im Palazzo Venezia ungehindert zum Kolosseum am Ende der Straße schauen.

Die Einweihung der Straße feierte man am 28. Oktober 1932. 900 m lang, 30 m breit (davon 20 m Fahrbahnbreite), ein idealer Platz für Aufmärsche und Militärparaden. Als damals links und rechts Tribünen standen, glich die Straße in den Augen der Zeitgenossen einer langgestreckten Variante des Circus Maximus. Vor den Kaiserforen wurden Statuen der jeweiligen Erbauer aufgestellt (Caesar, Trajan, Augustus und Nerva), die heute noch stehen.

Die enormen Kosten für die Umwandlung dieser 40.000 m² oder 900.000 m³ begründete man mit der „unbedingten Notwendigkeit" der Maßnahmen, da Rom die Hauptstadt des faschistischen Regimes und vor allem „Rom" war, dadurch fast eine politische Institution. Die enormen Kosten sollten sich nach Berechnungen des Regimes schon kurze Zeit nach der Fertigstellung amortisieren, weil Millionen von Touristen kommen würden, um dieses Bauwerk zu bewundern. Außerdem diente das Projekt der Arbeitsbeschaffung, Tausenden von Arbeitern verhalf es zu einer Beschäftigung.

Heute wirkt das Gelände neben der Fahrbahn nicht mehr so kahl wie auf alten Fotos, die Bäume sind gewachsen und füllen die Leere zwischen den antiken Ruinen zumindest ein wenig, die Treppen sind bevölkert von Römern und Touristen. Der enorme

Verkehr hat sich der zwei Straßen bemächtigt, beides Zubringer für das Chaos an der Piazza Venezia.

Wie soll man den Straßenbau heute bewerten? War es ein Akt vorausschauender Verkehrsplanung oder ein Akt des Vandalismus und Mittel der Propaganda? Wie sähe die Verkehrssituation in den ursprünglichen, verwinkelten Gassen heute aus? Hätte vielleicht ein anderes Straßenbauprojekt zu späterer Zeit ähnliche Abbruchmaßnahmen zur Folge gehabt? Viele Stadtplaner sind mittlerweile der Ansicht, die Zerstörungen unter Mussolini waren gar nicht so schlimm im Vergleich zu denen der Stadtplanung nach dem 2. Weltkrieg, als nur noch Spekulation und Profitdenken das planlose Wachstum der Stadt bestimmten. Nach ihrer Meinung wurden die urbanistischen Probleme des gegenwärtigen Roms erst in jüngster Zeit geschaffen.

Ein nostalgisches Zurück kann es auf keinen Fall geben, die ursprüngliche Situation läßt sich lediglich durch die Vielzahl von Fotos vergegenwärtigen. Penibel dokumentierte man das Stadtviertel und die Bauten vor dem Abbruch. Die Archäologen träumen heute von einer Sperrung der Via dei Fori Imperiali, um die darunter verborgenen Reste freizulegen, ein riesiger archäologischer Park im Herzen der Stadt soll entstehen. Pläne werden gemacht und verworfen, denn wie sollen die Verkehrsströme umgeleitet werden? Außerdem: Wäre der Park nur ein totes Gelände inmitten der Stadt, nur noch bevölkert von Katzen?

Man darf gespannt sein, wie es im Herzen Roms städtebaulich weitergeht.

Palazzo Venezia: Piazza Venezia. Dienstag bis Samstag 9.00 Uhr – 14.00 Uhr, Sonntag 9.00 Uhr – 13.00 Uhr. Im Palast befindet sich ein bedeutendes Museum für Kunst des Mittelalters und der Renaissance

Nationaldenkmal: Terrasse nicht zugänglich. Im „Bauch" des Monuments befindet sich rechts das Institut für die Geschichte des italienischen Risorgimento, links das oft geschlossene Museo del Risorgimento mit Erinnerungsstücken aus der Zeit der nationalen Einigung (Mittwoch, Freitag und Sonntag 10.00 Uhr – 13.00 Uhr)

Kaiserforen: Via dei Fori Imperiali. Von den Foren ist nur eines regulär zugänglich, bei den anderen finden neuerdings abendliche Führungen im Schein von Kerzenlicht statt. Man achte auf Anschläge an den Absperrungen. Trajansforum und Märkte: Dienstag bis Samstag 9.00 Uhr – 19.00 Uhr, Sonntag 9.00 Uhr – 13.00 Uhr. Eingang von der Via IV Novembre. Weitere Informationen zu den Kaiserforen bietet ein Ende 1999 eröffneter Pavillon

Kolosseum: Piazza del Colosseo. Winter täglich außer Sonntag und Mittwoch 9.00 Uhr – 16.30 Uhr, im Frühling bis 17.30 Uhr, im Sommer bis 19.00 Uhr, im Herbst bis 17.00 Uhr. Sonntag und Mittwoch 9.00 Uhr bis 13.00 Uhr

RÖMISCHE BRUNNEN

Via Giulia / Piazza della Rotonda / S. Sabina

FONTANA DI TREVI:
DOLCE VITA UND BAROCKTHEATER

Vorhang auf, das Theater beginnt!

Auf dem Programm steht wie jeden Tag ein allegorisches Stück um das Element Wasser, sein Nutzen, seine Heilkraft, die Quelle des Lebens, aber auch seine negative Kraft, Stürme, Überschwemmungen.

Auf den Rängen dieses immerwährenden Theaters tummelt sich ganz Rom. Man amüsiert sich, unterhält sich, wirft Münzen in den Brunnen. Langsam wird der Brunnen zur Nebensache, man beobachtet die Leute, die sich um den engen Platz vor dem Brunnen drängen. Die steinernen Schauspieler stehen diesem Spektakel schweigend gegenüber, vielleicht haben sie für sich die Rollenverteilung längst umgedreht und beobachten innerlich belustigt das tägliche Kommen und Gehen von Menschen aus aller Welt. Was zählt in diesem ewigen Ambiente noch kurzzeitige Berühmtheit, auch wenn sie alle da waren, die auf dieser Welt Rang und Namen haben, sogar eine schöne Schwedin hat dieses Wasserreich als Badewanne benutzt. Die Schauspieler vor uns sind jedoch nicht von dieser Welt, der Gott Okeanus (manche sagen auch, es sei Neptun), der Gott der Fluten, ist der Hauptdarsteller, der auf seinem prächtigen Muschelwagen, gezogen von zwei Seepferden, durch die Meere fährt. Seine Macht ist jedoch dahin, sein Reich beschränkt sich nur noch auf dieses Becken, auch wenn es den Anschein hat, daß er mit seinem Gefolge die Grenzen dieses kleinen Reiches überschreiten will. Die Macht über sein Reich haben schon längst andere übernommen. Es reicht schon, wenn eine erschöpfte Dame ihre Beine im Brunnenbecken kühlen will, schon ertönt ein scharfer Pfiff von den Polizisten, den neuen Wächtern der Macht. Ungerührt nimmt der Gott die Eintrittsgelder der Besucher aus aller Welt in Empfang, die sich dadurch eine weitere Vorstellung seines Meerestheaters erkaufen wollen. Doch man gestattet ihm nur noch, diese Opfergaben bis zu dem Zeitpunkt zu hüten, an dem man das Wasser abläßt und das Geld für öffentliche Zwecke eingesammelt wird.

Das jüngste Lifting haben er und sein Gefolge gut überstanden, so jugendlich und strahlend hell wie jetzt leuchtete die Fontana di Trevi schon lange nicht mehr, und vermutlich auch nur für kurze Zeit. In der Nacht sorgen die vielen Scheinwerfer für die nötige Helligkeit in diesem Salon unter freiem Himmel. Und hier beginnt die Geschichte auch: in Salone.

Salone ist ein kleines Dorf in der Nähe von Tivoli. Es bietet nichts Außergewöhnliches, doch hier liegen die Quellen, aus denen das Wasser für die Fontana di Trevi sprudelt. Es sind die Quellen der Aqua Virgo, die schon in der Antike entdeckt wurden, genauer genommen von einem jungen Mädchen, das die römischen Ingenieure der Sage nach zu der Quelle führte, daher auch der Name Virgo (Jungfrau). Marcus Agrippa, der Schwiegersohn von Augustus, ließ die Wasserleitung 19 n. Chr. bauen, um seine von ihm finanzierten Thermen auf dem Marsfeld (in der Nähe des Pantheons) mit Wasser zu versorgen. Durch die Barbareneinfälle wurde die Leitung wie viele andere unterbrochen. Wasser war im Mittelalter Mangelware, notdürftig behalf man sich mit kleinen Quellen im Stadtgebiet oder mit Tiberwasser. Erst Ende des 15. Jahrhunderts begannen die Päpste mit der Instandsetzung der alten Leitungen. Damals war es Sitte, das kostbare Naß, das jetzt wieder in die Stadt strömte, aufs festlichste zu begrüßen. Riesige Schaubrunnen wurden errichtet, auf denen sich die Erbauer durch überdimensionale Inschriften ein Denkmal setzten, man denke nur an die riesige Fassade der Acqua Paola auf dem Gianicolo.

Fließende Grenze zwischen Kunst und Kitsch vor dem Brunnen

Bei der Fontana di Trevi war man am Anfang viel bescheidener. Es existierte lediglich ein halbrundes Becken mit drei Mündungsrohren, aus denen das Wasser strömte. Von diesen drei Öffnungen soll der Name „Trevi" herrühren, was wörtlich übersetzt „drei Wege" bedeutet, er kann aber auch von den drei Straßen kommen, die sich hier kreuzen. Bis zur Errichtung des Brunnens in der jetzigen Gestalt verging geraume Zeit. Es fanden Wettbewerbe für die Gestaltung des Brunnens statt, auch der große Bernini hat sich mit Entwürfen beteiligt, die jedoch nicht zur Ausführung kamen. Schließlich beauftragte man 1733 den bis dahin kaum besonders hervorgetretenen Architekten Niccolò Salvi mit der Ausführung seiner Pläne. Die Bauarbeiten zogen sich über das Pontifikat mehrerer Päpste hin. Der Architekt verstarb während der Arbeiten an einer Erkältung, die er sich vielleicht in den kalten Kanälen der Wasserleitung geholt hatte. Zum Unglück starb kurz darauf auch der Bildhauer, der für den Figurenschmuck zuständig war. Bis zur Vollendung des Brunnens im Jahr 1762 vergingen nach diesen Todesfällen noch ein paar Jahre, aber die lange Bauzeit hat sich sichtlich gelohnt.

Betrachtet man den Brunnen genauer, ähnelt er einem römischen Triumphbogen (man denke nur an den Titus-Bogen auf dem Forum Romanum), den man vor eine Hauswand, den Palazzo Poli, gesetzt hat. Die Familie ließ zu diesem Zweck eigens ihren Palast erweitern, es war ihr besonderer Wunsch, das Gebäude mit dem Brunnen zu verbinden. Auf den zwei Reliefs des Triumphbogens wird die Errichtung der Wasserleitung gezeigt: Links erteilt Agrippa seinen Architekten den Auftrag, rechts führt die Jungfrau die römischen Ingenieure zur Quelle.

Überlebensgroß steht Okeanus mit seinem Zepter in der Mitte des Bogens auf einem Muschelwagen, gezogen von zwei Seepferdchen, geführt von zwei Tritonen. Das eine der Pferde ist aufgebäumt, das andere ruhig, Symbole für die aufgewühlte, gefährliche See und für das glatte, friedliche Meer. Das wilde Pferd läßt sich nur noch durch den Tritonen bändigen, die Zerstörungskraft des Wassers wäre ohne den Eingriff höherer Mächte noch größer. Das ruhige Pferd steht für den Segen, der vom Wasser ausgeht, ein Nutzen für die ganze Welt, für Handel und Beförderung. Die zwei Damen in den Nischen symbolisieren die Fruchtbarkeit (Füllhorn) und die Heilkraft (Schlange um Stab), die vom Wasser ausgehen.

Darüber hinaus gibt es noch eine Vielzahl von Verbindungen zur Antike. Der ganze Platz erinnert mit der kulissenartigen Brunnenwand und den Stufen, die das Becken umgeben, an das Innere eines antiken römischen Theaters und dessen prächtiger Bühnenwand, wie sie ehemals auch im Marcellus-Theater in der Nähe des Kapitols vorhanden war. Das Gewölbe über der Nische mit Okeanus ist mit einem Muster verziert, das bereits die Römer für die Einwölbung ihrer Tempel verwendeten, sichtbar noch in der Cella der Ruine des Tempels der Venus und der Roma neben dem Kolosseum.

Die vielen steinernen Pflanzen sind einerseits Symbol für das Wasser als Quelle des Lebens und des Wachstums, lassen aber auch an die Überwucherung der vielen Ruinen denken, die damals ein noch größerer Bestandteil des alltäglichen Stadtbildes waren. Auch der Brunnen selbst weist ein künstliches Element der Zerstörung auf, das dem Bauwerk schon wieder einen ruinösen Aspekt verleiht, nämlich am äußersten rechten Pfeiler der Palastfassade. Der Pfeiler scheint einzustürzen, unten an der Basis fällt er auseinander, kein Bauwerk in dieser Stadt steht ewig.

Der ganze Palast wirkt durch die ausufernden wilden Felsen des Brunnens wie hochgehoben. Die Felsen oder Meeresklippen erstrecken sich bis zur rechten Stützmauer, wo ein separater Brunnen sprudelt, die Fontana dei Fidanzati, der Brunnen der Verlobten. Wer hieraus trank und anschließend das Glas zerbrach, blieb der Überlieferung nach seiner Verlobten auch bei langer Trennung treu. Hier kann man unbesorgt das Wasser genießen, was man beim großen Becken tunlichst unterlassen sollte. Die Felsen reichen an dieser Stelle bis zu einer merkwürdigen Steinvase oder Urne hinauf, die der Stein fast überwucher. Von dieser Steinvase ringelten sich ursprünglich zwei Schlangen hinunter zum kleinen Brunnen, aus deren Köpfen sich das Wasser in die Schale ergoß. Die Köpfe und Körper der Schlangen sind schon lange abgebrochen, aber das Wasser spritzt immer noch an der Stelle heraus. Auch hier hat Salvi erneut einen Hinweis auf den Segen des Wassers untergebracht, das Wasser als heilendes Element, symbolisiert durch die Schlangen des Äskulap, dem griechischen Gott der Heilkunst, dem im antiken Rom auf der Tiberinsel ein großer Tempel mit Hospital geweiht war. Noch heute befindet sich dort ein Krankenhaus.

Die Vase selbst nennt der römische Volksmund „Treff-As", weil sie dem Symbol einer italienischen Spielkarte ähnelt. Andere behaupten, daß sie Ähnlichkeit mit einer Barbierschale hat und Salvi sie absichtlich hier aufstellen ließ, um einen Barbier zu ärgern, der nebenan damals seinen Laden hatte. Dieser kritisierte während der Bauarbeiten den entstehenden Brunnen und fand ihn schlichtweg scheußlich. Salvi setzte diese Schale genau an diese Stelle, so daß der Barbier, wenn er aus seinem Laden heraussah, den Brunnen nicht mehr sehen konnte. Bis vor kurzem befand sich in dem Gebäude tatsächlich noch ein Barbierladen.

Von hier oben kann man besonders gut die vielen Verrenkungen der Besucher beobachten, wie sie ihre Münzen ordnungsgemäß in den Brunnen befördern um sich dadurch der Rückkehr nach Rom zu versichern. Als der Brunnen neu war, kam niemand auf die Idee, hier Münzen ins Wasser zu werfen. Dieser Brauch ist noch nicht so alt, hat aber doch seinen Ursprung in der Antike, als es Sitte war, den Wassergeistern zu opfern, indem man Münzen oder andere Wertgegenstände in Quellen oder Brunnen warf, um sich ihres Beistands zu versichern. Im 19. Jahrhundert berichten verschiedene Schriftsteller vom Brauch, aus dem Brunnen Wasser zu trinken. Nach der Überlieferung sollte das eine glückliche Heimkehr nach Rom garantieren. Gegen Ende des 19. Jahrhunderts hatte sich der Brauch mit den Münzen bereits unter Besuchern eingebürgert, die Reiseführer geben genaue Anleitungen für den Wurf, allerdings noch immer verbunden mit dem Hinweis, daß man auch aus dem Brunnen trinken muß. So richtig populär wurde das Werfen erst durch den amerikanischen Film „Drei Münzen im Brunnen", eine Geschichte um drei Amerikanerinnen in Rom, der in den fünfziger Jahren ein großer Erfolg war. Das Geld beschert der römischen Stadtverwaltung eine kleine Nebeneinnahme, die etwas höher wurde, seit den vielen „Anglern" bei Strafe verboten wurde, das Geld herauszufischen. Pro Jahr ergibt sich ein Betrag von ca. 90 Millionen Lire, ungefähr 90.000 DM, nicht hinzugerechnet der Wert der vielen ausländischen Münzen, der ungefähr denselben Betrag erreicht, aber schwierig umzuwechseln ist. Das Geld reicht leider nicht für den Unterhalt des Brunnens, aber es ist doch ein kleiner Beitrag der vielen Besucher aus aller Welt.

Wie man aber die Münze letztendlich werfen soll, darüber gibt es verschiedene Ansichten. Der Verfasser kann hier nur für sich sprechen, er hat sie mit der rechten Hand geworfen, allerdings erst beim zweiten Besuch der Stadt. Die Wirkung war phänomenal und bescherte ihm viele „Wiederkehren". Als der Brunnen 1989 restauriert wurde, umgab ihn eine nicht besonders attraktive Bretterwand, das Wasser war abgelassen. Aber auch angesichts dieses traurigen und trockenen Zustands ließen die Leute nicht vom Brauch ab, pausenlos prasselten Münzen auf den Boden. Sogar in diesem Fall verhalf das Werfen zu einer Rückkehr, es scheint deshalb ziemlich egal, wie man wirft, Hauptsache man tut es, solange man sich nicht selbst ins Wasser stürzt.

Auf diese Idee kam der Regisseur Federico Fellini in seinem Film „La Dolce Vita". Obwohl er selbst kein Römer war, sondern aus Rimini stammte und dort auch begraben ist, setzte er seiner Wahlheimat durch seine Filme ein Denkmal. Filme, die wie früher die Eindrücke von Schriftstellern in ihren Tagebüchern, das Bild der Stadt für die Zeitgenossen entscheidend prägten, sei es im erwähnten „La Dolce Vita", in den „Nächten der Cabiria", in „Intervista" oder im außergewöhnlichen Film „Roma", in dem er ganz unerwartete Aspekte der Stadt aufzeigte, die so gar nicht dem bekannten Postkartenidyll entsprachen. (Kurioserweise entstand dieser letztgenannte Film zwar in Rom, aber das Rom des Films bestand nur aus Kulissen, die man unter großem Aufwand in der römischen Filmstadt Cinecittà, weit vor den Toren der Stadt, eigens dafür aufbaute.)

In „La Dolce Vita" schilderte Fellini das vermeintlich süße Leben der Reichen und Schönen im aufblühenden Rom der Nachkriegszeit, immer belagert von aufdringlichen Fotografen, den „Paparazzi". Der Film war bei der Uraufführung 1960 ein Skandal, kirchliche und konservative Kreise liefen Sturm gegen die vermeintlich unmoralische Darstellung, was aber den Erfolg nicht verhindern konnte oder ihn vielleicht erst provozierte. Die zweifellos berühmteste Szene des Films spielt hier an der Fontana di Trevi. Der Journalist Marcello (Marcello Mastroianni) zieht mit der gefeierten Filmdiva Sylvia (Anita Ekberg) durch das nächtliche Rom. Die beiden gelangen in dieser Nacht auch zum einsam plätschernden Brunnen. Sylvia wird von diesem Brunnen magisch angezogen, langsam watet sie wie in einem Rauschzustand in das Becken hinein bis zur Kaskade. Marcello folgt ihr und umarmt sie vor dem Wasserfall. Plötzlich endet das Fließen des Wassers, der Brunnen wurde abgeschaltet. Fröstelnd schauen die beiden um sich, das Morgengrauen macht sich bemerkbar, der schöne Traum ist zu Ende.

So einsam war es aber nur im Film, die vielen Zuschauer während der Dreharbeiten blieben unsichtbar. Zahlreiche Römer hatten sich damals zur Aufnahme dieser Szene eingefunden, alle waren sie neugierig darauf, die blonde Schönheit aus Schweden im Wasser zu sehen. Die Szene ist fast eine Schlüsselszene für den Film, aber auch für die ganze Epoche. Der schöne Traum ist zu Ende, mühsam muß man sich wieder in der Wirklichkeit zurecht finden. Die Epoche ist zu Ende, doch der Mythos des „Dolce Vita" begann, die Stadt zehrt immer noch davon. Natürlich haben die Geschäfte rings um den Brunnen das berühmte Bild der blonden Schönheit im kühlen Naß irgendwo an der Wand hängen.

Von diesem Hauch des Luxus und der Exklusivität ist am Platz indes nicht mehr so viel zu spüren. Die Fontana di Trevi ist zum Treffpunkt der Massen geworden. Schwer findet man abends am Brunnen noch einen Sitzplatz auf den Stufen, die engen Gassen sind voller Menschen. Unvorstellbar, daß in den fünfziger Jahren hier noch Autos fahren durften und sich die Busse der großen Stadtrundfahrt um die scharfen Ecken zwängten. Gut, daß eine andere Idee vor hundert Jahren nicht verwirklicht wurde: Man plante, den Platz vor dem Brunnen zu erweitern und eine große Kreuzung daraus zu machen.

Die vielen Blitze der Kameras geben dem Brunnen in der Nacht für Augenblicke ein surreales Aussehen, das polyglotte Geschwätz der Menschen vermischt sich mit dem Rauschen des Wassers. Dieses Rauschen ist etwas Besonderes, das Fehlen wird schmerzlich bewußt, wenn man den Brunnen früh am Morgen aufsucht oder zu einem Zeitpunkt, an dem das Wasser abgelassen ist, Arbeiter das Becken säubern und die Münzen aufsammeln. Den italienischen Komponisten Ottorino Respighi hat das Rauschen der römischen Brunnen zu einem Musikstück inspiriert, den „Fontane di Roma", in dem er den Klängen des Wassers von vier Brunnen, darunter natürlich die Fontana di Trevi, musikalisch ein Denkmal setzte.

Wo viele Touristen sind, fehlen zwangsläufig nicht die Händler, die daraus ihre finanziellen Vorteile ziehen wollen. Dunkelhäutige Straßenhändler, meist illegal und ohne Aufenthaltserlaubnis, immer auf dem Sprung, ihre Waren schnell einzupacken, wenn Polizei naht, spekulieren auf das lockere Geld der Besucher. Neben allerlei kitschigen Souvenirs oder Blumen, werden hier besonders Fälschungen bekannter Markenwaren angeboten. Die Fälschungen machen den schönen Schein erschwinglich, verhelfen dazu, mehr zu scheinen, als man tatsächlich ist. Das paßt irgendwie zum Brunnen, der ebenfalls Illusionen schafft, künstliche Felsen, Wasser im Überfluß, Reichtum und Schönheit. Das paßt auch zum Architekten Salvi, der vor diesem Auftrag Szenenbilder für Feuerwerksveranstaltungen und ähnliche Lustbarkeiten entworfen hat, barockes Illusionstheater mit kurzer Haltbarkeit.

Der Zauber seines bedeutendsten Bühnenbildes ist dieses Mal nicht in Feuer und Rauch aufgegangen. Die Fontana di Trevi ist indes zur Zwei-Sterne-Sehenswürdigkeit geworden, zum Klischee für den Massentourismus. Das hat man alles im Hinterkopf, wenn man sich dem Brunnen kritisch nähert. Doch wenn man aus der engen Gasse tritt und vor dem Brunnen steht, vergißt man all die Fallen der Tourismusmanager, man kann nicht anders: „Wie wunderschön!"

Klatscht Beifall für das gelungene Theaterstück!

Fontana di Trevi: Piazza di Trevi

DER SCHILDKRÖTENBRUNNEN

Schildkrötenbrunnen

Eine kleine Kostbarkeit, umgeben von den Palästen der einst mächtigen Familie Mattei kann man auf der gleichnamigen kleinen Piazza Mattei entdecken, gelegen zwischen dem Ghetto und dem Largo di Torre Argentina:

Die Fontana delle Tartarughe, der Schildkrötenbrunnen.

Über vier muschelförmigen Becken und kleinen Delphinen strecken sich vier verspielte Jünglingsfiguren, die kleine Schildkröten zum Trinken an die obere Brunnenschale hinaufheben. Aus dieser Brunnenschale fällt durch kleine Köpfchen als Wasserspeier jeweils ein Strahl in die vier Muschelbecken am Fuß des Brunnens.

Den eleganten Brunnen könnte man sich eher auf einer Florentiner Piazza zwischen edlen Renaissancepalästen vorstellen, als hier zwischen den trutzig und etwas schäbig wirkenden Palästen der Mattei in Rom, in der Stadt, wo man eigentlich monumentalere und feierliche Brunnen bevorzugte.

Die Bewegungen der Jünglinge, grazil und verdreht, mit ihren überlangen Armen und Beinen, sind ein schönes Beispiel für die Plastik des Manierismus, jenes Kunststils, der den Übergang von der Renaissance zum Barock markiert, lange Zeit als Periode des Niedergangs verschmäht und kaum gewürdigt.

Geschaffen haben den Brunnen um 1585 der Architekt Giacomo della Porta und der Bildhauer Taddeo Landini. Die Mitarbeit Landinis ist auch der Grund für die gänzlich unrömische Gestaltung des Brunnens: Landini stammte aus Florenz, und manche Forscher vermuten, daß er für den Brunnen auf Entwürfe Raffaels zurückgegriffen hat. Zum Zeitpunkt der Vollendung fehlten allerdings die Schildkröten, sie waren von den Künstlern gar nicht vorgesehen.

Landini ließ die vier Jünglinge ohne sichtbaren Grund ihre Arme zum Rand der Brunnenschale hinaufheben. Der Brunnen stand schon fast hundert Jahre, als man auf die Idee kam, die Bewegung der Figuren durch den Zusatz der Tiere zu rechtfertigen, die jetzt ihre Köpfchen zum Wasser hinstrecken. Wer auf die Idee kam, ist nicht überliefert, manche meinen, Bernini habe hier seine Hand im Spiel gehabt. Diese harmonische Ergänzung hat den Brunnen erst wirklich vollendet, gleichzeitig aber anfällig für Diebstahl gemacht.

1906 wurden die Schildkröten zum ersten Mal gestohlen, aber wiedergefunden. Während des letzten Weltkrieges baute man aus Sicherheitsgründen den Brunnen ab, dabei verschwanden wiederum die Schildkröten. Per Zufall fand man sie später im

Laden eines Trödlers. Der letzte Diebstahl ereignete sich 1981, als eine der Schildkröten entwendet wurde, die seitdem nicht mehr aufgetaucht ist. Die verbliebenen drei Originale brachte man aus Sicherheitsgründen in die Kapitolinischen Museen, an deren Stelle traten Kopien.

Vom Auftraggeber, einer der Mattei-Herzöge, gibt es noch eine Anekdote zu erzählen, wie es zur Aufstellung des Brunnens kam: Die Mattei waren sehr reich, man muß sich nur umsehen, die fünf Paläste, die sich im Viertel um die Piazza befinden, gehörten einst dieser Familie. Der Herzog war jedoch der Spielleidenschaft verfallen, eines Abends verlor er sein Vermögen und den Palast dazu. Als sein zukünftiger Schwiegervater davon hörte, ließ er dem Herzog ausrichten, daß er nicht die Absicht habe, seine Tochter mit einem „Hungerleider" zu verheiraten. Den cholerischen Herzog ärgerte diese Nachricht furchtbar, er lud den Schwiegervater samt Tochter daraufhin für den nächsten Tag in seinen Palast ein, ordnete aber an, daß sie das Gebäude nicht über die Piazza Mattei betreten durften. Im Palast führte er beide in einen Raum mit verschlossenen Fenstern, von denen er eines öffnete.

Den verdutzten Besuchern bot sich eine überraschende Aussicht: Ihr Blick fiel auf den Brunnen in der Mitte der Piazza, der am Tag zuvor noch gar nicht da war. Der Herzog bemerkte stolz, daß ein „Hungerleider" so etwas wohl nicht fertig brächte, und der Schwiegervater, peinlich berührt, willigte daraufhin sofort in die Heirat ein. Das besagte Fenster ließ der Herzog zumauern, denn einen so schönen Ausblick sollte kein anderer mehr genießen.

Wie der Herzog über Nacht den Brunnen herbeizauberte, erzählt eine andere Geschichte: Der Brunnen war eigentlich für den Garten eines unbekannten Adeligen bestimmt, mit dem der Herzog gut befreundet war. So war es für ihn leicht, den Freund zu überreden, den fertigen Brunnen kurzfristig auszuleihen. Aus geheimnisvollen Gründen verblieb der Brunnen bis heute auf der Piazza.

Ob diese Geschichte mit der Heirat und der Ausleihe nun wahr ist oder nicht, es gibt an der Palastwand tatsächlich eine Stelle, an der man noch die Umrisse eines zugemauerten Fensters erkennen kann.

Schildkrötenbrunnen

Fontana delle Tartarughe, Schildkrötenbrunnen: Piazza Mattei in der Nähe des Largo di Torre Argentina

DIE BRUNNEN DER RIONI:
DIE STADTTEILBRUNNEN

Das Barockzeitalter war die Blütezeit für den römischen Brunnenbau, in dieser Epoche entstanden die berühmtesten Brunnen der Stadt wie die Fontana di Trevi oder die Brunnen auf der Piazza Navona. Aber auch in unserer Zeit gelangen noch außergewöhnliche Brunnenschöpfungen, wenngleich sie oft nicht so sehr ins Auge fallen wie ihre berühmten Vorgänger.

Das gilt besonders für die in den zwanziger Jahren aufgestellten Brunnen der Rioni, d. h. der alten mittelalterlichen Stadtteile. Oft sieht man an den Hauswänden der Altstadt noch Tafeln mit dem Wappen des jeweiligen Rione, in dem man sich gerade befindet. Diese Stadtteile gehen auf die antiken und mittelalterlichen Verwaltungsbezirke zurück, die jedoch heute keine Bedeutung mehr haben und lediglich Erinnerungswert besitzen. Jeder Stadtteil hatte damals eigene Brunnen. An diese Tradition wollte man anknüpfen, als nach Entwürfen von Pietro Lombardi mehrere Brunnen in Auftrag gegeben wurden. Das Projekt zur Stadtverschönerung wurde jedoch nicht zu Ende geführt, nicht alle Rioni haben einen derartigen Brunnen bekommen. Zwei der fertigen Brunnen sind schon wieder verschwunden: Der eine war dem Straßenbau im Wege, der andere durch Kriegseinwirkung. Die relativ jungen Brunnenanlagen wirken heute wegen der Patina und dem Kalk bereits sehr alt.

Die Gestaltung der Brunnen sollte einen Bezug zur Geschichte oder zum Brauchtum des jeweiligen Stadtteils haben. Ein paar sind etwas versteckt in Nebenstraßen, ein paar sind an stark frequentierten Orten aufgestellt, fast jeder Besucher hat sicher schon einen Brunnen aus der Serie gesehen, ohne daß ihm das freilich bewußt wurde.

Der wohl bekannteste Brunnen ist die Fontanella delle Tiare neben dem Petersplatz, einer der Brunnen, die im Rione Borgo aufgestellt wurden. Unmittelbar am nördlichen Vorplatz der Kolonnaden, an der Verbindungsmauer zur Engelsburg, befindet sich der auffällige Brunnen mit vier steinernen Tiaren, den Papstkronen, die durch Schlüssel (den Himmelsschlüsseln des heiligen Petrus) verbunden sind, aus denen Wasser in kleine Becken fließt. Ein weiterer Brunnen dieses Stadtteils ist die Fontanella delle Palle di Cannone, der Kanonenkugelbrunnen nahe der Engelsburg, der durch seine Form an die aufgetürmten Kanonenkugeln in den Innenhöfen der Festung erinnert.

Leicht zu finden ist der Brunnen des Rione Pigna, die Fontanella della Pigna, der sich auf der Piazza Venezia in einer erhöhten Grünfläche zwischen dem Nationaldenkmal und dem Palazzo Venezia befindet. Der Name des Stadtteils war gleichzeitig Programm für die Gestaltung des Brunnens, er hat die Form eines riesigen Pinienzapfens, eine kleine Nachbildung des großen bronzenen Pinienzapfens, der in den Vatikanischen Museen in dem nach ihm benannten Cortile della Pigna steht. Dieser Zapfen stammt aus der Antike und diente als Brunnenaufsatz, zwischen den Schuppen floß das Wasser heraus. Er stand irgendwo im Gebiet um die heutige Piazza Venezia und verhalf dem Rione zum Namen Pigna. Das Original wurde von dort in den Vorhof der alten Peterskirche transportiert, wo er jahrhundertelang weiter als Brunnen diente. Nach dem

Abbruch der Kirche wanderte er in den Hof des Vatikanischen Palastes, allerdings nur zur Dekoration und ohne fließendes Wasser.

Nahe der Spanischen Treppe trifft man in der Via Margutta auf den Brunnen des Rione Campo Marzio, die Fontanella delle Arti. Der Bereich zwischen Via del Babuino und Via Margutta ist von der Herstellung und dem Verkauf von Kunst geprägt. Zahlreich sind die Ateliers und deren Abnehmer, die vielen Galerien mit alter und neuer Kunst. Die stille und romantische Via Margutta war und ist eine der bevorzugten Künstleradressen, jedes Jahr an Weihnachten und im Frühjahr stellen die Künstler hier im Freien und in den Galerien ihre Werke aus. Dementsprechend ist auch der Brunnen gestaltet: Bildhauerschemel, Staffeleien, ein Kübel mit Pinseln, aus Maskengesichtern strömt Wasser.

In der Nähe der Kirche S. Maria Maggiore, in der schmalen Via S. Vito direkt neben dem antiken Galienus-Bogen steht der Brunnen des Rione Monti (Berge), die Fontanella dei Monti. Dieser Stadtteil erstreckt sich über drei der sieben Hügel Roms. Dementsprechend ist der Brunnen gestaltet, er hat die Form von drei Hügeln, die mit Sternen übersät sind.

Der originellste Brunnen ist der Bücherbrunnen im Rione S. Eustachio, die Fontanella dei Libri, der sich in der kleinen Via dei Staderari in der Nähe des Pantheons versteckt. Unter einem Bogen mit Kugeln (Symbol für den Medici-Papst Leo X., einem der Förderer der römischen Universität) liegen dicke Bücher, aus denen Wasser sprudelt. Sind es Bücher als Quelle der Weisheit, die sofort in dunklen Kanälen verschwindet? Die Bücher erinnern eher an die früher benachbarte römische Universität La Sapienza hin, die im Namen des Palazzo della Sapienza und im Kirchennamen S. Ivo alla Sapienza weiter lebt. Papst Bonifaz VIII. gründete sie im Jahr 1303. Seit Ende des 16. Jahrhunderts residierte sie in diesem prächtigen Palast, seit 1935 hat sie ein weitläufiges, neues Quartier im östlichen Teil der Stadt, fast ein eigener Stadtteil, die Città Universitaria. Im ehemaligen Universitätspalast befinden sich heute Büros des Senats. Doch der Brunnen thematisiert nicht nur die Bildung, denn zwischen den Folianten sieht man ein Hirschgeweih, das Attribut des heiligen Eustachius, dessen Kirche nur wenige Schritte vom Brunnen entfernt ist und dem Stadtteil den Namen gab. Dieser kleine Wandbrunnen ist nicht leicht zu finden, die Straße ist nur auf sehr genauen Karten eingezeichnet, außerdem dient sie als beliebter Abstellplatz für Vespas, die den Brunnen fast unsichtbar machen.

Zwei weitere Brunnen befinden sich auf der anderen Tiberseite, in Trastevere.

Fest vor Anker in der Via di S. Michele liegt der Brunnen des Rione Ripa. Es ist die Fontanella del Timone, die, wie schon der Name verrät, aus einem Schiffssteuerrad besteht, ein Hinweis auf die frühere Tiberschiffahrt, als hier am Tiberufer noch Schiffe anlegten, um Güter für die Märkte der Stadt zu entladen. In der Via della Cisterna steht die Fontanella della Botte, der Brunnen für den Rione Trastevere. Aus dem großen Faß mit Weinkrügen fließt leider kein Weißwein, sondern nur Wasser in einen Bottich, eine Anspielung auf das gesellige Leben im Viertel.

Auf der anderen Seite des Tiberufers, an der Piazza dell'Emporio steht die große Fontana delle Anfore. Sie ist einer der wandernden Brunnen der Stadt, jene Brunnen, die man abbaute und an anderer Stelle aufbaute. Ursprünglich stand er an der Piazza Testaccio als Brunnen für den Rione gleichen Namens. Als man aber dort mehr Platz für den Markt benötigte, „wanderte" er zur Piazza dell'Emporio, geschichtlich ebenfalls ein passender Standort, denn der Brunnen besteht aus zahlreichen Amphoren. Aus den Scherben von solchen Amphoren wuchs langsam der nahe Hügel Testaccio in die Höhe. Der Berg ist nichts anderes als der Schutthaufen des antiken Roms und erreicht immerhin eine Höhe von 35 m. In der Nähe des Tibers befanden sich in der Antike große Speicher und eine Art „Großmarkt" (das „Emporium"), wo man die auf dem Wasserweg in die Stadt gelangten Güter lagerte und weiterverkaufte. Der Universalbehälter für Lebensmittel aller Art war damals die Amphore. Oft zerbrachen die tönernen Gefäße oder wurden wegen des Inhalts bewußt nur einmal verwendet. Die Scherben warf man einfach auf einen Haufen, daraus wurde der Testaccio.

Ein weiterer Brunnen stammt nicht von Lombardi, sondern von Publio Morbiducci. Trotzdem kann er wegen seiner ähnlichen thematischen Gestaltung der Serie zugerechnet werden, da er ebenfalls für einen Bezirk steht, nämlich für Parione. Parione ist das Viertel um den Palazzo della Cancelleria, den Campo de'Fiori und die Piazza Navona. Der Brunnen befindet sich in einer Seitenstraße an der Piazza della Cancelleria, dem päpstlichen Gerichtsgebäude, gegenüber dem Hauptportal. Dargestellt ist ein Kardinalshut mit Quasten, davor das Wappen des Stadtteils, ein geflügelter Greif.

Rione Borgo
Fontanella delle Tiare: An der Mauer des Verbindungsganges zwischen Vatikan und Engelsburg, neben Petersplatz und Porta Angelica
Fontanella delle Palle di Cannone: Largo di Porta Castello, nahe Engelsburg

Rione Pigna
Fontanella della Pigna: Piazza San Marco

Rione Campo Marzio
Fontanella delle Arti: Via Margutta

Rione Monti
Fontanella dei Monti: Via S. Vito, neben Arco di Gallieno

Rione S. Eustachio
Fontanella dei Libri: Via dei Staderari neben Palazzo della Sapienza

Rione Ripa
Fontanella del Timone: Via di S. Michele

Rione Trastevere
Fontanella della Botte: Via della Cisterna

Rione Testaccio
Fontana delle Anfore: Piazza dell'Emporio

Rione Parione
Brunnen mit Kardinalshut: Piazza della Cancelleria

ELEMENTARE ZEITMESSUNG:
BRUNNEN ALS WASSERUHREN

In einer ewigen Stadt wie Rom spielt Zeit anscheinend keine große Rolle. Diesen Eindruck kann man gewinnen, wenn man hier eher vergeblich nach Stadt- oder Kirchtürmen mit ihren großen Uhren Ausschau hält, wie man sie aus anderen italienischen Städten kennt. Die mittelalterlichen Türme der Adelsgeschlechter sind in Rom fast vollkommen verschwunden. Und was die Kirchtürme betrifft, so gehen sie eher unter in der Vielzahl der riesigen Kuppeln, die das Stadtbild beherrschen.

Schaut man jedoch genauer hin, so gibt es doch viele historische Uhren, die den Passanten die Zeit anzeigen, allerdings eher unauffällig in die Fassaden von Kirchen oder Palästen integriert. An der Peterskirche zum Beispiel gibt es links und rechts oben kleine Uhren, die man eigentlich nur dann bewußt wahrnimmt, wenn die Glocken läuten. Die Kirche SS. Trinità dei Monti hat zwar zwei Türme, doch ganz unsymmetrisch nur eine Uhr. Einen hübschen Uhrturm, entworfen von Borromini, besitzt das Kloster der Filippiner hinter der Chiesa Nuova an der Piazza dell'Orologio. Natürlich befindet sich am Palazzo di Montecitorio, dem italienischen Parlament, eine Uhr, damit die Abgeordneten wissen, wem die Stunde schlägt. Im Hof des Palazzo del Commendatore im Borgo S. Spirito 3 kann man noch eine Uhr in Form eines Kardinalshuts besichtigen, deren Zifferblatt gemäß der alten päpstlichen Zeitmessung in nur sechs Stunden eingeteilt ist. Erst während der Römischen Republik um 1800 führten die Franzosen das System der Zeitmessung mit zwölf Stunden ein. Nach diesem progressiven Intermezzo besann man sich im päpstlichen Rom vorübergehend noch einmal auf das alte System, aus dieser kurzen Zeitspanne stammt die Uhr des Palazzo.

Beispiele für eine ganz andere Art der Zeitmessung kann man in Rom ebenfalls noch antreffen, nämlich zwei Wasseruhren, allerdings fortentwickelter als die ersten Exemplare, wie sie in der Antike und im Mittelalter bekannt waren. Wasseruhren und Sonnenuhren gehören zu den Zeitmessgeräten, die mit den Elementen Wasser oder Licht arbeiten. Durch den Zufluß oder Abfluß von Wasser in einem Gefäß oder durch die Veränderung des Schattens konnte man anhand genauer Markierungen feststellen, wieviel Zeit verstrichen ist. Diese Uhren hatten viele Nachteile, eine genaue Zeitmessung war unmöglich. Das Wasser konnte verdunsten oder gefrieren, die Sonnenuhren dagegen funktionierten nicht bei schlechtem Wetter oder in der Nacht.

Die ersten Wasseruhren besaßen die alten Ägypter. (Ihre größte Wasseruhr war eigentlich der Nil, der ihnen durch das Hochwasser den Jahresrhythmus vorgab.) Die Griechen perfektionierten das Verfahren und bauten Wasseruhrautomaten (Klepsydren), kombiniert mit allerlei mechanischen Spielereien, die durch den Druck oder Dampf des Wassers angetrieben wurden. Leider hat sich keines dieser Wunderwerke erhalten. Bei den Römern waren Wasseruhren eine Art Statussymbol, für deren Betrieb man eigene Sklaven besaß. Trotzdem gab es keine allgemeine anerkannte Uhrzeit, die Uhren waren entweder zu ungenau oder die Stundenzählung ungleich.

Die antiken Römer nutzten auch die Sonne für die Zeitmessung. In Rom hat man Überreste einer außergewöhnlichen Uhr entdeckt: Der heute vor dem Parlament stehende

Obelisk diente einst als Schattenwerfer für die Sonnenuhr, die Kaiser Augustus auf dem Marsfeld errichten ließ. Bei Ausgrabungen in den letzten Jahren hat man in einem Hauskeller noch Teile des steinernen Zifferblattes gefunden.

Im Mittelalter wurden diese Elementaruhren zwangsläufig noch weiterbenutzt, doch der Wunsch nach einer genaueren und unabhängigeren Methode der Zeitmessung führte zur Erfindung der mechanischen Uhren mit Zahnrädern. Die Wasseruhren gerieten sehr schnell in Vergessenheit, die Sonnenuhren dagegen wurden zu Präzisionsinstrumenten weiterentwickelt, nach deren Anzeige die neuen mechanischen Uhren gestellt wurden.

In der Barockzeit sorgte in Rom die Sonnenuhr im Inneren der Kirche S. Maria degli Angeli, die Linea Clementina (benannt nach dem Erbauer Papst Clemens IX.), für die genaue Zeitbestimmung. Auch auf dem Pflaster des Petersplatzes befindet sich eine riesige Sonnenuhr, die man leicht übergeht. Schattenwerfer ist hier, wie bei derjenigen von Kaiser Augustus, der Obelisk in der Mitte des Platzes. Übrigens wird nach zeitweiliger Unterbrechung wieder täglich um 12 Uhr mittags auf dem Gianicolo ein Kanonenschuß aus einer österreichischen Kanone des 1. Weltkriegs abgefeuert, die „Cannone di Mezzogiorno". Früher war dieser Kanonenschuß die offizielle Zeitanzeige, nach der man sich richten konnte, heute hört man ihn im mittäglichen Verkehrslärm kaum.

Die zwei Wasseruhren die man in Rom noch heute besichtigen kann, haben strenggenommen mit den alten Uhren nicht so viel zu tun. In beiden Fällen dient das Wasser lediglich als Antriebskraft für das mechanische Uhrwerk. Dessen Mechanismus ist einem Glaskasten sichtbar, Wasser fließt abwechselnd aus zwei Düsen auf eine Art

Wasseruhren im Hof des Palazzo Berardi und auf dem Pincio

Waagebalken, der sich durch das Gewicht des Wassers senkt und hebt. Das gleichmäßige Auf und Ab treibt über verschiedene Zahnräder das konventionelle Uhrwerk an.

Die eine Uhr, ganz und gar klassisch wirkend, befindet sich im Innenhof des Palazzo Berardi in der Via del Gesù, in der Nähe der gleichnamigen Kirche der Jesuiten. Man hat den Eindruck, daß der zugehörige Brunnen schon vorher bestand und die Uhr erst später eingefügt wurde, nämlich 1870, wie aus der Inschrift des Zifferblattes hervorgeht. Es ist ein hübscher Wandbrunnen mit einer Nische, die jetzt vom Uhrenkasten eingenommen wird. Links und rechts tragen Karyatiden ein Gesims mit Büsten, vermutlich römische Kaiser. Der Brunnen ist mit Pflanzen überwuchert, eine schöne Zierde für den Innenhof, der sonst lediglich den Autos als Parkplatz dient.

Das andere Exemplar dagegen steht im Park auf dem Pincio und wirkt rustikaler. Geht man von der großen Terrasse über der Piazza del Popolo Richtung Osten, findet man sie kurz vor der Brücke in einer Abzweigung auf der linken Seite. Der Schöpfer dieser Uhr setzte sie auf eine kleine Insel in ein Brunnenbecken, das Abwasser der Uhr fließt hier hinein. Kleine Enten tummeln sich in diesem Wasser der vergangenen Zeit. Das Gehäuse der Uhr scheint aus dicken Ästen und Holz zu bestehen, doch tatsächlich ist es Metall, der Rost verleiht dem Ganzen eine täuschende Ähnlichkeit mit Holzrinde.

Beide Uhren, sowohl die auf dem Pincio als auch jene im Innenhof des Palazzo Berardi, sind Konstruktionen des Dominikanermönchs Giovanni Battista Embriaco. Embriaco war ein Spezialist für Wasseruhren. Die Uhr auf dem Pincio konstruierte er 1867, mit großem Erfolg zeigte er sie auf der Pariser Weltausstellung.

An der Spitze der Uhr befindet sich eine Vorrichtung, die über einen kleinen Hammer eine Glocke schlägt. Leider scheint dieser Teil der Uhr defekt zu sein, denn kein Glockenschlag erklingt zur vollen Stunde.

Wasseruhr im Innenhof des Palazzo Berardi, Via del Gesù 62
Wasseruhr im Park auf dem Pincio, in der Nähe der Brücke zum Park der Villa Borghese

MUSIK

Engelsburg

MIT STENDHAL UND ROSSINI
INS TEATRO ARGENTINA

Eines der angesehensten Theater Roms ist das Teatro Argentina am Largo di Torre Argentina. Anfang des 18. Jahrhunderts hauptsächlich als Haus für Opern gebaut, dient es heute fast nur noch dem Sprechtheater. Errichtet wurde es als Privatunternehmen der mächtigen römischen Familie Cesarini, die hier viele Grundstücke besaß. Für den Bauplatz wurde ein Teil vom Anwesen des Johannes Burcardus verwendet. Dessen mittlerweile abgebrochener Turm, die Torre Argentina, war der Grund für den ungewöhnlichen Namen des Theaters. Der Plan stammte vom Architekten Girolamo Theodoli, einem einheimischen Architekten, der in der Stadt vor allem Kirchen errichtet hat.

Mit dem Bau wurde eine Lücke im römischen Musikleben geschlossen. In Rom wurde zu dieser Zeit Musik oder speziell Opern kaum in Theatern aufgeführt, sondern meist in den Palästen oder in privaten Opernhäusern der adeligen Familien. Das wachsende Interesse der Öffentlichkeit an musikalischen Darbietungen führte aber auch in Rom, wenngleich später als in anderen italienischen Städten, zur Eröffnung von allgemein zugänglichen Theatern. Die neuen Theater waren wiederum alle im Besitz der konservativen Adelsfamilien, was zur Folge hatte, daß man das Sprechtheater gänzlich vernachlässigte und unverfängliche Opern, Balletts oder Komödien bevorzugte, die von der päpstlichen Zensur gebilligt wurden.

Das Teatro Argentina war nicht das erste öffentliche Haus (das erste war übrigens das Tor di Nona-Theater der Christine von Schweden, das spätere Teatro Apollo), aber neben dem Teatro Valle das bis dahin größte. Die Dimensionen waren beachtlich: Sechs Reihen Logen umgaben den Zuschauerraum, der aus Gründen der Sicht und der Akustik hufeisenförmig angelegt war. Das Theater bestand größtenteils aus Holz, allerdings mit Stuck überzogen, ausgenommen natürlich die Außenmauern und Treppenhäuser. 1732 wurde es mit der heute vergessenen Oper „Berenice" von Domenico Sarro eingeweiht.

Schnell stieg es zum führenden Theater der Stadt auf, eine Attraktion nicht nur für die Römer, sondern auch für die vielen Besucher der Stadt, die hier Vergnügung und Abwechslung suchten. Der französische Dichter Stendhal, selbst Opernfan, war während seines römischen Aufenthalts Gast im Theater und gab sehr genau Auskunft über das Musikleben in der Stadt:

„29. August – Ich habe meine Loge im Argentina-Theater; es lohnte nicht, sich so darum zu bemühen. Rossinis „Tancred" wurde gespielt. In Brescia oder Bologna hätte man ihn nicht bis zum Ende kommen lassen. Das Orchester ist noch schlechter als die Sänger: nun aber erst das Ballett! Die Ballettruppe, die Rom begeistert, ist in dem kleinen Nest Varese in der Lombardei fast ausgepfiffen worden. Jedermann stattet hier seine Loge nach Gutdünken aus. Manche Vorhänge sind wie geraffte Gardinen angebracht, und die Logenbrüstung ist mit Musselin, Seide oder Sammet ausgeschlagen. Manche sieht recht lächerlich aus; doch die Abwechslung ist ergötzlich. Drei oder vier Draperien sehen von weitem wie eine Krone aus: die Eitelkeit einiger armer gekrönter Häupter, die in Rom wohnen, findet einen Trost darin. [...]

[5. Januar] Ich gehe in die kleinen Theater in Rom, wohin sich die gute Musik flüchtet. Die italienischen Musikfreunde sitzen in einer üblen Zwickmühle. Sie können keine Oper anhören, die nicht nagelneu ist. Alle toten Autoren sind für sie nicht vorhanden. Andererseits pfeifen sie jede schwache und nichtssagende Musik aus; und die italienischen Bühnen erleben ebensoviel Durchfälle wie Premieren." [...]
(Aus: Rom Neapel und Florenz im Jahre 1817)

Dieser schlechte Eindruck hielt ihn aber nicht davon ab, bei seinem nächsten Aufenthalt in Rom wieder ins Theater zu gehen. 1828 beschreibt er in seinen „Römischen Spaziergängen", einem der schönsten Bücher über Rom, die Stimmung bei einer Aufführung im Teatro Argentina:

„Um die Wirkung von Kunst zu verspüren, sind fröhliche Menschen vonnöten. Nun sehe man sich einmal das finstere und vollständige Schweigen bei den Premieren in der komischen Oper in Paris an: die Eitelkeit wagt nicht, den Mund aufzutun, aus Angst, sich zu kompromittieren. Bei einer Premiere im Teatro Argentina in Rom gestikuliert alles zugleich. Der mißtrauischste alte Abbate ist närrisch wie ein Jüngling, das macht die Liebe für die Oper, die ihnen gefällt. Sie kaufen sich eine kleine Wachskerze und lesen bei dieser Beleuchtung das Libretto. Vor der französischen Zivilisation [das heißt vor der Herrschaft Napoleons in Rom] und der Herrschaft der Konvenienz schrien die Abbati beim Schein ihrer Wachsstöcke dem Kapellmeister Schimpfworte zu, wenn ihnen die Musik mißfiel. Dann entstanden die komischsten Dialoge, dank der Naivität und der Narrheit der Redenden."

Seit der Zeit Stendhals hat sich viel verändert, auch das Benehmen des Publikums. Nach und nach wurde das Holz der Ausstattung durch Mauerwerk ersetzt, die Kerzenbeleuchtung durch Gas und dann durch elektrisches Licht. Erst hundert Jahre nach der Eröffnung erhielt das Gebäude eine Fassade. Lange blieb das Theater in privatem Besitz, zuerst der Familie Cesarini und später der Fürsten Torlonia (die noch zwei weitere Theater besaßen), bis es 1869 die Stadt Rom erwarb und umbauen ließ. Heute ist es der Sitz des Teatro di Roma.

Im Theater fanden neben vielen anderen Uraufführungen von Dramen, Opern oder Balletts auch die erstmalige Aufführung von Werken von Verdi („I due Foscari") und Rossini statt. Der „Teufelsgeiger" Niccolò Paganini gab hier Konzerte, der deutsche Komponist Christoph Willibald Gluck dirigierte hier und erhielt dafür vom begeisterten Papst den Orden vom goldenen Sporn, der ihn berechtigte, sich fortan „Ritter" zu nennen.

Herausragend in der Geschichte des Hauses war aber die Uraufführung von Rossinis „Barbier von Sevilla", denn sie verlief sehr turbulent. Gioacchino Rossini war nicht der erste, der den Stoff vertonte. Die Vorlage stammte vom französischen Dichter Pierre Augustin Caron de Beaumarchais, eine Verwechslungskomödie aus dem Jahr 1775. Auch Beaumarchais griff dabei auf eine ältere Fassung zurück, eine spanische Novelle aus einer alten Sammlung von Geschichten. Die Grundidee der Handlung ist ziemlich einfach: Der Graf Almaviva und Rosina, zwei junge Leute lieben sich und wollen heiraten. Die Gegenspieler sind zwei alte Leute: Bartolo, der Vormund Rosinas, der selbst Heiratspläne mit Rosina hegt, um an das Vermögen des Mädchens heranzukommen, und Basilio, der intrigante Musiklehrer Rosinas, versuchen dies zu verhindern. Im Mittelpunkt steht der schlaue Barbier, der mit viel List alles in Ordnung bringt und die Liebenden zusammen führt. Alle Vorsichtsmaßnahmen seitens Bartolos, um dies zu vereiteln, erwiesen sich letztendlich als nutzlos.

Der Musiker, der vor Rossini eine erfolgreiche Fassung des Stoffes komponierte, war der hochangesehene Giovanni Paisiello. Seine Version hatte 1782 in St. Petersburg Premiere und erfreute sich allgemeiner Beliebtheit, in ganz Europa stand sie auf dem Spielplan. Heute dagegen ist sie fast vergessen und nur noch wegen der weitaus beliebteren Bearbeitung des Stoffes durch Rossini bekannt. Der damals erst vierundzwanzig Jahre alte Rossini stand am Anfang seiner Kariere und wagte nach anfänglichem Zögern etwas Außergewöhnliches, denn die Zahl der Anhänger von Paisiellos Fassung in Rom war sehr groß. Der Meister erteilte das Einverständnis zu der Neufassung des Stoffes, schließlich wurde nicht dasselbe Libretto vertont, sondern ein ganz Neues, das sich in vielen Punkten von der Paisiello-Fassung unterschied.

Rossini stand unter Zeitdruck, denn eine Vielzahl von anderen Opernhäuser wünschten Kompositionen von ihm, für die Komposition des Barbiers blieben ihm nur zwei Wochen. So kam es denn auch, daß er für die Ouvertüre Material aus früheren Opern verwendete. Überliefert ist die verblüffende Arbeitsweise des Komponisten. In der ersten Woche schien es seinen Freunden, daß er anscheinend nichts tat, keine Note wurde niedergeschrieben. Er wurde immer schweigsamer und abwesender, das einzige was er tat, war stundenlang im Zimmer herumzulaufen. Die Freunde und Sänger wurden langsam nervös und ermahnten ihn zur Arbeit. Zur großen Überraschung aller setzte er sich ans Klavier und spielte und sang die komplette Oper vor. Schnell wurde die Musik in Noten übertragen und schubweise ins Theater zu den Proben gebracht, wo die Sänger bereits warteten. Inmitten dieser Hektik blieb Rossini immer ruhig, trotz des Lärms um ihn herum konnte ihn niemand bei der Niederschrift der Oper stören, ganz im Gegenteil, das Geschwätz der Gäste stimulierte ihn geradezu.

Natürlich war man auf die Premiere gespannt, denn Rossini hatte mit seinen früheren Opern große Erfolge erzielt. Doch die Beteuerung Rossinis, daß er sich durch die neue Vertonung des Stoffes der Paisiello-Oper keineswegs mit dem Komponisten messen wolle und den berühmten Kollegen in Ehren halte, konnte den Skandal nicht verhindern, als das Werk am 20. Februar 1816 im römischen Karneval hier im Theater aufgeführt wurde. Vorsichtshalber wählte man einen anderen Namen, nämlich „Almaviva, ossìa L'inutile precauzione", zu deutsch: „Almaviva oder Die nutzlose Vorsicht". Doch die Vorsicht war in diesem Fall wirklich nutzlos, es kam wie es kommen mußte: Die Anhänger Paisiellos beeinträchtigten durch Zwischenrufe, Pfiffe oder Gelächter die Aufführung, man duldete nicht, daß ein Neuling dem anerkannten und beliebten Werk Paisiellos konkurrieren wollte. Gerüchte besagten, daß Paolina Borghese (Bonaparte), eine erklärte Feindin Rossinis, die Zwischenrufer engagiert haben soll, um die Aufführung zu stören. Fast könnte man bei einigen Zwischenfällen Sabotage vermuten.

Wiederum erzählt ausführlich Stendhal, selbst glühender Verehrer der Musik Rossinis, in seinen „Römischen Spaziergängen", was sich bei dieser Premiere 1816 zugetragen hat. Der Dichter war zwar damals nicht dabei, doch die turbulenten Ereignisse sorgten auch noch Jahre später in den römischen Salons für Gesprächsstoff:

„5.Dezember 1828. – Herr Ghirlanda erzählte uns von dem Mißgeschick, das Rossini bei der Premiere des Barbiers von Sevilla in Rom hatte (1816 im Teatro Argentina).

Zunächst hatte Rossini einen baumwollenen Rock an, dessen Farbe, als er im Orchester erschien, allgemeine Heiterkeit erregte. Garcia, der den Almaviva spielte, erschien mit seiner Gitarre, um unter Rosines Fenster zu singen. Beim ersten Akkord sprangen alle Saiten. Das Hohngelächter des Parterres begann von neuem; an diesem Tage waren viele Abbés im Theater. Nun erschien Zamboni als Figaro mit seiner Mandoline; kaum hatte er sie angerührt, als alle Saiten sprangen. Basilio trat auf und fiel auf die Nase. Das Blut strömte über seinen weißen Kragen. Der unglückliche Schauspieler, der den Basilio gab, kam auf den Einfall, sein Blut mit dem Kleid abzuwischen. Bei diesem Anblick übertönte das Stampfen, das Gejohle und Pfeifen Musik und Gesang; Rossini verließ das Klavier und lief nach Hause, um sich einzuschließen.

Am nächsten Tag hatte das Stück einen Riesenerfolg; Rossini hatte nicht gewagt, im Theater oder im Café zu erscheinen; er hielt sich in seinem Zimmer verborgen. Um Mitternacht hörte er einen furchtbaren Tumult auf der Straße; Lärm näherte sich; schließlich hörte er laute Rufe: Rossini! Rossini! „Ah,! Nichts ist klarer," sagte er sich, „meine arme Oper ist heute noch ärger ausgepfiffen worden als gestern, und nun kommen die Abbés, um mich zu verprügeln." Man behauptet, der Maestro sei in dem berechtigten Schrecken, den ihm seine wilden Richter einjagten, unters Bett gekrochen, denn der Tumult hatte nicht auf der Straße Halt gemacht: er hörte Schritte die Treppe heraufkommen. Alsbald klopfte es an seine Türe; man wollte sie eindrücken; man rief „Rossini", als wollte man Tote erwecken. Er zitterte am ganzen Leibe und hütete sich wohl, zu antworten. Endlich kam einer aus der Schar auf den guten Einfall, der arme Maestro könnte Angst haben. Er kniete nieder, bückte sich und rief durch das Katzenloch, indem er ihn in seiner Begeisterung duzte: „Rossini! wach auf! Dein Stück hatte einen Bombenerfolg. Wir kommen, um dich im Triumph herumzutragen."

Rossini traute dieser Versicherung wenig und fürchtete noch immer einen schlechten Scherz seitens der römischen Abbati; dennoch entschloß er sich, so zu tun, als ob er aufwachte, und die Türe zu öffnen. Man ergriff ihn und trug ihn mehr tot als lebendig in das Theater, wo er sich nun tatsächlich überzeugte, daß der Barbier einen ungeheuren Erfolg gehabt hatte. Während dieser Huldigung war die Via Argentina mit brennenden Fackeln erfüllt; man trug Rossini in eine Osteria, wo man in der Eile ein großes Souper vorbereitet hatte; der Taumel dauerte bis zum nächsten Morgen. Die Römer, diese ernsten und scheinbar verständigen Leute werden toll, wenn ihre Zügel gelockert sind, wie wir es im vergangenen Karneval beobachten konnten ... "

Dieser Taumel, diese Begeisterung breitete sich schnell über ganz Italien aus und steckte auch den Rest Europas an. Zum ersten Mal bei der Aufführung in Bologna bekam die Oper wieder ihren richtigen Namen. Der Erfolg dauert bis heute an, die Begeisterung kennt keine Grenzen, wenn am Schluß nach den Verwechslungen und Verwirrungen der Graf Almaviva mit seiner geliebten Rosina zusammenkommt. Die Oper stellt bis heute den Inbegriff der italienischen Oper dar, die Arien sind wahre Gassenhauer geworden. Die Lebensfreude, die Leichtigkeit, die Vitalität, der Überschwang der Musik begeistern das Publikum immer noch.

Teatro Argentina (mit einem kleinen Museum): Largo di Torre Argentina. Vorstellungen von Oktober bis Juni

AUF DEN SPUREN DER OPER TOSCA

Kein Opernhaus auf der Welt kann es sich leisten, die Opern Giacomo Puccinis nicht in den Spielplan aufzunehmen. Volle Häuser sind garantiert, wenn Madame Butterfly sich erdolcht, Mimi an Schwindsucht stirbt oder Floria Tosca sich in die Tiefe stürzt. Puccinis Opern sind berühmt wegen ihrer Dramatik, ihrer Exotik und vor allem wegen ihrer dem Ohr schmeichelnden Melodien.

Man kann sich kaum vorstellen, daß die Uraufführung der beliebten Oper „Tosca" in Rom von Tumulten begleitet war. Der Inhalt des Werks hatte für die Zeitgenossen damals eine politische Brisanz, die man beim oberflächlichen Genuß der Musik leicht überhört. Rom war prädestiniert für die Uraufführung, schließlich befinden sich sämtliche Schauplätze der Handlung in der Stadt: **S. Andrea della Valle**, der **Palazzo Farnese** in geringer Entfernung von der Kirche und schließlich die **Engelsburg** am Tiber. Und genauso ideal für eine Verfilmung der Oper, vor ein paar Jahren inszenierte man eine Opernaufführung an den Originalschauplätzen. Das Besondere daran war, daß man sich auch an die Vorgaben bezüglich der Uhrzeit der Handlung hielt, so wurde der letzte Akt auf der Engelsburg tatsächlich im Morgengrauen aufgenommen und live über Satellit in die ganze Welt übertragen.

Die Handlung beruht auf der genialen Verknüpfung von historischen Ereignissen mit Erfundenem. Auch der Zeitpunkt des Dramas um die drei Hauptpersonen, den Maler Mario Cavaradossi, den Polizeichef Baron Scarpia und die Sängerin Floria Tosca, läßt sich genau bestimmen: Es ist der 17. Juni 1800.

Die Vorlage für die Oper war das Theaterstück „La Tosca" des französischen Dramatikers Victorien Sardou, ein Spezialist für historische Stoffe. Puccini sah das Stück zum ersten Mal 1889 auf der Bühne. Das Thema hat ihn sofort begeistert, doch bis zur Uraufführung am 14. Januar 1900 waren noch etliche Hürden zu bewältigen, da die Rechte für das Libretto bereits an einen anderen Komponisten vergeben waren. Nach der Vollendung der Oper zeigte sich Puccinis Verleger Giulio Ricordi vom fertigen Werk nicht sehr begeistert, niemand ahnte, vielleicht außer Puccini selbst, den großen Erfolg, der bis heute andauert. Auch manch brutale Elemente, z. B. die Folterszene Cavaradossis im 2. Akt, schmälern die Beliebtheit nicht.

Unverständlich erscheint folglich die Aufregung bei der Uraufführung der Oper im Teatro Costanzi, dem heutigen Teatro dell'Opera, beinahe wäre es zum Abbruch gekommen. Diese Uraufführung war ein denkwürdiges Ereignis, denn sie war von einer Bombendrohung überschattet, Puccini und seine Mitarbeiter erhielten Drohbriefe. Eine riesige Menschenmenge drängte sich am Eingang, die Polizei ordnete langwierige Personenkontrollen an, da auch die italienische Königin Margherita erwartet wurde. Zu Beginn der Oper war der Zuschauerraum noch nicht voll, da ein Großteil des Publikums noch am Einlaß aufgehalten wurde. Der Lärm der Hereinkommenden, der Protest der Abgewiesenen, führte immer wieder zu Unterbrechungen der Aufführung.

Wie kann man sich diese Aufregung erklären?

Der Schlüssel liegt in der Handlung der Oper und der Krise des italienischen Königreiches um 1900.

Der Maler Cavaradossi liebt die berühmte Sängerin Tosca. Als er in der Kirche S. Andrea della Valle ein Fresko malt, flüchtet der kurz zuvor aus den Kerkern der

1. Akt: S. Andrea della Valle / 2. Akt: Palazzo Farnese

Engelsburg entkommene politische Gefangene Angelotti in die Kirche. Der Maler hilft ihm und versteckt ihn auf seinem Landgut. Scarpia, der Chef der römischen Polizei, erfährt davon und läßt Cavaradossi gefangennehmen. Gleichzeitig lädt er Tosca zu sich in seine Amtsräume im Palazzo Farnese ein, um durch die Folter Cavaradossis von ihr das Versteck des Entflohenen zu erfahren. Geschockt durch die Schmerzensschreie ihres Geliebten, verrät sie alles. Scarpia will Cavaradossi freigeben, wenn sich Tosca als Gegenleistung ihm hingibt. Er läßt Passierscheine für sie und Cavaradossi ausstellen, doch Tosca erdolcht ihn.

Im dritten Akt soll Cavaradossi in der Engelsburg hingerichtet werden, aber Tosca glaubt an die Kraft der Passierscheine und an die Flucht nach der vorgetäuschten Exekution. Zu spät erkennt sie den Betrug. Ihr Geliebter ist tot, der Mord an Scarpia wurde entdeckt, die Häscher sind bereits auf dem Weg, um sie zu verhaften. Als letzten Ausweg sieht sie nur noch den Tod, sie stürzt sich von der obersten Plattform der Engelsburg in die Tiefe.

Soweit die Handlung der Oper. Der historische Hintergrund beruht auf dem Feldzug Napoleons durch Italien. 1797 marschierten die Franzosen in Rom ein und ließen den Papst verhaften und nach Frankreich bringen. Von vielen Römern wurde die Ankunft der französischen Truppen begrüßt, sie hofften auf Befreiung vom päpstlichen Joch und halfen tatkräftig an der Errichtung einer Republik mit. Doch die meisten standen den neuen Herrschern mißtrauisch und feindselig gegenüber, denn an die Stelle der alten Unterdrückung trat lediglich eine neue. Als der Kaiser sich auf den Feldzug nach Ägypten begab, nutzten die Gegner die Gunst der Stunde von Napoleons Abwesenheit und drangen in Italien ein. 1799 fiel die junge Römische Republik durch den Einmarsch von Truppen aus dem Königreich Neapel, die neuen konservativen Herrscher rächten sich an den Anhängern Napoleons. Viele wurden eingesperrt, gefoltert oder ermordet. In der Oper ist einer dieser politischen Gefangenen der von den Franzosen zum Konsul von Rom ernannte Cesare Angelotti. Am 17. Juni 1800 gelingt ihm die Flucht aus der Engelsburg. Die Flucht leitet zur Handlung der Oper über: Er versteckt sich in der Kirche S. Andrea della Valle, wo ein Maler gerade an einem Fresko arbeitet...

Kurz zuvor kämpften die verbliebenen französischen Truppen in Oberitalien bei Marengo gegen die habsburgischen Heere. Am Tag der Schlacht, dem 14. Juni 1800, hatte es zuerst den Anschein, daß die Österreicher über die Franzosen siegen, diese

Nachricht verbreitet sich und ist der Anlaß für den Dankgottesdienst in der Kirche S. Andrea della Valle am 17. Juni, der in der Oper den 1. Akt beendet. In Wirklichkeit war die Schlacht zu diesem Zeitpunkt schon lange von den Franzosen gewonnen, die im Verlaufe des Nachmittags und Abends des 14. Juni die Auseinandersetzung zu ihren Gunsten entschieden hatten. Die Mitteilung über den Sieg der Franzosen erreichte Rom erst später. Im Juli zogen die siegreichen Truppen unter Napoleon in Rom ein und stellten die Republik wieder her.

Dieses revolutionäre Geschehen ließ auch die Römer im Jahre 1900 aufhorchen. Überall in Italien herrschte zu dieser Zeit politischer Aufruhr, Gerüchte über Revolution und den Sturz des Königshauses waren an der Tagesordnung, Streiks und Aufstände erschütterten das Land, seitens der Arbeiterklasse tönte der Ruf nach Reformen. Mehrere Attentate auf den amtierenden König Umberto I. waren bereits mißlungen. Liest man die Oper mit diesem Hintergrund, ist Scarpia ein königstreuer Beamter, der foltern und töten läßt, Angelotti und Cavaradossi stehen für die republikanische Seite, die Scarpia unbarmherzig bekämpft, der aber selbst letztendlich von Tosca ermordet wird.

Kein Wunder also, wie sehr die Geschichte um diesen theatralischen und vermeintlich politischen Mord die Gemüter in Rage brachte und die Sicherheitsorgane jede Drohung ernst nahmen. Wenige Monate nach Aufführung der Oper fiel der italienische König am 29. Juli 1900 tatsächlich einem anarchistischen Attentat zum Opfer.

Wird die Oper aufgeführt, fehlt fast in keiner Inszenierung im 3. Akt auf der Bühne das Standbild des Erzengels Michael, das Wahrzeichen auf der Spitze der Engelsburg, direkt über der höchsten Plattform, wo die Handlung der Oper tragisch endet. Die Engelsburg war eigentlich das Grabmal des römischen Kaisers Hadrian, diente dann aber ab dem Mittelalter als Festung und letzter Fluchtpunkt für die Päpste, die über den Verbindungsgang vom Vatikan hierher gelangen konnten, aber auch als Kerker. Neben den fiktiven Gefangenen in der Oper war der Kerker im Keller der Leidensort von unzähligen Häftlingen, es seien nur kurz erwähnt der Goldschmied und Bildhauer Benvenuto Cellini, der Abenteurer und Hochstapler Giuseppe Balsamo, genannt Cagliostro, Beatrice Cenci, der Arzt und Alchimist Giuseppe Francesco Borri. Der Aufenthalt des letztgenannten ist besonders interessant. Borri wurde am Ende des 17. Jahrhunderts von der Inquisition wegen Zauberei inhaftiert. Gleichzeitig war Borri als hervorragender Arzt bekannt, so daß man ihm gestattete, im Kerker seinen Beruf weiter zu praktizieren. Der ganze Adel, sogar der Papst suchte Heilung bei Borri. Den Gnadenerlaß des geheilten Papstes erlebte er nicht mehr, kurz zuvor starb er an Malaria, die er an sich selbst nicht heilen konnte. Zahlreich waren die politischen Gefangenen, schon im Mittelalter sperrte man hier unliebsame Zeitgenossen ein, ungezählt sind die Opfer, die hier während der Herrschaft des Borgia-Papstes Alexander VI. hier umkamen.

Doch die dunkle Vergangenheit, das abschreckende Äußere, die riesigen Befestigungsanlagen lassen nicht vermuten, daß dieses Gefängnis und diese Fluchtburg im Inneren für freiwillige Bewohner äußerst komfortabel ausgestattet ist. Die prunkvoll ausgemalten Gemächer erwecken eher den Eindruck, man befinde sich in einem angenehmen Sommersitz. Heute dienen diese Prunkräume als Museum.

Der Name Engelsburg leitet sich von einer Vision ab: Rom wurde um 590 von einer Pestepidemie heimgesucht. Der damals amtierende Papst Gregor der Große sah

3. Akt: Engelsburg

während einer Bittprozession eine Erscheinung des Erzengels Michael über der Burg, der sein Schwert einsteckte. Der Papst deutete dies als Zeichen für das Ende der Epidemie, die Zeit des Sterbens war vorbei. Die als Erinnerung an die Vision aufgestellte Engelsfigur ist schon mehrmals ausgewechselt worden. Im Verlauf der Jahrhunderte wurde die Burg oft belagert und beschossen, darunter litt besonders der exponierte Engel. Aber auch natürliche Beschädigungen wie Blitzschlag trugen zur geringen Haltbarkeit der Figur bei. Während der französischen Besatzung (also zur Zeit der Oper Tosca) strichen ihn die Franzosen in den Farben der Trikolore an und tauften ihn „Genius Frankreichs, Befreier Roms". Der Vorgänger des gegenwärtigen Engels steht heute im Innenhof der Burg, im Cortile dell'Angelo.

Die große Terrasse unter dem Standbild des Engels ist einer der schönsten Aussichtspunkte Roms, vor allem abends, wenn die Sonne über der Peterskirche untergeht und die ganze Stadt in rötlich-goldenes Licht taucht. Nach Verschwinden der Sonne hinter der dunklen Silhouette der Kuppel beginnt ein phantastisches Farbenspiel am Himmel. Von hier oben wurde lange das außergewöhnliche Schauspiel der „Girandola" veranstaltet. Die Girandola war ein riesiges Feuerwerk, das in der Osterzeit oder an hohen Festtagen stattfand. Es hatte Ähnlichkeit mit dem Funkenregen beim Ausbruch eines Vulkans, kelchförmig sprühte das Feuer in den dunklen Himmel, um in einem eleganten Bogen auf die Erde zu fallen.

Die zwei anderen Schauplätze befinden sich nahe beieinander. Die Kirche S. Andrea della Valle steht am Corso Vittorio Emanuele II, man kann sie von der Engelsburg aus erkennen. Ihre riesige Kuppel ist die zweitgrößte in der Altstadt nach der Peterskuppel. Der Beiname der Kirche, „im Tal", erscheint merkwürdig, denn weit und breit ist kein Tal zu sehen. Doch ursprünglich gab es in der Antike an dieser Stelle eine Senke, in der sich Wasser zu einem Teich sammelte, in dem schon Kaiser Nero, so berichtet Tacitus, mit einer goldenen Barke herumgefahren ist. Die Kirche des Theatinerordens wurde 1665 vollendet und beeindruckt durch ihre Weite und ihrem Drang nach oben, der in der mächtigen Kuppel gipfelt. Das Kircheninnere ist von einem wunderbaren goldenen Licht erfüllt, das durch die leicht getönten Scheiben hereinflutet. Wo die Handlung des ersten Aktes der Oper spielt, darüber streiten sich die Geister. Die einen sagen, in der ersten Kapelle auf der rechten Seite, der Cappella Lancellotti oder Ginnetti. Die andere Seite behauptet, in der ersten Kapelle rechts, der Cappella Barberini. Puccini selbst ist schon lange tot, ihn kann man nicht mehr fragen. Wie dem auch sei, beide Kapellen sind auch wegen ihrer Ausstattung der näheren Betrachtung wert. An der Außenfassade läßt sich noch eine Eigentümlichkeit bemerken: Die Gestaltung der Fassade ist asymmetrisch. Wenn man vor der Kirche steht, sieht man auf der linken Giebelseite einen Engel, das entsprechende Gegenstück rechts fehlt. Warum das so ist, erzählt folgende Anekdote: Der Bildhauer Fancelli schuf den Engel und wurde dafür heftig kritisiert, sogar vom damaligen Papst Alexander VII. Er verlor die Lust an der Fertigstellung der zweiten Figur und sagte seinen Kritikern, wenn sie wollen, können sie den Engel selber machen. So hat die Kirche nur einen Engel, ebenso wie die Engelsburg.

Mit etwas Geschick läßt sich von der Terrasse der Engelsburg auch der Zinnenkranz auf dem Dach des Palazzo Farnese erkennen. Der massige Palast erhebt sich an der gleichnamigen Piazza in der Nähe des Campo de'Fiori und ist heute Sitz der französischen Botschaft. Leider kann er deswegen nicht besichtigt werden, nur selten öffnen sich die Tore des Palastes für Besucher. Nur wenigen ist die prächtige Ausstattung bekannt, darunter kostbare Fresken von den Carracci-Brüdern. Am Entwurf war neben anderen Architekten auch Michelangelo beteiligt, er hatte einen kühnen Plan, doch wie oft blieben seine Projekte unrealisiert: Sein Entwurf sah vor, vom Garten aus eine Brücke über den Tiber zu schlagen, die den Palazzo mit der Villa Farnesina auf der anderen Seite Uferseite hätte verbinden sollen. Lediglich der erste Bogen dieser Brücke wurde errichtet und überspannt heute noch auf der Rückseite die Via Giulia. Die Vielzahl der Architekten und die lange Bauzeit führte zu häufigen Änderungen der Pläne. Hauptgrund für die lange Bauzeit war, daß der Familie Farnese trotz des billigen Baumaterials immer wieder das Geld ausging. Denn die Steine besorgte man sich vor allem aus dem als Steinbruch genutzten Kolosseum. Nach ungefähr 75 Jahren Bauzeit war der riesige Palast 1589 zumindest bewohnbar. Umrundet man jedoch das Gebäude, erkennt man die unvollendete Rückfassade auf der Gartenseite. Die schwedische Ex-Königin Christine wohnte im 17. Jahrhundert eine Weile hier, die Farnese überließen ihr den Palast als Wohnung.

Die strenge Vorderseite des Palastes hat immer noch etwas Einschüchterndes, ein idealer Schauplatz für Scarpias Machenschaften, trotz des unbekümmerten Treibens um die zwei Brunnen. Sicher würde er zornig aus seinem Amtszimmer herunterschauen, wenn die Kinder damals schon den ganzen Platz als riesiges Fußballfeld benutzt hätten.

---

1. Akt: S. Andrea della Valle: Corso Vittorio Emanuele II, Piazza S. Andrea della Valle. Täglich 7.30 Uhr – 12.00 Uhr, 16.30 Uhr – 19.30 Uhr. Der Schauplatz ist entweder die Cappella Lancellotti, die erste Kapelle rechts oder die Cappella Barberini, die erste auf der linken Seite

2. Akt: Palazzo Farnese: Piazza Farnese. Nicht zugänglich

3. Akt: Engelsburg: Lungotevere Castello 1. Täglich 9.00 Uhr – 19.00 Uhr, jeden 2. und 4. Dienstag im Monat geschlossen. Der Schauplatz des tragischen Endes ist die Dachterrasse

DIE RÖMISCHE OPER UND DER SKANDAL UM MARIA CALLAS

Mitten in der Stadt, doch keineswegs in einem Viertel, das besonders von Touristen besucht wird, liegt die römische Oper, das Teatro dell'Opera, zwischen S. Maria Maggiore und den Diokletiansthermen, an der Piazza Beniamino Gigli und der Via Firenze. Die römische Oper besitzt sicher nicht das Ansehen wie die Scala in Mailand oder das Teatro S. Carlo in Neapel, dazu ist sie auch viel zu jung. Doch alle großen Stars der Oper sind hier schon aufgetreten, namhafte Regisseure und Künstler haben an den Aufführungen mitgewirkt. Weit über Italien hinaus sind die sommerlichen Freilichtaufführungen in den Caracalla-Thermen bekannt, neuerdings auch im antiken Theater in Ostia Antica und auf der Piazza di Siena im Park der Villa Borghese. Die Saison beginnt meistens zwischen November und Januar und endet mit den Freilichtaufführungen im Juli und August.

Die Oper entstand in privater Initiative durch den Hotelier Domenico Costanzi. Costanzi besaß in Rom bereits zwei Luxushotels, ein drittes, das Albergo Quirinale, plante er im neuen Stadtviertel in der Via Nazionale. Dort hatte er Grundstücke erworben, auf dem Gelände der ehemaligen Villa Strozzi, die den Neubaumaßnahmen der jungen Hauptstadt zum Opfer fiel. Während des Hotelbaus kam ihm die Idee, in diesem Viertel ein Theater für die neuen Einwohner zu errichten und das ganze Projekt mit dem Hotel zu verknüpfen. Für das Theater sah er den rückwärtigen Teil des Hotelgrundstücks vor. Schnell fand er Mitstreiter für das Vorhaben, man gründete eine Aktiengesellschaft. Als Architekten gewann er Achille Sfonderini, der bereits an anderen Theaterbauten beteiligt war. Das Projekt ging schnell voran, nach nur 18 Monaten Bauzeit konnte am 27. November 1880 das Theater mit Rossinis „Semiramide" eröffnet werden, natürlich im Beisein des italienischen Königshauses, für das eigens die Königsloge eingeplant wurde.

Das Haus war technisch auf dem neuesten Stand der Bühnentechnik, dazu mit Gasbeleuchtung für die Nacht und einem Beleuchtungssystem für Aufführungen bei Tag, so daß Sonnenlicht vollkommen ausreichte. Allerdings war die Bühne etwas zu klein ausgefallen, denn der Bühnen- und Zuschauerraum befindet sich quer zum Haupteingang, praktisch eingeklemmt zwischen den zwei seitlichen Straßen, die das Grundstück begrenzen. Ein repräsentativer Platz vor der Oper fehlte.

Doch die Anerkennung des Teatro Costanzi und seines Auftraggebers war enorm. Costanzi selbst war nach der Fertigstellung wie verändert, das Theater wurde seine große Liebe. Persönlich inspizierte er die Räume und kritisierte auch die kleinste Nachlässigkeit. Das Theater blieb lange ein Privattheater, da eine Übernahme durch die Stadt Rom scheiterte. Als es 1926 von der Staatsregierung angekauft wurde, konnten die bereits von Costanzi gehegten Pläne zur Vergrößerung endlich verwirklicht werden. Erst damit wurde das Costanzi zur Staatsoper schlechthin. Der Umbau brachte aber erhebliche Veränderungen in der Gestaltung des Außen- und Innenraums mit sich, das gilt auch für die in den fünfziger Jahren vorgenommenen Baumaßnahmen, die dem Theater zwar ein moderneres, aber von außen nicht unbedingt schöneres Aussehen gaben. Eher unscheinbar und sachlich wirkt die Fassade, darüber hinaus sind die Öffnungen für die Klimaanlage nicht gerade eine Zierde für das Gebäude. Der Innenraum hat immer noch dieselbe Gestalt wie zur Eröffnung, jedoch wurde in den zwanziger Jahren ein weiteres Galeriestockwerk eingebaut und die ursprüngliche Kuppelöffnung für das Tageslicht durch einen riesigen Kristallüster geschlossen.

Die über hundertjährige Geschichte der Oper war nicht so harmonisch, wie man sich das für ein Musiktheater wünscht, dazu kamen etliche Finanzskandale. Als 1900 die Oper Tosca uraufgeführt wurde, glich das Theater einem Hexenkessel, Bombendrohung inklusive.

Ein weiterer Skandal erschütterte 1958 die römische Theaterwelt: Bei der Eröffnungsvorstellung der Saison am 2. Januar war eine Aufführung der Oper Norma von Vincenzo Bellini angekündigt, in der Titelrolle Maria Callas, die als Norma schon früher wahre Triumphe gefeiert hatte. Die Vorstellung war lange zuvor bereits ausverkauft, auch der damalige Staatspräsident Gronchi wollte sich dieses Ereignis nicht entgehen lassen und hatte seinen Besuch angekündigt.

Während des ersten Aktes sang die Diva nicht so, wie man es von ihr erwartete, das Publikum hielt sich nicht zurück und äußerte lautstark sein Mißfallen über den Gesangsstil der Callas. Nach der Pause weigerte sich die Callas, weiterzusingen, da sie angeblich krank und indisponiert sei. Ob dies wirklich der Grund oder nur die Ausrede der launischen Diva war, die sich über das Publikum ärgerte, wurde nie ganz geklärt.

Im Theatersaal wurde das Publikum langsam ungeduldig, die Pause dauerte länger als vorgesehen. Als man von der Weigerung der Sängerin erfuhr, kam es zu Tumulten, der Bühneneingang wurde förmlich belagert. Eine Ersatzsängerin für die Rolle der Diva war nicht vorhanden und konnte so schnell auch nicht hergeholt werden. Besonders peinlich war das ganze für den Staatspräsidenten, den man frühzeitig von den Geschehnissen hinter dem Vorhang informierte. Als er aus dem Theater herauskam, fehlte sein Fahrer, der die Chance genutzt hatte, ins Kino zu gehen und damit seine Stelle verlor. Maria Callas verließ das Theater über den Tunnel, der das Theater mit dem benachbarten Hotel verbindet.

Die Affäre schlug international hohe Wellen, das Theater verbot der Sängerin das weitere Betreten der Oper, die Callas klagte im Gegenzug auf Bezahlung der vollen Gage. Schnell sah man in dem Vorfall wieder ein Beispiel für die Launenhaftigkeit der Diva. Freunde dagegen berichteten, wie sehr sie bereits bei den Proben über eine Erkältung klagte, jedoch von der Theaterleitung zum Auftritt gedrängt wurde.

Die Wogen haben sich freilich heute geglättet.

Wer das Glück hat, im Winter oder im Frühjahr in Rom zu sein, sollte versuchen, Karten für eine der Vorstellungen zu ergattern. Hier kann man die römische Gesellschaft hautnah erleben, außerhalb der normalen Menschen sonst verschlossenen Abendgesellschaften oder Salons, außerhalb den dicken Wänden ihrer Paläste.

Teatro dell'Opera: Via Firenze 72. Spielzeit Dezember bis Anfang Juni, im Sommer Freiluftvorstellungen in den Caracalla-Thermen, im Theater von Ostia Antica

RÖMISCHE ENGEL

Engelsbrücke

RÖMISCHE ENGEL

Engelsbrücke / Fontana di Trevi

MENSCHEN UND GESCHICHTEN

Kapitolsplatz / Vor dem Pantheon

DIE PÄPSTIN JOHANNA

In der Straße zwischen der Kirche San Clemente und dem Kolosseum, der heutigen Via di S. Giovanni in Laterano soll es passiert sein: Der Papst Johannes VIII. wird zur großen Verwunderung der anwesenden Menschenmenge von einem Sohn entbunden. Dieser Papst war in Wirklichkeit eine Frau, so die Legende, deren Ursprung unbekannt ist, die jedoch bis zum heutigen Tag immer wieder diskutiert oder literarisch verarbeitet wurde, so von Hans Sachs, Boccaccio, Achim von Arnim, Ferdinand Gregorovius, Bert Brecht oder in jüngster Zeit durch den Bestsellerroman von Donna W. Cross.
Eine abschließende Bestätigung des Wahrheitsgehaltes der Geschichte ist nicht möglich, das ganze ist mehr eine Sache der persönlichen Einstellung.
Die früheste und bekannteste Schilderung der Begebenheit stammt aus der Kaiser- und Papstchronik des Dominikanermönchs Martinus Polonus aus dem 13. Jahrhundert:
„Nach diesem Leo [der vorgehende Papst Leo IV., gestorben 855] herrschte Johannes Anglicus aus Mainz 2 Jahre, 7 Monate, 4 Tage, er starb zu Rom, und das Papsttum hörte für einen Monat auf. Dieser Johannes war, wie versichert wird, eine Frau, die als junges Mädchen in Männerkleidern von ihrem Liebhaber nach Athen gebracht wurde, dort auf verschiedenen Wissensgebieten derartig glänzte, daß sich niemand mit ihr messen konnte, so daß sie dann in Rom, als sie Vorlesungen in Rhetorik und anderen Disziplinen hielt, viele Magister als Schüler und Hörer hatte, und als sie durch ihr Leben und ihr Wissen in der Stadt großes Ansehen erworben hatte, wurde sie einstimmig zum Papst gewählt. Aber als Papst wurde sie von ihrem Vertrauten geschwängert. Den Zeitpunkt der Niederkunft nicht ahnend, gebar sie, als sie sich von St. Peter zum Lateran begab, in dem engen Gäßchen zwischen Kolosseum und der Kirche des hl. Clemens, und nach ihrem Tod fand sie dort, wie gesagt ihr Grab. Und weil der Hl. Vater seitdem diesen Weg immer meidet, wird von den meisten angenommen, daß er das aus Abscheu vor dieser Tat macht. Und sie wird bis jetzt nicht im Verzeichnis der Päpste aufgeführt, weil man ihr weibliches Geschlecht als Makel empfindet."
(Zitiert nach „Päpstin Johanna", hrsg. von Klaus Völker, Berlin, 1977)
Eine andere Version des Textes endet folgendermaßen: Johanna starb nicht bei der Geburt des Kindes, wurde aber als Papst abgesetzt und ging ins Kloster. Der Sohn überlebte und wurde Bischof von Ostia. Als die Mutter im Sterben lag, bat sie ihn um ein Begräbnis am Ort ihrer Niederkunft. Das jedoch verweigerte der Sohn, der sie statt dessen in seiner Bischofskirche begraben ließ. Diese Version berichtet außerdem von etlichen Wundern, die sich am Grab von Johanna ereignet haben sollen. Die Echtheit des Textes von Polonus kann nicht bestätigt werden, da ungeklärt ist, ob die entsprechende Passage über den Vorfall nicht erst von späteren Kopisten hinzugefügt wurde, aus welchen Gründen auch immer.
Vielleicht liegt ein wahrer Kern zugrunde: Für Frauen gab es im Mittelalter kaum Studienmöglichkeiten, diese waren den Männern und vor allem den Mönchen in den Klöstern vorbehalten. Es ist überliefert, daß Frauen in Männerkleidern in ein Kloster eintraten, nur um dort zu studieren. Von einem Fall, dem der hl. Hildegund ist bekannt, daß ihr wahres Geschlecht erst nach dem Tod von den Mönchen entdeckt wurde.
In Rom gab es möglicherweise ebenfalls einen ähnlichen Fall, eine Frau in Männerkleidern, die sich durch ihr Wissen großes Ansehen erwarb und deswegen zum Papst

gewählt wurde. Als man jedoch ihr wahres Geschlecht entdeckte, wurde sie abgesetzt und ging in ein Kloster. Ein derartiges Ereignis führte eventuell durch weitere Ausschmückung oder Unwissenheit, vielleicht auch durch den schwelenden Haß der Römer auf die weltliche Herrschaft der Päpste zur Entstehung dieser Skandalgeschichte von der Geburt auf offener Straße.

Vermutlich hatte eine antike Figur am Ort der angeblichen Niederkunft einen nicht geringen Anteil an der Entstehung der Geschichte. In der Gasse befand sich die Statue einer scheinbaren weiblichen Figur mit einem Kind, darunter eine Inschrift, bestehend aus mehreren P-Buchstaben. Die Römer glaubten, die Statue wurde als Erinnerung an den Vorfall aufgestellt, vielleicht war es aber das Aussehen der Figur mit dem Kind, das die Phantasie des Volkes anregte und darin die Päpstin mit ihrem Sohn sah. Die Inschrift wurde u.a. als Abkürzung für „Papissa perperit papellum" gedeutet, zu deutsch: „Die Päpstin gebar ein Päpstlein." Die Inschrift könnte aber auch von einem Mithräum stammen, vielleicht von dem, das heute unter der Kirche San Clemente besichtigt werden kann. Die Priester des Mithras wurden oft als Pater Patrum bezeichnet, daher die Abkürzung. Die Figur und die Inschrift sind verschwunden, als Papst Sixtus V. die Via di S. Giovanni in Laterano ausbaute. Ein echtes Abbild der Päpstin soll sich auch im Dom von Siena zwischen vielen anderen Papstbüsten befunden haben.

Merkwürdig ist aber, daß spätere Päpste diesen Ort bei Prozessionen immer gemieden haben, allerdings mit der Begründung, die Wegverhältnisse an der besagten Stelle seien zu eng. Ebenfalls sehr merkwürdig ist auch eine ab dem Jahr 1000 eingeführte Zeremonie. Der neugewählte Papst mußte sich auf einen bestimmten Stuhl niederlassen. Dieser Stuhl, die sogenannte „Sella stercoria" oder auch „Porphyreticae", wegen des Porphyrs, aus dem er bestand, war auf der Sitzfläche durchlöchert. Das Sitzen auf dem Stuhl und die damit verbundene Zeremonie war vermutlich nur ein Symbol für das Besitzergreifen des neuen Amtes. Jedoch entstand hier die Legende, durch einen Blick von unten sollte das Geschlecht des neuen Papstes überprüft werden, um einen ähnlichen Fall zu vermeiden.

Die Legende von der Päpstin wurde bis zur Reformation auch von anderen Chronisten verbreitet und anscheinend allgemein geglaubt, ohne die Geschichte als besondere Schande anzusehen. Nach der Reformation diente sie jedoch den Protestanten als willkommene Gelegenheit, die katholische Kirche anzugreifen. Eifrig wurden die mittelalterlichen Quellen zitiert und die Päpstin als Beispiel für die Verderbtheit und Schwäche der Kirche vorgeführt, außerdem sah man die Nachfolge des hl. Petrus durch die Päpste wegen der Frau auf dem Thron unterbrochen. Von Seiten der katholischen Kirche wurde dagegen versucht, die Nichtexistenz der Päpstin zu beweisen.

War die Diskussion also durchgehend religiös orientiert, so hat sich die Situation im 20. Jahrhundert gewandelt. Während die eine Seite glaubt, die Geschichte der Päpstin kam nur durch Manipulation von Quellen und Urkunden zustande, sieht die feministische Beweisführung Anzeichen dafür, daß es wirklich kurzzeitig eine Frau auf dem Papstthron gab. Es wurde aber versucht, diesen Vorfall schon im Mittelalter aus vorhandenen Quellen zu tilgen, ein Indiz dafür, wie sehr die Geschichtsschreibung männlich geprägt ist, Frauen dürfen hier nicht vorkommen. Keine der beiden Seiten kann jedoch Beweise für oder gegen die Existenz einer Frau auf dem Papstthron vorbringen.

Wäre aber die Geschichte wirklich wahr, so wäre Johanna der erste Papst, der aus Deutschland stammt!

MIT COLA DI RIENZO
AUF DAS KAPITOL

Steht man am Fuße des Kapitols, hat man die Wahl zwischen der steilen Treppe zur Kirche Aracoeli und der angenehmen Rampe, der Cordonata, die direkt zum Kapitolsplatz führt. Die meisten Besucher entscheiden sich für die bequeme Rampe, magisch ziehen die eleganten Gebäude und die Skulpturen am Treppenende die Blicke auf sich. Leicht übersieht man dabei das kleine Denkmal auf halber Höhe in der Grünanlage auf der linken Seite der Treppe, wo eine dunkle Bronzefigur mahnend ihre Hand über die Stadt erhebt. Es ist ein merkwürdiges Denkmal, ohne Beschriftung, ein Sockel, der sich aus verschiedenen antiken Fragmenten zusammensetzt. Dieser Sockel aus Bruchstücken paßt gut zu der hier geehrten Person, dem Volkstribun Cola di Rienzo. Auf den Bruchstücken des antiken Roms träumte er von einer Wiederauferstehung der alten Größe und Herrlichkeit, aus den verstreuten Monumenten und antikem Gedankengut formte er sein Weltbild und seinen Traum. Dieser Traum endete tragisch. Hier auf dem Kapitol erlebte er seine größten Triumphe, hier auf dem Kapitol kam er zu Tode.

Lange ist das alles her, doch Cola di Rienzo war eine interessante Person, die sich modernster Mittel der Propaganda bediente, ein Genie für Public Relations, Show und Selbstdarstellung.

Cola war noch unbekannt, als auf dem Kapitol der Poet Petrarca zum Dichterkönig gekrönt wurde. In einer glanzvollen Zeremonie feierte man 1340 Petrarca und vor allem die ruhmreiche Vergangenheit der Stadt. Niccolò di Rienzo, so der vollständige Name Colas, war bei diesem feierlichen Ereignis dabei, als man an die alte Tradition der Dichterkrönungen aus der Antike anknüpfte. Um so trauriger war der tatsächliche Zustand der Stadt, in der Raub, Mord, Gesetzlosigkeit und Verfall an der Tagesordnung waren und die mächtigen Adelsgeschlechter zermürbende Kleinkriege führten. Der Papst, bisher die einzige ordnende Hand, war im Exil in Avignon. Vielleicht war diese Dichterkrönung ein Zeichen für den jungen Cola, wie sehr die Stadt einen tatkräftigen Herrscher benötigte, um den schlimmen Zustand zu beenden und die antike Herrlichkeit wiederzuerwecken.

Cola (geboren ca. 1313/14) stammte aus einfachen Verhältnissen, sein Vater war Gastwirt und seine Mutter Wäscherin. Von klein auf träumte er von den Heldengestalten der Antike, als Autodidakt studierte er die lateinischen Schriften. Er wurde Notar und dank dieses Berufes sah er sich immer mehr als Anwalt und Vertreter des Volkes. Wegen seines außerordentlichen rhetorischen Talents berief man ihn 1343 in eine offizielle Mission zu Papst Clemens VI. nach Avignon, um diesen zur Rückkehr in die Stadt zu bewegen und ihn um die Ausrufung eines Heiligen Jahres zu bitten. Die Mission in punkto Rückkehr schlug fehl, doch Cola machte mit seiner Redegewandtheit auf den Papst einen großen Eindruck.

Zurück in Rom, trieb er seine politischen Ideen weiter voran, das Ziel war eine Revolution zur Wiederherstellung der antiken Größe und die Befreiung der Stadt vom Joch des Adels. In einer Toga hielt er in antiker Manier Reden an das Volk, der Adel jedoch nahm ihn nicht ernst und hielt ihn für eine lächerliche Figur. Diese Einschätzung verhinderte die Erkenntnis, daß dieser scheinbare arme Irre immer mehr Anhänger um sich scharte, allen voran Papst Clemens VI. im fernen Avignon, der große Stücke auf ihn hielt. Immer öfter tauchten in der Stadt Wandmalereien auf, mit denen Cola für sein Programm warb. Es waren Allegorien über den Zustand der Stadt und deren Rettung durch die Person Cola di Rienzos. In seinen „medienwirksamen" Auftritten und diesen, von der Bevölkerung heftig diskutierten propagandistischen Bildern zeigte sich sein Talent für Inszenierungen, mit denen er seine Anhängerzahl vergrößern und letztlich für eine Machtübernahme mobilisieren konnte.

Am 19. Mai 1347 war es soweit. In der Nacht zum Pfingstsonntag sammelte er in der Kirche S. Angelo in Peschiera seine Getreuen um sich. Am nächsten Tag zog er in feierlicher Prozession mit dem päpstlichen Legaten von der Kirche auf das Kapitol, wo ihn bereits eine große Menschenmenge erwartete. Er hielt eine flammende Rede vor der Menge, die ihn wie im Taumel zum Diktator und Volkstribunen ausrief. Dieser Titel war Kalkül, Cola wußte vom antiken Recht des römischen Volkes, einen Vertreter aus ihrer Mitte, einen Tribunen, zu berufen, der sich für ihre Rechte und Interessen einsetzte. Es war ein machtvolles Amt, ein Einspruch des Tribuns konnte Beschlüsse des Senats nicht rechtskräftig werden lassen.

Cola belebte diese Tradition (oder beendete sie?), er wurde Volkstribun, der gegen den Adel und für Frieden, Freiheit und Gerechtigkeit eintrat. Die Gegenseite war völlig überrascht und unvorbereitet, es fand keine Gegenwehr statt, zudem besaß Cola eine militärische Schutztruppe seiner Getreuen.

Seine ersten Anordnungen verhießen Gutes: So entmachtete er den Adel und verlangte die Abtragung ihrer Festungen. Er verkündete und vollstreckte harte Strafen gegen Verbrechen und Korruption, er bekämpfte das Banditenunwesen. Die Stadt blühte auf dank der Einführung eines geregelten Gerichtswesens und der Gründung einer Art Polizei. Cola reformierte die Finanzen und sorgte für die Unterstützung der Armen. Die Zeitgenossen in ganz Italien waren über diese Erfolge begeistert, Petrarca feierte ihn als Befreier der Stadt.

Seine Visionen gingen noch weiter: Er träumte von einem italienischen Einheitsstaat mit Rom als Hauptstadt, wie er erst über fünfhundert Jahre später Wirklichkeit wurde. Sendboten an alle italienischen Städte wurden ausgeschickt, um für ein nationales Parlament zu werben. Doch inmitten der allgemeinen Zustimmung verlor Cola den Blick für die Realität. Seine Ideen und Handlungen wurden immer mehr von Größenwahn, Exzentrik, Theatralik und Übertreibung geprägt, gefördert von seinem Hang zu Eitelkeit. Auf Bildnissen erschien er mit Lorbeerkranz und antiker Rüstung, gleichsam in der Art der Darstellung von antiken Kaisern auf Münzen oder Reliefs, die Cola sicherlich ausführlich studiert hatte.

In einer feierlichen Zeremonie ließ er sich am 1. August 1347 am Lateran zum Ritter schlagen. Der Ort für dieses Ereignis war äußerst symbolträchtig: Vor der Zeremonie badete er im alten Taufbecken des Baptisteriums, in dem angeblich schon Kaiser Konstantin getauft wurde und sein Heidentum abgewaschen hatte. Von der (heute nicht mehr existierenden) Loggia, von der 1300 Papst Benedikt VIII. das erste Heilige Jahr ausgerufen hat, verkündete er den universellen Herrschaftsanspruch Roms über alle anderen Völker. Er als Tribun des römischen Volkes und der Papst seien die Herren der Welt, denen alle anderen Herrscher untergeordnet sein sollten.

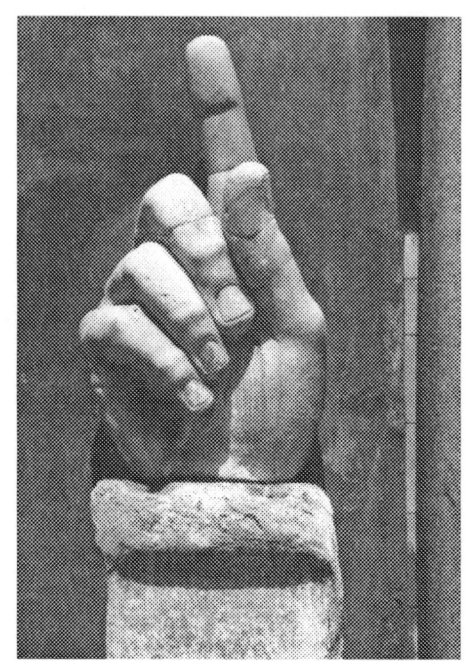

Kapitolsplatz / Rechts und gegenüber: Reste der Monumentalfigur Kaiser Konstantins im Innenhof des Konservatorenpalastes (Auf dem Foto rechts oben ist der während Bauarbeiten mit Brettern geschützte Kopf zu sehen)

Die zweite Zeremonie am 15. August irritierte seine Gefolgsleute und den Papst noch mehr, der sich nun von seinem Helden abwendete, genauso wie die italienischen Städte, die angesichts des Größenwahns des Tribuns um ihre Eigenständigkeit fürchteten. An jenem Tag ließ Cola in der Laterankirche eine Krönungszeremonie inszenieren, da nach seiner Ansicht die alten Tribunen ebenfalls gekrönt wurden. Dabei bekam er nicht nur eine Krone, sondern gleich deren sechs, geflochten aus symbolträchtigen Pflanzen, die man von den Ruinen antiker Bauten holte. Er verkündete die Idee eines neuen Römischen Reiches, dessen Kaiserthron er offenbar für sich vorgesehen hatte. Seine niedrige Abkunft verleugnete er und gab vor, ein Nachkomme des Kaisers zu sein, er sah sich als neuer Messias und Sohn der Gottesmutter.

Dem Volk wurde dieses Auftreten unheimlicher, der Adel witterte einen Stimmungswechsel und rüstete sich auf eine Auseinandersetzung mit dem Tribun. Am 20. November startete man einen Angriff auf die Stadt. Zuerst schien der Erfolg der Angreifer sicher, doch dann erlitten die Barone eine schlimme Niederlage. Cola di Rienzo hatte aufgrund seiner Feigheit zu diesem Erfolg am wenigsten beigetragen, trotzdem ließ er sich in einem Triumphzug nach alter römischer Art feiern.

Er hatte in der Folge kaum noch Freunde und sah sich immer mehr isoliert, finstere Alpträume, Ohnmachten und Schwindelzustände plagten ihn. Der Papst, sein einstiger Förderer, nannte ihn einen Ketzer und Frevler und forderte das Volk auf, ihn abzusetzen. Für die Römer war die Forderung sehr ernst, fürchteten sie doch, der Papst könnte die Ausrufung des Heiligen Jahres unterlassen, was große finanzielle Verluste

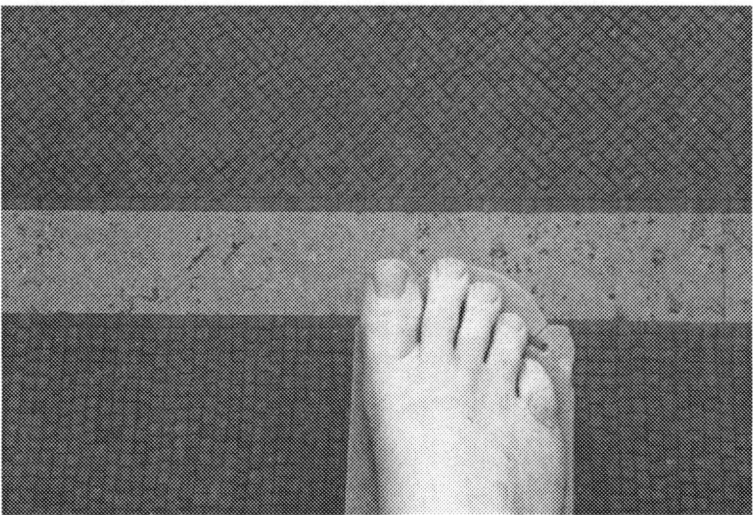

für die Stadt zur Folge gehabt hätte, blieben doch die großen Pilgerströme und deren Geld aus. Von Feinden umringt gab er nach einem nichtigen Vorfall seinen Rücktritt bekannt, sang- und klanglos verließ der das Kapitol und versteckte sich in der Engelsburg. Später floh er aus der Stadt und verbarg sich in den einsamen Tälern der Abruzzen, wo ihn Einsiedler aufnahmen.

Seine Herrschaft war damit zu Ende, die Adeligen und der päpstliche Legat zogen in die Stadt ein. Doch mit ihnen kehrten die alten Zustände zurück, erneut war Anarchie an der Tagesordnung. Das Heilige Jahr mit seinem enormen Pilgeransturm ging vorbei, Pilger, die viel Geld in der Stadt ließen. Doch was für eine Stadt! Das Erdbeben von 1348 hatte viele Kirchen verwüstet, die Pestepidemie die Einwohnerzahl dezimiert. Im

Vergleich zu anderen Städten kam Rom bei der Epidemie relativ ungeschoren davon, zum Dank an die Muttergottes begann man nach dem Abklingen der Pest mit dem Bau der Treppe von Aracoeli. Es entstand endlich ein würdiger Zugang zur Kirche und dem Kapitol, denn vorher existierten nur Saumpfade. Das Aussehen des Hügels war eher dürftig und elend, aber trotzdem war er das politische Zentrum der Stadt. An der Stelle des heutigen Senatorenpalastes stand der Vorgängerbau, ein burgartiges Gebäude mit Zinnen und Türmen. Rechts daneben befand sich der Palazzo dei Banderesi als Sitz der Hauptleute der Truppen der Rioni, der Vorläufer des heutigen Konservatorenpalastes. Über dem Portal war die alte etruskische Skulptur der Wölfin angebracht, ein Beweis für die nicht erloschene Symbolwirkung der Figur, die heute im Museum des Konservatorenpalastes ausgestellt wird. Links in Richtung Kirche gab es lediglich eine Mauer, an der die Figur des Marforio aufgestellt war, eine der späteren sprechenden Figuren. Verstreut lagen antike Fragmente und Skulpturen, die später Michelangelo im 16. Jahrhundert für die Neugestaltung des Platzes verwendete. Damals fehlte noch der heutige Mittelpunkt, das Reiterstandbild des Kaisers Marc Aurel. Zur Zeit Cola di Rienzos stand es am Lateran neben der alten Benediktionsloggia. Als Cola damals dort zum Ritter geschlagen wurde, veranstaltete er ein großes Fest, dabei ließ man aus den Nüstern des Pferdes Wein fließen.

In der Einsamkeit der Abruzzen träumte Cola seinen Traum von der Erneuerung des Römischen Reiches weiter. Dort hörte er von Prophezeiungen, die ihm eine neue Herrschaft voraussagten. Er brach nach Prag zum böhmischen König Karl IV. auf, um ihn zu überreden, nach Rom zu ziehen und sich dort zum Kaiser krönen zu lassen. Der König informierte jedoch den Papst über das Auftauchen Colas an seinem Hof. Der Papst erklärte den ehemaligen Tribunen zum Ketzer und verlangte die Auslieferung, Cola wurde nach Avignon gebracht. Doch das Schicksal meinte es gut mit ihm, sein Feind Clemens VI. starb; der Nachfolger, Innozenz VI. war ihm wohlgesinnt und glaubte, eine Rückkehr Colas nach Rom könnte der Kirche nur nützen.

Die Römer feierten im August 1354 seine Wiederkehr, die positiven Auswirkungen seiner ersten siebenmonatigen Regierungszeit waren offenbar noch nicht vergessen. Zahlreiche Menschen versammelten sich zur Begrüßung und geleiteten ihn in einem Triumphzug auf das Kapitol. Doch der einstige Liebling des Volkes hatte sich in der vergangenen Zeit nicht nur äußerlich zu seinen Ungunsten verändert, sein Charisma war verschwunden, das Comeback schlug fehl. Cola gebärdete sich in der zweiten Regierungszeit noch tyrannischer und exzentrischer, die Bevölkerung stöhnte unter neuen hohen Steuern.

Am 8. Oktober erreichte der Unmut seinen Höhepunkt, das Volk erhob sich gegen ihn und zog aufs Kapitol. Seine Aufrufe und Beschwichtigungen konnten die Menge nicht mehr beruhigen, es flogen Steine und Pfeile, man legte Feuer an den Palast. Im folgenden Chaos floh Cola verkleidet, doch am Fuß der Treppe des Senatorenpalastes wurde er erkannt und gestellt. Die Menge umringte ihn, lange zögerte man, gegen ihn vorzugehen. Es dauerte angeblich fast eine Stunde, bis der Bann gebrochen war und ein ehemaliger Beamter Colas sein Schwert erhob und ihn tötete. Die Tat war gleichsam das Startzeichen für die Menge. Der Leichnam wurde enthauptet und durch die Stadt geschleift, in der Nähe der Kirche S. Marcello wurde er mit den Füßen nach oben aufgehängt. Nach zwei Tagen der öffentlichen Zurschaustellung verbrannte man seinen Leichnam in den Ruinen des Augustus-Mausoleums. Für den untergegangenen Volkstribunen mit seinen fehlgeschlagenen Träumen von einem neuen Kaiserreich war es wahrlich der angemessenste Verbrennungsort. Seine Asche streute man in den Tiber.

Wie eine späte Wiederholung der Geschichte von Cola di Rienzo mutet der Aufstieg und Fall des italienischen Diktators Mussolini an. Auch in seiner Karriere gab es 1922 einen denkwürdigen „Marsch auf Rom", genauso wie Cola auf das Kapitol marschierte. (Dieser „Marsch auf Rom" war übrigens tatsächlich eine Fahrt mit der Eisenbahn!) Mussolini liebte theatralische Auftritte und träumte von der Wiederauferstehung der antiken Größe des Römischen Reiches, seines neuen „Impero". Wie Cola war er ein Meister der Propaganda und der Rhetorik, seine feurigen Ansprachen hielt er vom Balkon seines in unmittelbarer Nähe des Kapitols gelegenen Amtssitzes, dem Palazzo Venezia, vor dem sich eine begeisterte Menschenmenge drängte. Sein Ende war genauso unrühmlich wie das des Volkstribuns: Vom italienischen König abgesetzt, versuchte er mit deutscher Hilfe seine Macht zu erhalten. Als seine Verbündeten am Ende waren, geriet er in die Gefangenschaft von Partisanen, die ihn ermordeten. Sein Leichnam wurde in Mailand mit dem Kopf nach unten an einer Tankstelle aufgehängt, umringt von einer tobenden Volksmenge.

Auch sein Verbündeter Adolf Hitler kannte die Geschichte von Cola di Rienzo (vielleicht sah er sich selbst als Volkstribun, sein erster Versuch, an die Macht zu kommen, gipfelte ebenfalls in einem „Marsch", dem berüchtigten Marsch auf die Feldherrnhalle in München), er war ein großer Bewunderer der Oper „Rienzi" von Richard Wagner, die auf dem Roman des Engländers Edward Bulwer-Lytton basierte, dem Verfasser des heute noch gelesenen Buches „Die letzten Tage von Pompeji". Im Gegensatz zur realen Geschichte ist die Handlung im Roman und in der Oper gerafft, die beiden Regierungszeiten Colas sind zu einer zusammengezogen, erweitert um eine Liebesgeschichte der erfundenen Schwester Colas, Irene, mit dem römischen Adeligen Adriano Colonna. Am Ende kommen alle drei Hauptpersonen ums Leben, jedoch nicht durch das Schwert, sondern viel theatralischer in den Flammen des brennenden Senatorenpalasts. Die Oper wurde 1842 in Dresden uraufgeführt und war trotz ihrer Länge von sechs Stunden ein großer Erfolg. Heute wird sie nur noch selten gespielt, selbst Wagner verlor später das Interesse an seinem Durchbruchswerk, das damit außerhalb des Aufführungskanons der Werke des Meisters in Bayreuth steht. Typisch für Wagner ist das Auftreten einer Erlöser- oder Befreierfigur, ein Grundmotiv in vielen seiner Opern. Es ist die einzige deutsche Oper dieser Zeit, in der das im Land kursierende revolutionäre Gedankengut des Vormärz zum Ausdruck kam. Der Komponist war übrigens selbst an den späteren Straßenkämpfen der Revolution von 1848/49 beteiligt und wurde deswegen steckbrieflich gesucht. Wagner kannte zur Zeit der Niederschrift des Werkes keinen der originalen Schauplätze, erst lange nach der Uraufführung von „Rienzi" kam er 1876 nach Rom, wo er die Orte seiner Oper zum ersten Mal zu sehen bekam.

Das Kapitol hat sich vollkommen verändert, der mittelalterliche Zustand zur Zeit Colas läßt sich angesichts der harmonischen Platzgestaltung nur noch mit Mühe vorstellen, lediglich das Denkmal aus dem Jahr 1887 erinnert an den Aufstieg und Fall des Volkstribunen, der am Fuß der Treppe zum Senatorenpalast ermordet wurde. Der junge Nationalstaat hat dem Visionär zu Ehren dieses Denkmal errichtet, genauso wie im Stadtteil Prati neben dem Vatikan und hinter der Engelsburg eine breite Straße seinen Namen trägt.

An der Kirche S. Angelo in Peschiera hat sich natürlich keines seiner Propagandabilder erhalten, doch das Gebäude war wie geschaffen für den Aufbruch Colas zum Kapitol: Die Kirche ist in die Ruine des antiken Porticus der Octavia, einer der Schwestern des Kaisers Augustus, hineingebaut, dessen tempelartige Fassade noch heute die Kirche umgibt, die selbst eher unscheinbar wirkt und keine Fassade besitzt. Früher wurde hier in der Nähe des Tibers der Fischmarkt abgehalten, daher der Beiname und die noch erhaltenen Inschriften an der Fassade bezüglich der Ablieferungspflicht von bestimmten Fischen. Die Kirche liegt am Rande des jüdischen Ghettos, eines ehemals dicht bevölkerten Stadtviertels. Die Juden genossen in der Stadt des Papstes nur eine relative Freiheit, immer wieder von Verfolgungen bedroht und voller Einschränkungen. Das Ghetto war von Mauer und Toren umgeben, die abends geschlossen wurden. Die Juden durften sich nur hier ansiedeln, eine Ausdehnung war trotz der wachsenden jüdischen Bevölkerung nicht möglich, der geringste Platz wurde folglich ausgenutzt. Lange zwang man die Juden, in der Kirche S. Angelo die Predigt anzuhören. Erst der liberale italienische Nationalstaat beseitigte die Diskriminierungen, man gestattete den Bau der imposanten und heute schwer bewachten Synagoge, die sich in unmittelbarer Nähe vom Porticus befindet. Während der deutschen Besetzung wurde ein Großteil der jüdischen Bevölkerung in die Konzentrationslager gebracht und getötet. Die wenigen Überlebenden haben sich nach dem 2. Weltkrieg erneut hier im Ghetto angesiedelt. Das Ghetto ist heute ein Stadtviertel wie jedes andere, Ende des 19. Jahrhunderts weitgehend entkernt und radikal saniert, dabei entstand die breite und eher einer Piazza ähnelnde Via del Portico. Dort und in den Seitengassen trifft man noch auf viele koschere Läden und Restaurants, die jüdischen Gaststätten sind für ihre gute Küche bekannt.

In der weiteren Umgebung, in der Nähe des Marcellus-Theaters, findet man die Casa dei Crescenzi, das sogenannte Haus des Cola di Rienzo (oder noch abwegiger Haus des Pilatus), obwohl sicher ist, daß der Tribun hier niemals lebte. Trotzdem ist es ein interessantes Beispiel dafür, wie man im Mittelalter die antiken Bauteile, Säulen oder Relieffragmente wiederverwendet hat. Lange glaubte man, es sei wie die Kirche S. Angelo in eine Ruine aus der Antike hineingebaut worden. Doch es entstand erst im 11. oder 12. Jahrhundert als Turm einer Zollstation am Tiberufer, errichtet von der Familie der Crescenzi. Das Gebäude ist dank der Abrißarbeiten zum Bau der Via del Mare, der heutigen Via del Teatro di Marcello komplett freigelegt, doch die öde Architektur der Umgebung und die verkehrsreiche Straße machen es nicht gerade zu einem Anziehungspunkt.

Dasselbe gilt für das Baptisterium der Lateranbasilika, S. Giovanni in Fonte, wenn man es nur von außen betrachtet: Ein unscheinbarer Ziegelbau an der Rückseite der Kirche, weit entfernt vom prächtigen Hauptportal der Kirche. Erst beim Betreten wird man der außergewöhnlichen Architektur gewahr, in deren Mitte sich das alte achteckige Taufbecken befindet, in dem Cola sich wusch und in dem schon der Legende nach der erste christliche Kaiser Konstantin getauft wurde. Das Baptisterium aus dem 4. Jahrhundert n. Chr. ist vermutlich die älteste Taufkirche der Christenheit, ehemals ein Rundbau auf den Ruinen des Nymphäums des antiken Palastes der Familie der Laterani, deren Namen sich auf den ganzen Komplex übertrug.

Aus dem Rundbau wurde bald nach der Vollendung ein Achteck, an dessen Seiten sich Kapellen anschließen, die noch Reste der alten Mosaikdekoration aus dem 5. und 7.

Jahrhundert besitzen. Eine Kuriosität sind die „Porte Musicale", die „Singenden Türen" der Cappella del Battista. Das Bronzeportal stammt aus den Caracalla-Thermen und wurde beim Bau der Kapelle wiederverwendet und damit vor dem Einschmelzen gerettet. Das Besondere ist sein Klang, der beim Öffnen und Schließen der Türflügel entsteht, ein durchdringender Ton, der durch Mark und Bein geht, ein Ton, bei dem es einem kalt den Rücken hinunter läuft. Leider ist die Kapelle oft mit einem Gitter versperrt, um ein unsachgemäßes Bewegen der beiden Flügel zu verhindern. Falls ein Kustode anwesend ist, sollte man ihn unbedingt gegen ein kleines Trinkgeld bitten, die Türflügel zu bewegen.

Kapitol:
Das Denkmal zu Ehren Cola di Rienzos befindet sich links neben der Treppe zum Kapitol. In der Nähe des Denkmals hielt man bis vor kurzem in einem Käfig eine echte Wölfin, eine lebendige Variante der etruskischen Symbolfigur der Wölfin mit den Zwillingen Romulus und Remus, die heute im Konservatorenpalast ausgestellt ist. In den sechziger Jahren beschwerten sich englische Tierschützerinnen beim Bürgermeister, wie unmenschlich es sei, das Tier alleine zu halten. Die Wölfin bekam einen Gefährten, doch das Pärchen vertrug sich einfach nicht. Die Tiere brachte man darauf hin in den Zoo, der Käfig verschwand. Nur noch eine Nachbildung der Skulptur der Wölfin steht an der linken, östlichen Ecke des Senatorenpalastes. Im Innenhof des Konservatorenpalastes (Täglich außer Montag von 9.00 Uhr – 19.00 Uhr, diese Öffnungszeiten gelten auch für das Kapitolinische Museum) sind die Einzelteile einer Kolossalfigur des Kaisers Konstantins aufgereiht. Man findet dort neben dem Kopf einen riesigen Fuß, einen Teil des Armes und die Hand des Kaisers mit erhobenem Zeigefinger. Auf der anderen Seite, im Innenhof des Kapitolinischen Museums steht die Figur des Marforio an einem Brunnen, eine der sprechenden Figuren. Wem der Rummel um das Reiterstandbild Marc Aurels zu groß ist (das Original steht übrigens nach der langwierigen Restaurierung im Kapitolinischen Museum), dem sei ein Spaziergang zum ruhigen

Piazzale Caffarelli
hoch über dem Straßenverkehr empfohlen (zu erreichen rechts von der Balustrade des Kapitolsplatzes etwas aufwärts durch den Torbogen). Von hier aus genießt man unter den Bäumen einen schönen Blick auf die römische Kuppel- und Dachlandschaft mit ihren sonst kaum sichtbaren Dachterrassen. Im Sommer geht abends die Sonne fast hinter der Kuppel der Peterskirche unter

Porticus der Octavia und S. Angelo in Peschiera: Via del Portico d'Ottavia (Ghetto), unregelmäßige Öffnungszeiten.

Casa dei Crescenzi, sog. Haus des Cola di Rienzo: Via Luigi Petroselli, in der Nähe von S. Maria in Cosmedin und Marcellus-Theater. Nicht zugänglich

S. Giovanni in Fonte: Piazza S. Giovanni in Laterano. Andere Öffnungszeiten als die Laterankirche! Vormittags und am späten Nachmittag

JOHANNES BURCARDUS
UND SEIN HAUS

Ein wichtiger Verkehrsknotenpunkt in der Altstadt ist der Largo di Torre Argentina. Wieder einmal wird man sich der Vielschichtigkeit der Stadt bewußt, befinden sich hier doch die Überreste von vier alten Tempeln aus der Zeit der römischen Republik, die bereits vor der Kaiserzeit standen. Die Tempel befinden sich heute etliche Meter unter dem Niveau der Straße, erst in den dreißiger Jahren kamen sie wieder ans Tageslicht. Heute sind sie ein beliebter Tummelplatz für römische Katzen.

Was haben jedoch der ganze Platz und das Teatro Argentina mit Argentinien zu tun, eine Botschaft oder eine andere Einrichtung dieses Staates ist hier nicht zu finden. Und wo steht die besagte Torre, der Turm, der dem Platz den Namen gab?

Neben den Ausgrabungen steht zwar ein Turm, doch der hat mit dem Namen des Platzes nichts zu tun. Es ist die Torre del Papitto oder del Papetto aus dem 12. Jahrhundert, der Portikus daneben ist ziemlich neu, er entstand aus Bauteilen, die man während der Abbrucharbeiten entdeckte und zu diesem Gebäude zusammensetzte.

Die Lösung des Rätsels findet sich in der einmündenden schmalen Via del Sudario, Haus Nr. 44. Hier steht man vor einem gotischen Palast, der einst dem Kleriker Johannes Burcardus (oder Burkhard) gehörte, geboren um 1450 in der kleinen elsässischen Ortschaft Haslach. Burcardus schlug die geistliche Laufbahn ein und wurde bald Stiftsherr in Straßburg. Im Alter von 29 Jahren kam er als Sekretär des Bischofs von Straßburg nach Rom, schnell machte er Karriere und erkaufte sich für 450 Dukaten das Amt des päpstlichen Zeremonienmeisters, das er bis zu seinem Tod im Jahre 1506 ausübte. Als er genug Geld angesammelt hatte (er bekam zu seinem Gehalt als Zeremonienmeister noch weit ergiebigere Einkünfte aus gut dotierten Pfründen, denn gleichzeitig war er auch Bischof von Cività Castellana und Orte), ließ er sich ein Haus bauen, eben das besagte Haus in der Via del Sudario. Burcardus hatte nicht nur das aufreibende Amt beim Papst inne, er war auch für die deutsche Nationalkirche S. Maria dell'Anima tätig und leitend an der Errichtung der Kirche mit angeschlossenem Hospiz in der Nähe der Piazza Navona beteiligt. Für den Bau dieser Hallenkirche ganz im gotischen Stil ließ er eigens Baumeister aus Nordeuropa, vermutlich aus Deutschland, nach Rom kommen. Diese Handwerker beauftragte er auch mit dem Bau seines eigenen Hauses.

Das Haus wirkte damals wie ein altertümliches Relikt, rings herum in der Stadt begann der neue Stil der Frührenaissance aufzublühen und über die Gotik zu triumphieren, ein Stil, der in Rom nie recht heimisch war. So entstand mit dem Haus für die damaligen Römer ein merkwürdiges Bauwerk. Es erinnert zwar an einen römischen Stadtpalast, doch viele der Architekturelemente wie z. B. das Gewölbe, die schmalen Türen oder die dreiteiligen Fenster im Innenhof sind rein gotisch. Nach der Sitte der römischen Adeligen ließ Burcardus am Haus einen hohen Turm errichten. Oben auf dem Turm ließ er stolz die Inschrift „Argentina" anbringen, eine Erinnerung an seinen Herkunftsort Straßburg, dessen lateinischer Name „Argentoratum" lautete. Das Volk war beeindruckt, denn schnell bürgerte sich für eine nahe Straße der Name Via di Torre

Argentina ein, der nach dem Abbruch des Häuserblocks für die Tempel auf den Platz überging. Auch das im 18. Jahrhundert gebaute Theater erhielt den Namen der Straße und damit den Namen des Turms, es wurde also letztendlich nach der Stadt Straßburg benannt.

Das Haus war sehr groß, bestand aus zwei Bauteilen, die sich zwischen zwei Straßen erstreckten. Auf der einen Seite, an der Via del Sudario, lag der vornehmere Teil, auf der anderen Seite an der Via dei Barbieri war der Trakt für die Dienerschaft, dazwischen lag der große Innenhof. Ein Teil dieses Hofes und der Dienertrakt ging über zweihundert Jahre später für den Bau des Theaters verloren, dessen Bühnenraum jetzt das Areal einnimmt.

Im Inneren hat das Haus sein gotisches Aussehen bewahrt, sogar das Wappen Burcardus' hat sich erhalten. Der namensgebende Turm besteht leider nicht mehr, vor über hundert Jahren wurde er abgetragen. Der italienische Schriftstellerverband, dem das Haus heute gehört, hat hier seine Sammlungen und seine Bibliothek untergebracht, die „Raccolta Teatrale", eine Fundgrube für Theaterliteratur aller Art.

Interessant an einem Besuch des Hauses ist aber die Erinnerung an seinen Erbauer, an Johannes Burcardus. Als päpstlicher Zeremonienmeister gehörte er zum inneren Kreis um den Papst und hatte damit Zugang zu manch vertraulicher Information. Er war in seiner Tätigkeit verantwortlich für die Gestaltung und für den ordnungsgemäßen Ablauf der kirchlichen Feste, eine aufreibende Tätigkeit, denn wegen der vielen Feiern hatte er praktisch immer „Bereitschaftsdienst". Auch die mit dem eigentlichen Amt verbundene Entlohnung war nicht sehr üppig, sein Blick für die Taten und Anordnungen seiner Arbeitgeber war daher besonders kritisch. Die Päpste hatten großes Vertrauen in ihn, er war Spezialist für heikle Missionen.

Vom ersten Tag seiner Berufung zum Zeremonienmeister bis zu seinem (natürlichen!) Tode im Jahre 1506 führte er Tagebuch, darüber hinaus verfaßte er ein Zeremonialhandbuch für seine Nachfolger, ein Nachschlagewerk für allerlei Anlässe. Seine Amtszeit umfaßte das Pontifikat mehrerer Päpste, sein Tagebuch ist damit eine historische Quelle ersten Ranges. Die Abschnitte über das Pontifikat des Papstes Alexander VI., dem berüchtigten Borgia-Papst, sind von besonderer Bedeutung und Interesse.

Burcardus war auf diesen Papst nicht gut zu sprechen, dessen Sohn und Liebling Cesare haßte er wie die Pest. Seine negativen Aufzeichnungen prägten das unheilige Bild des Papstes und seiner Machenschaften. Unter Alexander VI. erlebte das Pontifikat seine tiefste Krise, die Sittenlosigkeit griff um sich. Um den Papst herum lebten seine Kinder, seine geliebte Tochter Lucrezia Borgia und der bereits erwähnte Cesare, die während seiner Kardinalszeit aus der offenen Beziehung mit der schönen Römerin Vannozza de Cattanei hervorgingen. (Deren Palast besteht heute noch, das Grundstück dazu erhielt sie von Alexander VI. Wenn man von der Via Cavour die Stufen zu S. Pietro in Vincoli hinaufsteigt, bemerkt man das Gebäude mit schwarzen und weißen Steinstreifen, direkt über der Treppe befindet sich ein zierlicher Balkon.) Seine spätere Geliebte, Giulia Farnese, soll er angeblich als Madonna haben malen lassen. Berüchtigt sind die Morde und Intrigen, die ihm und seinem Sohn angelastet werden. Auch wenn vieles übertrieben und nicht immer gesichert ist, so kommt doch ein ganz großes Sündenregister zusammen. Beide träumten von einem geeinten Reich in Mittelitalien unter Führung ihrer Dynastie. Mit päpstlichen Geldern überzog Cesare das Land mit immer neuen Eroberungszügen. Vater und Sohn erkrankten und starben

1503 fast gleichzeitig, vermutlich durch Gift, das ihnen Feinde unbemerkt ins Essen schmuggelten.

In diese stürmische Zeit fallen aber auch geschichtlich bedeutende Ereignisse, das ist die andere Seite seines Pontifikats.

Unter Alexander VI. wurde mit Burcardus' Leitung die Grundsteinlegung für die neue Peterskirche gefeiert. Die päpstlichen Gemächer im Vatikan, die Appartamenti Borgia, wurden vom Frührenaissancemaler Pinturicchio ausgemalt, heute ist hier die moderne Kunstsammlung des Vatikans untergebracht. In S. Maria Maggiore wurde die vergoldete Kassettendecke eingebaut, für die man das erste Gold, das die Spanier aus Amerika mitbrachten, verwendete. 1498 schuf der junge Michelangelo für einen französischen Kardinal seine weltberühmte Pietà.

Das Heilige Jahr 1500 wurde glanzvoll gefeiert, scharenweise strömten die Pilger nach Rom. Zum ersten Mal fand nach einer Idee Burcardus' die Zeremonie der Öffnung der Heiligen Pforte in der Peterskirche statt, ein Ritus, mit dem immer noch das Heilige Jahr beginnt und fast schon das Symbol dafür geworden ist. (Mittlerweile gibt es sogar vier Heilige Pforten, verteilt auf die großen Kirchen Roms.) Den Verlauf der Zeremonie hatte Alexander VI. mit Burcardus genau festgelegt, das Schlagen mit dem Hammer und das anschließende Öffnen der Pforte. Burcardus beschrieb die Zeremonie präzise in seinem Tagebuch. Hier wird besonders der unverständliche Zwiespalt dieses Papstes deutlich, einerseits skrupellos, andererseits durchdrungen von Glauben.

Präzise und sachlich schilderte Burcardus den Tod Alexanders und die anschließende Zeremonie, die er unbeirrt von dem Aufruhr nach dem Tod des verhaßten Papstes abwickelte.

Burcardus konnte sich seines vielen Geldes (er galt als extrem genußsüchtig) und an der Vollendung seines Hauses 1503 nicht mehr lange freuen. 1506 starb er, vermutlich an Gicht. Begraben wurde er in der Kirche S. Maria del Popolo, wo im angeschlossenen Kloster später der Mönch Martin Luther lebte.

Burcardus wäre wie viele andere deutsche Kleriker aus dieser Zeit nur noch Fachleuten bekannt, wäre da nicht dieses faszinierende Tagebuch und wäre da nicht sein Wohnhaus, ein Stück „Nordeuropa" in Rom.

Casa del Burcardo mit Museo Teatrale: Via del Sudario 44. Täglich 9.00 Uhr bis 13.00 Uhr, geschlossen im August. Zur Zeit wegen Restaurierung geschlossen

S. Maria dell'Anima: Via della Pace 20. Montag bis Samstag von 7.30 Uhr – 19.00 Uhr (Juli und August 13.00 Uhr – 15.00 Uhr), Sonntag 8.00 Uhr – 13.00 Uhr. Die Kirche beherbergt in ihrem Inneren etliche bedeutende Grabmäler, so das Grab des Papstes Hadrian VI. und etlicher deutscher Kleriker und Adeliger, darunter Markus Fugger aus Augsburg. Dessen Bruder Jakob „der Reiche" stiftete das zugehörige Altarbild der Markus-Kapelle aus der Hand von Giulio Romano, das sich heute auf dem Hauptaltar befindet

DER VERGANGENE MYTHOS VON BEATRICE CENCI

Palazzo Cenci

Wer kennt heute noch außerhalb Roms den Namen Beatrice Cenci und ihr Schicksal?

Um diesen Namen rankt sich eine blutrünstige Geschichte aus dem späten 16. Jahrhundert, in der zwei Geschwister ihren Vater umbringen, eine Geschichte, die Gewalt, Mord, Inzest, Betrug, Habsucht, Geiz, Perversion und Selbstjustiz zu bieten hat, so als wäre sie der schlimmsten Phantasie entsprungen. Doch fast alles hat sich in Wahrheit so zugetragen, wenngleich dieser Ausbruch von Gewalt in dieser Familie nicht symptomatisch für das Rom des Mittelalters und der Renaissance war, auch wenn damals die Messer locker saßen und ein Menschenleben wenig galt.

Doch der Mythos um diese Beatrice Cenci, zu dem Dichter wie Stendhal und Shelley oder Maler wie Guido Reni beigetragen haben, ist im allgemeinen Bewußtsein beinahe verblaßt.

Fest und massiv steht dagegen wie eine Burg noch heute der Palast der Familie auf dem Monte Cenci, einer kleinen Erhebung in der Nähe des Ghettos und des Tibers, in einem der ältesten Viertel Roms. Ein vielgliedriges Gebäudeensemble aus verschiedenen Epochen, erbaut über den Ruinen des antiken Circus Flaminius, also eine Stätte mit nicht gerade der friedlichsten Vergangenheit. Dem Palast gegenüber befindet sich die kleine Kirche S. Tomaso in Monte Cenci, die als Familienkapelle diente. Francesco, der grausame Vater Beatrices, ließ die Kirche umbauen und verschönern, mit dem Hintergedanken, daß sich darin einst die Gräber seiner verhaßten Kinder befinden werden.

Hier ist also die Heimstatt der berüchtigten und reichen Familie der Cenci, eines der ältesten Geschlechter Roms. Der Reichtum der Familie beruhte in besonderem Maße auf Unterschlagung, denn Monsignore Cristoforo, der Vater Francescos, war päpstlicher Schatzmeister. Er verstand es, sein Amt auch zu seinen Gunsten zu verwalten. Besonders sittenstreng war er trotz seines Priesteramtes nicht, denn sein Sohn Francesco (*1549) ging aus der Beziehung mit der verheirateten Beatrice Arias hervor. Von Kind an zeigte Francesco einen besonders verdorbenen, sadistischen und zu Gewalttätigkeit neigenden Charakter, sein Sünden- und gerichtsbezeugtes Strafregister war lang, mehrmals wurde er eingesperrt und kurzzeitig sogar verbannt. In der ganzen Stadt war er dazu als habgieriger Geizhals bekannt, der sein Geld nur dann reichlich verwendete, wenn Zeugen zu bestechen oder Geldstrafen zu zahlen waren. Zwölf Kinder gingen aus der Ehe mit Ersilia Santacroce hervor, die den Strapazen nicht mehr gewachsen war und nach zwanzig Jahren Ehe starb. Sieben dieser Kinder überlebten, es waren Giacomo, Cristoforo, Rocco, Bernardo, Paolo und schließlich die zwei Mädchen Antonina und Beatrice (*1577).

Die ältesten Söhne standen dem Vater in nichts nach:

Giacomo war gerichtsbekannt wegen seiner Gewalttätigkeit und seiner Liebe zum verbotenen Glücksspiel, darüber hinaus fälschte er Urkunden, auch zu Ungunsten seines Vaters.

Cristoforo war ebenso eine Spielernatur mit vielen Schulden und noch mehr Gläubigern, bei einer Liebesstreiterei wurde er von einem Nebenbuhler ermordet.

Rocco, ein Raufbold und Schläger, endete ähnlich wie sein Bruder Cristoforo: In einem Zweikampf mit einem seiner vielen Feinde kam er zu Tode.

Bernardo und Paolo waren zu dieser Zeit noch zu klein für Verfehlungen, von den Töchtern Antonina und Beatrice ist nichts negatives bekannt.

Nach dem Tode seiner Frau Ersilia gab Francesco die beiden Mädchen ins Internat zu den Schwestern von S. Croce, deren Kloster zwischen Marsfeld und dem heutigen Parlament lag. Beatrice war zu diesem Zeitpunkt sieben Jahre alt, Antonina zwei Jahre älter. Hier verlebten die zwei Schwestern eine unbeschwerte Zeit, die Kinder waren beliebt bei den Nonnen. Beatrice gestand später, daß aus dieser Zeit die wenigen heiteren Erinnerungen stammen, die ihr das Leben geschenkt hat. Mit den Nonnen stiegen die zwei Mädchen oft zur Kirche von San Pietro in Montorio auf den Gianicolo hinauf, ein Ort, der Beatrice so gut gefiel, daß sie nach ihrer Hinrichtung dort begraben werden wollte. Diese heitere Zeit endete 1592, als der Vater sie aus dem Internat zurückholte.

Die Familie zog in anderes Viertel, in einen Palast in der Via Ripetta, den Francesco gemietet hatte. Den Familienpalast überließ er den ältesten Söhnen, deren Alter und Haß er mittlerweile fürchtete. Im neuen Wohnsitz führten ihm Beatrice und Antonina den Haushalt, und dort kam es zum ersten Vergewaltigungsversuch des Vaters an Beatrice. Lediglich durch Flucht aus dem Haus konnte sie sich retten, doch zur Strafe wurde sie eingesperrt. Francesco verheiratete sich erneut im November 1593, die Witwe Lucrezia Petroni wurde seine Frau, die ihn vielleicht nur deswegen heiratete, um mit dem Vermögen der Cenci ihre drei Töchter besser an den Mann bringen zu können. Als es im Haus zu einem weiteren Vergewaltigungsversuch kam, diesmal war es das taubstumme Küchenmädchen, griff die Justiz ein. Francesco wurde angeklagt und zu zwei Jahren Zuchthaus verurteilt. Doch nach seiner Entlassung kam es noch schlimmer. Zwar verheiratete er Antonina mit einem reichen Witwer und ließ eine prächtige Hochzeit ausrichten. Als jedoch Antonina aus dem Haus war, beschloß er, Rom mit Frau und Beatrice zu verlassen. Immer noch fürchtete er seinen Sohn Giacomo. (Cristoforo und Rocco waren zu diesem Zeitpunkt bereits tot.) Die Entfernung von Rom gestattete es ihm, seine Schandtaten ohne Öffentlichkeit auszuführen, darüber hinaus war das Leben auf dem Land billiger. Denn durch die große Hochzeit und wegen der Haft hatte sich sein Vermögen reduziert. Vom Prinzen Marzio Colonna erhielt er die Erlaubnis, in dessen Burg La Petrella in den Abruzzen, in der Nähe der Stadt Aquila, zu wohnen. Er selbst verließ die Burg des öfteren, um nach Rom zu fahren und dort seine Geldangelegenheiten zu ordnen, doch Beatrice und seine Frau Lucrezia ließ er wie Gefangene in der Burg zurück, fest eingeschlossen in ihre Zimmer. Ein Ausbruchversuch scheiterte und veranlaßte Francesco, die „Haft" noch weiter zu verschärfen. Den beiden Frauen ließ er zeitweise nur noch Wasser und Brot bringen. Als er eines Tages in der Burg weilte, versuchte er erneut seine Tochter zu vergewaltigen, so zumindest überlieferte es eine Dienerin, die im Zimmer nebenan schlief.

Langsam reifte bei Beatrice die Idee zum Mord an ihrem Vater, vielleicht auch geschürt durch den Burgvogt Olimpio Calvetti. Olimpio war über fünfzig Jahre alt und verheiratet, hatte aber ein Verhältnis mit Beatrice, aus dem wahrscheinlich sogar ein Kind hervorging, für das Beatrice in ihrem Testament durch eine verschlüsselte Klausel einen Geldbetrag bestimmte. Olimpio war kein unbeschriebenes Blatt mehr, zwei Menschen hatte er bereits auf dem Gewissen. Zusammen mit seinem Freund Marzio Catalano plante er den Mord an Francesco, natürlich mit Unterstützung der beiden Frauen, die ihm dafür Geld versprachen. Der erste Plan, eine Ermordung durch gekaufte Straßenräuber wurde verworfen, für den zweiten Versuch lieferte der Sohn Giacomo Gift, das seinem Vater ins Essen gemischt werden sollte. Auch das schlug fehl, da Francesco, mißtrauisch wie er war, seine Speisen von Beatrice vorkosten ließ. So kam man auf die Idee, den Mord als Unfall zu tarnen. Am 9. September 1598 erschlugen Olimpio und Marzio mit einem Hammer Francesco im Bett und warfen ihn vom Balkon in die Tiefe, um ein Sturz ohne fremdes Verschulden vorzutäuschen.

Leichtsinnigerweise wuschen Beatrice und Lucrezia ohne Vorsicht die blutigen Leintücher in aller Öffentlichkeit. Schnell entstand das Gerücht, es handle sich wohl eher um einen Mord als um einen Unfall. Die Behörden wurden darauf aufmerksam und begannen mit der Untersuchung der Vorfälle. Wenig Phantasie war notwendig, um zu erkennen, was vorgefallen war. Man verhaftete Beatrice, Lucrezia, Giacomo und auch den gänzlich unbeteiligten Bruder Bernardo. Der jüngste der Cenci, Paolo, starb zur gleichen Zeit unter mysteriösen Umständen. Vorher gelang es Giacomo noch, einen Mordauftrag für Olimpio zu geben, der auf der Flucht getötet wurde. Marzio Catalano wurde dagegen gefangen und gestand alles.

Der Prozeß dauerte 10 Monate und erregte großes Aufsehen, schließlich war eine ganze Familie angeklagt. Papst Clemens VIII. war lange unentschieden, wie das Urteil lauten sollte, doch ein ähnlich gearteter Fall bewegte ihn schließlich doch dazu, das Urteil Todesstrafe zu unterschreiben. Wegen der harten Strafe entstand das Gerücht, der Papst wolle sich damit das Vermögen der Cenci aneignen, da eine Versteigerung der Güter nach der Vollstreckung des Urteils vorgesehen war. Beatrice und Lucrezia waren zuerst in der Engelsburg eingesperrt, wurden aber später in das Gefängnis Corte Savella in der Via di Monserrato gebracht. Von hier aus begann am 11. September 1599 über die Via dei Banchi Vecchi und die Via del Banco di S. Spirito der Zug der Verurteilten zu ihrer Hinrichtungsstätte vor der Engelsbrücke. Beatrice und Lucrezia wurden geköpft, Giacomo wurde geviertelt. Einzig Bernardo überlebte, sein Urteil wurde in lebenslängliche Galeerenstrafe umgewandelt.

An jenem Tage war der Tumult und das Gedränge der Neugierigen in den Straßen so groß, daß angeblich deswegen dreizehn Personen ihr Leben verloren und fast sechshundert verletzt wurden. Eine junge Nonne begann sogar Selbstmord, nachdem sie die Hinrichtung beobachtet hatte. Der Leichnam von Beatrice wurde gemäß ihrem Wunsch in der Kirche S. Pietro in Montorio begraben, allerdings sind die Gebeine später verloren gegangen. Die Erinnerung an sie ist in Rom noch nicht verblaßt: Noch heute wird in der Kirche am Hinrichtungstag, dem 11. September, eine Messe für Beatrice und ihren Bruder Giacomo gelesen, genauso wie in der Familienkirche auf dem Monte Cenci. Am 400. Jahrestag im Jahr 1999 gedachte man der Hinrichtung mit etlichen Veranstaltungen.

Der überlebende Bruder Bernardo betrieb später die Revision des Urteils und wurde freigesprochen. Von ihm und aus der Ehe Giacomos stammen die heutigen Cencis ab. Die Schwester Beatrices, Antonina, erlebte die Vorfälle nicht mehr, bereits im Herbst 1598, also vor dem Mord am Vater, ist sie verstorben.

Wer sich heute in Rom auf die Suche nach Spuren von Beatrice begibt, beginnt seinen Weg am Palazzo Cenci. Hier befindet sich auch die nach Beatrice benannte Straße.
Das Gebäude, das heute sichtbar ist, stammt größtenteils aus dem 16. Jahrhundert, also aus der Zeit Beatrices. Stellenweise sind aber noch ältere Bauteile erkennbar. Die Erhebung an dieser Stelle, der Monte Cenci, rührt vermutlich von den Trümmern des antiken Circus Flaminius, die dem Palast als Fundament dienen. Das ist auch der Grund für das unterschiedliche Niveau der Eingänge auf den verschiedenen Seiten. Der älteste Teil ist auf dem Hügel an der Piazzetta del Monte Cenci, der Platz wird hier auf zwei Seiten vom Palazzo begrenzt. Über dem Portal ist ein kleines antikes Medusenrelief eingelassen, kein gutes Zeichen für einen Besucher, schließlich versteinerte der Sage nach derjenige, der diesem Ungeheuer in die Augen sah. Auf dem kleinen Platz fühlt man sich fast wie in einem Burghof. Ein Gebäudeteil des Palastes ist etwas höher, dort ragte einst ein Turm in die Höhe, den man abgebrochen hat. Rings herum dichte Bebauung, nur der für Burgen notwendige Brunnen fehlt. Die Kirche fehlt dagegen nicht, gegenüber dem Palast befindet sich S. Tomaso dei Cenci, mit dem Grab Francescos, doch sie ist fast immer geschlossen. Seltsam ist die Fassade mit ihren zwei runden Fenstern, der Tafel und dem steinernen Rahmen eines verblichenen Freskos, fast wie ein Gesicht!
Geht man auf der anderen Seite die gewundene Via Monte Cenci hinunter, vorbei an eingemauerten antiken Fragmenten, gelangt man zur rückwärtigen und tiefer gelegenen Seite des Palastes an der Via del Progresso. Hier hat der Palast ein ganz anderes Ausehen, heiter und elegant. Ein Fries mit Halbmondwappen und Rosetten schmückt die Fassade, ein verspielter Balkon, fast schon Jugendstil, läßt den strengen, burgartigen Trakt auf der Rückseite fast vergessen. Durch einen Bogen, dem Arco dei Cenci, ist der Anbau des Palazetto Cenci mit dem eigentlichen Palast verbunden. Der Bogen hat ein ganz und gar mittelalterliches Aussehen. Hier braucht man nicht viel Phantasie, um sich einen idealen Ort für Mord und Totschlag vorzustellen. Ein unter dem Bogen auflauernder Bravo, ein bestellter Mörder, hätte hier leichtes Spiel, sein ahnungsloses Opfer zu überfallen, so dunkel ist es hier auch noch am hellichten Tag. Der Palazzetto aus dem 16. Jahrhundert strahlt dagegen Eleganz und Klarheit aus, eine strenge Renaissancefassade, dahinter ein von Loggien umgebener Innenhof. Die meisten der Innenräume haben ihr ursprüngliches Aussehen bewahrt. Ein Zimmer besitzt immer noch ein Fresko mit einer Ansicht der Engelsburg, dem späteren Gefängnis und Hinrichtungsort.
Das Kloster von S. Croce, in dem die Schwestern im Internat waren, ist verschwunden. An dessen Stelle befinden sich mittlerweile Parlamentsbüros.
In der Kirche S. Maria in Trastevere heiratete Francesco seine zweite Frau Lucrezia. Die Engelsburg diente als erster Kerker von Beatrice und Lucrezia, hier fand im Gerichtssaal der Prozeß statt. Das Gefängnis Corte Savella existiert nicht mehr. Es lag in der Via di Monserrato, einer Seitenstraße am Campo de'Fiori, der genaue Standort läßt sich aber nicht mehr ermitteln. Eventuell war der Kerker an der Stelle, an der sich

heute das englische College befindet. Der Ort der Hinrichtung läßt sich dagegen genau lokalisieren, es ist der Platz vor der Engelsbrücke, bewacht von den Statuen der heiligen Petrus und Paulus. Wie der Scharfrichter damals hält die Figur des Paulus das Schwert in die Höhe, bevor es den Hals von Beatrice traf, doch dieses Schwert hier ist das Marterinstrument und Attribut des Heiligen.

Das Grab von Beatrice befand sich in der Kirche S. Pietro in Montorio, auf dem Gianicolo, unter den Stufen des Altars und ohne Gedenktafel, dafür mit einem außergewöhnlichen Schmuck: Über dem Altar hing einst das berühmte Bild der „Verklärung Christi", das letzte Bild von Raffael, bevor man es in die Vatikanische Pinakothek brachte. Eine Legende besagt, daß Napoleon, gerührt von der Geschichte, den erhaltenen Schädel Beatrices aus dem Grab nehmen und nach Paris bringen ließ, um ihn für sich zu behalten.

Der Mythos Beatrice Cenci begann nach ihrem Tod, doch in der Zeit der Romantik zu Beginn des 19. Jahrhunderts wurde ein wahrer Kult daraus. Der englische Dichter Shelley verfaßte das Drama „The Cenci", Stendhal und Dumas verarbeiteten die Geschichte Beatrices literarisch. Beatrice wurde zur Heldin, das begeisterte Publikum suchte eine Ikone und fand sie in einem Bild, das man damals Guido Reni zuschrieb und angeblich wenige Tage vor ihrer Hinrichtung gemalt wurde. Kaum ein Besucher früherer Zeiten ließ sich dieses Bild entgehen, das in der Privatsammlung der Familie Barberini in deren Palazzo hing, zusammen mit einem angeblichen Bild der zweiten Frau Francescos, Lucrezia Petroni. Beatrice ist hier als blühende junge Schönheit mit einem Turban dargestellt. Der amerikanische Schriftsteller Nathaniel Hawthorne nannte das Bild das traurigste Gemälde, das jemals gemalt wurde. Herman Melville, Dichter des „Moby Dick", sah in dem Portrait den süßesten und herzergreifendsten, aber schrecklichsten Frauenkopf. Heute hängt es in der Galleria Nazionale d'Arte Antica im Palazzo Corsini, es ist fraglich, ob es denn von Reni stammt und überhaupt Beatrice darstellt. Fest steht, daß Reni zur Zeit der Hinrichtung Beatrices gar nicht in Rom war. Darüber hinaus ist das Gesicht des dargestellten Mädchens unversehrt, obwohl Beatrice gefoltert wurde und der lange Gefängnisaufenthalt sicher nicht zu ihrer Schönheit beitrug. Auch der auffällige Turban spricht gegen eine Darstellung Beatrices, denn eine derartige Kopfbedeckung gehörte sicher nicht zur Gefängniskleidung. Heute vermutet man eher, daß der Maler hier eine Sibylle darstellte, die Zuschreibung an Reni wird nicht mehr aufrecht erhalten.

Palazzo Cenci: Vicolo dei Cenci, Via del Progresso, Via Beatrice Cenci, Via Monte Cenci. Palast und Kirche sind nicht zugänglich

Engelsburg: Lungotevere Castello 1. Täglich 9.00 Uhr – 19.00 Uhr, jeden 2. Und 4. Dienstag im Monat geschlossen

S. Pietro in Montorio mit dem Tempietto von Bramante: Täglich 9.00 Uhr – 12.00 Uhr, 16.00 Uhr – 18.30 Uhr

Galleria Nazionale d'Arte Antica im Palazzo Corsini: Via della Lungara 10. Dienstag bis Freitag 9.00 Uhr – 19.00 Uhr, Samstag 9.00 Uhr – 14.00 Uhr, Sonntag und Feiertage 9.00 Uhr – 13.00 Uhr. Das angebliche Bild von Beatrice hängt im Saal 6

DIE UNENDLICHKEIT GOTTES: GIORDANO BRUNO UND DER CAMPO DE'FIORI

Die ideale Zeit, auf den Campo de'Fiori zu gehen, ist der Vormittag. Nicht wegen irgendwelcher Attraktionen, die nur zu dieser Zeit geöffnet sind oder im besten Licht erscheinen, denn auf dem Platz gibt es eigentlich keine besonderen Sehenswürdigkeiten. Rings um die rechteckige Piazza stehen nur einfache Häuser, keine Kirchen oder Paläste, ein bürgerlicher Platz, ein Platz, an dem noch einfache Leute wohnen, auch wenn sich deren Zahl stetig verringert. Denn es ist chic geworden, hier eine Wohnung zu haben. Viele der angestammten Bewohner oder Handwerker konnten folglich die steigenden Mieten nicht mehr bezahlen. Eine ganz andere Klientel rückt nach, reiche Römer oder wohlhabende Ausländer, die hier das „Typische" suchen, mit der Folge, daß ein Teil der Wohnungen oft Ferienwohnungen sind und nur zeitweise genutzt werden.

Der Platz selbst ist anders als die großartigen Plätze Roms, sei es die Piazza Navona, die Piazza della Rotonda oder die Piazza di Spagna. Er hat ein fast kleinstädtisches Gepräge, keine Spur von Hauptstadt, Metropole oder Barock, wäre da nicht der Markt, die Farbe der Häuser, das warme braun-rot und schließlich die Menschen, die ihn zu *dem* römischen Platz schlechthin machen.

Völlig unspektakulär ist er nachmittags, wenn die Müllabfuhr die letzten Spuren des Marktes beseitigt hat und die Anwohner ihren Platz wieder vollkommen für sich haben, man trinkt einen Espresso in der Bar, man trifft sich auf ein Schwätzchen, die Kinder spielen Fußball. Doch vormittags ist der Platz verändert, vormittags ist Markt. Es ist einer der lebhaftesten und schönsten Straßenmärkte Roms, mit ausgesuchten Köstlichkeiten der Landwirtschaft, natürlich auch Blumen, dazu verpflichtet schließlich der Name des Platzes, Blumenfeld. Die Herrlichkeiten haben freilich auch ihren Preis, man merkt, daß die kleinen Leute nach und nach verschwinden und die nachkommenden neuen Bewohner höhere Preise zahlen können.

Der Platz liegt heute etwas abseits von den großen Verkehrsadern wie dem Corso Vittorio Emanuele II. Das war nicht immer so, denn früher querte ihn eine der Hauptpilgerstraßen zum Vatikan, der heutige Name Via del Pellegrino (Pilgerstraße) erinnert daran. Wo Pilger waren, da war Geld zu machen. Deshalb war der Platz durch die Jahrhunderte für seine zahlreichen Läden, Gaststätten und Herbergen (und damit verbunden für seine vielen Prostituierten) bekannt. Von den Gaststätten waren übrigens etliche unter deutscher Führung. Der legendäre Albergo Sole an der Piazza del Biscione (nicht zu verwechseln mit dem „Sole al Pantheon"), eines der ältesten Hotels Roms, erinnert an die große Vergangenheit des Campos als einen der Dreh- und Angelpunkte der Stadt. Die Geliebte des berüchtigten Borgia-Papstes Alexander VI., Vannozza de Cattanei, besaß hier etliche Gaststätten, ihr Wappen hat sich an einer der Hauswände der ehemaligen Locanda della Vacca erhalten, gelegen im Vicolo del Gallo 13, zwischen dem Campo und der Piazza Farnese.

*Markt auf dem
Campo de'Fiori*

Doch nicht nur für seine Gaststätten war der Platz berühmt (von denen gibt es heute immer noch eine ganze Menge). Ein anderes, traurigeres Kapitel in der Geschichte der Stadt spielte sich hier ab: Hier war der Hinrichtungsplatz, hier bestrafte man Kriminelle und solche, die man dafür hielt. Kleinere Verbrechen wurden durch den Pranger gesühnt. Der angrenzende kleine Platz mit dem völlig unpassenden, fast schon zynischen Namen Piazza del Paradiso war der Schauplatz dieser Art der Bestrafung.

Andere Straßennamen erinnern an die vielen Handwerker, die sich einst um den Platz ansiedelten: In der Via dei Balestrari hatten die Armbrustmacher ihren Werkstätten, in der Via dei Baullari waren die Koffermacher, der Name der Via dei Giubbonari kommt von den Schneidern, die hier einst ihre Läden hatten. Diese Tradition besteht dort heute noch, ein Bekleidungsgeschäft reiht sich an das andere, es ist die Straße der Billigklamotten, meist keine große Qualität, dafür aber günstig. Am Largo dei Librari waren die Buchhändler. Die Via dei Cappellari heißt wörtlich übersetzt die Straße der Hutmacher, heute ist die Straße berüchtigt für einen anderen Erwerbszweig, nämlich den der Hehlerei. Die vermeintlich günstigen Waren entpuppen sich oft als Diebesgut, nicht selten ist die Polizei in den Läden und Wohnungen zu Gast. Ein anderes zweifelhaftes Gewerbe verrät der Name des Largo di Pallaro, der Platz des Lotteriespiels, einer Leidenschaft, der man damals schon nachging.

Die Erklärungen für den Namen des Campo de'Fiori, Blumenacker oder Blumenfeld sind dagegen vielfältig. Eine Legende besagt, der Name kommt von der Römerin Flora, deren Gatte, der römische Feldherr Pompeius, hier in der Nähe einen Tempel errichten ließ. Doch die plausibelste scheint die zu sein, wonach sich an dieser Stelle nach dem Verfall des antiken Roms ein Sumpf gebildet hat, verursacht durch Überschwemmungen des nahen Tibers. Auf diesem Sumpfgelände wuchsen viele Blumen, die in der Erinnerung der ersten Bewohner nach der erneuten Besiedlung fortlebten.

Die Blumen führen uns wieder zum Markt zurück, herrliche Blumenstände mit großem Angebot befinden sich zwischen den normalen Ständen mit Gemüse oder Obst. Wie im Rausch der Farben und Gerüche schlendert man durch die Reihen der Stände, eine Verlockung folgt der anderen, jeder Händler preist lautstark seine Waren als die besten des ganzen Marktes an. (Der Markt fand übrigens ehemals auf der Piazza Navona statt und wurde erst im 19. Jahrhundert hierher verlegt.)

Um so mehr erschreckt der merkwürdige Kontrast zwischen dem Leben und den Farben des Marktes und dem unheimlichen Denkmal inmitten des Platzes. Ein düster blickender Dominikanermönch wacht über das lebhafte Treiben zu seinen Füßen, kaum kann man sein Gesicht unter der Kapuze noch erkennen. Es ist Giordano Bruno, der im Jahr 1600 an dieser Stelle von der römischen Inquisition als Ketzer verbrannt wurde. Die glanzvolle Welt der Renaissance, die Wiedergeburt des Menschen und der Künste zeigt hier ihre düstere Kehrseite: Die autoritäre Macht der Kirche, die keine andere Meinung als die ihre duldete, eine Zeit der Religionskriege, Hexenprozesse, Ketzerverbrennungen und des Aberglaubens. Vermutlich wäre Bruno ohne diese Statue schon längst vergessen. Doch es lohnt sich, Einblick in seine Gedankenwelt zu nehmen, eine unendliche Welt voller Tiefe.

Giordano Bruno, eigentlich Filippo Bruno, Giordano ist sein Mönchsname, wurde 1548 in der kleinen Ortschaft Nola bei Neapel geboren. Filippo trat mit 17 Jahren in den Orden der Dominikaner ein, wo er sich eine universale Bildung aneignete, die auch vor kritischen Ideen nicht haltmachte. Als er mit 24 Jahren zum Priester geweiht wurde, stand er der katholischen Religion schon mehr als skeptisch gegenüber, was auch seinen Mitbrüdern nicht verborgen blieb. Denn nur wenige Jahre später kam es durch seinen Orden zu einer Anklage als Ketzer. Bruno entzog sich dem Verfahren dadurch, indem er den Orden verließ und floh. Damit begann seine lange, unstete Zeit der Wanderschaft, die ihn durch ganz Europa führte. Nachdem er Italien verlassen hatte, war sein erstes Ziel Genf und danach Toulouse, dort erhielt er einen Lehrstuhl für Philosophie. Der französische König Heinrich III wurde auf ihn aufmerksam, er vermittelte ihm einen Lehrauftrag in Paris. Bruno trat nicht nur als Philosoph, Mathematiker, Astronom oder Theologe hervor, sondern auch auf dem Gebiet des Gedächtnistrainings. Über dieses Thema schrieb er eine Abhandlung und widmete sie dem König. Die glücklichste Zeit verlebte er in England, wohin er mit französischen Gesandten aufbrach. Dort lehrte er in London und Oxford, dort entstanden seine Hauptwerke, dort hatte er Kontakt mit der englischen Königin Elisabeth I. 1585 verließ er England und kehrte nach Paris zurück, wo es ihn aber nicht lange hielt. Er ging nach Deutschland und lehrte an den Universitäten von Wittenberg und Helmstedt, am Schluß lebte er in Zürich und Frankfurt am Main.

In Frankfurt erreichte ihn jener merkwürdige Brief des venezianischen Adeligen Giovanni Mocenigo, der ihn einlud, in Venedig sein Gast und Lehrer zu sein. Wie es zu dieser Einladung kam, ob es eine Falle war und warum Bruno so schnell nach Venedig abreiste, obwohl er hätte wissen müssen, daß er sich damit in Gefahr brachte, ist bis heute rätselhaft. Vielleicht dachte er, die Anklage in Neapel sei schon längst vergessen und die Kenntnis seiner Schriften, die hauptsächlich in England erschienen sind, sei nicht bis nach Italien vorgedrungen. In Venedig beherbergte ihn Mocenigo für eine Weile, Bruno unterrichtete ihn in Gedächtnistraining und ließ dabei auch Bemerkungen über die katholische Religion fallen. Als er nach Frankfurt zurückkehren wollte, benachrichtigte Mocenigo die venezianische Inquisition, Bruno wurde verhaftet. Mocenigo erklärte später, daß er auf Drängen seines Beichtvaters und vor allem wegen seines Gewissens so gehandelt hatte. Bruno blieb nicht lange in Venedig, 1593 wurde er an die römische Inquisition ausgeliefert und sofort in den Kerkern der Engelsburg und des Gefängnisses Tor di Nona eingesperrt. Dort begann die lange Zeit der Verhöre und Prozesse, die den Gefangenen zermürben sollten, da zwischen den einzelnen Vernehmungen lange Perioden der Inhaftierung lagen. Während der siebenjährigen Haft blieb Bruno standhaft und weigerte sich, seinem angeblichen Irrglauben abzuschwören. Bruno war mittlerweile 52 Jahre alt, als am 8. Februar 1600 das Urteil verkündet wurde. Die damalige Sitzung leitete der Papst höchstpersönlich, es war Clemens VIII. Das Urteil liest sich in heutigen Augen äußerst zynisch: Nach langen Verhören ist man zur Einsicht gekommen, daß Brunos Ansichten ketzerisch sind. Der Gefangene weigerte sich aber, von diesen ketzerischen Gedanken abzuschwören. Er sei unbußfertig, verstockt und unbeugsam, damit hat er seinen Tod selbst verschuldet. Schließlich hat die Kirche alles versucht, um ihn zur Umkehr zu bewegen. Niemand wünscht seinen Tod, man hat es an Ermahnungen, Drohungen und Folter nicht fehlen lassen, um ihn auf den rechten Weg zurückzuführen. Das Urteil lautete Tod auf dem Scheiterhaufen, man übergab ihn der weltlichen Gerichtsbarkeit. Die Hinrichtung fand nur wenige Tage nach der Verkündung des Urteils statt, es war der 17. Februar 1600, als Bruno auf dem Campo de'Fiori auf einem Scheiterhaufen verbrannt wurde. Seine letzten Worte sind überliefert: „Mit größerer Furcht verkündigt ihr wohl das Urteil gegen mich, als ich es entgegennehme."

Warum war Bruno so gefährlich für die Kirche und vor was hatten die Richter Angst? Bruno lebte nach Nikolaus Kopernikus, mit dessen Schriften er vertraut war. Kopernikus entwarf das heliozentrische Weltbild mit der Sonne als Mittelpunkt, er erweiterte den Kosmos des Menschen zur Unendlichkeit. Bruno dagegen erweiterte Gott und stellte damit jede Religion in Frage. Er vertrat eine andere Naturauffassung, den Pantheismus, in dem Gott sich nicht wie früher über den Menschen befindet, sondern überall in der Schöpfung anwesend ist, eine belebende Weltseele, sei es auch im noch so kleinsten Teilchen der Welt. Wenn der Kosmos unendlich ist, dann mußte folglich Gott ebenfalls unendlich sein. Gott ist demnach überall, er ist eins mit dem Kosmos. Durch die Unendlichkeit seines Wesens ist er allen Gesetzen, dem Denken und der Erklärung durch Philosophen oder Theologen entzogen. Bruno stellte damit das katholische Weltbild mit seinen Dogmen und festgefügten Vorstellungen vollkommen in Frage, er leugnete die Dreifaltigkeit und die Menschwerdung Gottes. Die Klasse der Mönche, aus deren Reihen er selber kam, kam auch nicht ungeschoren davon, denn seiner Ansicht nach waren sie Dummköpfe und schändeten durch Heuchelei, Geiz und ihr sündiges Leben die Erde. Er ging sogar noch weiter und erklärte, er sei allen Religionen feindlich gesinnt, Religion sollte durch Philosophie ersetzt werden. Soweit in wenigen Worten die Kernaussage der Lehre Brunos, die natürlich auf Widerstand kirchlicher Autoritäten stoßen mußte.

Die Lehre und die Schriften Brunos sind in sich voller Widersprüche und Brüche, denn er selbst vertrat keine gerade Linie, alles blieb letztendlich Spekulation. Das unterscheidet ihn grundlegend von den anderen Forschern und Denkern des 16. Jahrhunderts, so z. B. Galileo Galilei, die durch Versuche oder Beobachtung ein neues Weltbild schufen, ein naturwissenschaftlich, mechanisch geprägtes Weltbild, das letztendlich den Siegeszug antrat und bis heute vorherrscht.

Dieses verbrannten Denkers erinnerte man sich erst wieder knapp dreihundert Jahre nach dessen Tod, als nach dem Ende des Kirchenstaates und der Gründung des italienischen Nationalstaates mit Rom als Hauptstadt ein freigeistiger und liberaler Geist herrschte. So drückt es auch die Inschrift am Sockel des Denkmals aus: „Dem Bruno gewidmet, von dem Jahrhundert, das er vorausahnte, hier wo sein Scheiterhaufen brannte."

Der Errichtung des Denkmals im Jahre 1889 nach einem Entwurf des Bildhauers Ettore Ferrari ging eine lange Vorgeschichte voraus, denn schon lange wollten freigeistige Kreise dem verbrannten Philosophen ein Andenken errichten. Rom wurde damals von dem katholisch-konservativen Herzog Leopoldo Torlonia regiert. Als Bürgermeister war er ein fortschrittlicher Mann, der in der Hauptstadt zahlreiche Neuerungen und Verbesserungen einführte, aber sich heftig gegen ein Denkmal für Bruno aussprach. Der damalige freigeistige Premierminister Crespi ließ ihn jedoch nach einem besonders papstfreundlichen Akt aus dem Amt entheben. Um den Verdacht zwischen einer Verständigung zwischen Papst und Staat zu vermeiden, wurde das Denkmal zu einer politischen Demonstration für Glaubensfreiheit, Wissenschaft und vor allem gegen die Kirche und deren frühere Praktiken. Denn es steht nicht nur für die Verbrennung Brunos, sondern erinnert auch an andere Ketzer, die von der Lehrmeinung der Kirche abwichen. Man findet man am Sockel des Denkmals auch Abbildungen u. a. von Erasmus von Rotterdam, Tommaso Campanella oder dem ebenfalls verbrannten Jan Hus.

Die Reaktion der Kirche war natürlich nicht positiv. Das lag vor allem am gespannten Verhältnis zwischen Staat und Papst, der nach der Eroberung Roms durch nationale Truppen wie ein Gefangener im Vatikan lebte. Der damalige Papst Leo XIII., dachte sogar zeitweise daran, nach Österreich ins Exil zu gehen. So erscheint im nachhinein die Reaktion des Papstes verständlich, der sonst eigentlich sehr fortschrittlich gesinnt war. Leo XIII. kritisierte scharf die Einweihung des Denkmals und sah darin einen Frevel des italienischen Staates an der Religion. Er ließ Messen zur Sühne dieses Frevels abhalten und von der Kanzel Hirtenbriefe verlesen, in denen Bruno beschuldigt wurde, keine wissenschaftlichen Leistungen hervorgebracht zu haben, das Verhalten und die Gedanken Brunos wurden als sittenwidrig angeprangert. Ferdinand Gregorovius, der Historiker des römischen Mittelalters, überliefert in seinen Tagebüchern ein kurioses Mißverständnis, das eine derartige Kanzelrede im bayerischen Rosenheim auslöste: Dort verstand man die Worte des Priesters falsch und hielt Giordano Bruno für eine arme Seele im Fegefeuer, die daraus auf Befehl des Papstes durch Gebete zu erlösen sei.

Ob diese Gebete halfen, kann nur vermutet werden, denn die Aufregung um das Denkmal und um Bruno hat sich gelegt, auch wenn sich die römischen Freidenker am 17. Februar, dem Jahrestag der Verbrennung, am Fuß des Denkmals versammeln und wütende Reden Richtung Vatikan schmettern. Der Vatikan hingegen hat bis jetzt das Urteil nicht aufgehoben, offiziell ist als die Hinrichtung Brunos noch rechtmäßig.

Was bleibt, ist die Idee von der Manifestation Gottes auch noch im kleinsten Teil, ein schöner Gedanke, wenn der Blick von der scheinbar düsteren Gestalt in der Höhe zu den Marktständen zurückkehrt und man die Mannigfaltigkeit der Hervorbringungen der Natur bewundert.

Denkmal von Giordano Bruno: Campo de'Fiori

EINE EX-KÖNIGIN IM UNRUHESTAND: CHRISTINE VON SCHWEDEN IN ROM

Als Federico Fellini seinen Film „La Dolce Vita" drehte, hatte er die Schwedin Anita Ekberg für die weibliche Hauptrolle ausgesucht. Im Film spielt sie einen Star, der zu Dreharbeiten nach Rom kommt. Am Flughafen wird sie von einer Horde Reportern empfangen, in einem exzentrischen, der Kleidung eines Pfarrers ähnlichem Gewand besucht sie die Peterskirche, sie badet in der Fontana di Trevi, verbringt ihre Nächte in Nachtclubs. Das Auftreten der Diva im Film erscheint wie eine späte Reminiszenz an eine andere, bei weitem noch exzentrischere Schwedin, die Rom vor über dreihundert Jahren mit einem längeren Aufenthalt beehrte. Auch sie wurde prächtig mit allen Ehren empfangen, eigens für ihren Einzug hatte man ein ganzes Stadttor umgebaut, ihre Kleidung war das Tagesgespräch der feinen Gesellschaft, als einzige Frau wurde sie zu einem Essen mit dem Papst geladen, sie veranstaltete rauschende Feste, und hätte es die Fontana di Trevi damals schon gegeben, wäre es leicht möglich gewesen, daß sie einmal mit ihrem Pferd hineingeritten wäre.

Die Rede ist von der schwedischen Königin Christine (1626 – 1689), der Skandalfrau schlechthin im Rom des 17. Jahrhunderts.

Ihr Erscheinen und Aufenthalt in Rom war das Ergebnis eines raffiniert eingefädelten Schachzugs der katholischen Kirche. Durch die Reformation hatte sie ihren Einfluß in Nordeuropa verloren, denn dort war man zu Luthers Glaubenslehre übergetreten und protestantisch geworden. Mit Feuereifer versuchte man, die abtrünnigen Nordeuropäer für die katholische Kirche zurückzugewinnen, man setzte alles daran, die Herrschenden dort zu bekehren um vielleicht dadurch eine Bewegung zurück zum Katholizismus auszulösen. In Schweden hatten die jesuitischen Missionare Erfolg, denn sie schafften es, die vom protestantischen Glauben enttäuschte Tochter des verstorbenen Königs Gustav II. Adolf und amtierende schwedische Königin zum Übertritt zu überreden. Der Grund für den Erfolg dieses Coups lag vielleicht nicht so sehr in der Überzeugungskraft der Jesuiten, sondern vermutlich daran, daß die lebhafte und phantasievolle junge Frau nicht gerade von der Verantwortung und den Pflichten begeistert war, die das hohe Amt mit sich brachte. So fiel es ihr leicht, abzudanken und damit den Fesseln des Thrones zu entfliehen und ein scheinbar sorgenfreies Leben unter südlicher Sonne zu beginnen.

Christine war 1654 erst 28 Jahre alt, als sie, nach 18 Regierungsmonaten, offiziell abdankte und sich auf die Reise nach Rom begab. Schon der Weg dorthin glich einem Triumphzug, von Festen und Empfängen begleitet, überall wurde zu ihren Ehren gefeiert. Noch während der Reise wurde in Innsbruck ihr Wechsel zum katholischen Glauben vollzogen, ihre neue Heimat Italien betrat sie als Katholikin. Der Empfang in Rom 1655 war außergewöhnlich, für ihren Einzug hatte der Architekt Bernini eigens die Porta del Popolo umgebaut. Auf der inneren Seite ließ er das Wappen des Papstes Alexanders VII. Chigi, einen Stern über sechs Bergen, darunter das Wappen Christines, ein Gewinde aus Ähren, anbringen. Die Inschrift, die einst Christine willkommen hieß und zu ihrem Einzug Glück und Segen wünschte („FELICI FAUSTO Q INGRESSUI

ANNO DOM MDCLV"), grüßt immer noch den Eintretenden. Die Piazza selbst hatte damals noch nicht das heutige Aussehen, es war ein länglicher, von Häusern gesäumter Platz, der Obelisk stand jedoch schon. Der Einzug war eine Sensation für die römische Gesellschaft, die Christine in ihren besten Kleidern und den schönsten Juwelen aufwartete. (Für diesen Anlaß und Tag hatte man eigens die Luxusgesetze aufgehoben!) Allerdings kritisierte man das allzu männliche Auftreten der Königin zu Pferd in einem

ganz und gar nicht weiblich geschnittenen Reitgewand. Langsam zog die Königin in Begleitung der Schweizergarde unter ständigem Böllerschießen zum Vatikan, wo sie der Papst bereits zu einem Festessen erwartete. Christine genoß die für eine Frau außergewöhnliche Ehre, am selben Tisch wie der Papst zu speisen. Von ihm und der ganzen römischen Gesellschaft wurde sie reich beschenkt. Ihr erstes römisches Quartier war der Palazzo Far-

Piazza del Popolo

nese, der von der Familie Farnese nicht ohne Hintergedanken zur Verfügung gestellt wurde, hoffte man doch, durch den großen Einfluß Christines auf den Papst, Ländereien aus ehemaligem Familienbesitz von der Kirche zurückzuerhalten.

Genauso grandios wie der Einstand verlief ihr weiteres Leben in der Stadt. Ein Fest, ein Konzert, ein Maskenball folgte dem anderen. Im permanentem Freudentaumel merkte sie kaum, wie sie ihre Verwalter und Diener bestohlen und ihr Vermögen veruntreuten. Bald wurden die Folgen dieser Mißwirtschaft sichtbar, Christine war fast pleite und konnte sich nur noch mühsam Geld von Bankiers oder durch den Verkauf von Juwelen verschaffen. Auch die versprochenen Zahlungen der schwedischen Regierung flossen spärlich oder gar nicht. Auf Seiten der Kirche und der Gesellschaft flaute die Begeisterung über die Bekehrung und die Ankunft schnell ab. Der Papst fand Christines katholischen Glauben nicht allzu tief. Die erwartete reuige Sünderin, die sich vertrauensvoll in den Schoß der Kirche flüchtete, entpuppte sich schnell als intelligente, lebenslustige und freidenkende Frau, die nicht mit Kritik an manchen katholischen Bräuchen sparte. Auch die Gesellschaft war durch ihr unbefangenes Auftreten und Verhalten ziemlich geschockt. Anstößig fand man ihren freien Umgang mit Männern, wo doch die Frau damals eigentlich brav hinter dem Mann zurücktreten sollte, das in der Renaissance verbreitete Selbstbewußtsein der Ehefrau war im Barock merklich geschrumpft. Christine scherte sich nicht um Anstandsregeln, sie haßte die Ehe, gab sich exzentrisch und freizügig. Sie aß gern und viel, verabscheute dagegen aber Alkohol. Berüchtigt waren ihre raffinierten Kleider, in denen sie vorzugsweise Kardinäle und andere kirchliche Würdenträger empfing. In ihrer Kunstsammlung fand sich viel nacktes Fleisch, sei es in Öl oder aus Marmor. Um die prüden Besucher zu ärgern, ließ sie sogar von ihren Statuen die Feigenblätter entfernen, damals ziemlich revolutionär, wo doch viele Statuen in den Vatikanischen Sammlungen heute noch mit diesen Verhüllungen ausgestattet sind.

Auf große oder gepflegte Garderobe legte sie ansonsten keinen Wert, am liebsten trug sie Männerkleider, genauso wenig auf eine ordentliche Frisur, es kam vor, daß sie tagelang völlig ungekämmt aus dem Haus ging. Auch aus ihrer Abneigung gegen bestimmte Nationalitäten machte sie keinen Hehl. Besonders verachtete sie die Deutschen, die sie als Barbaren bezeichnete. Bei einem Aufenthalt in Deutschland war sie besonders vom schlechten Essen angetan, mit dessen Hilfe sie etliche Pfunde abnahm. Genauso verhaßt waren ihr die Spanier, was aber auf Gegenseitigkeit beruhte. Als sie davon hörte, daß sich in der Villa des Kardinals Medici Spanier aufhielten und gegen sie konspirierten, war sie sehr darüber aufgebracht. Auf der Engelsburg versuchte sie sich im Kanonenschießen, ihr Ziel war die Villa Medici auf dem Pincio. Die Kugel schlug wirklich über dem Portal der Villa ein, ohne allerdings größeren Schaden verursacht zu haben, das Geschoß war nicht sehr groß. Die Spuren dieses Angriffs sind ausgebessert, doch die Kanonenkugel ist immer noch da.

Gegenüber der Villa, auf der anderen Straßenseite, plätschert ein kleiner Brunnen. Die Brunnenschale steht unter bogenförmig zugeschnittenen Bäumen, die Aussicht von hier auf die Stadt und die paradiesischen Dachgärten ist herrlich. Es ist es ein wunderbarer Ort, vor allem abends, wenn die untergehende Sonne das Wasser im Brunnen in glänzendes Gold verwandelt, lediglich in Wallung gebracht durch den dünnen Strahl, der sich aus der Kugel in der Brunnenmitte in das Becken ergießt. Die Kugel ist der Sage nach nichts anderes als die Kanonenkugel der Königin Christine, die man zum Andenken an den tollkühnen Schuß in den Brunnen eingebaut hat. Denn vor dem Angriff Christines befand sich dort eine steinerne Florentiner Lilie, die Wappenblume der Heimatstadt des Kardinals Medici, aus deren Blütenkelchen der Strahl aufstieg. Würde jedoch heute eine Kugel vorbei fliegen, wäre ihr Donnern vermutlich gar nicht zu hören, der Autolärm an manchen Tageszeiten übertönt fast alles.

Unzählig waren die Bemühungen Christines, zu Geld und zu Macht zu kommen. So nahm sie oft erfolglos Alchimisten in ihre Dienste, die ihr versprachen, den Stein der Weisen zu finden und damit das Rezept, Gold herzustellen. Leider wurde ihr Geldmangel durch diese fehlgeschlagenen Versuche eher noch größer als kleiner. So kam sie auf die Idee, Königin von Neapel zu werden und damit ihr Geldproblem für immer zu beheben. Leider war sie von einer fatalen Selbstüberschätzung, Geltungssucht und Rücksichtslosigkeit besessen, denn Untertanen waren in ihren Augen nur dazu da, ihr zu huldigen und Steuern zu zahlen, das Schicksal und die Lebensumstände der Bevölkerung interessierten sie nicht im geringsten. Im Mittelpunkt stand nur ihr persönliches Wohlergehen oder Vergnügen. Aus finanziellen Gründen (die Franzosen schuldeten ihr noch Geld) und wegen der neapolitanischen Angelegenheit begab sie sich nach Paris, um den französischen König für ihre Pläne zu gewinnen, der aber nicht sonderlich begeistert war. Auch das Versprechen, einen französischen Prinzen als Thronfolger anzuerkennen, der nach ihrem Tod König werden sollte, nützte nichts. Trotzdem glaubte sie fest an das Gelingen ihrer Pläne. In Paris ließ sie für den erwarteten Feldzug sofort Uniformen für ihre Offiziere schneidern, natürlich auf Pump. Der Aufenthalt in Frankreich war für die Verwirklichung ihrer Ziele ein völliger Mißerfolg. Zudem erschütterte ein Mord ihr ohnehin nicht großes Ansehen in Paris: Sie ließ einen ihrer Höflinge umbringen, den sie des Verrats verdächtigte. Genau betrachtet paßt diese Tat in ihr Weltbild, wonach sie sich immer noch als Tochter des legendären Königs Gustav II. Adolf und damit als legitime Herrscherin Schwedens sah, die keinen Verrat und nicht die geringste Beleidigung duldete.

Als sie 1658 nach Rom zurückkehrte, wollten die Farnese ihr nicht mehr den Palazzo vermieten. Praktisch obdachlos ging sie gerne auf das Angebot des französischen Kardinals Mazarin ein, der ihr eine Wohnung in seinem Palast auf dem Quirinal vermittelte. Papst Alexander VII. war nicht erfreut über die Rückkehr der „lästigen" Königin, und schon gar nicht darüber, daß sie in unmittelbarer Entfernung zum päpstlichen Wohnsitz, dem Quirinalspalast, Quartier bezog. Vernichtend waren die Worte des Papstes, der sie mittlerweile als eine über alle Begriffe hochmütige Frau bezeichnete, aus einem barbarischen Land, barbarisch erzogen und mit barbarischen Gewohnheiten. Darüber hinaus fürchtete er weiteren Ärger, falls Christine tatsächlich versuchen sollte, ihre Ambitionen bezüglich Neapel voranzutreiben.

Ihrem Freund, dem Kardinal Azzolino, verdankte sie es, daß sich ihre finanziellen Verhältnisse etwas entspannten, obwohl die Einkünfte aus Schweden immer spärlicher flossen. Er war es, der sich um zuverlässiges Personal kümmerte und ein sparsameres Wirtschaften einführte. Er war es, der sie überredete, aus dem Palast Mazarins auszuziehen und in den Palazzo Riario, dem heutigen Palazzo Corsini, in der Via della Lungara umzusiedeln, den sie bis an ihr Lebensende bewohnte. Doch nicht nur als Berater in Geldangelegenheiten machte sich sein Einfluß spürbar. Ganz Rom munkelte über ein Verhältnis der beiden, doch anscheinend lag die Zuneigung die meiste Zeit mehr auf Christines Seite als auf seiner, was ihr sicher nicht verborgen blieb. Trotzdem setzte sie ihn in ihrem Testament als Alleinerben ein.

Mehrmals versuchte sie, nach Schweden zu reisen, natürlich um mehr Geld zu bekommen. Doch entweder wurde sie schlecht empfangen oder die Bedingungen für den Besuch waren so spitzfindig, daß sie verärgert umkehrte. Berüchtigt war dabei ihr langer Aufenthalt in Hamburg, von wo aus sie die Ordnung auf ihren Gütern in Pommern wiederherstellte. Um die Langeweile zu vertreiben, veranstaltete sie in Hamburg pompöse Empfänge, Festessen und Theateraufführungen. Als sie dort Nachricht vom Ausgang der Papstwahl erhielt, bei der man sich für den von ihr favorisierten Kardinal Rospigliosi (Clemens IX.) entschieden hatte, ließ sie im protestantischen Hamburg eine katholische Festmesse abhalten, im Anschluß daran eine Feier mit großem Feuerwerk. Als sich die so provozierten Hamburger zum Sturm auf ihren Palast rüsteten, ließ sie Waffen an ihr Gefolge verteilen und gab den Befehl, auf die Menge schießen. Es war ihr egal, ob dabei Menschen umkamen. Obwohl sie diese Papstwahl begrüßte, hatte sie das System des Papsttums damals schon längst durchschaut: Mehr als um religiöse Fragen kümmerten sich die Päpste in ihren Augen um das finanzielle Wohlergehen ihrer Familie, allen voran um das ihrer Neffen, die gut dotierte Posten in Verwaltung und Kurie bekamen. Sie sprach sich für scharfe Gesetze aus, die den Nepotismus und Amtsmißbrauch unterbinden sollten.

Nach dem Aufenthalt in Deutschland kehrte sie 1668 endgültig nach Rom zurück. Der neue Papst bereitete ihr einen großen Empfang, er war Christine trotz ihrer Launen wohlgesinnt. Anscheinend muß ihn ihr energisches Eintreten für den Katholizismus in Hamburg beeindruckt haben. In Rom witterte sie wieder eine Chance, endlich einen Thron mit geregelten Einkünften zu besteigen, denn der polnische König dankte ab.

Christine war eine entfernte Verwandte von ihm und sah sich schon als passende Nachfolgerin. Doch auch dieser Plan mißglückte, vielleicht war es besser so.

Ihre letzten Jahre verliefen weit ruhiger als ihre „wilde" Zeit zu Beginn des römischen Aufenthalts. Ihr Temperament glättete sich, sie widmete sich ganz ihren kulturellen Unternehmungen, ihren Sammlungen, ihrer Akademie. Doch ihre große Leidenschaft galt dem Theater. Mit ihrer finanziellen Unterstützung wurde das erste öffentliche Theater der Stadt eingerichtet und unterhalten, das Tor di Nona-Theater, das spätere Teatro Apollo. Die Königin besaß dort natürlich eine eigene Loge, in der sie hochrangige Personen, aber vor allem viele Kardinäle als Gäste empfing. Leider steht dieses Theater heute nicht mehr, es befand sich in der Nähe des Tiberufers und des heutigen Ponte Umberto, der zum Justizpalast führt. Eine Gedenktafel am Lungotevere Marzio erinnert an das Gebäude, das, bevor es 1888 dem Bau der Hochwasserschutzmauern zum Opfer fiel, eines der wichtigsten Theater der Stadt war.

Probleme mit dem Theater gab es während des Pontifikats von Innozenz XI. Der Papst galt als Moralapostel, der Rom in eine tugendhafte Stadt verwandeln wollte. Er war ein Feind aller Vergnügungen, vor allem war er gegen den Auftritt von Sängerinnen oder Schauspielerinnen. Kurzerhand verbot er deren Auftritte, doch Christine gelang es des öfteren, die Verbote zu umgehen. Und selbst wenn keine Frauen auftraten, verstieß manche Aufführung des Theaters in den Augen des Papstes gegen die guten Sitten.

Ein weiteres kulturelles Betätigungsfeld fand sie in ihren Kunstsammlungen und ihrer Bibliothek. Stetig konnte sie ihre Sammlung von Bildern und Skulpturen ausbauen, ihr besonderes Interesse galt der Numismatik. Sie scheute sich nicht, eigene Ausgrabungen durchführen zu lassen, um an neue Münzen zu kommen. In ihrem Palast ließ sie regelmäßig Sitzungen der Accademia Reale abhalten, einer von ihr gegründeten Versammlung von Gelehrten. Die Akademie existierte unter dem Namen Arcadia noch lange nach ihrem Tode weiter, sie war wegen ihrer großen Mitgliederzahl eine der bedeutendsten Italiens.

Mit zunehmendem Alter wurde sie frommer und bereute ihre Jugendsünden. Ihr Charakter hatte sich dabei kaum verändert, immer noch war sie hochmütig, egoistisch und eitel. Sie begann ihre Memoiren und Bekenntnisse niederzuschreiben, schaffte es aber dabei nicht einmal, bis zu ihrem Thronverzicht zu kommen. Ihr Aussehen, das man bereits in ihrer Jugend nicht allzu strahlend fand, war in hohem Alter einer Königin nicht würdig, Zeitgenossen schildern sie als kleine, fette Frau mit wirrem Haar und Doppelkinn, mit tiefer Stimme und männlicher Kleidung, insgesamt ähnelte sie eher einem dicken Mönch.

Im Februar des Jahres 1689 erkrankte sie zum ersten Mal. Ein zweiter, heftigerer Anfall brachte ihr am 19. April den Tod. Als Haupterbe setzte sie den treuen Kardinal Azzolino ein. Dieser konnte sich an dem Reichtum nicht lange freuen, denn er verstarb wenige Monate nach Christine.

Christine wünschte sich ein Begräbnis in aller Stille im Pantheon, doch ihr Wille wurde nicht beachtet. Ihr Leichnam wurde zuerst auf einem prächtigen Katafalk in der Chiesa Nuova aufgebahrt, dann in einer Prozession in die Peterskirche getragen und dort in der Krypta begraben. Das Grab ist noch heute in den Grotten unter der Peterskirche sichtbar, es befindet sich in der Nähe des Grabes von Papst Johannes Paul I. Oben im Kirchenraum, im rechten Seitenschiff am ersten Pfeiler, ließ man etliche Jahre nach ihrem Tod ein Erinnerungsmal errichten. Das Denkmal für Christine Frau ist etwas

Außergewöhnliches, denn in der Kirche findet man nur sehr wenig Gräber oder Denkmäler von Frauen. Für ihr Seelenheil sorgte Christine auf wahrhaft barocke Weise: Gemäß ihrem Willen sollte man 20.000 Messen für sie lesen, drei Priester sollten nur eigens deswegen eingestellt werden, bezahlt aus dem Nachlaß.

Nach dem Tode des Kardinals wurden ihre Kunstsammlungen verkauft und in ganz Europa verstreut, die Bibliothek wanderte fast komplett in den Vatikan, ihre Bilder gingen größtenteils nach Paris.

Ihr Palast kam später in den Besitz der reichen Florentiner Familie Corsini. Seit dieser Zeit trägt er den Namen der Familie, die ihn umbauen und vergrößern ließ (er ist einer der größten Roms), so daß vom Aussehen zur Zeit der Erbauung im 15. Jahrhundert und zur Zeit Christines nicht viel übrig geblieben ist. Der Sammeleifer Christines übertrug sich auf die Corsini, im Laufe der Jahre kam eine beachtliche Kunstsammlung und Bibliothek zustande. Die Corsini waren wegen einer testamentarischen Verfügung verpflichtet, die Kunstsammlungen zusammenzuhalten, komplett mit allem Inventar verkauften sie den Palast 1887 an den italienischen Staat, für beide Seiten ein vorteilhaftes Geschäft.

Die heutige Nutzung des Palasts ist eine würdige Fortsetzung von Christines kulturellem Engagement. Er beherbergt die Accademia Nazionale dei Lincei, die italienische Akademie der Wissenschaften. Auf dem riesigen Grundstück des Parks hat die Universität von Rom einen botanischen Garten eingerichtet. Die Kunstsammlung der Corsini wurde erweitert und bildet den Grundstock für die heutige Galleria Nazionale d'Arte Antica, ein Doppelmuseum bestehend aus dem Palazzo Barberini und dem Palazzo Corsini. Die Graphik aus dem Corsini-Besitz wanderte in das Gabinetto Nazionale delle Stampe, das in der benachbarten Villa Farnesina untergebracht ist. Im Palazzo Corsini hat man versucht, den Charakter einer fürstlichen Privatsammlung beizubehalten, man findet hier nur Werke der Barockzeit, aus dem 17. und 18. Jahrhundert, während im Palazzo Barberini die Kunstwerke bis zum 16. Jahrhundert ausgestellt sind.

Es ist eine großartige Sammlung von Meisterwerken, Rubens, Van Dyck, Murillo, Tiepolo und Canaletto sind hier vertreten. Das angebliche Portrait von Beatrice Cenci, gemalt von Guido Reni, ist hier zu sehen, genauso wie der Entwurf des Deckenfreskos für S. Ignazio von Andrea Pozzo. Höhepunkt sind die Bilder von Caravaggio und seinem Umkreis.

Ein Besuch des Museums führt uns zur früheren Bewohnerin des Palasts zurück: Angeblich ist es der Saal Nr. 7 der Galerie, in dem Christine von Schweden am 19. April 1689 gestorben ist.

Palazzo Farnese: Piazza Farnese. Nicht zugänglich

Palazzo Corsini (mit Galleria Nazionale d'Arte Antica): Via della Lungara 10. Dienstag bis Freitag 9.00 Uhr – 19.00 Uhr. Samstag 9.00 Uhr – 14.00 Uhr. Sonntag und Feiertage 9.00 Uhr – 13.00 Uhr. Das Sterbezimmer ist Saal 7 der Galerie

Peterskirche mit Grab Christines in den Grotten: Täglich 7.00 Uhr – 19.00 Uhr, Oktober bis März 7.00 Uhr – 18.00 Uhr. Grotten ab 7.00 Uhr bis 18.00 Uhr, Oktober bis März 7.00 Uhr – 17.00 Uhr. Das Grab befindet sich in der Nähe des Sarkophages von Johannes Paul I., das Denkmal am ersten Pfeiler rechts oben im Kirchenschiff

VELÁZQUEZ IN DER VILLA MEDICI UND DAS BILDNIS VON INNOZENZ X.

1629 brach ein junger spanischer Maler im Hafen von Barcelona zu einer Reise nach Italien auf. Der Maler hatte es trotz seines jugendlichen Alters, er war erst dreißig Jahre, in seiner Heimat schon weit gebracht, doch außerhalb Spaniens war er ein Unbekannter. Der Künstler, von dem hier die Rede ist, war kein geringerer als Diego Velázquez, heute als einer der besten Maler aller Zeiten gefeiert, der Schöpfer von großartigen Bildern wie „Las Meninas", „Die Übergabe von Breda" oder den Bildern seines Arbeitgebers und dessen Familie, dem spanischen König Philipp IV.

Es war ein besonderer Wunsch des Malers, Italien zu bereisen und dessen Kunstschätze kennenzulernen und zu studieren. Als sich Rubens am spanischen Hof aufhielt und seinem jungen Malerfreund von den Schönheiten Italiens vorschwärmte, entstand bei ihm der Wunsch, dieses gelobte Land der Kunst selbst zu bereisen. Velázquez war zu dieser Zeit bereits der Hofmaler von Philipp IV. von Spanien, kein anderer hat dessen Bild nach außen und für die Nachwelt so geprägt wie der Maler. Philipp genehmigte nach anfänglichem Zögern das Urlaubsgesuch seines Hofmalers. Vom König und zahlreichen Gönnern erhielt er das nötige Geld für eine bequeme Reise. Der Betrag war so hoch, daß man vermutet, der König habe ihn noch mit geheimen Aufträgen betraut, nämlich für Spanien zu spionieren. Wie dem auch sei, im August 1629 bestieg Velázquez in Barcelona das Schiff, das ihn nach Genua bringen sollte. Er reiste nicht allein, sondern aus Gründen der Bequemlichkeit und Sicherheit im Gefolge einer spanischen Gesandtschaft. Die Reise muß furchtbar gewesen sein. Wegen widriger Winde dauerte das kurze Stück bis Genua über einen Monat. Von Genua ging es nach Mailand, allein reiste er weiter nach Venedig, da seine Reisegenossen andere Ziele hatten. In Venedig war er begeistert von den Bildern Tintorettos und besuchte viele Kirchen und Privatgalerien. Allerdings hatte er Probleme mit der venezianischen Polizei. Man mißtraute ihm als Spanier, da Venedig damals kein gutes Verhältnis zu Spanien hatte und Spionage vermutete. Er konnte nur in Begleitung einer bewaffneten Eskorte, die ihm der spanische Botschafter stellte, unbehelligt durch die Stadt gehen. Sein Aufenthalt in der Lagunenstadt war sehr kurz, über Ferrara und Bologna reiste er weiter Richtung Süden. Genauso wie später Goethe konnte er es nicht erwarten, nach Rom zu kommen, genauso wie der Dichter ließ er Florenz aus, nur um keine Zeit zu verlieren, der einzige Umweg des gläubigen Spaniers war der Besuch des berühmten Wallfahrtsortes Loreto. Ende Oktober 1629 war er dann endlich in Rom. Durch Vermittlung seiner Gönner wohnte er zuerst im Vatikanischen Palast, in unmittelbarer Nähe der Meisterwerke von Raffael und Michelangelo, nach deren Bildern er Studien anfertigte.

In Rom gab es zu dieser Zeit keinen einheitlichen Stil, viele verschiedene Künstler mit ganz unterschiedlichen Positionen waren damals in der Stadt tätig. Einerseits gab es die Gruppe der Nachfolger des verstorbenen Caravaggio, dann Guido Reni, Guercino und andererseits nicht zu vergessen die Klassizisten Poussin und Lorrain. Zu einer Gruppe fühlte Velázquez sich jedoch besonders hingezogen: Es waren die rebellischen „Bamboccianti", eine lose Vereinigung flämischer Künstler, die Motive mit einfachen, alltäglichen und durchaus handfesten Szenen bevorzugten, fernab von aller idealistischer Schwärmerei.

Ein Bild von Velázquez, das diesen Einfluß dokumentiert, blieb in Rom: Es ist die Darstellung eines Streites bei einem Kartenspiel, aufbewahrt in der leider nicht öffentlich zugänglichen Sammlung Pallavicini-Rospigliosi. Doch das Interesse von Velázquez beschränkte sich nicht nur auf diese Art von Bildern. Wie alle Maler damals studierte er die antiken Skulpturen und die Werke seiner berühmten Vorgänger.

Dank der besonderen Genehmigung der Medici-Herzöge durfte Velázquez im Frühjahr 1630 in deren Villa Medici auf dem Pincio ziehen. Der Aufenthalt dort muß um diese Jahreszeit herrlich gewesen sein. Sicher war Velázquez begeistert von seiner neuen Wohnung und deren Umgebung, denn er malte zwei Ansichten des Parks, beide im Prado in Madrid. Die Kunsthistoriker sind sich nicht sicher, ob diese zwei kleinen Bilder während seines ersten römischen Aufenthalts oder dreißig Jahre später bei seinem zweiten Besuch der Stadt entstanden, sie sind undatiert und stilistisch nicht genau einzuordnen. Zu neu, fast schon impressionistisch ist der Stil der Bilder, genauso gut könnten sie von Corot, Manet oder Monet stammen, so leicht und skizzenhaft sind sie ausgeführt, so genau ist die Beobachtung des Lichts. Sie wirken so, als hätte Velázquez seine Staffelei im Freien aufgestellt. Die Bilder haben keine Handlung oder verborgene Bedeutung, es sind scheinbar zufällige Ansichten von zwei Örtlichkeiten des Parks.

Velázquez malte sicher noch weitere Bilder in der Stadt (seine Biographen dokumentieren etliche andere Arbeiten), doch leider haben sich neben den Bildern aus dem Park nur zwei erhalten, nämlich die „Schmiede des Vulkan" und der „Blutige Rock Josephs", beide im Prado in Madrid.

Sein unbeschwerter Aufenthalt fernab von den Verpflichtungen des Hofs wurde durch eine Order des Königs unterbrochen. Auf dessen Geheiß mußte Velázquez nach Neapel reisen. Philipp wollte unbedingt noch ein Portrait seiner Schwester Anna Maria, bevor diese endgültig nach Deutschland aufbrach, um dort den späteren Kaiser Ferdinand zu heiraten. Nach diesem Auftrag begab sich Velázquez zurück nach Spanien. Die Reise nach Italien war der letzte Baustein zu seiner Vervollkommnung, die Zeit der Reife begann.

Sicher dachte er später wehmütig an die schönen Tage in Italien, so daß ihm ein Angebot seines Dienstherren sehr entgegenkam, vielleicht war es sogar Velázquez' eigene Idee. Velázquez war 1649 mittlerweile fünfzig Jahre alt und auf dem Gipfel des Ruhms und Ansehens in seiner Heimat, als er vom König den Auftrag bekam, erneut nach Italien zu reisen. Dieses Mal nicht zu Studienzwecken, sondern um Bilder, antike Skulpturen und Abgüsse für die Kunstsammlung des Königs zu erwerben. Außerdem sollte er italienische Freskomaler für die Ausmalung der neuen Räume des Alcazar-Schlosses in Madrid anwerben. Wie beim ersten Mal reiste er anfangs wieder in einem größeren Gefolge, im Januar 1649 brach er von Malaga auf, um nach Genua zu segeln. Seine Reiseroute in Italien entsprach fast derjenigen wie beim ersten Mal, über Mailand reiste er nach Venedig. Doch sein Auftreten war dieses Mal ganz anders, schließlich war er jetzt der hochberühmte Hofmaler des spanischen Königs, der dazu noch in offizieller Mission zum Papst reiste.

In Venedig sah er sich nach qualitätvollen Bildern für die königliche Sammlung um, doch das Angebot war gering, die Nachfrage war groß. Trotzdem gelang es ihm, einige

Bilder des von ihm hochgeschätzten Tintoretto zu erwerben, dazu noch Arbeiten von Tizian.

Seine Route führte über Bologna, Parma, Modena und dieses Mal auch über Florenz nach Rom. In Modena versuchte er vergeblich, Herzog Francesco II d'Este, den er bereits von Spanien her kannte und dort portraitiert hatte, zum Verkauf von Bildern zu bewegen. Auch in anderen Städten hatte er diesbezüglich nicht viel Erfolg. Als er endlich in Rom eintraf, verließ er es sofort wieder Richtung Süden, schließlich hatte er im damals noch spanisch beherrschten Neapel etliche Angelegenheiten zu erledigen. Doch mit Beginn des neuen Jahres war er endlich in Rom. Viele Pilger und Besucher strebten in diesem Jahr in die Stadt, es war das Jahr 1650, ein Heiliges Jahr. Velázquez war sich seines Ansehens und Könnens sicher, selbstbewußt verkehrte mit den besten Künstlern der Stadt. Doch seinem eigentlichen Auftrag, dem Erwerb von Kunstgegenständen und der Verpflichtung eines Malers nach Spaniens, war auch in Rom kein großer Erfolg beschieden: Wie in Venedig war die Zahl der Käufer größer als das Angebot auf dem Kunstmarkt. Der wichtigste Freskomaler dieser Zeit, Pietro da Cortona, Schöpfer der Decke im Palazzo Barberini, hatte keine Lust, ins Ausland zu gehen. Nur mit Mühe gelang es Velázquez, zwei wenig bekannte Maler für die Arbeit in Madrid zu gewinnen.

Doch bei seinen eigenen Aktivitäten hatte er enormen Erfolg: Gleichsam als Fingerübung und Vorbereitung für einen großen Auftrag schuf er das Bild seines Reisegefährten und Dieners Juan de Pareja, das sich heute im Metropolitan Museum in New York befindet. Das Bild erregte die Bewunderung der römischen Gesellschaft, als Velázquez es anläßlich der jährlichen Ausstellung der Maler im Portikus des Pantheons zeigte. Mit einem Schlag war er in der Stadt bekannt, er bekam Aufträge und wurde Mitglied der Accademia di S. Luca, der wichtigsten Malervereinigung. Dieser Erfolg war gleichsam der Auftakt für das Meisterwerk, das Bildnis des Papstes Innozenz X. Pamphilj.

Kunstkenner bezeichnen es als das beste Portrait, das jemals in der Stadt gemalt wurde. Es zeigt den Papst sitzend in einem Lehnstuhl, gekleidet in Rot und Weiß, im Hintergrund ein dunkelroter Vorhang. Velázquez schuf es in wenigen Sitzungen. Schonungslos zeigt es den damals bereits fünfundsiebzig Jahre alten Papst, dessen Äußeres nicht besonders einnehmend war. Man blickt in ein unheimliches Gesicht mit mißtrauischen und durchdringenden Augen. Die erste Reaktion des Papstes war nicht sehr positiv, „Troppo vero!", „Allzu wahr!", soll er ausgerufen haben, als das Bild fertig war. Trotzdem schenkte er dem Maler zum Dank eine Kette mit seinem Bildnis auf einem Medaillon, dazu Geld, das Velázquez jedoch zurückwies, weil er von Philipp ein ausreichendes Gehalt bezog.

Die Zeitgenossen stuften das Gemälde sofort als absolutes Meisterwerk ein. Die Mitglieder des Hofstaats des Papstes bedrängten Velázquez, Portraits von ihnen zu malen. Viele dieser Aufträge sind verschollen, doch hat man etliche dieser Bilder identifizieren können, so Portraits von Kardinälen und dem Barbier des Papstes.

Velázquez genoß den Aufenthalt in der Stadt und zögerte seine Rückreise nach Spanien hinaus. Immer wieder fand er neue Ausreden, um der Forderung des Königs nach Rückkehr auszuweichen. Einmal waren es fehlende Geldmittel, ein anderes Mal die Aussicht auf Erwerb eines bedeutenden Bildes. Philipp kannte seinen Hofmaler gut und wußte von dessen „Phlegma", einer gewissen Trägheit in seinem Wesen. Den ganzen Sommer des Jahres 1650 kamen Briefe beim spanischen Botschafter an, in denen dieser zur Mithilfe aufgefordert wurde, den sehnsüchtig erwarteten Hofmaler zur Rückreise zu bewegen. Doch es gab noch einen anderen Grund, den der Maler vermutlich seinem Dienstherren verschwieg: Erst kürzlich aufgetauchte Dokumente beweisen, daß Velázquez in Rom Vater wurde. Eine nicht näher bekannte Frau gebar ihm einen Sohn. Doch im Spätherbst war es endlich soweit, Velázquez reiste ab. Im Dezember machte er erneut Station in Modena, danach weiter nach Genua. Gern wäre er noch nach Paris gefahren, doch ein Krieg verhinderte diesen Plan. Mit einer fast einjährigen Verzögerung traf er im Juni 1651 in Madrid ein. Der König hatte ihn wieder und nahm ihm anscheinend die Verspätung nicht übel, denn sofort nach der Rückkehr ernannte er seinen Hofmaler zum Schloßmarschall. Für Velázquez war das freie Leben und die Ungebundenheit zu Ende. Fest war er wieder in das starre Zeremoniell am Hof und in viele Verpflichtungen eingebunden.

Drei Bilder des Malers sind in Rom geblieben: Das bereits erwähnte Bild in der Pallavicini-Sammlung, ein vermutliches Selbstbild in der Pinakothek des Konservatorenpalastes auf dem Kapitol und das herausragende Papstbild in der Galleria Doria Pamphilj.

Der Ruhm des Malers schwand nach seinem Tod, erst in der zweiten Hälfte des 19. Jahrhunderts wurde man wieder auf ihn aufmerksam. Als Goethe über hundertdreißig Jahre später nach der Entstehung des Papstbildes in Rom war, erwähnte er das Gemälde mit keinem Wort, der Kunstgeschmack hatte sich geändert. Heute ist die große Bedeutung von Velázquez unbestritten, bei der großen Retrospektive 1989/1990 in New York und Madrid standen die Besucher Schlange. Das Papstbild aus Rom war damals nicht zu sehen, es war nicht transportabel. Seit der Entstehung blieb es immer in Familienbesitz. Im Gegensatz zu manch anderer Privatsammlung der alten römischen Familien ist die Sammlung der Doria Pamphilj nicht in alle Welt verkauft worden. Dank einer Bestimmung des Papstes Innozenz X. blieb die komplette Sammlung immer in der Hand des Ersterbberechtigten. Sein Neffe Camillo vergrößerte die Sammlung und erwarb Gemälde der wichtigsten Maler seiner Zeit. Bald waren die Räume zu klein, so daß man im ehemaligen Palazzo Aldobrandini am Corso Mitte des 17. Jahrhunderts eigene Räume für die Bilder einrichtete. Die Anordnung der Bilder in den heutigen Museumsräumen ist immer noch die alte, das heißt, die Bilder hängen nur mit Nummern gekennzeichnet in mehreren Reihen übereinander an der Wand, ohne irgendeine zeitliche Ordnung, wie man sie aus modernen Museen kennt. Für das Bild von Velázquez ist ein eigener Raum vorbehalten. Zusammen mit den zugänglichen Privaträumen und deren Kunstschätzen gehört die Galerie zu den bedeutendsten Museen der Stadt. Neben dem Papstbild stößt man auf Werke von Raffael, Tizian, Caravaggio und Claude Lorrain. Interessant ist der Vergleich der Büste Innozenz' X. von Bernini mit dem Bild von Velázquez.

Dank des Pontifikats Innozenz X. (1644 – 1655) stieg die Familie Pamphilj (der Doppelname Doria Pamphilj entstand nach Hochzeiten mit der Familie Doria aus Genua) in den Kreis der mächtigen Familien der Stadt auf. Der Papst und seine Politik waren jedoch nicht sehr beliebt, was vielleicht von seinem häßlichen und unheimlichen Äußeren kam. Schon beim Konklave wurden Stimmen laut, die deswegen von seiner Wahl abrieten. Er ging als Förderer Berninis in die Geschichte ein, der in Innozenz X. seinen zweiten großen Gönner nach Urban VIII. Barberini fand. Unter seiner Herrschaft verwandelte sich die Piazza Navona in das Forum der Pamphilj, die am Platz den großen Palast in der südwestlichen Ecke besaßen (heute die brasilianische Botschaft). Innozenz war es, der bei Bernini den Vierströmebrunnen in Auftrag gab. In der Galerie trifft man ferner auf die Büste der herrschsüchtigen Schwägerin des Papstes, Olimpia Maidalchini, der Witwe seines Bruders, von Alessandro Algardi. Sie war es, die auf den Papst einen derartig großen Einfluß ausübte, daß er kaum noch eine Entscheidung ohne ihre Hilfe traf. Das Volk nannte sie „La Papessa", die „Päpstin". Nach dem Tode des Papstes gelang es ihr, sich das private Vermögen des Verstorbenen anzueignen, es blieb kaum noch Geld für ein würdiges Begräbnis von Innozenz übrig. Auch die restliche Familie zeigte sich nicht sehr fürsorglich. Erst dank einer Spende eines Monsignore, den der Papst einmal auf nicht sehr anständige Weise aus seinem Dienst entlassen hatte, konnte das Begräbnis in der Kirche S. Agnese an der Piazza Navona stattfinden. Das schändliche Verhalten der Familie und vor allem der Schwägerin empörte ganz Rom. Der folgende Papst, Alexander VII., ließ die Unterschlagungen und Vorfälle untersuchen. Olimpia wurde aus Rom verbannt und starb bald darauf. Ihr Gesichtsausdruck auf der Büste läßt ihr energisches Wesen ahnen, fast könnte man meinen, sie würde ihre nicht vorhandenen Arme an die Hüfte stemmen.

Wer die beiden Gartenbilder von Velázquez aus der Villa Medici kennt, sollte einen Besuch des Parks nicht versäumen. Die Villa stammt aus dem 16. Jahrhundert, zur Straße und zur Stadt hin hat sie eine strenge abweisende Fassade, während die Gartenseite aufwendig verziert ist. Der Garten bewahrt leider nur noch die Grundform aus der Erbauungszeit, die Einteilung in rechteckige, von Hecken eingefaßte Felder, die ein wenig verwahrlost wirken. Ursprünglich war der Park mit vielen antiken Skulpturen bevölkert, die von den ehemaligen Eigentümern, den Medicis, nach Florenz in die Uffizien gebracht wurden, als sie die Villa verkauften. Nur noch wenige Skulpturen sind geblieben, so die Hermen an den Kreuzungen der Wege. Hinter einer der Hecken verbirgt sich eine besondere Überraschung: eine Skulpturengruppe der Niobe mit ihren sterbenden Kindern. Es sind keine wertvollen Figuren, lediglich Nachgüsse, doch sehr malerisch mit Efeu überwuchert. Die Originale befanden sich zur Zeit der Medici in der Villa, heute sind sie in einem eigens dafür eingerichteten Saal der Uffizien ausgestellt.

Vor einer der östlichen Terrassen mit Serlio-Bögen muß einst Velázquez seine Staffelei aufgestellt haben, als er das eine Bild malte. (Bei einem Serlio-Bogen, benannt nach dem italienischen Architekten Sebastiano Serlio aus dem 16. Jahr-

Die Niobe-Statuen im Park der Villa Medici

Im Park der Villa Medici

hundert, wird ein Bogen in der Mitte von zwei seitlichen rechteckigen Öffnungen mit geradem Abschluß eingerahmt.) Die Ansicht und der Ausblick auf die Bäume der benachbarten Villa Borghese haben sich kaum verändert, lediglich die damals noch vorhandene Figur einer liegenden Ariadne fehlt. Sicherlich kannte der Maler den kleinen Pavillon an einer dieser Terrassen mit zwei herrlich ausgemalten Räumen, darunter ein Deckenfresko, das eine Pergola mit Ranken und vielen Vögeln vortäuscht. Höhepunkt der Anlage ist die Gartenfassade der Villa mit den zwei Türmchen und das Parterre davor. Unter den vielen in die Fassade eingelassen Reliefs befinden sich auch originale Bruchstücke von der Ara Pacis des Augustus. Doch genauso atemberaubend sind die Pinien, die das Parterre einrahmen. Im Park soll übrigens der Legende nach der Geist der berüchtigten Messalina spuken, der Gemahlin des Kaisers Claudius, die nach einem Komplott gegen ihren Mann hier auf seinen Befehl ermordet wurde.

An der seitlichen Terrasse der Villa fand Velázquez das zweite Motiv, wiederum ein Serlio-Bogen, der den Zugang zu einer kühlen Grotte einfaßt. Velázquez hat die Grotte wirklichkeitsgetreu abgebildet, die damals wegen Restaurierung mit Brettern vernagelt war, darüber hängt zum Trocknen aufgehängte Wäsche. Der Aufenthalt von Velázquez paßt gut zur aktuellen Nutzung der Villa. Eigentümer ist heute dank einer Stiftung Napoleons die Französische Akademie, die Stipendien vergibt und es Künstlern ermöglicht, hier in der Villa zu leben und zu arbeiten. Die französischen Maler Boucher und Fragonard waren Stipendiaten, genauso wie die Komponisten Debussy und Berlioz. Daneben finden Kunstausstellungen mit wechselnden Themen statt. In der Villa lebte zeitweise der Astronom Galileo Galilei, allerdings nicht freiwillig, denn er stand auf Anordnung der Inquisition unter Hausarrest.

Vor der Villa plätschert der kleine Brunnen mit der Kanonenkugel, der an die exzentrische Königin Christine von Schweden erinnert.

Galleria Doria Pamphilj: Zugang von der Piazza del Collegio Romano 1A. Täglich außer Donnerstag 10.00 Uhr – 17.00 Uhr

Konservatorenpalast: Piazza del Campidoglio 1. Täglich außer Montag von 9.00 Uhr – 19.00 Uhr. Das Gemälde von Velázquez mit der Darstellung eines Edelmannes, eventuell ein Selbstbildnis, befindet sich in der Pinakothek

Villa Medici: Viale della Trinità dei Monti 1. Die Villa ist nur während Ausstellungen oder in einer besonderen Führung zugänglich, dasselbe gilt für die Gärten. Entweder erkundige man sich vorher telefonisch (Tel. 06/67611) oder achtet auf eventuelle Ankündigungen am Portal der Villa

GOETHE IN ROM,
VIA DEL CORSO 18

„Ja, ich bin endlich in dieser Hauptstadt der Welt angelangt! Wenn ich sie in guter Begleitung, angeführt von einem recht verständigen Manne, vor fünfzehn Jahren gesehen hätte, wollte ich mich glücklich preisen. Sollte ich sie aber allein, mit eignen Augen sehen und besuchen, so ist es gut, daß mir diese Freude so spät zuteil wurde..."
(Goethe: Italienische Reise, Rom, den 1. November 1786)

Am 29. Oktober 1786 betrat Goethe durch die Porta del Popolo die Stadt, wie damals alle Reisenden aus dem Norden. Ein festlicher Empfang, dieses Gefühl hat man heute noch. Man passiert das Tor und erlebt die Weite, die angenehme Rundung des Platzes mit dem Obelisken als Fixpunkt, um den sich alles dreht. Seitlich steigen sanft und dekorativ die Terrassen zum Pincio in die Höhe. Drei Wege führen weiter in die Stadt, getrennt durch zwei spiegelbildliche Kirchen. In der mittleren dieser Straßen, dem Corso, thront in der Ferne, wie eine Kulisse, das Nationaldenkmal. Ein Platz, der dem Eintretenden Luft zum Atmen läßt, der ein befreiendes Gefühl vermittelt, auch wenn er zu Goethes Zeit etwas anders aussah und die heutige Gestalt des Platzes erst nach des Dichters Rückkehr nach Deutschland entstand.

Eine befreiende Wirkung durch die Reise erhoffte sich auch Goethe, den ganzen Trott des Lebens und des Amtes am Weimarer Hof wollte der Dichter zurücklassen, als er heimlich, fast fluchtartig, aus Karlsbad in Richtung Süden aufbrach, ohne vorher nicht einmal die engsten Freunde, geschweige denn seinen Arbeitgeber Herzog Carl August informiert zu haben. Goethe reiste inkognito, wollte anonym bleiben und nannte sich in Italien Filippo Möller, Maler. Diese Anonymität konnte er nach der Ankunft noch eine Weile aufrecht erhalten. Der falsche Name (den er übrigens in verschiedenen Variationen verwendete) half ihm, während der Reise die Spuren zu verwischen, denn er wollte nicht noch in Deutschland aufgehalten werden. Gleichzeitig diente ihm dieses Inkognito in Italien als Schutz vor Komplikationen und Aufmerksamkeit seitens der Behörden, schließlich stand sein Roman „Die Leiden des jungen Werther" dort wegen einiger, den Selbstmord verherrlichender Passagen auf dem Index. Goethe fürchtete gerade im päpstlichen Rom eine Anklage wegen Gefährdung der Moral. Trotzdem schützte ihn der falsche Name nicht vor Bespitzelung seitens der kaiserlichen (österreichischen) Botschaft, da man ihn wegen seines Amtes am Weimarer Hof in geheimer Mission vermutete.

Italien war für ihn schon seit der Kindheit das Traumland, genährt durch die Erzählungen des Vaters von dessen italienischer Reise und den mitgebrachten „Souvenirs", Kupferstiche mit Ansichten Roms. Johann Caspar Goethe bereiste das Land ein halbes Jahrhundert vor dem Sohn und verfaßte darüber einen Reisebericht, den er sogar dank seiner ausgezeichneten Kenntnis des Italienischen in der Landessprache niederschrieb. Die unbefriedigte Italiensehnsucht des Sohnes spürt man in dem schon lange vor der eigenen Reise entstandenen Lied Mignons aus dem Roman „Wilhelm Meisters

Lehrjahre", jenes berühmte „Kennst du das Land, wo die Zitronen blühn...". Das Gedicht wurde zum Inbegriff deutscher Italienromantik.

Doch der Wunsch, Italien endlich mit eigenen Augen zu sehen, war nicht der einzige Grund für die plötzliche Abreise. Goethe steckte in einer lähmenden Krise und wußte keinen Ausweg mehr. Da war einerseits das Amt als Geheimer Rat am Weimarer Hof, das ihm immer weniger Zeit für seine literarischen Interessen ließ. Auf der anderen Seite war die unerfüllte Beziehung zu Charlotte von Stein. Nur eine radikale Veränderung konnte in seinen Augen eine „Wiedergeburt" herbeiführen, die er sich in Italien erhoffte und auch fand. Goethe gelang sogar das Kunststück, diese Veränderung herbeizuführen, ohne bei seinem Dienstherren in Ungnade zu fallen, denn dessen finanzielle Unterstützung hatte er weiterhin nötig, der Beruf des Dichters war damals eine wenig einbringende Kunst.

Rom und die Begegnung mit der Antike waren sein Ziel, alles andere überging er. In Verona bewunderte er das erste antike Bauwerk, die Arena. Eine Weile blieb er in Venedig, Florenz dagegen durcheilte er in nur wenigen Stunden, mit der Welt der Renaissance konnte und wollte er nichts anfangen. In Assisi lästerte er über die Franziskusbasilika, dafür suchte er unterwegs auch die kleinste antike Sehenswürdigkeit auf. Nach Rom hin wurde sein Drängen immer ungeduldiger. Endlich durchschritt er die Porta del Popolo und nahm Quartier höchstwahrscheinlich in der alten Locanda dell'Orso. Die erste Nacht verbrachte er in dieser heruntergekommenen, nur von ihrem früheren Ruhm zehrenden Herberge. Von dort aus ließ er einen Brief zum Maler Johann Heinrich Tischbein schicken, um ihn über seine Ankunft zu informieren. Zu Tischbein hatte er ein gutes Verhältnis, der Maler war einer von Goethes Schützlingen. Auf Goethes Fürsprache hin hatte Tischbein eine Pension vom Herzog von Sachsen-Gotha und ein Italienstipendium erhalten.

Goethe zog in die Wohnung Tischbeins in der Casa Moscatelli, Via del Corso 18, nur wenige Schritte von der Piazza del Popolo entfernt. Er war froh, den meist schlechten italienischen Gasthäusern entkommen zu sein, konnte er nun die Annehmlichkeiten einer Privatwohnung genießen. Außerdem profitierte er von den Ortskenntnissen seines Malerfreundes. Tischbein hatte sich mit einigen anderen Künstlern zur Pension bei dem ehemaligen Kutscher Sante Serafino Collina und seiner Frau Piera Giovanna de Rossi eingemietet. Die alten Leute (Sante war bereits 71, Piera 65 Jahre alt) kümmerten sich rührend um ihre Untermieter. Am Anfang wußten sie jedoch nicht, welch vornehmen Gast sie da in ihrer Wohnung beherbergten. Dort bewohnte Goethe lediglich eine bescheidene Kammer, erst nach dem Abgang Tischbeins nach Neapel übernahm er dessen größeres Zimmer.

Goethe verbrachte die Zeit in Rom frei allen gesellschaftlichen oder finanziellen Zwängen. Hier fand er die nötige Ruhe, um ungestört arbeiten und studieren zu können. Er vergnügte sich mit seinen Künstlerfreunden, gab sich ungezwungen und verabscheute jegliche Etikette, ganz im Gegensatz zum Leben am Weimarer Hof. Konsequent mied er die römische Gesellschaft und legte keinen Wert auf formelle Besuche von Salons oder Empfängen.

Dieses entspannte Klima spiegeln die Zeichnungen Tischbeins wider: Goethe diskutierend im Kreis seiner Freunde, lesend auf einem Stuhl, auf dem Sofa oder neugierig aus dem Fenster blickend.

Goethe fand schnell Anschluß an den römischen Freundeskreis Tischbeins, den er auch finanziell unterstützte. Gemeinsam zog man in die Orte der Umgebung, Tivoli, die Albaner Berge mit Frascati und Castel Gandolfo. Ausgelassen stürzte man sich in das bunte Treiben des damals noch berühmten römischen Karnevals, man lud sich Musiker und Sänger zu Konzerten in die Wohnung.

Eine besonders innige Freundschaft verband Goethe mit dem deutschen Lehrer und Schriftsteller Karl Philipp Moritz, um den er sich kümmerte, als dieser kurz vor der Abreise bei einem Sturz vom Pferd das Bein brach. Seine hochgeschätzte Muse war die Schweizer Malerin Angelika Kauffmann, die in Rom mit dem Maler Antonio Zucchi verheiratet war, aber ihren Mann an Berühmtheit und Erfolg bei weitem übertraf. Auch die schönen Italienerinnen hatten es Goethe angetan: Bei einem Ausflug in die Albaner Berge sah er zum ersten Mal die Mailänderin Maddalena Riggi, die aber zum großen Bedauern Goethes bereits verlobt war. Oder jene geheimnisvolle, nur mit dem Vornamen bekannte Faustina, die Goethe in den „Römischen Elegien" nennt, ein Deckname, hinter dem sich wahrscheinlich seine römische Geliebte verbirgt, deren Name der Dichter zum Verdruß der späteren Forscher geschickt verheimlichte.

Natürlich ging man ins Caffè Greco in der Via Condotti, des öfteren auch ins benachbarte Hotel d'Allemagne, das der vor kurzem aus Böhmen eingewanderte Franz Roesler führte. Dort machte Goethe auch die nähere Bekanntschaft mit der Wirtstochter Costanza Roesler, die ihm aber eine Abfuhr erteilte. Costanza wurde kurz darauf verheiratet und bekam viele Kinder. Noch heute hält sich in der Familie das Gerücht, daß eines dieser Kinder angeblich von Goethe stammte (was aber höchst unwahrscheinlich ist) und sich dadurch die gelegentliche musische Ader der Nachkommen erklären läßt. Aus dieser Familie stammte in der Folge auch der Aquarellmaler Ettore Roesler Franz, der Chronist des verschwundenen Roms, damit vielleicht ein ferner Nachfahre des Dichters? Wie dem auch sei, der italienische Literaturwissenschaftler Renato Zapperi hat die bisher verborgenen anderen Seiten von Goethes römischer Existenz, auch das Abenteuer mit Costanza, in mühsamer Kleinarbeit aufgedeckt und dabei Erstaunliches festgestellt. Sein Buch ist eine wichtige Ergänzung zu Goethes eigenen Berichten.

Goethe feierte den Tag, an dem er Rom betrat, als seinen zweiten Geburtstag, als wahre Wiedergeburt. Die fünfzehn Monate in der Stadt, unterbrochen durch die Reise nach Süditalien und Sizilien, wurden zu einem Wendepunkt seiner literarischen Entwicklung und seiner Selbstfindung. In Rom, an seinem Lieblingsplatz im Park der Villa Borghese, auf einer Bank hinter der Villa, vollendete er die Dramen Iphigenie, Egmont und arbeitete an Szenen des Faust. Diese Bank existiert noch, im Parco dei Daini an der mit Säulen und Nischen geschmückten nördlichen Begrenzungsmauer, dem sog. Teatrino, leider heute etwas verwahrlost und renovierungsbedürftig. Darüber hinaus widmete er sich naturwissenschaftlichen Studien und verbesserte seine Aquarelltechnik.

Das Gefühl dieser inneren Erneuerung vermittelt sich am besten durch die Lektüre seiner „Italienischen Reise", entstanden aber erst lange nach dem Aufenthalt in Rom. Erstaunt ist man über die harten Worte, die der Dichter trotz der Begeisterung für die Stadt über deren Lage findet. Seiner Ansicht lag kein Ort der alten Völker so schlecht gelegen wie Rom, anfangs lediglich ein Wohnsitz von Hirten und Gesindel. Er vergleicht die Lage der Stadt in einer Ebene, zwischen Sümpfen und weit entfernt vom Meer, mit einem übel plazierten Kloster.

Nach einer langwierigen Renovierung wurde 1997 das Museum in den Räumen der ehemaligen Wohnung Goethes wiedereröffnet. Erhalten hat sich von dem berühmten Besucher freilich nichts, das Museum erinnert nur durch seine Exponate und die Atmosphäre der Räume an ihn. Auch das Gebäude wurde in den vergangenen zweihundert Jahren umgebaut und hat sein Aussehen verändert. Lediglich ein dezentes Plakat an der Hauswand und ein kleines Schild an der Klingel weist auf das Institut hin, das sich das Haus mit anderen Mietparteien teilt. Eine Gedenktafel ziert dagegen schon länger das Gebäude, die Inschrift nennt Goethe hier allerdings fälschlicherweise „Volfango" mit Vornamen.

Oben im Museum angekommen, wird man von einem der wenigen eigenen Originalexponate begrüßt, dem poppig-bunten Portrait Goethes von Andy Warhol, frei nach dem berühmten Bild von Tischbein „Goethe in der römischen Campagna", das im Frankfurter Städelschen Kunstinstitut aufbewahrt wird. Die Eröffnungsausstellung widmete sich Goethes Aufenthalt in Rom und seiner befreienden Wirkung. Die Dauerausstellung zeigt dies alles weiterhin in komprimierter Form, zusätzlich werden in Wechselausstellungen Künstler präsentiert, deren Werke sich mit dem Dichter und dessen Schriften auseinandersetzen.

Eine lebendige Begegnungsstätte mit kulturellen Veranstaltungen und einer Bibliothek ist es geworden, auf alle Fälle keine erhabene Weihestätte für den Dichter. Das hat man in Rom schon, man muß sich nur das pathetische Goethe-Denkmal des Bildhauers Gustav Eberlein im Park der Villa Borghese ansehen, einer Schenkung des deutschen Kaisers anläßlich seines Rombesuches im Jahre 1899.

An den Abenden vor seiner Abreise, es waren Mondnächte, wanderte Goethe noch einmal durch die Stadt, stieg auf das Kapitol, dann hinab zum Forum, vorbei an den unheimlichen Ruinen weiter zum Kolosseum. In einem nicht ganz bewiesenen Gespräch soll er an einem dieser Abende bekannt haben, wie sehr er ein Grab an der Pyramide des Cestius einer Rückkehr nach Weimar vorziehe: "Hier tot zu liegen, wäre unendlicher schöner als wieder in Deutschland zu leben." Goethe schätzte diesen Ort sehr und hielt ihn in mehreren Zeichnungen fest. Doch nicht der Dichter fand dort seine letzte Ruhestätte, Jahre später wurde sein einziger Sohn August, der in Rom verstarb, im Schatten der Pyramide begraben.

Der Aufenthalt in Rom hat ihn entscheidend geprägt, Jahre später in Weimar äußerte er: „Seit ich über den Ponte Molle [die Milvische Brücke] heimwärts fuhr, habe ich keinen glücklichen Tag mehr gehabt."

Seinem Sekretär Eckermann bekannte er: „Ja, ich kann sagen, daß ich nur in Rom empfunden habe, was eigentlich ein Mensch sei. Zu dieser Höhe, zu diesem Glück der Empfindung bin ich später nie wieder gekommen; ich bin, mit meinem Zustande in Rom verglichen, eigentlich nachher nie wieder froh geworden."

Goethe-Museum: Via del Corso 18. Täglich außer Dienstag 11.00 Uhr – 18.00 Uhr

DER UNBEKANNTE SOHN: AUGUST VON GOETHE

Schon am Eingang des Protestantischen Friedhofs weisen Schilder den Weg zum Grab von Goethes Sohn, ein Weg zu einer fast unbekannten Berühmtheit. Auch der Grabstein verrät nicht mehr, kein Vorname, kein Geburtsdatum, lediglich die lateinischen Worte „Goethe Filius Patri antevertens obiit Anno XL, MDCCCXXX" (Goethes Sohn, dem Vater im vierzigsten Lebensjahr vorausgegangen, 1830), darüber ein Portraitmedaillon, das der dänische Bildhauer Bertel Thorvaldsen nach der Totenmaske schuf. Was wissen wir also mehr, als daß hier der Sohn des bedeutendsten deutschen Dichters und Denkers begraben ist?

Die Inschrift spiegelt auch nach dem Tode noch das Dilemma von August wider, nämlich die Existenz als Sohn im Schatten eines übermächtigen Vaters. Als Erinnerungsmal wirft der Grabstein einen eigenen Schatten, etwas, was August selbst niemals vergönnt war, nämlich aus dem Schatten des Vaters heraus zu treten. Erst durch seinen Tod war er dem Vater endlich einmal voraus, schließlich äußerte der Dichter den Wunsch, hier begraben zu werden, als er während

Das Grabstein von Goethes Sohn

seines römischen Aufenthalts den Friedhof im Schatten der Pyramide und hoher Zypressen besuchte.

Als Goethe senior 1788 aus Italien zurückkehrte und wieder zu Hause in Weimar war, lernte er Christiane Vulpius, eine junge Frau aus einfachen Verhältnissen kennen. Christiane war Blumenbinderin, wahrlich in damaligen Augen keine ebenbürtige Gefährtin für den Dichter und hohen Beamten, wie seine Mitbürger sofort feststellten. Als ihr gemeinsames Kind August am 25. Dezember 1789 geboren wurde, war der Skandal da. Die glücklichen Eltern machten sich nichts daraus. Goethe war ein liebevoller Vater und Christiane eine heitere Mutter, die gern sang und tanzte, ein wahres Energiebündel. Doch ein Schatten lag über der lange nicht durch Eheschließung legitimierten Beziehung: Christiane gebar noch weitere vier Kinder, die entweder kurz nach der Geburt starben oder schon tot geboren wurden. Der Tod dieser vier Kinder ist bis heute rätselhaft, eine Erklärung läßt sich höchstens vermuten. Vielleicht war es eine Neugeborenenkrankheit, die aus der Unvereinbarkeit der Blutgruppen der Eltern entstand. Merkwürdigerweise überlebt bei einer derartigen Konstellation nur das erstgeborene Kind, hier war es August, alle späteren haben keine Chance.

August, von den Eltern „Gustl" genannt, wuchs umsorgt heran, der stolze Vater rühmte seine Intelligenz und rasche Auffassungsgabe. Spät unternahm Goethe die notwendigen Schritte, um seinen Sohn zu legitimieren. Erst im Alter von zwölf Jahren wurde er rechtlich verbindlich zum Sohn, Christiane mußte auf die Legalisierung ihrer Beziehung noch eine Weile warten, erst 1806 fand die Hochzeit statt.

Goethe war oft wegen seiner Dienstgeschäfte abwesend, folglich ähnelte die Beziehung Mutter-Sohn fast der zwischen zwei Geschwistern. Christiane ließ ihn leichtsinnigerweise schon in früher Kindheit an ihrer Lebenslustigkeit teilnehmen. Das hatte zur Folge, daß er schon früh mit Alkohol vertraut war und im Laufe seines späteren Lebens zum Alkoholiker wurde.

In der Schule lernte er durchschnittlich, wahrlich kein Musterschüler, wie man es vom Sohn eines Genies erwartete, auch sein Studium in Heidelberg und Jena absolvierte er nicht zur vollsten Zufriedenheit des Vaters. August ging ohne Abschluß von der Universität, aber dank der guten Beziehungen des Vaters bekam er eine Anstellung bei Hof, eine einfache Beamtenstelle.

Diese Tätigkeit kam seiner Veranlagung sehr entgegen, er wurde ein guter Beamter, ordnungsliebend und gewissenhaft, allerdings gänzlich ohne Neigung zu Kunst, Literatur oder Musik. Seine Vorgesetzten waren mit seiner Arbeit zufrieden, er wurde wirklich wegen seiner Verdienste befördert.

Seine gesellschaftliche Anerkennung war dagegen nicht die beste, Spätfolgen der lange ungeklärten Stellung Augusts als Sohn Goethes. Ein Vorfall wirkte sich besonders negativ aus, ist bezeichnend für das Vater-Sohn-Verhältnis, bei dem der Vater immer kontrollierte und kein eigenes Leben zugestand: August wollte sich wie viele junge Männer während der napoleonischen Kriege freiwillig zur Armee melden. Der Vater, der seinen Sohn nicht verlieren wollte, verhinderte dies und verschaffte ihm eine ungefährliche Ordonanzstelle. Als die Freiwilligen nach Weimar zurückkehrten, behandelten sie ihn nicht gerade höflich, beinahe wäre es sogar zu einem Duell gekommen.

1815 lernte er das Fräulein Ottilie von Pogwisch kennen, bald nach dem Tod seiner Mutter fand 1817 die Vermählung statt. Nach der Hochzeit machte sich Ernüchterung breit, Ottilie war launisch, keine gute Hausfrau, kam mit dem Naturell Augusts nicht zurecht. Eine besondere Belastung für die Ehe waren ihre Schwärmereien für andere Männer, ihre Flirts mit in Weimar ansässigen jungen Engländern. Beide paßten einfach nicht zusammen, zudem machte sich Augusts Alkoholkonsum immer mehr bemerkbar, er wurde dicker, eine Neigung, die auch schon bei der Mutter vorhanden war.

Die Allmacht des Vaters ließ auch nach der Eheschließung nicht nach. Anstatt eine eigene Wohnung zu nehmen, zogen die beiden in das väterliche Haus am Frauenplan in Weimar. Besonders gespannt war die Atmosphäre, als Gerüchte über ein Verhältnis des 74-jährigen Vaters mit einem jungen Mädchen bekannt wurden. Goethe hatte wirklich eine erneute Hochzeit mit dem neunzehnjährigen Fräulein Ulrike von Levetzow im Sinn. August und Ottilie hielten in dieser Angelegenheit zusammen, doch bald danach wurde zum ersten Mal die Scheidung erwogen. Auch die Kinder verbesserten die Ehe nicht. Die zwei Söhne wurden 1818 (Walther Wolfgang) und 1820 (Wolfgang Maximilian) geboren, die Tochter Alma folgte 1827.

August war fest eingespannt in seinen Beruf, andererseits forderte sein Vater ständig Unterstützung und Mithilfe, sei es in beruflichen, sei es in literarischen Angelegenheiten, wie der geplanten Herausgabe des Gesamtwerks des Dichters. Goethe wünschte immer Berichte von allem, was August auf seinen Reisen mit Ottilie oder seinen dienstlichen Angelegenheiten erfuhr, er sah ihn als seinen Stellvertreter. August wurde zu einer Art „Berufssohn ohne eigenes Leben", zum „Schatten seines Vaters".

Wie sein Vater träumte August von einer Italienreise. 1830 ging sein Wunsch in Erfüllung. Im April des Jahres brach er auf, begleitet von Eckermann, dem getreuen Sekretär des Vaters. August erhoffte sich von der Reise eine Wiederherstellung seiner angeschlagenen Gesundheit und eine Verbesserung der Ehe mit Ottilie, da eine vorübergehende Trennung den beiden sicherlich gut tun würde. Für Ottilie allerdings war die Ehe schon lange gescheitert, während seiner Abwesenheit hat sie bereits einen neuen Verehrer gefunden. Gegenüber einer Freundin äußerte sie, es würde ihr nichts ausmachen, wenn August nicht zurückkäme.

Der Vater war natürlich begeistert, durch die Reise des Sohnes und dessen Berichte erlebte er seine eigene Fahrt vierzig Jahre früher in Gedanken nach. Diese Berichte sind äußerst detailliert, bis auf die Uhrzeit genau beschrieb August sein Programm, gleichzeitig unterrichtete er den Vater über die wirtschaftliche Situation der bereisten Gegenden.

Die Reiseroute war anders als die des Vaters, es ging zunächst über Frankfurt, Heidelberg und Freiburg, durch die Schweiz und über den Simplon-Paß nach Mailand. August war begeistert von Italien, er wurde lockerer, fröhlich, fast ausgelassen, er fühlte sich frei wie ein Vogel. Wie ein neugieriger Tourist wollte er alles sehen und erleben. Der berühmte Name Goethe öffnete August manche Tür. Er kaufte eifrig Münzen und Kunstgegenstände für die Familie und vor allem für den Vater, der mit Ungeduld im fernen Weimar auf die Pakete wartete und die Qualität der Erwerbungen Augusts lobte, Gegenstände, die sich heute im Nachlaß Goethes befinden.

Durch Oberitalien ging es nach Venedig, von dort zurück nach Genua. Sein Begleiter Eckermann verließ ihn nach dem zweiten Mailänder Aufenthalt. Über die Gründe weiß man nichts genaues, war es der schlechte Gesundheitszustand Eckermanns oder benötigte Goethe seinen Sekretär wieder in Weimar? Oder waren es persönliche Differenzen mit August? Vielleicht mißfiel ihm dessen Alkoholkonsum. Nach der Abreise war August endlich sein eigener Herr. Doch die ungebundene Existenz begann mit einem Unfall: Seine Kutsche verunglückte, er brach sich das linke Schlüsselbein und war fast vier Wochen ans Bett gebunden. Während dieser Zeit besuchte ihn kurioserweise der aus Weimarer Tagen bekannte Engländer Stirling, der ehemalige Liebhaber seiner Frau Ottilie.

Anders als sein Vater hob er sich Rom bis zum Schluß auf, nach einem Aufenthalt in Florenz fuhr er von Livorno mit dem Schiff nach Neapel. Dort soll er sich gegenüber Freunden prophetisch über sein weiteres Leben geäußert haben: Er glaubte, in Italien zu sterben. Diese Reise werde seine letzte sein. Eine weitere, allerdings nicht belegte Aussage läßt tief in Augusts Seelenleben blicken: „Ich werde keinem Menschen fehlen." In Pompeji wohnte er der Ausgrabung eines Gebäudes bei, dem man zu Ehren des Vaters den Namen „Casa di Goethe" gab, die heutige „Casa del Fauno".

Rom erreichte er am 16. Oktober 1830, die Stadt begeisterte ihn genau so wie seinen Vater. Zunächst logierte er im Hotel d'Allemagne in der Via Condotti, das den Nachkommen von Franz Roesler gehörte, jenem Gasthof, in dem auch schon sein Vater verkehrte. Danach nahm er sich eine billigere Wohnung in der Via di Porta Pinciana 17. (Das Haus existiert heute nicht mehr.) Schnell machte er Bekanntschaft mit dem deutschen Künstlerkreis, besonders der dänische Bildhauer Thorvaldsen war beeindruckt von August. Mit den Freunden unternahm er Ausflüge in die Umgebung, man fuhr nach Tivoli und in die Albaner Berge. Nach der Rückkehr aus Frascati erkrankte August, der sofort herbeigerufene Arzt diagnostizierte „Scharlachfieber". Die Krankheit verschlimmerte sich, in der Nacht vom 26. auf den 27. Oktober 1830 starb August im Beisein der Freunde. Eine nachfolgende Sektion ergab einen schweren Leberschaden. August wäre deswegen vermutlich kein langes Leben beschert gewesen. Die Leber war um ein Vielfaches vergrößert, im Zusammenhang mit einer Gehirnhautentzündung brachte dieser Schaden August den plötzlichen Tod. Unter großer Anteilnahme der deutschen Kolonie wurde August am 29. Oktober auf dem Protestantischen Friedhof begraben, Thorvaldsen fertigte spontan und ohne ausdrückliche Bestellung das Portraitmedaillon Augusts, das sich immer noch auf dem Grabstein befindet.

Dem Vater hat man die Nachricht schonend beigebracht, schließlich war er 81 Jahre alt, doppelt so alt wie der Sohn. Ottilie war dagegen sehr gelassen, betrübte Gefühlsregungen waren ihr nicht anzumerken. Ganz Weimar spekulierte, ob sie ihren Geliebten jetzt heiraten werde, was sie aber doch nicht tat. Die allgemeine Meinung über den Tod war von August in seiner Äußerung in Neapel vorhergesehen worden: Man sagte, sein Tod in der Ferne war das mildeste, was geschehen konnte. Schnell vergaß man ihn, auch der Vater verdrängte den Tod seines Sohnes. Er selbst starb zwei Jahre nach August, im Jahre 1832.

Den Kindern Augusts und Ottilies war kein großes Glück beschieden, sie waren schwächlich und oft krank. Die Tochter Alma starb bereits im Alter von 17 Jahren an Typhus. Walther Wolfgang erbte eine gewisse musische Ader, er komponierte Opern und schrieb Gedichte, sein Bruder Wolfgang Maximilian machte Karriere als preußischer Legationsrat in Rom, wo er acht Jahre in der damaligen preußischen Botschaft im Palazzo Caffarelli auf dem Kapitol tätig war. Auch er war literarisch tätig, verfaßte Gedichte und historische Werke zur italienischen Geschichte. Seine Mutter Ottilie besuchte ihn damals in Rom. Dort stand sie natürlich im Mittelpunkt der Gesellschaft, so wie auch in Wien, wo sie später lebte und sich im Ruhm ihres großen Namens sonnte.

Dank des allgemeinen Vergessens war lange kaum bekannt, daß August während seiner Reise ein genaues Tagebuch führte. Diese Aufzeichnungen schickte er in Abschnitten nach Weimar zu seinem Vater, der sie mit großem Interesse las und sogar einmal eine Veröffentlichung andeutete. Doch erst fast 170 Jahre nach dem Tode Augusts kam es 1999 in Buchform heraus.

Protestantischer Friedhof: Via Caio Cestio 6. Dienstag bis Sonntag von 9.00 Uhr – 18.00 Uhr, im Winter nur bis 17 Uhr. Der Weg zum Grab von August von Goethe ist beschildert

Das Haus der englischen Dichter und des schwedischen Arztes

Die Casina Rossa

Rechts neben der Spanischen Treppe steht die Casina Rossa, ein schmales, rosa gestrichenes Haus, eine auffällige Farbe in Rom. Trotz des ungewöhnlichen Äußeren fällt es in der unmittelbaren Umgebung der Treppe kaum auf, obwohl es direkt an die Balustrade der Treppe angrenzt. Noch weniger bemerkt man die Erinnerungstafel an der Mauer zur Treppe hin, die das Gebäude als Sterbehaus des englischen Dichters John Keats ausweist.

Die Treppe schluckt alle Blicke, nur wenige Besucher, meist Engländer, wissen von der Bedeutung des Hauses als Museum der englischen Dichter in Rom, allen voran Keats und Shelley. Offiziell heißt es Keats-Shelley Memorial House, doch es bewahrt das Andenken an alle englischen und amerikanischen Dichter und deren römischen Aufenthalt. Es ist ein kleines, intimes Museum im zweiten Stock des Hauses. Noch der letzte Winkel ist ausgenützt, das Museum bewegt sich haarscharf an der Grenze, „vollgestopft" zu wirken. Vom Boden bis zur Decke reichen die Bücherregale, in denen die Werke der Dichter und weitere Sekundärliteratur aufbewahrt werden, davor Bilder, Erinnerungsgegenstände und Devotionalien. So findet man allerlei Kurioses aus dem Besitz der Dichter, dazu Haarlocken und Gebeine in Behältern, gleich kostbaren Reliquiengefäßen.

Das Museum wurde 1906 auf angloamerikanische Initiative gegründet. Genauso wie das deutsche Goethe-Museum umfaßt es die originalen Wohnräume von Keats während seines römischen Aufenthalts, darunter sein Sterbezimmer. Die Räume haben sich natürlich verändert, auch die Möbel sind verschwunden, denn nach dem Tode von Keats mußten sie auf behördliche Anordnung verbrannt werden. Doch etwas ist geblieben: Wie damals zu Lebzeiten von Keats genießt man herrliche Ausblicke auf den Platz und die Treppe. Man kann es sich kaum vorstellen, daß Keats die Wohnung vor allem deswegen mietete, weil sie billig war. Eine Unterkunft an dieser Stelle könnte sich gewiß heute kein armer Poet mehr leisten.

Die beiden Patrone des Museums erfreuen sich in den angloamerikanischen Ländern großer Beliebtheit. Zusammen mit ihrem Zeitgenossen Lord Byron kann man sie fast als Dreigestirn der englischen Romantik bezeichnen. Beide starben fern von der Heimat einen frühen, tragischen Tod, beide erfreuten sich wegen ihrem frühen Ende und ihres Werks einer fast kultischen Verehrung. Vor allem Keats wurde zum Inbegriff des romantischen Genies. Beide schufen in kurzer Zeit ein umfangreiches Werk von lang anhaltender Wirkung.

John Keats kam nach Rom mit der Hoffnung, das Klima könnte ihn von seiner schweren Krankheit heilen. Geboren wurde er 1795 in London als Sohn eines einfachen Fuhrunternehmers. Beide Elternteile starben früh, Keats hatte eine harte Jugendzeit. Sein Berufswunsch war Mediziner, mit 21 Jahren war er bereits Assistenzarzt. Während der Ausbildung und den damit verbundenen klassischen Studien entstanden seine ersten Gedichte. Er kam in Kontakt mit anderen Dichtern, die ihn ermutigten, seinen bisherigen Beruf aufzugeben und sich ausschließlich der Poesie zu widmen. Ab 1817 erschienen die ersten Gedichtbände mit Oden, Balladen und Sonetten, die ihn langsam bekannt machten. Bei einer Wanderung durch das englische Seengebiet, dem Lake District, überanstrengte er sich vollkommen und wurde sehr krank. Die Anstrengungen verschlimmerten seinen ohnehin nicht sehr stabilen Gesundheitszustand, vor allem sein Lungenleiden. Seine Freunde, darunter auch Shelley, rieten ihm, das naßkalte Klima Englands zu verlassen und in den Süden zu gehen, was ihn sicherlich auch in schriftstellerischer Hinsicht voranbringen würde. Doch der Aufenthalt in Italien brachte keine Besserung seiner Leiden. Keats besuchte Neapel und später Rom, wo er im November 1820 ankam. Bei einer gewissen Signora Petri mietete er eine Wohnung, die heutigen Museumsräume. Die Miete war billig, dazu kochte seine Vermieterin auch für ihn, doch anscheinend nicht sehr gut, denn es wird berichtet, daß Keats einmal das Essen aus dem Fenster geworfen haben soll. Keats fand in seinem Reisebegleiter, dem Maler und späteren englischen Konsul Joseph Severn, einen treuen Freund, der sich um den kranken Poeten kümmerte. Denn sein Zustand wurde zusehends schlechter, Severn wachte Tag und Nacht am Bett des Kranken. Keats spürte, sein Leben werde bald zu Ende sein, er wünschte sich ein Begräbnis auf dem Protestantischen Friedhof. In seinen letzten Tagen fieberte er schon dem Moment entgegen, unter den Bäumen und Blumen begraben zu werden. Auf seinen Wunsch durfte sein Name auf dem Grabstein nicht genannt werden. Als er am 23. Februar 1821 in seiner Wohnung (im kleinen Eckzimmer mit Blick auf Brunnen und Treppe) an Tuberkulose starb, wurden seine Wünsche erfüllt. In der äußersten Ecke des Friedhofs befindet sich nun sein Grab, ein seltsamer Spruch ist auf dem Stein zu lesen:

„This Grave contains all that was Mortal of a Young English Poet"
(Dieses Grab enthält all das Sterbliche eines jungen englischen Dichters)

„Here lies One Whose Name was writ in Water"
(Hier liegt jemand, dessen Name in Wasser geschrieben wurde)

Gegenüber dem Grab haben Bewunderer an der Mauer ein Portraitmedaillon anbringen lassen, neben Keats ruht sein fast sechzig Jahre später verstorbener Freund Severn. Als Shelley vom Tode Keats' erfuhr, widmete er dem Toten das elegische Gedicht „Adonais", nichts ahnend, daß sein Leben bald ähnlich früh enden sollte. Im Gegensatz zum sanften Keats war

Percy Bysshe Shelley eher „berüchtigt". Der Dichter wurde 1792, drei Jahre vor Keats geboren und stammte aus einer vornehmen und reichen Familie. Schon im Knabenalter schien ihm der Beruf des Schriftstellers vorbestimmt, denn früh verfaßte er seine ersten Gedichte. Sein Leben war geprägt von der Rebellion gegen die Gesellschaft. Er vertrat radikale Positionen, er war ein idealistischer Schwärmer und Revolutionär und kämpfte in seinen Werken gegen die Tyrannei und für die Freiheit. Als Schüler wurde er aus Eton geworfen. Während seines Studiums in Oxford verfaßte er eine Schrift über die Notwendigkeit der Gottlosigkeit und sandte diese an seine Lehrer. Die Folge war ebenfalls ein Hinauswurf. Mit seinem Vater überwarf er sich, als er gegen dessen Willen ein sechzehnjähriges Mädchen namens Harriet heiratete und mit ihr floh. Doch die beiden wurden nicht glücklich, nach der Geburt des zweiten Kindes trennten sie sich, seine Frau beging mit einundzwanzig Jahren Selbstmord. Noch zu Lebzeiten seiner Frau lernte er Mary Godwin und deren Stiefschwester kennen, mit den beiden reiste er in die Schweiz. Dort trafen sie in einer Gaststätte zufällig Lord Byron, der nach dem Zerwürfnis mit seiner Frau allein durch Europa reiste. Mit diesem Treffen begann die enge Freundschaft zwischen den beiden Dichtern. Nach dem Tod seiner Frau Harriet heiratete er Mary, deren Stiefschwester wurde Byrons Geliebte.

Wieder zurück in England entschlossen sich Shelley und seine Frau endgültig nach Italien überzusiedeln. Lange reisten sie unstet durch Italien, zeitweise lebten sie in Rom in einer Wohnung in der Via del Corso 375. Während des römischen Aufenthalts starb im Alter von drei Jahren ihr gemeinsamer Sohn William, der auf dem Protestantischen Friedhof begraben liegt. Endgültig ließ sich das Paar in Pisa nieder, in der Nähe von Byron, der damals in der Stadt lebte. Dort entstanden die schönsten Gedichte Shelleys. Auch seine Frau Mary war dichterisch tätig. Aus ihrer Feder stammt die berühmte Geschichte von Frankenstein und seiner künstlichen Kreatur, eine Gestalt der Weltliteratur, die sich dank vieler Verfilmungen immer noch großer Beliebtheit erfreut und in manchen Ländern die Werke Shelleys an Bekanntheit übertrifft.

Abseits von Pisa, am Golf von Lerici, bezog das Paar eine Villa. Eines Tages besuchte Shelley mit dem Boot seinen Freund Byron in Pisa. Bei der Rückfahrt am 8. Juli 1822 kam ein Sturm auf, das Boot kenterte, Shelley und seine Reisegefährten ertranken. Eine Legende berichtet, daß Shelley den aufziehenden Sturm nicht bemerkte, so vertieft war er in die Lektüre eines Buches. Die Leichen wurden Tage später an den Strand getrieben, zusammen mit dem wassergetränkten Buch. Byron und sein Freund Trelawney erhielten von den Behörden die Genehmigung, die Leichen am Strand zu verbrennen. Sie errichteten einen riesigen Holzstoß und entfachten das Feuer. Die Asche sammelten sie in einer Urne und schickten sie nach Rom, denn wie Keats soll Shelley ebenfalls den Wunsch geäußert haben, auf dem Protestantischen Friedhof begraben zu werden. Das fast unversehrte Herz des Dichters ließen sie nach England bringen, wo es noch heute aufbewahrt wird. Im Museum hängt ein Gemälde, das die Verbrennung von Shelleys Leichnam darstellt.

Eineinhalb Jahre nach Keats' Begräbnis fand auf dem Protestantischen Friedhof die Beisetzung der Urne Shelleys statt. Die Inschrift „Cor cordium" (das Herz der Herzen) auf dem Grabstein hat Byron für seinen Freund ausgesucht, genauso die Zeilen darunter, der Gesang Ariels aus Shakespeares Drama „Der Sturm":

„Nothing of him that doth fade
But doth suffer a sea-change
Into something rich and strange"

(„Nichts an ihm, das soll verfallen
Das nicht wandelt Meereshut
In ein reich und seltnes Gut")

Neben dem Grab Shelleys fand später Edward Trelawney, der bei der Verbrennung dabei war, seine letzte Ruhestätte.

Nach dem Tod suchten die englischen Reisenden fast schon kultisch nicht nur das Grab in Rom auf, sondern auch den Strandabschnitt, wo die Leichen gefunden und verbrannt wurden. Es soll angeblich zu einer Erscheinung Shelleys gekommen sein, die ein englischer Geistlicher in einer Vision erlebte. In den Wolken sah er plötzlich das Gesicht Shelleys auftauchen, gleichzeitig vernahm er folgende Worte aus dem Mund dieser Erscheinung: „Ich bin jetzt ein Geschöpf der Erde und des Wassers und ein Kind der Erde." Von ähnlichen Visionen auf dem Friedhof oder im Museum weiß man nichts, obwohl dort in einem Gefäß Knochenreste von Shelley aufbewahrt werden.

Keine Tafel und kein Museum erinnern an einen anderen berühmten Bewohner des Hauses:

Axel Munthe. Im dritten Stock hatte der schwedische Arzt und Tierfreund einst seine Praxis und Wohnung. Hätte er nicht ein außergewöhnliches Haus auf der Insel Capri gebaut und über sein Leben ein Buch geschrieben, wäre er vermutlich in Vergessenheit geraten. Doch sein Buch, erstmals 1929 erschienen, wurde ein Weltbestseller, der bis heute in vierzig Sprachen übersetzt wurde und eine Gesamtauflage von 25 Millionen Exemplaren erreicht hat. Sein Haus auf Capri ist dank dem Buch und natürlich auch wegen der herrlichen Lage eine der Sehenswürdigkeiten der Insel. Für Capribesucher ist der Besuch der Villa San Michele ein Muß. Munthe hat das Geld für sein späteres Leben auf der Insel und den Bau des Hauses mit seiner Arztpraxis in Rom verdient. Ende des 19. und Anfang des 20. Jahrhunderts war er hier der führende Arzt für die ausländischen Touristen, er war der Modearzt der Gesellschaft. Seine glanzvolle Karriere begann damit, daß er die Gattin eines angesehenen Bankiers, die von allen Ärzten bereits aufgegeben wurde, doch noch heilen konnte. Diese Rettung bescherte ihm großen Zulauf, ganz Rom suchte Rat und Behandlung in dem kleinen Haus an der Spanischen Treppe. In seinem „Buch von San Michele" schildert er humorvoll das damalige Leben in der Stadt, die Rivalität unter den Ärzten, die Krankheiten und Neurosen manch überspannter Touristen, die Enttäuschungssyndrome der amerikanischen Millionärstöchter, deren Hoffnung auf einen römischen Prinzen sich nicht erfüllte. Mit großer Anteilnahme erzählt er von den Kranken, denen er nicht mehr helfen konnte, von seinem Engagement während der Choleraepidemie in Neapel und nach dem schweren Erdbeben von Messina. Leider merkt der aufmerksame Leser, daß Munthe leicht die Schwächen und Fehler seiner Mitmenschen und Patienten erkannte, doch seine eigenen nicht. Die Erinnerungen sind nicht frei von seiner persönlichen Eitelkeit und wirken stellenweise allzu moralisierend.

Munthe hielt sich im Winter in der Stadt auf und war nur während dieser Jahreszeit in seiner Praxis tätig. Im Gegensatz zu heute vermieden die meisten Besucher einen sommerlichen Aufenthalt im damaligen malariagefährdeten Rom und zogen es vor, in den Norden oder weiter in den Süden nach Neapel zu ziehen, wo es am Meer kühler und angenehmer war. Er selbst ging im Sommer nach Capri, um dort an seinem Haus weiterzubauen. Dorthin zog er sich nach Aufgabe seiner Praxis in Rom zurück, überdrüssig vom mondänen Leben in der Stadt, dort verfaßte er seine Erinnerungen. Leider konnte er seinen Ruhestand und sein Haus nicht mehr unbeschwert genießen, seine Sehkraft wurde zusehends schwächer, während des 2. Weltkrieges mußte er die geliebte Insel verlassen und kehrte in seine schwedische Heimat zurück, wo er 1949 in Stockholm starb. Das Haus auf Capri vermachte er dem schwedischen Staat.

In der Nähe des Grabes von Keats auf dem Protestantischen Friedhof ist an der Mauer eine kleine Erinnerungstafel zu Ehren von Axel Munthe angebracht, im Frühjahr umrankt von blühenden Glyzinien. Man könnte meinen, er sei an dieser Stelle begraben. Doch auf seinen ausdrücklichen Wunsch wurde er in Stockholm verbrannt und seine Asche in die Ostsee gestreut.

Doch dank dieser Tafel sind alle drei Verstorbenen auf dem Friedhof präsent, genauso wie in der Erinnerung in dem kleinen rosa Haus an der Spanischen Treppe.

Keats-Shelley Memorial House: Piazza di Spagna 26. Montag bis Freitag von 9.00 Uhr – 13.00 Uhr, 15.00 Uhr – 18.00 Uhr, im Winter 14.30 Uhr – 17.30. Lord Byron wohnte während seines Aufenthalts in Rom ebenfalls an der Piazza di Spagna, im Haus Nr. 66

Protestantischer Friedhof: Via Caio Cestio 6. Dienstag bis Sonntag 9.00 Uhr – 18.00 Uhr, im Winter bis 17.00 Uhr. Der Weg zu den Gräbern von Keats und Shelley ist beschildert. Die Inschrift zum Andenken an Axel Munthe befindet sich in der Nähe des Grabes von Keats an der Begrenzungsmauer zur Via Marmorata. Das Grab von Shelleys Sohn William befindet sich in der Parte Antica vor der Pyramide

Paolina Borghese
als Venus victrix

Ehrfürchtig stehen die Besucher der Galleria Borghese der nackten Schönheit gegenüber, die in einem eigenen Saal des Museums hofhält und ihren Körper selbstbewußt zur Schau stellt. Andächtig wispert man, bei dieser Zuckergußschönheit aus weißem Marmor handelt es sich um die berühmte Marie Paulette Bonaparte, genannt Pauline, verheiratete Fürstin Paolina Borghese, die Lieblingsschwester Kaiser Napoleons.

Was würde Paolina dazu sagen, wenn sie wüßte, daß ihr schöner Leib der Neugier der zahlenden Besucher ausgesetzt ist? Oder kalkulierte sie den Effekt dieser unverhüllten Nacktheit ein, denn es war ihr Wunsch, vom Bildhauer Antonio Canova als Akt dargestellt zu werden. Schließlich war der Körper ihr Kapital, denn der Aufstieg in den römischen Fürstenhimmel gelang ihr nicht wegen besonderer Verdienste oder Intelligenz, sondern nur allein wegen der Tatsache, daß sie die Schwester des mächtigsten Mannes Europas war, und eben wegen ihrer Schönheit.

Die korsische Familie Bonaparte stammte aus einfachsten Verhältnissen, der Vater starb früh und hinterließ seiner Frau Letizia acht Kinder, die sie durchbringen mußte. Paolina (*1780) wuchs vaterlos auf, der ältere Bruder Napoleon war Vaterersatz und kümmerte sich um ihr Fortkommen, so wie er seine anderen Geschwister und Verwandten zu Figuren in seinem Machtspiel machte.

Paolina war als Kind eigensinnig und temperamentvoll, aber auch ziemlich oberflächlich. Als die junge frühreife Dame von ihrem Bruder nach Paris geholt wurde, stürzte sie sich in eine Liebesaffäre nach der anderen. Napoleon bestimmte darauf den jungen General Charles Victor Emanuel Leclerc zu ihrem Gemahl. Leclerc wurde von Napoleon zum Chef des Expeditionscorps ernannt, das die während der Revolution abtrünnig gewordene Insel Santo Domingo zurückerobern sollte. Seine junge Frau begleitete ihn auf diesem glücklosen Unternehmen. Denn Leclerc war der Verantwortung und den Strapazen des Feldzugs nicht gewachsen, dazu kam das Gelbfieber, das einen Großteil der Soldaten hinwegraffte und letztlich auch Leclerc traf. Paolina, selbst stark geschwächt, kehrte mit ihrem Sohn Dermide, dem toten Ehemann und den überlebenden Soldaten nach Frankreich zurück. Mit zweiundzwanzig Jahren war sie damit bereits Witwe. Nach einer Zeit der Erholung nahm sie ihr früheres Luxus- und Liebesleben wieder auf. Im Hause des Bruders begegnete sie zum ersten Mal dem knapp dreißigjährigen Fürsten Camillo Borghese, damals einem der reichsten Männer Europas. Camillo war eine glänzende Erscheinung aus vornehmster Familie, der als glühender Revolutionär zeitweise in Napoleons Armee diente.

Napoleon hielt eine Verbindung seiner Schwester mit den Borghese für politisch sehr vorteilhaft, doch wandte er ein, Paolina sollte ihre Witwenzeit einhalten. Paolina, ungestüm wie immer, wollte nicht mehr warten und heiratete Camillo schon vor Ablauf dieser zehn Monate ohne Wissen ihres Bruders. Napoleon war ziemlich erzürnt, als er davon erfuhr und verfügte die baldige Abreise des jungen Paares nach Rom.

Dort machte sich große Ernüchterung breit. Paolina fand die Stadt, deren Gesellschaft und das Leben im alten Palazzo im Vergleich zu Paris äußerst langweilig. Camillo erschien ihr plötzlich sehr unangenehm, zudem stand sie unter strenger Aufsicht der Schwiegermutter. Auch im Eheleben mochte es nicht recht klappen, denn das Paar blieb kinderlos. Man munkelte, Camillo sei nicht in der Lage, die Ehe zu vollziehen. Oder es lag an Paolina? Ihre erste Geburt verlief sehr schwierig, ihr Gesundheitszustand war seit dem karibischen Abenteuer und der dortigen Erkrankung alles andere als gut. Wie dem auch sei, Paolina wollte schnellstens zurück nach Paris, was ihr Bruder aber zurückwies.

Das Paar trennte sich, danach erkrankte Paolina. Durch Kuren versuchte sie, sich Linderung ihrer Leiden zu verschaffen. Während ihrer Abwesenheit verstarb ihr Sohn Dermide in Rom. Endlich hatte sie einen Anlaß, wieder nach Paris zu kommen, denn der Sohn sollte an der Seite des Vaters begraben werden.

Napoleon war dort mittlerweile auf der Höhe seines Ruhms und ließ sich zum Kaiser krönen. Unter seinen Geschwistern und Verwandten verteilte er Ämter und Herrschaftsgebiete. Paolina bekam das kleine Herzogtum Guastella, ein Städtchen in der Poebene im Norden von Parma. Dort hatte sie nun echte Untertanen, doch insgesamt spielte sie eher eine passive Rolle im politischen Geschehen, sie sah sich als Königin der Herzen und nahm ihr amouröses Leben wieder auf. Als Camillo von Napoleon zum Gouverneur von Norditalien ernannt wurde, mußte sie wohl oder übel zu ihrem Mann zurück, der wegen seines Amtes in Turin residierte. Natürlich langweilte sie sich in Turin. Das Leben dort hielt sie nicht lange aus, so flüchtete sie erneut nach Paris.

Bald hatte es Camillo aufgegeben, das Temperament Paolinas zu zügeln. In der Folge lebte er mit einer weitschichtigen Verwandten zusammen.

Ab 1812 war Napoleons Stern im Sinken, was zur Folge hatte, daß es auch mit dem Geschick der Geschwister bergab ging, die nur durch seine Hilfe so weit aufgestiegen waren. Napoleons Verbannung auf Elba folgte, doch Paolina blieb ihm treu und unterstützte ihn auch später auf St. Helena nach ihren Kräften.

Als sich die endgültige Niederlage abzeichnete, erinnerte sich Paolina an ihren Titel als Fürstin Borghese, der ihr gestattete, in Rom zu leben. In Rom war sie nicht das einzige Mitglied der Familie, das nach dem Chaos des Untergangs ihrer Herrschaft in der Ewigen Stadt einen Fluchtpunkt fand.

Mit dem Erbe ihres ersten Mannes erwarb sie an der Porta Pia ein Anwesen, die sogenannte Villa Paolina, heute der Sitz der französischen Botschaft beim Heiligen Stuhl. Ihr neues Zuhause ließ sie im klassizistischen Stil einrichten, die originale Ausstattung existiert teilweise heute noch. Von ihrem Mann Camillo bekam sie eine Rente. Gleichzeitig versuchte dieser aber erfolglos, die Ehe annullieren zu lassen. Camillo selbst hatte den Untergang Napoleons dank seines enormen Reichtums gut überstanden.

Das größte Problem war für Paolina im Alter die schwindende Schönheit und ihr schlechter Gesundheitszustand. Der Tod ihres Bruders 1821 in der Verbannung auf St. Helena traf sie tief. Alles das trug dazu bei, daß sie die Aussöhnung mit ihrem Mann Camillo suchte, die letztlich dank päpstlicher Vermittlung gelang. Wiedervereint verließ das Paar Rom, um sich nach Lucca zur Kur zu begeben. Die ohnehin stark geschwächte Paolina überstand die Strapazen der Reise in die Toskana nur schlecht. In Florenz verstarb sie kurz darauf am 9. Juni 1825, vermutlich an Lungentuberkulose.

Zeichen für die Versöhnung der beiden ist die Begräbnisstätte Paolinas: Sie wurde in der Familiengruft in der Cappella Borghese der Kirche S. Maria Maggiore beigesetzt.

Dort steht ihr Sarkophag, der fast wie ein Kindersarg anmutet. Paolina war anscheinend nicht besonders groß.

Jene Skulptur der Paolina in der Galleria Borghese zeigt sie in ihrer Glanzzeit. Sinnigerweise ließ sie sich als selbstbewußte „Venus victrix", als siegreiche Venus darstellen, in einer Pose, die sich in den Augen der damaligen Gesellschaft im päpstlichen Rom durchaus nicht ziemte, schon gar nicht für eine Fürstin Borghese und Schwester Napoleons. Doch das war ihr ziemlich egal, obwohl auch der Bildhauer Antonio Canova andere Vorstellungen von der Ausführung der Skulptur hatte und eine Darstellung als Diana, der Göttin der Jagd, vorschlug. Paolina setzte ihren Willen durch, sie wollte Venus sein, die nach dem Urteil des Paris den goldenen Apfel als Preis für die schönste Göttin erhielt. Es ist jener Apfel, den sie in der Hand hält.

Die „Paolina Borghese als Venus victrix" ist heute eine Inkunabel der klassizistischen Skulptur. Antonio Canova schuf sie zwischen 1805 und 1808 auf der Höhe seines Ansehens. Damals war Canova der Star unter den Künstlern, er war der Liebling der europäischen Höfe und erhielt sogar einen Auftrag vom jungen nordamerikanischen Staat. Besonders schätzte ihn Kaiser Napoleon, der in den Werken Canovas ein ideales Mittel zur Verherrlichung seiner Person und seines Kaisertums sah. Für Napoleon schuf Canova eine idealisierte Aktfigur des Kaisers als Mars, dem Gott des Krieges, die heute im Hof der Mailänder Brera steht. Auch die Darstellung der Schwester Napoleons als Göttin der Liebe hängt mit der Vorstellung vom göttlichen Wesen des Kaiserhauses zusammen. Zudem paßte Paolina als neue Venus gut in das Selbstverständnis und die Familiengeschichte des Geschlechts der Borghese. Die Familie Borghese konnte ihre Ahnen bis zu den römischen Helden zurückverfolgen, deren Stammvater der Trojaner Aeneas war. Die Mutter von Aeneas war niemand anderes als die Göttin Aphrodite (=Venus), in deren Gestalt sich die Frau Camillo Borgheses darstellen ließ.

Die Skulptur verrät eine ausgeklügelte Komposition, einerseits stellt sich Paolina selbstbewußt und gleichzeitig intim zur Schau, andererseits geht sie durch die Abwendung ihres Kopfes vom Betrachter auf Distanz. Die Behandlung des Marmors ist faszinierend, man möchte die Hand ausstrecken und die scheinbar so weichen und geschmeidigen Oberflächen berühren. Welch einen Eindruck muß die schimmernde Marmorvenus erst erzeugt haben, als man sie gemäß der damaligen Mode bei Fackelschein betrachtete.

Im päpstlichen Rom verursachte die Skulptur einen ziemlichen Skandal. Als man die Fürstin auf das Modellsitzen ansprach, erwiderte sie lediglich, im Atelier war es gut geheizt, von Canova hätte sie nichts zu befürchten gehabt, womit sie auf die Homosexualität oder auf das hohe Alter des Bildhauers anspielte. Es existieren viele Anekdoten von den Dienern, die vermögenden Fremden die Bekanntschaft mit der „Dame Paolina" versprachen und sie gegen hohes Trinkgeld in den Palazzo Borghese führten. Camillo ließ daraufhin einen abschließbaren Verschlag für die Figur anfertigen, um deren weitere unbefugte Zurschaustellung zu verhindern. Nur ausgewählten Freunden der Familie wurde die „Schatzkiste" geöffnet.

Als Camillo in Turin seine Tätigkeit als Gouverneur antrat, nahm er die Skulptur mit in seinen neuen Amtssitz, wo sie ebenfalls zum Tagesgespräch wurde. Nachdem er sein Amt von Napoleons Gnaden verlor, kehrte die Figur 1814 nach Rom in den Familienpalast zurück, wo sie weiterhin unter Verschluß blieb. Paolina hatte ihren Mann gebeten, ihr Abbild niemandem mehr zu zeigen, da sie es mittlerweile als unanständig ansah. Für Paolina war die Zeit als Schönheitsgöttin des napoleonischen Zeitalters vorbei, was sowohl ihr Aussehen betraf, als auch den Untergang der Herrschaft ihres Bruders. Solange Camillo noch lebte, umgab eine Aura des Geheimnisvollen die Skulptur, denn kaum jemand bekam sie noch zu Gesicht. Unter den Neugierigen, denen das Vergnügen der Betrachtung verschlossen blieb, zirkulierten Kupferstiche mit der Abbildung der Skandalfigur. Kurioserweise wurden die Kupferstiche mit der nackten Wahrheit später durch Stiche mit einer verhüllten Darstellung ersetzt. Erst nach Camillos Tod gelangte die Skulptur wieder ans Tageslicht, man überführte sie in die allgemein zugängliche Galleria Borghese. Vor wenigen Jahren wurde sie umfassend restauriert.

Böse Zungen behaupten immer noch, daß die Darstellung Paolinas arg geschönt sei, denn Canova soll lediglich ihren Kopf wahrheitsgemäß dargestellt haben, der eigentliche Körper stammt von einem anderen Modell, einer Idealgestalt, die schon früher vom Künstler erdacht wurde.

Wer genau hinschaut, bemerkt, daß der Sockel lediglich aus bemaltem Holz gefertigt ist, was nicht ganz zum edlen Marmor paßt. Der genaue Grund für die Ausführung in Holz ist unbekannt, doch geht sie auf Canova selbst zurück. Dank einer geschickten Bemalung und dem Einsatz von Stuck bei den Vorhängen und Verzierungen entsteht der Anschein, daß es sich hierbei um einen Diwan aus Cippolino-Marmor handelt. Der weiße Marmor wurde im Bereich der Lehne ebenfalls bemalt, damit er der Struktur des Sockels ähnelt. Canova verwandelte das lebendige Holz durch die Bemalung zu totem Stein, den Stein dagegen in einen weißen, lebendig scheinenden Körper. Der Sockel besitzt ein seltsames Innenleben, denn hinter den Stuckvorhängen verbirgt sich ein rätselhafter Mechanismus, der ebenfalls von Canova entworfen wurde. Mit Hilfe von Walzen läßt sich die ganze Figur inklusive Sockel drehen. Welchen Zweck diese Vorrichtung erfüllte, weiß man nicht. Vielleicht sollte den Bewunderern die Rundumbetrachtung ermöglicht und der Effekt vergrößert werden, vielleicht erleichterte sie auch einfach nur das Verschieben der Skulptur.

Die Skulptur Paolinas ist das bekannteste Überbleibsel der Familie Napoleons in Rom. Obwohl der Kaiser selbst nie in Rom war, maß er der Herrschaft über die Stadt eine große Bedeutung zu, er nannte Rom seine zweite Hauptstadt. Dies unterstrich er auch mit dem Titel, den er seinem Sohn aus der Ehe mit Marie Louise von Österreich verlieh: Das Kind war nicht nur der Herzog von Reichstadt, sondern auch „König von Rom". Mit Napoleon zog der klassizistische Geschmack in Rom ein, während der Zeit der französisch bestimmten „Römischen Republik" erfolgte die Umgestaltung der Piazza del Popolo und des Pincios. Es existierten schon Pläne, für Napoleon im Herzen der Stadt einen riesigen Palast zu errichten, der das Goldene Haus Neros an Größe übertroffen hätte. Glücklicherweise kam es nicht dazu.

Wie bereits angedeutet, zog es andere Mitglieder der Familie nach dem Verlust der Macht nach Rom, mehr oder wenig geduldet und unter argwöhnischer Beobachtung des feindlich gesinnten französischen Botschafters.

Allen voran sei die Mutter Napoleons erwähnt, Letizia Bonaparte, die etliche ihrer Kinder überlebte und erst 1836 hochbetagt im Alter von 86 Jahren starb. Sie hatte den Palazzo Rinuccini erworben, der ihr nun als Alterssitz diente. Noch heute findet man an der Fassade das kaiserliche Adler-Wappen der Bonapartes. Auffälligstes Merkmal des

Gebäudes an der Ecke Piazza Venezia/Via del Corso ist jedoch der Altan. Dort saß „Madame Mère" am liebsten, um dem Treiben auf der Piazza zuzuschauen. Als sie langsam erblindete, mußte ihre Zofe genau berichten, was dort unten alles vor sich ging. Im Grunde war sie trotz ihres Reichtums eine einfache und sparsame Frau geblieben, sie sprach immer noch lieber im korsischen Dialekt und beherrschte das Französische nicht besonders gut. Im Palazzo zelebrierte man einen merkwürdigen Kult um den Kaiser, der fast schon spiritistische Züge annahm. So soll es zu einer Erscheinung Napoleons gekommen sein, und zwar genau in dem Moment, als der Kaiser im fernen St. Helena tatsächlich verstarb. Letizia wurde nach ihrem Tod nach Korsika überführt und dort in Ajaccio begraben. Übrigens schuf Canova auch von ihr eine Skulptur, die heute in Chatsworth, Großbritannien, in der Devonshire-Collection aufbewahrt wird.

Kardinal Fesch, Paolinas Onkel, lebte in Rom, ebenso drei ihrer Brüder: Louis wohnte im Palazzo Mancini Salviati, Jerome im Palazzo Nunez. Der rebellische Bruder Lucien kam bereits 1804 nach einem Zerwürfnis mit seinem mächtigen Bruder nach Rom und lebte dort mit seiner Familie. Seine Kinder heirateten in die römischen Adelsfamilien ein, die Enkel und Urenkel mit korsischem Blut in den Adern nannten die Römer die „Napoleoniden". Luciens Tochter Carlotta heiratete den Grafen Primoli. Aus dieser Verbindung stammte Graf Giuseppe Primoli, ein Literat und begeisterter Fotograf, der alles über die Familie Bonaparte zusammentrug und die reiche Sammlung nach seinem Tod 1927 der Stadt Rom stiftete, die damit das Museo Napoleonico einrichtete. Das Museum mit der Bibliothek ist im Palazzo Primoli nördlich der Piazza Navona untergebracht. Die prächtigen Räume, die eher einer herrschaftlichen Haushaltung als einem Museum gleichen, sind leider in einen Dornröschenschlaf versunken, denn das Wachpersonal übersteigt die Zahl der Besucher bei weitem.

Ein Besuch des Museums führt durch die verwickelte Familiengeschichte. In zahlreichen Exponaten, Bildern, Schmuck, Kleidungsstücken und Möbeln erlebt man Aufstieg, Fall und Weiterbestehen der Familie in Rom. Unter diesen Gegenständen befindet sich auch Kurioses, so die ersten Milchzähne des Sohnes von Napoleon, dem „König von Rom". Im Saal, der Paolina gewidmet ist, sind Einrichtungsgegenstände ihrer römischen Villa zu sehen, die einen Eindruck von der Eleganz der Räume vermitteln. Etliche Exponate stellen eine Verbindung zur Figur in der Galleria Borghese her: Ein Diwan, ähnlich demjenigen der Marmor-Paolina, ein Gipsentwurf des Kopfes aus der Hand Canovas. Und zu guter Letzt, wie eine Reliquie in einem Schrein, ein Originalabguß ihrer Brust.

Galleria Borghese: Piazza Scipione Borghese. Dienstag bis Samstag 9.00 Uhr – 17.00 Uhr, Sonntag 9.00 Uhr – 13. 00 Uhr. Im Sommer längere Öffnungszeiten. Kartenvorbestellung ist empfehlenswert, entweder vor Ort oder telefonisch (mit Aufschlag) Montag bis Freitag 9.30 Uhr – 17.00 Uhr, Tel. 06/84241607. Bei nicht rechtzeitigem Erscheinen verfällt die Eintrittskarte! Die Skulptur von Canova befindet sich im Erdgeschoß. Weitere Werke von Antonio Canova besitzen die Galleria Nazionale d'Arte Moderna und die Vatikanischen Museen. In der Peterskirche gibt es von ihm geschaffene Grabdenkmäler: Das Grab für Papst Clemens XIII., Clemens XIV. und Pius VI., der Kenotaph für das Haus Stuart

Villa Paolina: Heute Französische Botschaft beim Heiligen Stuhl. Via Piave 23. Nicht zugänglich

S. Maria Maggiore: Piazza di S. Maria Maggiore. Täglich 7.00 Uhr – 20.00 Uhr, im Winter bis 19.00 Uhr. Das Grab von Paolina Borghese befindet sich in der nicht zugänglichen Gruft der Borghese, Cappella Borghese, links vom Hauptaltar

Palazzo Bonaparte (ehemals Palazzo Rinuccini): Piazza Venezia. Nicht zugänglich

Museo Napoleonico: Palazzo Primoli, Piazza di Ponte Umberto I, 1. Dienstag bis Samstag von 9.00 Uhr bis 19.00 Uhr, Sonntag und an Feiertagen von 9.00 Uhr bis 13.30 Uhr

EIN DICHTERSCHICKSAL: WILHELM WAIBLINGER

Vier Stationen stehen für den Aufenthalt Wilhelm Waiblingers in Rom: Via Frattina 14 bei der Ankunft, Via delle Quattro Fontane 101 für die Zeit der bittersten Not, Via del Mascherone 63 für aufkeimende Hoffnungen, für die schwere Krankheit, die ihm den Tod bringt. Als letzte und endgültige das Grab auf dem Protestantischen Friedhof unter einer gebrochenen Säule, die sein Bildnis trägt.

Heute ist Waiblinger als Schriftsteller fast vergessen, zu kurz war das Leben dieses Frühvollendeten, zu kurz für diese zarte, reizbare und leidenschaftliche Natur, der es in der Heimat Baden-Württemberg zu eng war. Seine Reise- und Wanderlust, sein Überschwang war grenzenlos, doch die Kraft, die er dafür aufbrachte und der ständige Geldmangel, unter dem er besonders in Rom litt, beschleunigten sein frühes Ende.

Geboren 1804 in Heilbronn als Kind einer schwäbischen Beamtenfamilie, zeigte er von klein auf außergewöhnliche musische Neigungen in allen Richtungen, doch seine ganze Liebe galt der Dichtkunst. Noch heute zeigen die Vielzahl seiner erhaltenen Gedichte diese Versessenheit. Sein Vater bestimmte ihn für die Pfarrerlaufbahn und schickte ihn ins Theologische Stift nach Tübingen. Dort geriet er in den Bannkreis Hölderlins, der dort seine letzten Jahre in geistiger Umnachtung verbrachte. Mit Mörike, ebenfalls ein Zögling des Stiftes, war er befreundet.

Als er 1826 wegen einer Liebesaffäre und aufgrund seiner „gänzlichen Vernachlässigung der bestimmungsgemäßen Studien" aus dem Stift hinausgeworfen wurde, unterbreitete er dem Stuttgarter Verleger Cotta Pläne für eine Italienreise und bat um finanzielle Unterstützung. Als Gegenleistung bot er Artikel und Reiseerlebnisse zur Publikation. Cotta ging auf dieses Angebot ein, da sich Waiblinger schon während seiner Stiftszeit durch Veröffentlichung von Gedichten und Prosawerken und dem ersten Roman „Phaeton" einen Namen gemacht hatte.

Waiblinger kam im November 1826 nach Rom und bezog im damaligen teuren Fremdenviertel an der Spanischen Treppe in der Via Frattina 14 Quartier. Seine leidenschaftliche Liebe zur Antike und zum Klassizismus schuf ihm viele Feinde unter den deutschen Künstlern, die dem mehr christlich-katholischen Nazarener-Stil anhingen. Dieses Zerwürfnis mit der deutschen Künstlerkolonie war letztendlich einer der Gründe dafür, daß sein Geldgeber das Vertrauen zu ihm verlor und die finanzielle Unterstützung stoppte. Waiblinger stand auf einen Schlag mittellos da und schlug sich nur durch Gelegenheitsverdienste und seine Sparsamkeit durch. Zeugnis für seine Not ist ein Aquarell des schwedischen Künstlerfreundes Lindström, das Waiblinger total zerlumpt und ausgemergelt vor einer römischen Osteria zeigt.

Er suchte sich eine bescheidene und billige Unterkunft in der Via delle Quattro Fontane. Von Anfang an stürzte er sich ins römische Volksleben und vermied die Isolation der deutschen Kolonie. Er verkehrte mit den untersten Volksschichten und gewann dadurch ein wahrhaftiges Bild des Lebens in der Stadt, fernab von aller idealistischen Schwärmerei und dem damaligen Touristenbetrieb. Zu Fuß, allein oder mit Freunden, unternahm er ausgedehnte Wanderungen in die Albaner- und Sabinerberge, vor allem in sein geliebtes Olevano. Dort fand er immer wieder Aufnahme bei der gastfreundlichen Familie Prattesi, die ihn während seiner ersten schweren Fieberkrankheit pflegte. Zu spät war er aus Geldmangel und entgegen dem Anraten seines Arztes aus dem sommerlich-heißen und malariagefährdeten Rom abgereist.

Seine unbändige Reiselust führte ihn weiter in die unwegsamen Abruzzen, nach Neapel, Capri und quer durch Sizilien, von Geldsorgen und von immer heftiger werdenden Krankheiten und Schwächeanfällen geplagt. In Rom lebte er mit einer von ihrem Mann verlassenen Frau zusammen, seiner geliebten Nena Carlenzo, seine Cornacchia (Krähe). Nena machte ihm mit ihrer Eifersucht das Leben schwer, sie hatte auch allen Grund dazu. Trotzdem kam er immer wieder zu ihr zurück. Aus dieser Verbindung ging eine Tochter hervor.

Ein neuer Verleger in Deutschland, Reimer in Berlin, war von seinen Ideen zur Herausgabe eines Taschenbuchs aus Italien und Griechenland begeistert, dank dessen Unterstützung besserte sich seine finanzielle Situation. Als er jedoch im Oktober 1829 körperlich völlig ruiniert von der Sizilienreise zurückkam, erkrankte er an einer Lungenentzündung und an Schwindsucht. Sein Körper war dem stürmischen Leben nicht mehr gewachsen. Auch die damalige Heilkunst der Ärzte hat sicher dazu beigetragen, den Tod zu beschleunigen. Den vielen Blutstürzen begegneten sie mit Aderlässen. Nena pflegte ihn aufopfernd, auch von vielen anderen Deutschen erhielt er Hilfe, doch seine Leiden verschlimmerten sich. Er starb am 17. Januar 1830 in der Unterkunft in der Via del Mascherone. Unter großer Anteilnahme vieler Künstler wurde er auf dem Protestantischen Friedhof begraben. An seinem Sterbehaus wurde aus Anlaß seines 100. Todestags 1930 eine Gedenktafel angebracht.

Ein riesiges Werk, bestehend aus Gedichten, Dramen, Romanen und Erzählungen, nicht zu vergessen die vielen Briefe und die Beschreibungen seiner Reisen, hat er hinterlassen. Manches ist für unser heutiges Verständnis zu sehr dem damaligen Zeitstil verhaftet, doch seine Erzählung „Die Briten in Rom" ist immer noch äußerst amüsant zu lesen, die Beschreibung seiner vielen Reisen zählen zu den schönsten dieser Gattung, sie wirken durch seine ausgesprochen persönliche Sehweise der Menschen und vor allem der Landschaft äußerst modern.

Die vielen Briefe in die Heimat sind der unmittelbarste Ausdruck seiner Ideen, seiner Begeisterung für Rom und Italien, darüber hinaus seiner großen Not. Sein letzter Brief an seine Eltern schloß mit folgenden Worten: „Lebet wohl, liebe Eltern! Ich sterbe auf römischem Boden!"

„Qui solamente felice" steht auf der zur Erinnerung angebrachten Tafel am Sterbehaus in der Via del Mascherone 63: „Nur hier glücklich!"

Protestantischer Friedhof: Via Caio Cestio 6. Dienstag bis Sonntag 9.00 Uhr – 18.00 Uhr, im Winter nur bis 17.00 Uhr. Das Grab ist vom Eingang aus schräg nach rechts oben zu erreichen, aber nicht besonders einfach zu finden. Im Büro wird ein kleines Buch mit Plan verkauft

Sterbehaus mit Inschrift in der Via del Mascherone 63, Ecke Via Giulia, nahe Palazzo Farnese

LUDWIG I. VON BAYERN UND DIE VILLA MALTA

Ein wenig abseits träumt sie heute vor sich hin, die Villa Malta, hinter der Spanischen Treppe, im Dreieck der Via Sistina und der Via di Porta Pinciana gelegen. Unsichtbar ist sie geworden durch die hohe Bebauung der Umgebung, die den früher so markanten Turm der Villa verschwinden läßt. Nur von der Ferne, vom Gianicolo kann man ihn noch erkennen und natürlich direkt am Eingangsportal der Villa an der Via di Porta Pinciana. Alles hat sich verändert, die Villa hat ein anderes Aussehen als während ihrer glorreichen Zeit, als sie Wohnung von vielen deutschen Rombesuchern war. Auch das Umfeld hat sich gewandelt, die Bebauung war eher spärlich, das zeigen die vielen Bilder die vom Turm aus gemalt wurden, nebenan erstreckte sich der riesige Park der Villa Ludovisi. Und natürlich der Eigentümer: Heute ist es der Vatikan, genauer die Jesuiten, nur noch bis zum Portiershaus ist der freie Zutritt möglich, es sei denn, man findet einen Ordensbruder, der einen kurzen Einblick gestattet in den Ort, der früher einer der Brennpunkte des deutschen und künstlerischen Lebens in Rom war.

Schon in der Antike war der Pincio ein beliebtes Gelände für Landhäuser und Gartenanlagen. Kein geringer als der Feldherr Lucullus, bekannt für seinen Reichtum und seine heute noch sprichwörtliche Genußsucht besaß hier eine prachtvolle Villa. Lucullus brachte übrigens die ersten Kirschbäume nach Rom, sicher wuchsen sie hier in seinen Gärten. Die heutige Gestalt des Hügels mit den Villen Borghese, Medici und der kleinen Villa Malta bewahrt diese Tradition. Gerade für die Villa Malta gilt dies besonders, steht sie doch auf dem ehemaligen Terrain der antiken Villa des Lucullus.

Das Gebiet gehörte ab dem 15. Jahrhundert zum Kloster der französischen Minimen, das auch die Kirche SS. Trinità dei Monti einschloß. Man vermutet, das Kloster ließ in seinen Gärten das Gebäude mit dem charakteristischen Turm (vielleicht der Rest eines ehemaligen Kirchturmes?) errichten, um es an Romreisende zu vermieten. Anfangs war es eine recht einfache Behausung. Der Name leitet sich von einem der ersten Mieter ab, denn ein Botschafter des Malteserordens wohnte hier für mehrere Jahre. Allgemein hieß das Gebäude deswegen „Giardino di Malta", Maltesergarten.

Natürlich war es wieder Goethe, der das bezaubernde Anwesen für die deutschen Rombesucher entdeckte. Eines Tages führte ihn die Malerin Angelika Kauffmann, seine römische Muse, in die Villa. Goethe war begeistert vom Garten und der Aussicht. Er pflanzte im Park einen Dattelkern ein, daraus wuchs eine Palme, die noch heute neben den vielen anderen dort stehen soll.

Dann ging es Schlag auf Schlag: Die Herzogin Amalie von Weimar, die Mutter von Goethes Arbeitgeber, mietete 1789 die Villa mit ihrem Gefolge, zu dem auch Herder gehörte. Zwischenzeitlich wohnte ein französischer Freimaurer in der Villa, der berüchtigte Magier und Alchimist Cagliostro trieb während dieser Zeit sein Unwesen, bis ihn die päpstlichen Behörden in den Kerker der Engelsburg einsperrten. Überliefert ist ein Beispiel seiner magischen Kunst, das er anläßlich einer Abendgesellschaft vorführte: Er ließ einen Knaben in eine Schale Wasser blicken und bat ihn, den versammelten Gästen zu berichten, was er darin erblickte. Zum Entsetzen aller sah der Junge im Wasser Szenen der Französischen Revolution, Jahre bevor sie tatsächlich ausbrach. Damals war auch ein französischer Kardinal anwesend, der trotz seiner Skepsis seine Ängstlichkeit nicht verbergen konnte.

Nach diesem magischen Intermezzo logierte hier Friederike Brun und die Familie Humboldt. Friederike Brun, eine geistreiche Italienschwärmerin und Schriftstellerin machte die Villa zum künstlerischen Treffpunkt Roms, der aber deutsch dominiert war. Zu Weihnachten erstrahlte hier ein deutscher Christbaum, für den hochgeschätzten dänischen Bildhauer Thorvaldsen veranstaltete man ein Künstlerfest, ganz im Stil der alten Künstlerkrönungen auf dem Kapitol, bei denen man Dichter wie Petrarca und Tasso mit Lorbeerkränzen ehrte.

Kurzzeitig wohnten hier auch die Maler des Lukasbundes, die Nazarener, bevor sie ins benachbarte Kloster San Isidoro umzogen. Endgültig zu einem Zentrum des deutschen Lebens in Rom wurde die Villa durch König Ludwig I. von Bayern, dem Großvater von König Ludwig II. Der Enkel war der Erbauer der „Märchenschlösser" und übertrifft heute seinen Ahnen erheblich an Bekanntheit.

Ludwig hatte Rom zum ersten Mal bereits 1805 besucht, zu einer Zeit, als er noch Kronprinz war. Dieser erste Aufenthalt prägte ihn sehr, denn er genoß dort das einfache Leben fern der Etikette des Hofes im heimatlichen München. Er gewann viele Freunde und begeisterte sich für die in Rom aufblühenden neuen Kunstbestrebungen, sei es die christlich geprägte Kunst der Nazarener oder die antik geprägte Kunst der Klassizisten. Als er dann 1825 endlich König wurde, machte er seine Träume und Versprechungen wahr und überhäufte seine Künstlerfreunde mit Aufträgen für die Residenzstadt München, die damit zum führenden deutschen Kunstzentrum wurde. Als die Villa Malta 1827 zum Verkauf stand, griff er zu. Er kannte das Anwesen von seinem früheren Aufenthalt dort im Jahre 1818 und war glücklich, es jetzt in seinem Besitz zu sehen und damit an sein früheres ungezwungenes Leben in Rom anknüpfen zu können. Bezeichnenderweise drückte er es so aus: „Von des Thrones Ketten habe ich mich nun für einige Zeit befreit, lebe als Privatmann glücklich, Künstler sind meine Tischgäste."

Als sein Agent und Verwalter der Villa fungierte Martin von Wagner, der auch für die Kunstankäufe Ludwigs zuständig war. Manch wertvolles Stück, das heute die bayerischen Kunstsammlungen schmückt, kam nur dank dem Verhandlungsgeschick und dem Sachverstand Wagners nach München. Wagner blieb in Rom, sein Grab befindet sich auf dem Camposanto Teutonico.

Bis zu seinem Tode 1868 reiste Ludwig insgesamt dreizehnmal nach Rom in sein Refugium, er war der einzige deutsche Herrscher, der hier ein Anwesen besaß und dadurch quasi zum römischen Bürger wurde. Allerdings besonders königlich darf man sich die Villa nicht vorstellen, das Wort Villa ist fast schon zu hochtrabend. Es ging recht einfach zu, das gilt auch für die Ausstattung. Ein vornehmer Römer rümpfte die Nase und sagte dem König ins Gesicht: „Sire, dies ist keine Villa, sondern nur ein Krautgarten." Ludwig legte Wert auf eine gepflegte Unordnung, bewußt vermied er die Bezeichnung Villa und nannte sein Anwesen lediglich „Giardino di Malta". Vielleicht kam diese Haltung von seiner Bescheidenheit und Sparsamkeit, manche sagen aber, es war sein Geiz.

Ganz und gar nicht sparsam waren seine Beziehungen zum anderen Geschlecht. Im Schloß Nymphenburg in München hängt noch seine Schönheitsgalerie, eine Sammlung von Bildern der schönsten Frauen Bayerns. Seine große Liebe in Rom war die junge

Marchesa Fiorenzi aus Perugia, die nicht nur sehr schön, sondern auch sehr gebildet war. Sie sprach perfekt deutsch und übersetzte etliche philosophische Werke ins Italienische. Eine andere Liebschaft kostete dem König schließlich den Thron: Die Affäre mit der spanischen Tänzerin Lola Montez. 1848 dankte er zugunsten seines Sohnes Maximilian ab. Allerdings hatte er dadurch wieder mehr Zeit für sein geliebtes Rom.

In Rom war er gern gesehen, wenngleich er auf die vornehmen Römer etwas ungewohnt wirkte durch seine betonte Ungezwungenheit. Auch seine äußere Gestalt im Alter erschien ihnen etwas seltsam, fast schon eine Karikatur: Er besaß eine große Nase, auf der Stirn befand sich ein Auswuchs, dazu kam seine Schwerhörigkeit. Gerne ging er ins Theater, besuchte natürlich Künstler in den Ateliers und wanderte durch die Stadt und die Campagna. Viele Anekdoten über ihn machten damals die Runde. Einmal wurde er von einem Stier auf die Hörner genommen. Belustigt erzählte er dieses Erlebnis mit der Bemerkung, daß ihm dadurch zum ersten Mal klar wurde, wie wenig es in so einer Situation nützte, ein Abkömmling des Hauses Wittelsbach zu sein.

Der König hat seinen Giardino zum letzten Mal 1867 besucht. Am Abend vor seiner Abreise trank noch aus der Fontana di Trevi, doch er kehrte nicht mehr zurück. Ein Jahr später, 1868, verstarb er in Nizza.

Seine Erben wußten mit dem Besitz im fernen Rom nichts anzufangen, man schrieb die Villa zum Verkauf aus. Viele hegten damals die Hoffnung, der preußische Staat sollte die Villa erwerben um dort eine Akademie ähnlich der benachbarten französischen in der Villa Medici einrichten. Doch 1873 kaufte das Anwesen der russische Graf Bobrinski, der es vollkommen umbaute und zu einer wirklichen Villa machte, nur noch wenig blieb vom einfachen Ursprung übrig. Um 1900 kam sie kurzzeitig noch einmal in deutschen Besitz, als der deutsche Botschafter von Bülow das Anwesen erwarb. Heute gehört sie jedoch, wie anfangs bereits erwähnt, den Jesuiten und ihrer Organisation „La Civiltà Cattolica".

Villa Malta: Kreuzung Via Francesco Crispi und Via Ludovisi. Nicht zugänglich.

DIE NAZARENER IN ROM
UND DAS CASINO MASSIMO

Spärlich sind die Spuren, die sich in Rom vom deutschen Künstlerbund der Nazarener erhalten haben. Ihr einstiges Domizil, das Kloster San Isidoro existiert zwar noch, doch nichts erinnert dort an die ehemaligen Bewohner. Es beherbergt heute das Kolleg der irischen Franziskaner und ist für Besucher schwer zugänglich. Von den in Rom entstandenen Werken sind fast alle nach Deutschland gelangt, verteilt auf bedeutende Museen und Privatsammlungen. Die Fresken aus der Casa Bartholdy, also Kunstwerke, die eigentlich nicht so leicht transportierbar sind, wanderten ebenfalls über die Alpen, die in Rom verbliebenen Fresken im Casino der Villa Massimo sind fast unbekannt und in kaum einem Reiseführer erwähnt, obwohl das Casino leicht zugänglich ist. Nach dem Klosteraufenthalt in S. Isidoro trennte sich die Gruppe und zerstreute sich auf verschiedene Wohnungen und Ateliers. Einige der Künstler kehrten nicht mehr nach Deutschland zurück, sei es aus eigenem Wunsch oder durch einen frühen Tod: Der Maler Friedrich Overbeck blieb den Rest seines Lebens hier, sein Grab befindet sich in der kleinen Kirche San Bernardo alle Terme, seine Familie liegt auf dem Camposanto Teutonico, genauso wie der den Nazarenern nahestehende Maler Joseph Anton Koch. Der früh und tragisch verstorbene Maler Carl Philip Fohr (er ertrank im Tiber) liegt im Schatten der Pyramide auf dem Protestantischen Friedhof begraben, die letzte Ruhestätte des Malers Johannes Veit befindet sich in der Kirche Il Gesù.

Doch wer waren die Nazarener überhaupt?

Es war eine Gruppe junger Maler, die mit dem um 1800 herrschenden Zeitstil nicht mehr einverstanden waren. Die jungen Künstler waren Studenten an der Wiener Kunstakademie, der dort gelehrte Klassizismus, die Lehrmethoden und die Ansichten der Professoren kamen ihnen überholt und altmodisch vor. Sie forderten die Erneuerung der Kunst auf religiöser und patriotischer Basis, eine Wiederbesinnung auf die großen Künstlerpersönlichkeiten der Renaissance, Albrecht Dürer und Raffael. Bewußt wendete man sich nicht nur innerlich vom herrschenden Zeitstil ab, sondern auch durch das äußere Auftreten, man trug altdeutsche Tracht und lange Haare im Stil von Dürer. Unter Führung von Overbeck und Franz Pforr formierte man sich zum „Lukasbund", benannt nach dem Schutzheiligen der Maler, dem Heiligen Lukas, um gemeinsam die neuen Ideen zu leben und zu verbreiten. Der harte Kern dieses Bundes brach 1810 nach Rom auf, um dort mit missionarischem Eifer seine Ziele zu verfolgen, weitere Künstler schlossen sich dort an. Die erste Unterkunft der Gruppe war die Villa Malta, doch bald fanden sie die ideale Heimstatt, das vor kurzem aufgelassene Kloster San Isidoro in unmittelbarer Nachbarschaft der Villa. Hier konnten sie ihre Ideen eines christlich orientierten, gemeinsam lebenden und arbeitenden Malerbundes verwirklichen. In den Mönchszellen richteten sie ihre Ateliers ein, sie nannten sich gegenseitig Brüder, sie lebten wie in einer religiös-ästhetischen Meditation. Nicht nur Overbeck trat in diesem Klima zum Katholizismus über. Die Bibel wurde das wichtigste Buch für die Maler, aus ihr und den altdeutschen Sagen und Geschichten schöpften sie Motive für Andachtsbilder und Historienmalerei. Sie waren so vom Klosterleben durchdrungen, daß sie sich auch äußerlich in Mönche verwandelten: Sie trugen einfache, nachlässige Gewänder und lange, streng gescheitelte Haare. Die Gemeinschaft wuchs rasch, und immer öfter sahen die Römer diese merkwürdigen, aber immer freundlichen Gestalten, bald bürgerte sich der Spottname „Nazarener" ein, der noch heute in der Kunstgeschichte für die Gruppe gilt. Auch ihre Landsleute und die anderen deutschen Künstler machten sich am Anfang über diese Malermönche lustig und kritisierten deren künstlerischen Extremismus. Der klassizistische Maler Johann Christian Reinhart beschrieb 1838 rückblickend die Maler spöttisch auf folgende Weise:

„Nazarener sind eine eigene Gattung von Menschen, welche sich von anderen geflissentlich absondern, sich untereinander verehren, lieben und loben, hingegen alles verachten, tadeln und herabsetzen, was nicht zu ihrer Sekte gehört, wobei sie sich selbst nicht entblöden, Verleumdungen zu machen. In ihrer Kleidung zeichnen sie sich durch einen eigenen Schnitt des Rockes aus, der gewöhnlich von schwarzer Farbe und grobem Faden ist. Haupthaar und Bart lassen sie lang und ungekämmt wachsen. Blasse Gesichtsfarbe gilt bei ihnen für Schönheit, die sie auch künstlich hervorzubringen wissen. Sie verdrehen gerne die Augen und senken den Kopf nach der einen Schulter. Manche waschen sich nicht, beschneiden auch die Nägel nicht. Ihre Entstehung soll sich aus den Zeiten der ersten Kreuzzüge herschreiben. Ihre Hauptbeschäftigung ist, die Kunst in die erste Epoche nach dem Verfall der Künste, also in ihre Kindheit zurückzuführen, weshalb sie auch die Fehler und Schwächen der ältesten Meister verehren und nachahmen, da sie ihnen für Schönheiten gelten. Richtige Zeichnung lieben sie nicht, desto mehr aber Gold und Zierraten. Buffon erwähnt ihrer nicht besonders, man rechnet sie aber gewöhnlich unter die zahmen Haustiere, ob sie gleich nach Art der Affen zuweilen ungezogen sind."

Die Gemeinschaft im Kloster bestand jedoch nicht lange, schon 1812 löste sich dieser enge Bund auf, doch nur örtlich. In Wirklichkeit war die Zahl der Gleichgesinnten gewachsen, die Maler, auch wenn sie jetzt einzeln oder in kleinen Gruppen arbeiteten, hielten doch innerlich zusammen.

In Rom konnten sie in der Folge große Projekte verwirklichen, nämlich in der von ihnen für besonders wichtig gehaltenen Technik der Freskomalerei. Der erste Auftrag war ein Zyklus von Fresken in der Wohnung des preußischen Konsuls Jacob Salomon Bartholdy im Palazzo Zuccari oben an der Spanischen Treppe, der sich heute in der Berliner Nationalgalerie befinden. Der zweite bedeutende Auftrag waren die Fresken im Casino Massimo, von denen später noch die Rede sein wird. Beide Aufträge bestätigten, wie hoch das Ansehen der Gruppe bereits war und wie groß ihre Fähigkeiten in der vergessenen Freskotechnik eingeschätzt wurden, die sie wieder zum Leben erweckten.

Der endgültige Durchbruch und die Rückverpflanzung der Ideen der Gruppe nach Deutschland brachte der Besuch König Ludwigs I. von Bayern in Rom. Sein nach allen Seiten offener Kunstgeschmack erkannte das Talent der Maler. Er wurde zum Mäzen der Künstler, kaufte ihre Bilder, berief viele von ihnen nach München und erteilte dort umfangreiche Freskoaufträge. So gesehen wurde die nazarenische Kunst erst durch den Umweg Rom in der eigentlichen Heimat richtig populär. Leider gingen viele der in München ausgeführten Fresken im Bombenhagel des 2. Weltkriegs zu Grunde. Dieser Triumph in Deutschland verkehrte sich jedoch nach und nach ins Gegenteil, der nazarenische Stil wurde der an den Akademien maßgeblich gelehrte Stil, eine Erstarrung, ähnlich derjenigen, die sie am Beginn ihres Aufbruchs bekämpften, trat ein.

Lange Zeit waren ihre Werke als kitschig und süßlich verschrien, zu sehr abhängig von den großen Vorbildern Dürer und Raffael. Doch in den letzten Jahren fanden etliche Ausstellungen zum Thema statt, eine Periode wiedererwachten Interesses und Wertschätzung für die Nazarener und ihrer Kunst begann. Zudem wurden 1979 die in Rom verbliebenen Fresken des Casino Massimo restauriert.

Das Casino Massimo befindet sich in einer ruhigen Seitenstraße in der Nähe des Laterans, in der Via Matteo Boiardo 16. Das Casino ist der letzte Rest der Villa Massimo, nicht zu verwechseln mit jener anderen Villa Massimo, in der junge deutsche Künstler als Stipendiaten in Rom leben und arbeiten.

1605 kaufte der Marchese Vincenzo Giustiniani etliche Grundstücke nördlich der Laterankirche, um dort einen Zier- und Nutzgarten anzulegen. Mittelpunkt der Anlage war ein Casino, ein Sommerhaus ohne besonders aufwendige Ausstattung und nur für kurze Aufenthalte geeignet, mit einer offenen Loggia zum Garten hin. Um das Gebäude herum wurden zahlreiche Buchsbaumhecken gepflanzt, antike Marmorfiguren schmückten den Park, das restliche Gelände war lediglich ein Obst- und Gemüsegarten.

Um 1800 wurde die Familie Massimo Eigentümer der kleinen Anlage. Der Fürst Carlo Massimo war es auch, der die Nazarener mit der Ausmalung der Räume beauftragte. Bis heute ist nicht ganz klar, warum der Fürst ausgerechnet die jungen deutschen Maler mit diesem Auftrag betraute. Vermutlich wurde er durch Vermittlung einheimischer Künstler auf sie aufmerksam, denn die Nazarener hatten mit der Ausmalung der Casa Bartholdy großes Ansehen erlangt und damit bewiesen, daß sie die schwierige Freskotechnik beherrschten.

Die Nazarener traten dem Fürsten gegenüber sehr selbstbewußt auf, sie verlangten, bei der Ausführung nicht an Bedingungen und Einwände des Auftraggebers gebunden zu sein. Wie bereits früher, wollte man den Auftrag gemeinsam ausführen. Als Themen der Fresken wählte man Motive aus den Epen der großen italienischen Dichter: aus Dantes Alighieris „Divina Commedia" (Die Göttliche Komödie), aus Ludovico Ariosts „Orlando Furioso" (Der Rasende Roland) und aus Torquato Tassos „Gerusalemme Liberata" (Das Befreite Jerusalem).

Doch während der Arbeit zeigte sich, daß die Idee des gemeinschaftlichen Schaffens nicht auf Dauer verwirklicht werden konnte, Overbeck war an diesem Auftrag eigentlich nicht sehr interessiert, Cornelius ging auf Einladung Ludwigs I. nach München. Darüber hinaus verzögerten viele Krankheitsfälle die Vollendung. 1817 wurde der Vertrag geschlossen, 1830 waren die Fresken endlich fertig.

Im Gegensatz zu vielen anderen Villen entging das Casino mit den Fresken im Zuge der Baumaßnahmen nach der Ausrufung Roms zur Hauptstadt dem Abbruch. Anfangs schien es, die Villa konnte der in der Umgebung tobenden Bauwut nicht lange widerstehen. Doch nur per Zufall entging das Gebäude dem Abriß, denn es fiel genau ins Raster der neuen Straßen, der Garten jedoch wurde bis auf ein Minimum beschnitten und überbaut. Lange blieb das Anwesen mit dem Casino noch im Besitz der Familie Massimo. Nach dem 2. Weltkrieg stand es jedoch zum Verkauf. Neuer Eigentümer wurden die Franziskaner des Heiligen Landes, die hier ihre römische Niederlassung aufbauten. Geplant war, um das Casino einen Kreuzgang zu errichten, der Platz für die Zellen der Mönche bot. Auflage des Denkmalamtes war die Rücksichtnahme auf das Casino, so entstanden flügelartige Anbauten mit Loggien im Erdgeschoß, die mit dem Casino einen Innenhof umschließen. Alles wirkt sehr harmonisch und schon immer dagewesen, aber es ist wirklich neu, die Säulen sind aus Beton, der Raum zwischen zwei Säulen entspricht genau einer Zelle.

Ein freundlicher Pförtnermönch läßt jeden Besucher herein, doch das sind nicht viele. Italiener kommen kaum, nicht einmal die Bewohner des umliegenden Viertels zeigen Interesse für die einzigen, noch in Rom verbliebenen Fresken der Nazarener, gleichzeitig eines ihrer Hauptwerke. Nur gelegentlich verirren sich Deutsche in die stille Seitenstraße.

Vom Hof aus betritt man die ehemalige Loggia des Casinos, die jetzt mit Mauerwerk geschlossen ist, eine Bedingung der Maler, die ihr Werk nicht Wind und Regen ausgesetzt sehen wollten. In diesen drei nebeneinander liegenden Räumen wird man in eine ganz andere Welt versetzt, in ein romantisches Mittelalter, mit schönen Frauen und strahlenden, frommen Helden, die allerlei Abenteuer erleben, aber auch in ein düsteres Mittelalter, das die Jenseitsängste und Hoffnungen der Menschen widerspiegelt.

Die Fresken mit ihren bunten Farben sind ausgezeichnet erhalten und hervorragend restauriert, man kann sich einfach nicht losreißen und entdeckt immer wieder neue Details. Im Tasso-Saal ist das Portrait des Auftraggebers, des Fürsten Carlo Massimo versteckt: Am rechten Bildrand des Freskos mit der Berufung Gottfrieds von Bouillons gegenüber dem Eingang erkennt man drei durch Aussehen und Kleidung nicht in die Zeit des Mittelalters passende Figuren. Die Figur im Profil ist der Fürst, der Mann mit Barett ist Friedrich Overbeck, der dieses Fresko gemalt hat, daneben steht der Dichter Torquato Tasso, kenntlich an dem Lorbeerkranz. Im Fresko von Joseph von Führich über der Eingangswand, dargestellt wird hier die Anbetung des Heiligen Grabes durch die Kreuzfahrer, sind am linken Bildrand ebenfalls Mitglieder der Familie Massimo verewigt. Sie scheinen allerdings nicht sehr interessiert, anstatt das historische Ereignis zu verfolgen, blicken sie meist aus dem Bild heraus. Es war ein ausdrücklicher Wunsch des Fürsten, Familienportraits in den Fresken unterzubringen, der Maler war darüber nicht sehr begeistert und hatte sichtlich Probleme, die Gruppe in die Komposition miteinzufügen.

Doch was passiert in den Fresken überhaupt, was ist dargestellt?

Der erste Saal, den der Besucher betritt, ist der Ariost-Saal. Die Ausmalung stammt komplett von Julius Schnorr von Carolsfeld, obwohl dieser lang unentschlossen war, den Auftrag zu übernehmen. Fast schien es, als ob ein italienischer Maler die Arbeit übernähme und vollende. Doch nach dem unvermuteten Tod des Italieners stürzte sich Schnorr von Carolsfeld förmlich in die Arbeit. Das Versepos Ariosts vom „Rasenden Roland" (erste Ausgabe 1516) ist reich an parallelen Handlungen, die oft ganz phantastische Züge tragen, bevölkert mit Feen, Magiern und Monstren. Die verschiedenen Erzählstränge spielen sämtlich während des Krieges Karls des Großen gegen die Heiden, zuerst vor Paris, das von den Sarazenen belagert wurde, dann im Kampf der Christen gegen den heidnischen König Agramante in der Provence und letztlich während einer Seeschlacht vor der Küste Afrikas. Doch dieser geschichtliche Hintergrund tritt bald zurück und die Liebeshändel der Ritter und deren zu lösende Verwicklungen treten in den Vordergrund. Das Grundthema ist die Rivalität der beiden Ritter Orlando und Rinaldo um die schöne Angelica. Ihr beider Dienstherr, Karl der Große, bringt Angelica beiseite und verspricht sie demjenigen, der in der Schlacht am besten kämpft. Als Angelica aus dem Lager Karls des Großen flieht, verfolgen sie die beiden Ritter und versuchen sie zurückzuholen. Ein weiterer Ritter kommt jetzt ins Spiel, der Sarazene Ferragu, der ebenfalls in Angelica verliebt ist, ein Dreikampf beginnt, doch Angelica flieht weiter. Denn in Wirklichkeit liebt sie den Knappen Medoro. Als Orlando dies entdeckt, verliert er den Verstand. Nach und nach fächern sich immer mehr nebeneinander liegende Handlungsstränge auf, immer mehr Personen, andere Paare, auch aus dem gegnerischen Lager und deren oft bizarre Erlebnisse werden beschrieben. Die Ritter sind immer unterwegs auf der Suche nach Abenteuern oder Kämpfen. Einer der Ritter erhebt sich sogar unversehens mit einem fliegenden Pferd in die Lüfte, ein anderer fliegt über das Jenseits zum Mond, um dem wahnsinnig gewordenen Orlando den Verstand zurückzuholen, damit er wieder kämpfen kann. Erst am Schluß kehrt Ariost zum Hauptstrang zurück: Orlando besiegt in der finalen Schlacht in einem Duell den heidnischen König Agramante, damit endet das Epos.

Die Fresken illustrieren einige Episoden des Epos. Im Gewölbe thront Kaiser Karl der Große inmitten seines Gefolges und Würdenträgern, umgeben von Darstellungen der verschiedenen Kämpfe der Ritter, wobei links auf der westlichen Längswand eine der Hauptpersonen zu sehen ist, nämlich Rinaldo auf seinem Streitroß. Das Wappen dazwischen in den Gewölbekappen ist jeweils das der Familie Massimo. Auf der Längswand gegenüber dem Eingang ist links das Sarazenenheer vor Paris zu sehen, während rechts Kaiser Karl der Große und sein Gefolge in die Stadt einreiten. Die linke südliche Schmalwand zeigt das Liebespaar Angelika und Medoro, unten Orlando, einmal schlafend, rechts wahnsinnig nach der Entdeckung des Paares, während zwischen den Fenstern und auf der anderen Schmalseite weitere Protagonisten abgebildet sind.

Rechts durch die Tür schließt sich der Tasso-Saal an, auch hier wird gegen die Heiden gekämpft, jedoch zur Zeit des ersten Kreuzzuges. Ausgeführt hat die Fresken Friedrich Overbeck, der jedoch später die Lust verlor und die Vollendung dem jungen Joseph von Führich übergab. Das Epos vom „Befreiten Jerusalem" (erschienen 1581) des in Rom verstorbenen Torquato Tasso ähnelt dem „Orlando Furioso" von Ariost. Historischer Anlaß war das neuerliche Vordringen der Türken. Angesiedelt ist das Epos in der Zeit des ersten Kreuzzuges, zu dem Gottfried von Bouillon (im Text Goffredo genannt) eine Schar gleichgesinnter Ritter zum Kampf versammelte, um die Heilige Stadt Jerusalem für die Christenheit zu retten. Genauso wie bei Ariost dient der Kreuzzug nur als historischer Hintergrund, dessen Bedeutung allmählich zurücktritt, die Abenteuer und die Liebeshändel der verschiedenen Ritter, allen voran die jungen Ritter Rinaldo und Tancredi, stehen im Vordergrund. Natürlich passieren hier ans Wunderbare grenzende Dinge. Rinaldo gerät in den Bann der heidnischen Zauberin Armida, die ihn auf Geheiß finsterer Mächte zu Fall bringen soll. Sie entführt ihn auf eine einsame Insel, nur mit Mühe kann er sich aus ihrer Zauberkraft befreien. Durch Buße wird er wieder zum christlichen Ritter, der dank seiner Tapferkeit einen großen Anteil an der folgenden Eroberung Jerusalems hat.

Der Ritter Tancredi liebt die heidnische Kriegerin Clorinda, doch in einem irrtümlichen Zweikampf verwundet er sie nichtsahnend tödlich. Die Sarazenenpriesterin Erminia liebt ihrerseits Tancredi und folgt nach dem Zweikampf dem Verzweifelten, der ebenso verfolgt, so daß sie sich zeitweise bei Hirten verstecken muß. Erst nach zahlreichen Irrungen und Wirrungen finden beide am Schluß zusammen.

Die Fresken zeigen den historischen Anfangs- und Endpunkt der Geschichte. Zwischen den Fenstern sieht man Gottfried, wie ihm vom Erzengel Gabriel der Kreuzzug befohlen wird. Im großen Fresko gegenüber der Eingangswand wird Gottfried zum Anführer berufen und zur Erstürmung Jerusalems gerüstet. Über der Tür hat Führich die Kreuzfahrer vor dem Heiligen Grab dargestellt, flankiert von Mitgliedern der Familie Massimo. Die Abenteuer der Ritter werden im Gewölbe, an der Wand gegenüber den Fenstern und auf dem Sockelfries erzählt. Rinaldo, Armida und deren Zauberwald sind auf der rechten Wandhälfte und über der Tür zu einem Nebenraum dargestellt, im Gewölbe thront in der Mitte die Allegorie des befreiten Jerusalems. Tancredi und die sterbende Clorinda sind über dem Wandfresko mit der Berufung Gottfrieds zu sehen, gegenüber Erminia bei den Hirten. Über der Tür zum Nebenraum blickt man in Armidas Reich, über dem Fenster ist die Geschichte von Olindo und Sofronia dargestellt.

In eine ganz andere Welt führt der Dantezyklus von Joseph Anton Koch, Philipp Veit und anfangs auch Peter Cornelius im linken Seitensaal. (Joseph Anton Koch gehörte zwar der älteren Generation von Malern an, bekannte sich aber zu den Idealen der jüngeren Nazarener.) Im monumentalen Epos „La Divina Commedia" aus dem 14. Jahrhundert wandert Dante durch die Höllenkreise, durch das Fegefeuer und steigt letztlich ins Paradies auf. Begleitet wird er dabei vom antiken Dichter Vergil. Minutiös und mit typisch mittelalterlicher Grausamkeit schildert Dante die Qualen der verdammten Seelen. Der Beginn des Epos ist über der Eingangstür dargestellt, Dante hat sich in einem Wald verlaufen und ist eingeschlafen, er wird von wilden Tieren bedroht und von Vergil gerettet, zusammen beginnen sie den Weg durch die Unterwelt. Die Handlung geht auf der rechten Wand weiter, inmitten von verzweifelten und gepeinigten Seelen thront der Teufel, Dante und Vergil passieren die Szene auf einer Art Drachen. Die Wand zwischen den Fenstern zeigt das Fegefeuer, dargestellt ist die Buße der sieben Todsünden. Die letzte Wand zeigt das Schiff, das die geretteten Seelen zum Läuterungsberg bringt, um sie auf den Aufstieg ins Paradies vorzubereiten. Das Paradies erhebt sich über uns, über allem thront die Madonna, daneben Dante und der hl. Bernhard. Umgeben ist die Madonna von den verschiedenen Paradieshimmeln und deren Bewohnern: Heilige, Apostel, Märtyrer, Kirchenväter, biblische und christliche Könige, darunter Karl der Große. Inmitten dieser Schar taucht auch mehrmals Dante in Begleitung seiner verehrten Beatrice auf.

Der Auftraggeber, Fürst Carlo Massimo, war bereits gestorben, als die Fresken im März 1830 endlich fertig wurden. Die Erben waren vom Ergebnis nicht besonders begeistert, von den Malern wurde verlangt, einige Figuren zu übermalen, die man für unschicklich hielt, was diese jedoch empört verweigerten, so daß ein italienischer Maler beauftragt wurde. Wie im Jüngsten Gericht von Michelangelo wurden einige der nackten Figuren mit Hosen versehen, worauf Joseph Anton Koch spöttisch meinte, daß man in der Hölle eigentlich keine Hosen trüge. Bei der Restaurierung wurden diese Übermalungen entfernt, so daß die Fresken heute wieder in ihrer ursprünglichen Gestalt und wunderbaren Farbigkeit leuchten und einen romantischen Zauber ausstrahlen, den man ganz ungestört erleben kann. Denn wie bereits erwähnt, Besucher kommen hierher kaum, obwohl die Fresken wahrlich mehr Aufmerksamkeit verdienen.

Casino Massimo: Via Matteo Boiardo 16. Dienstag und Donnerstag 9.00 Uhr – 12.00 Uhr, 16.00 Uhr – 19.00 Uhr. Sonntag 10.00 Uhr – 12.00 Uhr.

S. Bernardo alle Terme: Via Torino 94. Tägl. 6.30 Uhr – 19.00 Uhr. Die Kirche ist in einem ehemaligen Rundbau der Diokletiansthermen hineingebaut und hat Ähnlichkeit mit dem Pantheon, vor allem wegen der Kuppel. In der rechten Seitenkapelle neben dem Chor ist das Grab von Friedrich Overbeck

Camposanto Teutonico: Zugang vom Petersplatz, Arco delle Campane links unter der Peterskirche, man wende sich an einen der wachhabenden Schweizergardisten. Wechselnde Öffnungszeiten, meist nur vormittags geöffnet. Hier befinden sich die Gräber von Joseph Anton Koch und der Familie von Friedrich Overbeck

Protestantischer Friedhof: Via Caio Cestio 6: Dienstag bis Sonntag von 9.00 Uhr – 18.00 Uhr, im Winter nur bis 17 Uhr. In der Parte Antica des Friedhofs, direkt gegenüber der Pyramide befindet sich in der Rasenfläche das schlichte Grab von Carl Philipp Fohr

Il Gesù: Piazza del Gesù. Hier ist das Grab des Malers Johannes Veit, der Bruder von Philipp Veit

Museum des Befreiungskampfes Roms: Via Tasso 145. Öffnungszeiten konnten nicht ermittelt werden. Unweit des Casinos mit seinen Bildern aus dem romantischen Mittelalter befand sich während der deutschen Besatzungszeit im 2. Weltkrieg das Hauptquartier der Gestapo. Ein kleines Museum mit Dokumenten über die Widerstandsbewegung und die Judenverfolgung erinnert daran

DER SCHMERZENSENGEL VON WILLIAM WETMORE STORY

Eines der Grabmäler auf dem Protestantischen Friedhof verkörpert den hier herrschenden Geist und die leise Melancholie besonders eindringlich: Der berühmte Schmerzensengel, der „Angel of Grief", den der amerikanische Bildhauer William Wetmore Story für das Grab seiner Frau Emelyn schuf und unter dem er auch selbst begraben liegt. Ein kniender Engel, in tiefster Trauer über den Grabstein gebeugt. Alles an ihm strahlt Trauer aus, die gesenkten Flügel, die herabhängende Hand, das verborgene Gesicht, vom Bildhauer geschickt durch Arme und Flügel versteckt, ein Blick in das Angesicht des Engels ist unmöglich.

Emelyn Story, born Boston, USA, Oct. 1820, died Roma Jan. 7 1895

ist auf dem Stein zu lesen, der einem antiken Altar gleicht, ein steinerner Lorbeerzweig liegt als letzte Liebesgabe auf dem Podest, ringsherum blühen herrliche weiße, langstielige Callas.

Fast vergessen ist der Mann, der dem Andenken seiner Frau diese ergreifende Skulptur schuf: William Wetmore Story. In Europa ist er so gut wie unbekannt. Lediglich in Amerika, seiner Heimat, hat sich ein gewisser Nachruhm erhalten, da sich viele seiner Werke dort befinden. Zu Lebzeiten war Story jedoch hochberühmt, seine Skulpturen wurden auf den wichtigsten Ausstellungen gezeigt, er hatte viele öffentliche Auftraggeber und private Sammler. Als der bedeutendste amerikanische Bildhauer des 19. Jahrhunderts wurde er angesehen, obwohl er den Großteil seines künstlerischen Lebens in Rom verbrachte, dort im Palazzo Barberini residierte und ein eigenes Atelier mit vielen Angestellten unterhielt. Ein Atelier, das seine Landsleute auf ihrer Italienreise als Sehenswürdigkeit besuchten. Ein Künstler, der mit hochgestellten Persönlichkeiten verkehrte, mit vielen Dichtern bekannt war und auch selbst literarisch tätig war. Seine Gedichte sind quasi poetische Pendants zu seinen Figuren, er verfaßte Prosa, Kritiken, Essays, sein Buch „Roba di Roma" gibt auf satirische Weise Auskunft über das damalige römische Gesellschaftsleben. Story war kultiviert, gebildet und darüber hinaus wohlhabend. Er konnte es sich leisten, unabhängig von Gönnern und Sammlern zu arbeiten. Sein Ansehen war immens, seine Dichterfreunde verewigten ihn in ihren Werken, so gestaltete Nathaniel Hawthorne die Figur des Bildhauers Kenyon in seinem Roman „Der Marmorfaun" nach Story, Henry James verfaßte eine ausführliche Biographie. Eine besondere Freundschaft verband ihn mit dem englischen Dichterehepaar Elizabeth Barett Browning und Robert Browning, die ihn auch künstlerisch beeinflußten.

Obwohl alle Voraussetzungen für Nachruhm gegeben waren, verblaßte Storys Ansehen nach dem Tode sehr schnell. Die Kritiker seines Werkes mehrten sich, bezeichneten es als blutleer und akademisch, ohne jede Emotion. Er huldigte dem Stil des Neoklassizismus in der späten Nachfolge von Canova und Thorvaldsen, ein Stil, der in Storys letzten Lebensjahren schon als überholt galt. Die kühle Strenge seiner Werke war nicht

Grabmal für
Emelyn Story

mehr gefragt. Vieles befindet sich darüber hinaus in Privatbesitz und ist damit einer großen Öffentlichkeit entzogen. Blättert man heute in einer Kunstgeschichte des 19. Jahrhunderts, wird er gar nicht oder nur sehr oberflächlich erwähnt. Erst in den letzten Jahren setzte eine Neubewertung seiner Kunst ein, verbunden mit dem Wiederauftauchen einiger verschollen geglaubter Skulpturen.

Interessant ist, wie Story sich selbst darstellte. Ein Selbstportrait aus Marmor hat sich erhalten, es zeigt ein sittenstrenges Gesicht mit sorgfältig gestutztem Bart, den Kopf leicht gehoben. Selbstbewußt sieht er den Betrachter an, lediglich das Barett auf seinem Kopf läßt darauf schließen, daß es sich hier um einen Künstler handelt. So posiert er auch auf einem Foto vor dem Atelier inmitten seiner Assistenten, fast schon wie der Chef eines kleinen Handwerksbetriebes, so zahlreich sind die Mitarbeiter. Das Foto ist ein Spiegel seiner Kunstauffassung, denn er sah sich als „Genius", der lediglich die Ideen lieferte oder entwarf und allenfalls noch die Arbeit seiner Gehilfen korrigierte. Die eigentliche bildhauerische Tätigkeit überließ er ihnen, fähigen Handwerkern, die die Ideen ihres Chefs aus dem Stein herausschlugen oder in Bronze gossen. Story war sehr wohl in der Lage, mit Hammer und Meißel umzugehen, er hätte seine Werke auch selbst anfertigen können. Aber er sah diese Arbeit als Zeitverschwendung an, die ihn von der eigentlichen künstlerischen Tätigkeit, dem Entwerfen, abhielt. So entstanden handwerklich perfekte Skulpturen, doch diese Perfektion war der Wirkung des Kunstwerks abträglich, machte es blutleer. Das war auch der Hauptvorwurf, der von den Kritikern vorgebracht wurde: Die Skulpturen sprechen in ihrer Ausführung lediglich den Geist an, nicht aber das Herz.

Dieser Wunsch nach Perfektion könnte seinen Grund in Storys eigentlicher Ausbildung haben. 1819 in Salem, Massachusetts, als Sohn des bedeutenden amerikanischen Rechtsgelehrten und Bundesrichters Joseph Story geboren, deutete nichts darauf hin, daß er später einmal Bildhauer werden sollte. Das Leben eines erfolgreichen Rechtsanwaltes in Boston schien vorgezeichnet, er verfügte über ein abgeschlossenes Harvard-Studium und klassische Bildung. Seine Frau Emelyn stammte aus einer vornehmen und reichen Familie. Doch gelegentlich und als Zeitvertreib fertigte er in seiner Freizeit kleine Skulpturen. Dieses Hobby war der Auslöser für seine neue Karriere.

Nach dem Tode seines Vaters wünschten die Mitbürger zu dessen Andenken ein würdiges Denkmal. Ziemlich unerwartet beauftragten sie den Sohn mit dieser Aufgabe. Zusammen mit seiner Frau ging er 1847 zum ersten Mal nach Europa, um dort gemäß dem Wunsch der Auftraggeber Bildhauerei zu studieren und das Monument vorzubereiten. Das Denkmal gelang zur vollsten Zufriedenheit. Damit stand er vor der Wahl, entweder in seinen alten Beruf zurückzukehren oder eine künstlerische Karriere einzuschlagen. Ein weiterer Besuch in Europa gab schließlich den Ausschlag, so daß sich die Storys 1856 in Rom niederließen. Einer zufälligen Bekanntschaft mit einem Sproß aus dem alten Geschlecht der Barberini war es zu verdanken, daß sie günstig eine ganze Etage des riesigen Palazzo Barberini mieten konnten, ein fulminanter Einstieg in die römische Gesellschaft, was nicht unerheblich zu seinem Ansehen und Erfolg beitrug. Schnell wurde er der Mittelpunkt der amerikanischen Kolonie in Rom und empfing gastfreundlich seine Landsleute, aber auch andere Romreisende. Die italienische Königin Margherita wurde Sammlerin seiner Werke. Überliefert ist die Freundschaft zum dänischen Dichter Hans Christian Andersen, ein gern gesehener Gast bei den Storys. Bei seinen Besuchen erzählte er den Story-Kindern seine Märchen und tobte mit ihnen durch die vielen Räume des Palazzo. Das Ehepaar Story hatte drei Kinder, die es ihrem Vater gleichtaten und ebenfalls eine künstlerische Laufbahn einschlugen: Die zwei Söhne wurden Maler und Bildhauer, die Tochter heiratete einen Adeligen aus Florenz und betätigte sich schriftstellerisch.

Die antike Mythologie und Geschichte war die hauptsächliche Quelle für seine Skulpturenentwürfe, besonders gerühmt und bekannt war seine Figur der „Cleopatra", die ihm zum internationalen Durchbruch verhalf. Des weiteren fand er Anregungen für seine Werke in der Bibel, aber er übernahm auch Portraitaufträge, hauptsächlich aus den USA. Beispiele für seine Portraitkunst kann man noch in Rom bewundern. Das Keats-Shelley Memorial House besitzt Büsten der Dichter Shelley und Browning aus der Hand Storys.

1893 feierte er noch zusammen mit seiner Gattin Emelyn goldene Hochzeit, doch dieses gemeinsame Glück endete mit dem Tod seiner geliebten Frau im Januar 1895. „Sie war mein Leben, meine Freude, mein Halt und meine Hilfe in allen Dingen", schrieb er nach ihrem Tod. „Ich arbeite an einem Denkmal für den Protestantischen Friedhof und ich frage mich, ob sie davon weiß und es sehen kann. Es stellt den Schmerzensengel dar, in äußerster Verzweiflung sich auf den Grabstein werfend, mit gesenkten Flügeln und verborgenem Gesicht. Es ist genau das, was ich fühle. Es steht für meine Niedergeschlagenheit. Daran zu arbeiten hilft mir." Der Engel war sein letztes Werk. Story starb wenig später, am 7. September 1895, in der Zurückgezogenheit des Klosters Vallombrosa in der Toskana, er fand die letzte Ruhestätte unter seinem Engel neben seiner Frau. Auch der Sohn Joseph ist in Rom begraben, sein Grab befindet sich direkt rechts neben dem der Eltern.

Protestantischer Friedhof: Via Caio Cestio 6. Dienstag bis Sonntag 9.00 Uhr – 18.00 Uhr, im Winter nur bis 17.00 Uhr. Nach dem Eintreten in den Friedhof wende man sich schräg nach links oben. In der letzten Reihe vor der Mauer steht der Schmerzensengel, rechts davon ist das Grab des Sohnes

DAS HAUS DES LEBENS:
DAS MUSEO MARIO PRAZ

Die Einrichtung einer Wohnung ist wie ein Museum der Seele, ein Archiv der persönlichen Erfahrungen, Erlebnisse und Vorlieben, wie ein Spiegelbild des Lebens des jeweiligen Bewohners. So kann man in wenigen Worten die Philosophie des manischen Sammlers Mario Praz zusammenfassen, der sich getreu diesen Sätzen eine Wohnung schuf, die schon zu seinen Lebzeiten mehr Ähnlichkeit mit einem Museum als mit einem gemütlichen Zuhause hatte. Nach seinem Tod wurde sein Lebenswerk, wie er es sich schon immer gewünscht hatte, in ein Museum umgewandelt. 1986 erwarb der Staat von den Erben die komplette Sammlung, um daraus ein Zweigmuseum der Galleria Nazionale d'Arte Moderna zu machen.

Das kleine Museum trägt den Namen seines Schöpfers: Museo Mario Praz, „La Casa della Vita", im dritten Stock des Palazzo Primoli in der Via Zanardelli, nur wenige Schritte von der Piazza Navona entfernt. Es ist mehr als ein Spiegelbild des Sammlers und Wissenschaftlers Mario Praz, es ist wie ein Zeitsprung ins frühe 19. Jahrhundert, wenn sich die Tür öffnet und man die Räume betritt. Anstelle der freundlichen Führerin könnte genauso gut eine Dame in Gewändern dieser Epoche an der Tür auftauchen und den Gast herzlich willkommen heißen, während der Hausherr im Schlafrock aus dem Arbeitszimmer tritt, um den Besucher persönlich zu begrüßen. Die Illusion eines Biedermeier-Idylls ist perfekt, nichts erinnert daran, daß man sich im Zeitalter der virtuellen Realität befindet. Es ist keine Illusion, alles ist hier echt, nur der aufmerksame Betrachter, der nach der ersten Blendung seine Sehkraft, sein Zeitbewußtsein wiedererlangt, stellt hier und da kleine Stilbrüche fest, moderne Einsprengsel in dieses Gesamtkunstwerk des Mario Praz, Konzessionen an die Umwandlung in ein Museum.

Mario Praz lebte von 1896 bis 1982 und war von Berufs wegen eigentlich Professor für Anglistik, angesehener Literaturkritiker und Schriftsteller. Daneben beschäftigte er sich mit der Kunst der Einrichtung. Gleichsam als Umsetzung seiner Erkenntnisse in die Praxis sammelte er Möbel und Kunstgegenstände aus der Zeit des Klassizismus und des Biedermeiers, Kunststile, die am Ende des 18. Jahrhunderts und Anfang des 19. Jahrhunderts Mode waren, beide als Ausdruck der gesellschaftlichen und politischen Gegebenheiten. War der Klassizismus und der Empire-Stil der Ausdruck einer Gegenbewegung zum festlichen Barock und Rokoko, eine Rückkehr zur klassischen Strenge und Einfachheit der Form, gefördert durch die neuen Erkenntnisse der Altertumswissenschaft und die Funde der aufkommenden systematischen Archäologie, man denke nur an die Entdeckungen in den verschütteten Vesuv-Städten Herculaneum und Pompeji, so stand das Biedermeier für den Rückzug ins Private. Der Name kennzeichnet die Periode nach dem Wiener Kongreß 1815 mit der Restauration der alten feudalen Verhältnisse bis zu den Jahren der Revolution von 1848/49, als diese scheinbare Ruhe mit einem Schlag explodierte und ganz Europa erschütterte. Typisch für die Biedermeierzeit ist das Unpolitische, das Streben nach kleinbürgerlichem, privatem Glück. Der Begriff steht hauptsächlich für das damals entstandene Kunstgewerbe und die Wohnkultur mit schlichter und behaglicher, aber gediegener Einrichtung. Doch genauso läßt er sich auf die Malerei der damaligen Zeit übertragen, die dem Privaten und Unpathetischen huldigte durch eine kleinteilige und intime Malerei mit sorgfältiger Beherrschung der Technik, Wirklichkeitstreue und oft karikierender, aber liebenswerter Darstellung, man denke nur an die Bilder von Spitzweg. Dieser Stil hatte sein Zentrum in Österreich und Deutschland.

Im Laufe seines Lebens sammelte Praz fast über 1200 Stücke, die er aber nicht museal in Vitrinen aufbewahrte, sondern mit ihnen lebte und auf hyperrealistische Weise die Illusion einer bürgerlichen Wohnung aus dieser Zeit schuf. Mario Praz war zwar wohlhabend, verfügte aber sicher nicht über die Geldmittel, die heute nötig wären, um eine derartige Sammlung, in Anbetracht der gegenwärtigen hohen Preise für solche Stücke, zusammenzutragen. Denn als er mit der Sammlung begann, interessierte sich in Italien kaum jemand für Objekte dieser Epoche. Praz hingegen interessierte sich für fast alles aus dieser Zeit, seien es nun Bilder, Graphiken, Skulpturen, Möbel, Kleinkunst oder scheinbar Unbedeutendes oder Wertloses. Denn in der Sammlung tauchen nur wenige große und teure Namen auf, die meisten Stücke stammen von eher unbekannten oder anonymen Künstlern, Kunsthandwerkern oder Werkstätten.

Doch gerade die Zusammenstellung dieser scheinbar zweitrangigen Stücke macht den Reiz des Museums aus, in dem es von Kuriositäten und Exzentrischem nur so wimmelt. Die Einrichtung der wenigen Zimmer erweckt den Eindruck, Mario Praz war vom „Horror Vacui" besessen, der Angst vor der Leere, denn der kleinste Raum ist ausgefüllt, ein Alptraum für jedes Dienstmädchen, das hier Staub wischen müßte. Die Gemälde hängen dicht an den Wänden, die Möbel sind vollgestellt mit Objekten. In dieser scheinbar chaotischen Fülle entdeckt man wieder kleine Sammlungen in sich, eine herrliche Steinsammlung in einem extra dafür hergestellten Schrank mit winzigen Schubladen, alte Musikinstrumente, Spielzeug oder die vielen bunten dreidimensionalen Wachsbildchen. Unübersehbar ist die umfangreiche Büchersammlung, die in alten Schränken aufbewahrt wird und für die Praz im Hauptraum sogar eine Galerie einziehen ließ, um dort neuen Platz zu gewinnen.

Praz wohnte hier seit 1969, vorher lebte er im Palazzo Ricci in der Via Giulia. Als er damals umzog, umfaßte seine Sammlung bereits tausend Gegenstände, der Grundbestand war also schon vorhanden, als er begann, mit großer Hingabe und Liebe zum Detail seine neue Wohnung einzurichten. Obwohl die Räume im Vergleich zur ehemaligen Wohnung im Palazzo Ricci viel kleiner sind, hielt es ihn nicht davon ab, seine Sammlung stetig zu erweitern, es gelang ihm, auch die Neuerwerbungen der folgenden Jahre, ungefähr zweihundert, unter den beengten Raumverhältnissen unterzubringen und daraus dieses Gesamtkunstwerk zu schaffen.

Wie gut paßt diese Sammlung in den Palazzo Primoli, fast könnte man von einer Ergänzung des sich im Erdgeschoß befindlichen Museo Napoleonico sprechen. Dort findet man in feudalen Räumen die Andenken und Reliquien der imperialen Familie Napoleon Bonaparte, die von einem Abkömmling des römischen Zweiges der Bonapartes, dem Conte Giuseppe Primoli, im Laufe seines Lebens zusammengetragen wurden und nach seinem Tod in den Besitz der Stadt Rom übergingen, die heute das Museum unterhält. Im dritten Stock des Palastes befindet sich das „private" Gegenstück zum kaiserlichen Glanz im Erdgeschoß, eben das Museo Praz. Übrigens war Praz zeitweise Mitglied im Vorstand der Primoli-Stiftung. Als ein Verbindungsstück der beiden Einrichtungen fungiert im Erdgeschoß die Bibliothek der Stiftung, die sich im

Eingangsbereich des Museo Praz befindet. Dort im Vorraum wartet man, bis man zur nächsten Führung hinaufgeleitet wird.

Oben im kleinen Eingangszimmer des Museums mischt sich die Vergangenheit und die Gegenwart, neben alten Stücken findet man auch moderne Kunst von mit Praz befreundeten Künstlern. Doch leicht übersieht man das alles in der Vorfreude, denn im Hintergrund öffnet sich der erste große Saal des Museums, die Galleria, gehalten in weiß-goldenen Tönen, mit einer Empore und vielen Büchern. Anschließend folgt ein kleines Zimmer, das Arbeitszimmer, in dem Praz den Großteil seiner Wachsbilder und Musikinstrumente aufbewahrte. Nicht fehlen darf hier der Schreibtisch mit seinen Löwentatzen nachgebildeten Füßen. Der folgende Raum war das Schlafzimmer. Praz besaß nicht irgendein Bett, sondern ein bombastisches Exemplar, das einst zur Einrichtung des Schlosses Fontainebleau in der Nähe von Paris gehörte. An den Wänden entdeckt man die Sammlung alter Fächer. Das kleine Zimmer, das man nach dem Schlafzimmer betritt, verschafft eine kurze Verschnaufpause von der Fülle der vorhergehenden, in einem vergleichsweisen kargen Ambiente ist die Graphiksammlung ausgestellt, meist Ansichten, wie kann es anders sein, von Einrichtungen.

Im folgenden Raum befindet sich der Hintereingang der Wohnung, hier begegnet man inmitten von Büsten zum ersten Mal bildlich dem Hausherrn, ein allegorisches Ölgemälde von Mario Praz mit einem Lorbeerkranz und dem Motto „Et in Arcadia Ego", jene berühmten Worte, die Goethe schon seiner „Italienischen Reise" voranstellte, Italien als Arkadien, als Traumland des Dichters, die Wohnung als Traumland des Professors.

Von diesem Vestibül aus betritt man das Eßzimmer. Über den Tisch hängte Praz eine Lampe in Form einer Montgolfiere, an den Wänden finden sich weitere Darstellungen dieser altertümlichen Ballons. Neben dem Eßzimmer richtete Praz ein originalgetreues Kinderzimmer aus der Epoche ein, obwohl seine Tochter zu diesem Zeitpunkt bereits erwachsen war und ihrer eigenen Wege ging. Dieser Raum ist eine Fundgrube für Freunde historischen Spielzeugs, es gibt ein altes Puppenhaus mit allen Raffinessen und authentischen Biedermeiermöbeln im Miniaturformat. Ein Prachtstück ist die Wiege in Form eines Schwans, an den Wänden findet man Glückwunschkärtchen in deutscher Sprache, die in blumigen Worten die Tugenden des Biedermeiers wie Fleiß, Bescheidenheit und Treue zum Ausdruck bringen und sicherlich im Kinderzimmer ehemals auch einen pädagogischen Effekt haben sollten. Über eine Treppe, vollgehängt mit Bildern aus verschiedenen Materialien und Stoffen, erreicht man den Bibliothekssaal, der von zwei mächtigen Bücherschranken dominiert wird, voller kurioser Details wie die Schildkrötenfüße und Darstellungen von Eulen und Adlern.

Der Bibliothekssaal ist der letzte Raum im Rahmen des Rundganges, von hier aus betritt man wieder die große Galerie. In der Rückschau der Räume denkt man an die Worte von Praz, mit denen er die Wohnung eines Menschen, die Einrichtung mit einem Museum der Seele verglich. Wie tief kann man in die Seele des Mario Praz blicken, in diesen Räumen, wo seine Gedanken und Gefühle wie die Saiten eines Musikinstrumentes weiterschwingen und sich demjenigen, der sich die Zeit nimmt, in diesen Mikrokosmos einzutauchen, offenbaren. Man spürt die Geborgenheit und Wärme, so Mario Praz, die von allen schönen Einrichtungen ausgeht und sie belebt.

Nicht weit vom Arkadien des Mario Praz befindet sich der Beginn der Via dei Coronari, jene Straße, aus der sicher ein Teil der gesammelten Schätze des Museums stammt. Denn hier reiht sich Laden an Laden, ein Antiquitätengeschäft an das andere, mit mehr oder weniger qualitätvollen Stücken, die effektvoll in den meist kleinen Räumen präsentiert werden. Ob das alles echt und seinen Preis wert ist, sei dahingestellt, doch eine derartige Konzentration findet man selten. Der besondere Reiz sind die vielen Spezialgeschäfte mit ausgefallenen Gegenständen wie astronomischen Geräten oder asiatischer Kunst. Besonders schön ist ein Spaziergang durch diese Straße am Abend, wenn die meisten Geschäfte noch geöffnet sind, vor allem im Mai, wenn an den Häusern die alten Öllampen angezündet werden und viele der Händler ihre Prachtstücke vor den Läden ausstellen.

Doch wo heute mehr oder weniger zahlungskräftige Kundschaft durch die Straße flaniert, drängten sich einst im Mittelalter die Scharen der Pilger zur damals einzigen Tiberbrücke, der Engelsbrücke, und von dort aus zum Vatikan. Man kann bei der Via dei Coronari fast von einem Vorgänger des Corso Vittorio Emanuele II sprechen, der direkten Verbindungsstraße unserer Tage zum Vatikan, denn für die Pilger früher war sie der schnellste Weg zur Peterskirche. Die Straße folgt dem Verlauf der antiken Via Recta, die von der heutigen Piazza Colonna durch das Marsfeld zum Tiber führte. Von den Pilgern und deren Heilsverlangen leitet sich auch indirekt der Name der Straße ab: Dei Coronari, was Straße der Rosenkranzverkäufer bedeutet, denn die Pilgerstraße zum einzigen Flußübergang war der ideale Standort für dieses Gewerbe. Heute kann man dort lediglich vielleicht noch antike Rosenkränze in den Antiquitätengeschäften erstehen, die an die Stelle der Devotionalienhändler traten.

Die Straße, gesäumt von alten Gebäuden und Palästen aus dem 15. und 16. Jahrhundert, führt weiter zur Engelsbrücke, die man in einem schönen Spaziergang bald erreicht. Vom Haus Nr. 122 erzählt man, es gehörte einst Raffael, was leider nicht stimmt. Mehr Wahrheitsgehalt hat jedoch die Überlieferung, daß im Gebäude mit der Nummer 156/157 Fiammetta, die Geliebte von Cesare Borgia lebte, dem Sohn des berüchtigten Borgia-Papstes Alexander VI.

Am Ende der Straße gelangt man durch die Via di Panico zur Engelsbrücke und Engelsburg, welch treffender Name für diese Straße. Denn am Zugang zur Engelsbrücke ereignete sich im Heiligen Jahr 1450, zu dem eine große Menge von Pilgern in die Stadt kam, ein tragisches Unglück. Der Zustrom von Pilgern war in diesem Jahr so groß, daß ihn Zeitgenossen mit einem Zug von Staren oder dem Gewimmel von Ameisen verglichen. Die Straße war voller drängelnder Menschen, eine entgegenkommende Herde Maultiere scheute. Ungefähr zweihundert Pilger verloren ihr Leben, indem sie erdrückt wurden oder in den Tiber stürzten und ertranken.

Auf der Brücke sitzen heute unter den Engelsstatuen Berninis meist farbige Händler und bieten gefälschte Markenwaren und allerlei Souvenirs an. Souvenirs, die irgendwann einmal in den Wohnungen der Touristen als fester Bestandteil der Einrichtung stehen werden, um sie an ihren Aufenthalt in Rom zu erinnern. Auch diese meist kitschigen oder niveaulosen Souvenirs werden für ihren Besitzer, unabhängig ihres geringen materiellen Wertes, zu Bestandteilen seines persönlichen Museums der Seele, seines Spiegelbilds des Lebens, genauso wie die Gegenstände, aus denen Mario Praz in vollendeter Weise seine persönliche Variante dieses Museums schuf.

Museo Mario Praz, „La Casa della Vita": Palazzo Primoli. Via Zanardelli 1. Täglich außer Montag jede Stunde von 9.00 Uhr bis 13.00 Uhr und 14.30 Uhr bis 18.30 Uhr. Am Montag jede Stunde von 14.30 Uhr bis 18.30 Uhr. Der Besuch der Räume im dritten Stock ist nur in Begleitung des Museumspersonals einzeln oder in kleinen Gruppen möglich. Italienisch-Kenntnissse sind zum besseren Verständnis notwendig

AB INS GRÜNE
(ANSTELLE EINES NACHWORTS)

Dachgartenidyll

Jetzt, am Ende des Buches, nachdem Sie vielleicht sogar alles oder einen Teil an Ort und Stelle begutachtet haben (schließlich haben Sie aus diesem Grund das Buch gekauft), wird sich irgendwann Ernüchterung einstellen. Sinn und Zweck dieses Buches war, die Stadt einmal auf andere Weise zu erkunden, eine Anleitung zum genauen Hinschauen. Doch im römischen Chaos und Durcheinander ist auch der wohlwollendste oder trainierteste Besucher irgendwann am Ende, Ermüdung stellt sich ein. Im Kopf surrt es vor lauter Palazzi, Kirchen, Ruinen, Berninis, Borrominis, Raffaels, Caravaggios etc. Das kann einerseits daran liegen, daß vielleicht die manchmal allzu emphatische Beschreibung (was der Verfasser nicht hofft) in diesem Buch vor Ort beim ersten Anblick nicht die Erwartungen erfüllt hat, die der Text geweckt hat. Oder daran, daß sich die Widrigkeiten des römischen Alltags spürbar bemerkbar machen. Wer kennt nicht das Gefühl, vor einer Kirche zu stehen, die einfach immer geschlossen ist, vor einem Museum, das wegen Personalmangels nur einen Teil der Säle geöffnet hat (meist die weniger interessanten) oder seine Öffnungszeiten aus unbekannten Gründen geändert hat. Oder das betreffende Gebäude ist mit häßlichen Gerüsten umgeben oder ohne äußerlich erkennbare Gründe einfach wegen Restaurierung geschlossen. Es kann auch vorkommen, daß der öffentliche Nahverkehr wegen eines Streiks zusammenbricht, der lange erwartete Bus im täglichen Stau stecken bleibt oder ganz ausfällt.

Der Verfasser kennt diese Probleme aus eigener leidvoller Erfahrung.

Das einzige Mittel, das in so einem Notfall noch hilft, lautet:

Ab ins Grüne!

Für akute Fälle dieser Art gibt es im Stadtzentrum leider nur wenig allgemein zugängliche Grünflächen. Allen voran sei die **Villa Borghese** und der **Pincio** mit dem herrlichen Blick über die Stadt genannt. Empfindsamere Gemüter zieht es dagegen auf den **Protestantischen Friedhof** oder auf den **Aventin** in den Orangengarten.

Direkt über dem tosenden Verkehr findet man im Park der **Villa Aldobrandini** unter schönen Palmen Erholung, die Anlage liegt hoch über der Via Nazionale und hat eine große Ähnlichkeit mit einem Dachgarten.

In der Nähe des Kolosseums lädt der Park um das frisch restaurierte **Domus Aurea** auf dem Oppius-Hügel zum Verweilen ein. Schöner und stiller ist dagegen der Park der **Villa Celimontana,** die ehemalige Villa der Familie Mattei.

Ein wenig mehr Energie braucht man zum Erreichen folgender Grünanlagen, doch diese Mühe lohnt sich wirklich.

Liebespaare, Patrioten und Literaten zieht es auf den **Gianicolo**. Dort kann man neben der alten Eiche sitzen (heute nach einem Blitzschlag nur noch ein Stumpf), wo bereits der Dichter Torquato Tasso sich inspirieren ließ, als er seine letzten Tage im benachbarten Kloster von S. Onofrio zubrachte und dort am Abend vor seinem größten Triumph, der Dichterkrönung auf dem Kapitol, verstarb.

Figuren des Teatro dei Burattini

Für Patrioten läßt es sich im Schatten der Denkmäler zu Ehren von Giuseppe Garibaldi, seiner Frau Anita und den vielen Marmorbüsten seiner Mitstreiter heroisch verweilen. Und die Liebespaare finden überall ihren Platz. Egal, für was man sich entscheidet, die Aussicht auf die Stadt ist grandios. Wenn man nach einem Regenguß auf den Hügel kommt und der ganze Smog über der Stadt weggespült wurde, reicht der Blick weit in die Sabiner und Albaner Berge. Für Abwechslung sorgt hier oben noch ein kleines Kasperltheater, ein Teatro dei Burattini, das von ein paar alten Männern betrieben wird. Die Stimmen der Puppen kommen zwar vom Band, doch das tut der Begeisterung der Kinder keinen Abbruch. Ganz nahe ist die Fontana dell'Acqua Paola und die Kirche S.

Auf dem Gianicolo

Pietro in Montorio mit dem Tempietto des Bramante. Der Name Montorio erinnert an die alte Bezeichnung des Gianicolo, nämlich „Mons Aureus", Goldberg, da für die Städter unten die Sonne mit ihren goldenen letzten Strahlen hinter dem Hügel unterging.

An den Abhängen des Gianicolo erstreckt sich der **Botanische Garten**. Es ist der ehemalige Park des Palazzo Corsini mit vielen seltenen Pflanzen aus aller Welt.

Vom Gianicolo lassen sich in kurzer Zeit zwei weitere außergewöhnliche Parks aufsuchen, in denen Touristen eher Ausnahmen sind.

Die **Villa Sciarra** dient den Bewohnern von Trastevere als willkommene grüne Oase, entsprechend lebendig geht es hier zu. Der Park ist voller romantischer Verrücktheiten: Künstliche Ruinen, kleine Pavillons, ein Vogelhaus, zahlreiche phantasievolle Figurengruppen und exzentrische Brunnen, auch wenn in manchen der Wasserfluß versiegt ist. Für Kinder gibt es eine kleine Achterbahn und ein Karussell.

Links und unten:
Villa Doria
Pamphilj

Die schönsten Pinienhaine der Stadt findet man im Park der **Villa Doria Pamphilj**. Zentrum des Parks ist die Villa del Buon Respiro mit ihren geometrisch zugeschnittenen Buchsbaumhecken im Parterre vor der Villa, umgeben von zahlreichen Brunnen und einem künstlichen See. Die römische Gartenverwaltung hat lobenswerterweise den historischen Zustand des Parks im Bereich der Villa wiederhergestellt. Doch wirklich atemberaubend sind die Pinien mit ihren hohen Baumkronen, unter denen es angenehm

hell und gleichzeitig schattig ist, ein idealer Platz für ein Picknick.

Weiter draußen Richtung Osten liegt der Park der **Villa Ada** mit dem ehemaligen Königspalast in der Mitte. Dort gibt es einen kleinen See mit Kanuverleih. An der Via Nomentana befindet sich der Zugang zum Park der **Villa Torlonia**. Hauptschmuck des Parks sind die schönen Palmen und die klassizistische Villa. Vor kurzem vorbildlich restauriert wurde die kleine Casina della Civette, das Eulenhäuschen.

In der weiteren Umgebung der Stadt locken in Tivoli etliche außergewöhnliche Parkanlagen. Am Fuß des Hügels, auf dem Tivoli liegt, ließ sich **Kaiser Hadrian** seine Villa errichten. Natürlich sind heute nur noch Ruinen übrig, doch was für Ruinen! Dort hatte man die Idee, die ehemaligen Wasserbecken instand zu setzen und mit Wasser zu füllen. Man hat eher das Gefühl, durch einen englischen Land-

In der Villa d'Este

schaftsgarten zu wandern, doch mit dem Unterschied, daß die Ruinen alle echt sind. Viele der Bauten zeugen von der Vorliebe des Kaisers für alles Ägyptische. So ließ Hadrian ein langes Becken, den Canopus, errichten, das ihn an einen Ort in Ägypten erinnerte. Oder ein anderer Teil sollte das griechische Tempe-Tal imitieren.

Für die Besucher früherer Tage war die reizvolle Gegend um Tivoli mit seinen Bergen, Wasserfällen und romantischen Ruinen der Inbegriff einer arkadischen Landschaft. Oben auf dem Berg breitet sich terrassenartig die **Villa d'Este** aus. Dank des Wasserreichtums der Gegend konnten zahlreiche außergewöhnliche Wasserspiele angelegt werden, die größtenteils noch in Betrieb sind.

Eher unbekannt ist der Park der **Villa Gregoriana**, der sich im Bereich des Wasserfalls des Flusses Aniene befindet. Leider sieht man den großen Wasserfall vom Park aus nicht besonders gut, eine bessere Sicht hat man von gegenüber. Doch es gibt zahlreiche seltsame Grotten und kleinere Wasserfälle mit einer atemberaubenden Sicht auf die Ruinen des sogenannten Vesta-Tempels.

Auf der anderen Seite von Rom Richtung Meer befinden sich die Ausgrabungen von **Ostia Antica**, dem antiken Hafen Roms an der Mündung des Tibers ins Meer. Die Stadt verfiel aber wegen Verlandung und Änderung des Flußlaufes und gleicht heute einem kleinen Pompeji, wenn auch nicht so gut erhalten wie die verschüttete Stadt am Vesuv. Besonders interessant sind die vielen schwarzweißen Mosaiken mit außergewöhnlichen Darstellungen des Alltagslebens, das restaurierte Theater, die Thermen und die Mietshäuser. Die ganze Ruinenstadt ist wie die Hadriansvilla zu einem Landschaftspark geworden.

Im Süden von Rom erheben sich die **Albaner Berge**, Überreste früherer Vulkaneruptionen, auch wenn sie heute so friedlich und idyllisch aussehen. Die Seen dort, der **Albaner See** und der **Nemisee** sind beide Kraterseen. Die Albanerberge (genauso wie Tivoli) waren früher der bevorzugte sommerliche Aufenthaltsort der Stadtrömer, hier oben war es kühler und angenehmer. Wer es sich leisten konnte, besaß am Fuße der Berge eine Villa oder ein Haus. So war es schon in der Antike, als Cicero in **Tusculum** ein Anwesen besaß, die romantischen Ruinen des Ortes lassen sich von Frascati in einem Spaziergang erreichen. In Tusculum haben sich die Reste eines antiken Theaters

Dramatische Landschaft bei Tivoli (sog. Tempel der Sibylle)

erhalten, das dem Schriftsteller Michael Ende in seinem Buch Momo als Vorbild für das Theater im Wald diente. Zentrum dieser Sommerfrische und Villenkultur war natürlich Frascati mit seinen großen Villen und Parks, daneben **Albano, Castelgandolfo** (heute der päpstliche Sommersitz). Die ganze Gegend wird überragt vom **Monte Cavo**, auf dessen Spitze sich in der Antike ein wichtiges Heiligtum befand, der aber heute wegen einer militärischen Sendeanlage keinen erfreulichen Anblick bietet. Unterhalb des Berges kleben die Häuser von **Rocca di Papa** am Hang. Das Städtchen ist das höchstgelegene der sogenannten „Castelli Romani". Unvergleichlich ist die Aussicht vom höchsten Punkt von Rocca di Papa, der Fortezza, der alten Festung. Die ganze Campagna ist vor den Augen ausgebreitet, der Blick schweift vom glitzernden Meer über den Albaner See bis über ganz Rom mit der Peterskuppel als Orientierungspunkt.

Jetzt am Schluß, vielleicht am See der Villa Borghese oder unter den Pinien der Villa Doria Pamphilj, am Rande des Wasserbeckens der Hadriansvilla, auf den Stufen des antiken Theaters von Ostia oder gar auf der Mauer der Festung von Rocca di Papa, ist endlich der Zeitpunkt gekommen, dieses Buch aus der Hand zu legen. Alle römischen Widrigkeiten werden sich an so einem Ort in Luft auflösen:

Johann Wolfgang von Goethe: Aus den „Römischen Elegien"

> O wie fühl' ich in Rom mich so froh! gedenk' ich der Zeiten,
> Da mich ein graulicher Tag hinten im Norden umfing,
> Trübe der Himmel und schwer auf meine Scheitel sich senkte,
> Farb- und gestaltlos die Welt um den Ermatteten lag,
> Und ich über mein Ich, des unbefriedigten Geistes
> Düstre Wege zu spähn, still in Betrachtung versank.
> Nun umleuchtet der Glanz des hellen Äthers die Stirne;
> Phöbus rufet, der Gott, Formen und Farben hervor.
> Sternhell glänzet die Nacht, sie klingt von weichen Gesängen,
> Und mir leuchtet der Mond heller als nordischer Tag.

Villa Borghese und Pincio: Eingänge von der Piazza Borghese, Piazzale Brasile und von der Piazza del Popolo über die Treppen. Täglich 7.00 Uhr – Dämmerung

Protestantischer Friedhof: Via Caio Cestio 6. Dienstag bis Sonntag 9.00 Uhr – 18.00 Uhr, im Winter nur bis 17.00 Uhr

Orangengarten auf dem Aventin, Parco Savello: Via di S. Sabina. Täglich geöffnet bis zur Dämmerung

Park auf dem Colle Oppio, neben Kolosseum und Domus Aurea. Täglich geöffnet

Villa Celimontana. Piazza Celimontana. Täglich von 7.00 Uhr bis Dämmerung

Villa Aldobrandini. Via Nazionale. Eingang von der Via Mazzarino 1. Täglich geöffnet bis zur Dämmerung

Gianicolo: S. Onofrio: Piazza di S. Onofrio 2. Kirche (mit Grab Torquato Tassos) nur Sonntag 10.00 Uhr – 12.00 Uhr, Museum für Tasso während der Bürozeiten und auf Voranmeldung, Tel. 06/6864498

Botanischer Garten: Eingang vom Largo Cristina di Svezia 24, Via Corsini: Von Montag bis Samstag 9.00 Uhr – 18.30 geöffnet, im Winter nur bis 17.30 Uhr

Villa Sciarra: Via Calandrelli 35. Täglich von 9.00 Uhr bis Dämmerung

Villa Doria Pamphilj: Via di San Pancrazio, Largo 3 Giugnio 1849. Täglich geöffnet

Villa Ada: Haupteingang Via Salaria: Täglich geöffnet

Villa Torlonia: Haupteingang von der Via Nomentana. Täglich geöffnet

Hadriansvilla: Via Tiburtina. Täglich 9.00 Uhr bis Dämmerung. Erreichbar mit Bus nach Tivoli ab U-Bahn-Haltestelle Rebibbia, entweder direkt oder meist nach einem kurzen Fußmarsch

Villa d'Este: Tivoli, Piazza Trento. Täglich 9.00 Uhr bis Dämmerung. Geschlossen an Feiertagen. Erreichbar mit Bus nach Tivoli ab U-Bahn-Haltestelle Rebibbia

Villa Gregoriana: Tivoli, Largo Massimo. Im Sommer täglich von 9.30 Uhr bis Dämmerung. Erreichbar mit Bus nach Tivoli ab U-Bahn-Haltestelle Rebibbia

Ostia Antica: Viale dei Romagnoli 717, in ca. 25 km Entfernung von Rom. Täglich 9.00 Uhr bis 18.00 Uhr im Sommer, im Winter nur bis 16.30 Uhr. Erreichbar mit dem Zug nach Ostia ab Bahnhof Ostiense

Albaner Berge: Busse fahren ab von der U-Bahn-Haltestelle Anagnina im Süden Roms. Frascati, Castel Gandolfo und Albano sind auch mit dem Zug ab Stazione Termini erreichbar

LITERATURVERZEICHNIS
&
ORTSREGISTER

Fontanella dei Libri

Literaturverzeichnis

Adler, Jakob G.: Reisebemerkungen auf einer Reise nach Rom". Altona, 1784
Adams, Henry: Die Erziehung des Henry Adams. Zürich, 1953
Anamorphosen. Joost Effers u.a. Köln, 1981
Andersen, Hans C.: Der Improvisator. Jena, 1909
Antonio Canova. David Finn / Fred Licht. München, 1983
Archenholz, Johann W. von: Rom und Neapel 1787. Heidelberg, 1990
Batta, Ernst: Obelisken. Frankfurt, 1986
Blunt, Anthony: Borromini. Cambridge, Mass., 1979
Borghese, Daria: Geliebtes altes Rom. Freiburg u.a., 1959
Boyle, Leonard: Kurzer Führer durch die St.-Clemens-Basilika in Rom. Rom, 1983
Brandenburg, Hugo: Die Kirche S. Stefano Rotondo in Rom. Berlin, 1998
Buchner, Edmund: Die Sonnenuhr des Augustus. Mainz, 1982
Cambria, Adele: Das geheime Italien der Frauen. Wien, 1991
Cederna, Antonio: Mussolini urbanista. Roma, 1980
Chledowski, Casimir von: Rom – die Menschen des Barock. München, 1934
Coarelli, Filippo: Rom – ein archäologischer Führer. Freiburg u.a., 1975
Della Pergola, Paola: Villa Borghese. Roma, 1964
Deutsche Briefe aus Italien. Hrsg. von Eberhard Haufe. München, 1987
Dickens, Charles: Pictures from Italy. New York, 1988
Di Gadda, Beata: Villa Borghese. Roma, 1985
Drescher, Horst W.: Lexikon der englischen Literatur. Stuttgart, 1979
Dufresne, Claude: Maria Callas. München, 1991
Durant, Will: Giordano Bruno. In: Ders., :Kulturgeschichte der Menschheit, Bd. 22, Das Zeitalter der Vernunft hebt an. Lausanne, o.J., S. 318 - 332
Englische Literaturgeschichte. Hrsg. von Hans Ulrich Seeber. Stuttgart, 1991
Fellini, Federico: La Dolce Vita. Zürich, 1974
Findeisen, Jörg-Peter: Christina von Schweden. Frankfurt, 1992
Frey, Karl: Wilhelm Waiblinger und seine Werke. Aarau, 1904
Frisch, Max: Homo Faber. Frankfurt, 1987
Gärten in Europa. Hrsg. von Penelope Hobhouse ... Stuttgart, 1992
Gatto Trocchi, Cecilia: Leggende e racconti popolari di Roma. 4. Ed. Roma, 1995
Gerdts, William H.: William Wetmore Story. In: American Art Journal, IV/2(1972), S. 16 – 33
Gerstenberg, Kurt: Velázquez. München, 1957
Giebel, Marion: Das Geheimnis der Mysterien. München, 1993
Giorgio de Chirico. Hrsg. von William Rubin ... München, 1982
Goethe, August von: Auf einer Reise nach Süden. München, 1999
Goethe, Johann W. von: Italienische Reise. Frankfurt, 1984
Gössmann, Elisabeth: Die Päpstin Johanna. In: Hohenheimer Protokolle, Bd. 21, Stuttgart, 1987. S. 143 – 166
Gregorovius, Ferdinand: Geschichte der Stadt Rom im Mittelalter. München, 1988
Gregorovius, Ferdinand: Römische Tagebücher. München, 1991
Greiner, Wilfried; Pelzl, Bernhard: Ruinen erzählen. Wien u.a., 1998
Guide rionali di Roma. Versch. Herausgeber. Roma, 1982 ff
Günter, Roland u.a.: Rom Spanische Treppe. Hamburg, 1978
Hehn, Victor: Reisebilder aus Italien und Frankreich. Stuttgart, 1894
Heise, Ulla: Kaffee und Kaffeehaus. Hildesheim, 1987
Henze, Anton: Rom und Latium. Stuttgart, 1981
Hibbert, Christopher: Rom. München, 1987

Hülsebusch, Bernhard: Vatikan von innen. Graz, 1997
Hutton, Edward: The cosmati. London, 1950
International dictionary of architects and architecture. Ed. Randall J. Van Vynckt. Detroit, 1993
Italienische Literaturgeschichte. Hrsg. von Volker Krapp. Stuttgart u.a., 1992
Jacobus de Voragine: Legenda aurea. Zürich, 1982
James, Henry: William Wetmore Story and his friends. London, 1903
Kaiser Augustus und die verlorene Republik. Mainz, 1988
Kerber, Bernhard: Andrea Pozzo. Berlin, 1971
Kezich, Tullio: Fellini. Zürich, 1989
Kirchenfürsten und Intriganten. Neu hrsg. von Martin Müller. Zürich, 1985
Koch, Joseph A.: Moderne Kunstchronik. Hanau, 1984. Hieraus das Zitat von Johann Christian Reinhart über die Nazarener.
Kostof, Spiro: Geschichte der Architektur. Bd. 2. Stuttgart, 1993
Krause, Ernst: Puccini. München, 1986
Künstlerleben in Rom – Bertel Thorvaldsen. Ursula Peters (Bearb.). Nürnberg, 1991
Lewald, Fanny: Italienisches Bilderbuch. Frankfurt, 1992
Lotz, Wolfgang: Die Spanische Treppe. In: Römisches Jahrbuch für Kunstgeschichte, Bd. 12. Tübingen, 1969, S. 39-94
Mancinelli, Fabrizio: Katakomben und Basiliken. Firenze, 1981
Mendelssohn-Bartholdy, Felix: Eine Reise durch Deutschland, Italien und die Schweiz. Tübingen, 1979
Metzler-Philosophen-Lexikon. Hrsg. von Bernd Lutz. Stuttgart, 1989
Miller, Norbert: Archäologie des Traums – Versuch über Giovanni Battista Piranesi. Frankfurt, 1981
Montaigne, Michel de: Tagebuch einer Badereise. Stuttgart, 1963
Morton, H. V.: Die Brunnen von Rom. Frankfurt, 1970
Morton, H. V.: Wanderungen in Rom. Frankfurt, 1959
Müller, Ernst: Schwäbische Profile. Tübingen, 1949
Müller, Wilhelm: Rom, Römer und Römerinnen. Berlin, 1991
Munthe, Axel: Das Buch von San Michele. München, 1953
Die Nazarener in Rom. Hrsg. Klaus Gallwitz. München, 1981
Negro, Silvio: Der unbekannte Vatikan. München, o.J.
Noack, Friedrich: Das deutsche Rom. Roma, 1912
Noack, Friedrich: Das Deutschtum in Rom. Stuttgart u.a., 1927
Oppermann, Hans: Julius Caesar. Reinbek bei Hamburg, 1992
Palladino, Irmgard: Henriettes hehres Erbe. In: Merian Rom. Hamburg, 1991
Papst- und Kirchengeschichte. Josef Gorbach. Innsbruck, 1960
Päpstin Johanna. hrsg. von Klaus Völker. Berlin, 1977
Pinto, John A.: The Trevi-Fountain. New Haven u.a., 1986
Der Protestantische Friedhof in Rom. Johan Beck-Friis. Rom, 1996
Quercioli, Mauro: Le torri di Roma. Roma, 1985
Quirke, Stephen: Altägyptische Religionen. Stuttgart, 1996
Raffalt, Reinhard: Concerto romano. München, 1960
Raffalt, Reinhard: Divertimento romano. München, 1978
Raffalt, Reinhard: Fantasia romana. München, 1959
Ravagliolo, Armando: Roma curiosa. Roma, 1996
Reclams Handbuch der künstlerischen Techniken. Bd. 2 Wandmalerei, Mosaik. Knoepfli, Albert (Mitarb.). Stuttgart, 1990
Reinhart, Johann C.: Brief über die Nazarener an Adolf von Heydeck. Zitiert aus den Anmerkungen des Buches von Joseph Anton Koch: Moderne Kunstchronik. Hanau, 1984, S. 200
Rendina, Claudio: Guida insolita ai misteri ... di Roma. 2. ed. Roma, 1999

Ricci, Corrado; Colini, Antonio, M.; Mariani, Valerio: Via dell'Impero. Roma, 1939

Die Römer. Hrsg. von Heinrich Pleticha. Gütersloh, 1980

Rom – die ewige Stadt im Bild der Geschichte. Bernhard Bauer u.a. Klagenfurt, 1962

Roma – paesaggi, figure negli acquarelli inediti die Ettore Roesler Franz. A cura di Carlo Bernoni ... Roma, 1986

Romanelli, Pietro: Das Forum Romanum. Roma, 1977

Romanelli, Pietro: Der Palatin. Roma, 1982

Rome. Main Contributors: Olivia Ercoli u.a.. London [u.a.], 1997

La Rome pittoresque. Leonardo B. Del Maso. Narni, 1981

Rotili, Mario: Filippo Raguzzini nel terzo centenario della nascita. Napoli, 1982

Roullet, Anne: The egyptian and egyptianizing monuments of imperial Rome. Leiden, 1972

Safarik, Eduard A.: Breve guida della Galleria Doria Pamphilj in Roma. Roma, 1985

Sancta Sanctorum. Milano, o. J. [1995]

Santo Stefano Rotondo auf dem Caelius in Rom. Hrsg.. Freunde von Santo Stefano Rotondo e. V., München, 1991

Schauber, Vera u. Schindler, Hanns Michael: Die Heiligen im Jahreslauf. 6. Aufl. Augsburg, 1990

Scherliess, Volker: Giacchino Rossini. Reinbek, 1991

Schiffmann, René: Roma felix. Bern u.a., 1985

Schindler, Herbert: Nazarener. Regensburg, 1982

Schumann, Walter: Steine + Mineralien. 4. Aufl. München, 1975

Sienkiewicz, Henryk: Quo vadis. Zürich, o.J.

Simon, Erika: Die Götter der Römer. München, 1990

Stendhal: Italienische Chroniken. Berlin, 1959

Stendhal: Römische Spaziergänge. Jena, 1913

Stendhal: Reise in Italien (Rome, Naples et Florence en 1817). Jena 1911

Strolling about in Rome. Ed. by Associazione Arris. Roma, o.J.

Stützer, Herbert A.: Das antike Rom. Köln, 1979

Varè, Daniele: Die Schatten der Spanischen Treppe. Frankfurt am Main, 1959

Velázquez. By Alfonso E. Pérez Sánchez ... New York, 1989

Venere Vincitrice. A cura di Claudio Strinati. Roma, 1997

Völker, Werner: Der Sohn August von Goethe. Frankfurt, 1992

Weiner, Margery: Die Schwestern Napoleons. München, 1981

Wisskirchen, Rotraut: Die Mosaiken der Kirche Santa Prassede in Rom. Mainz, 1992

Wucher, Paul: Von Petrus zu Paul. Frankfurt, 1970

Zapperi, Renato: Das Inkognito. München, 1999

Zöchling, Dieter: Chronik der Oper. Gütersloh, 1996

Der Verfasser dankt dem Prestel-Verlag für die freundliche Genehmigung zum Abdruck des Zitats von Reinhard Raffalt (im Kapitel über den Protestantischen Friedhof) aus seinem Buch Concerto Romano (München, 1960. S. 35/36), ebenso dem Suhrkamp-Verlag zum Abdruck des Textes (im Kapitel über den Palazzo Altemps) aus dem Roman „Homo Faber" von Max Frisch (Frankfurt, 1987. S. 110/111).

ORTSREGISTER

(umfaßt und verweist nur auf die in den Info-Blöcken genannten Orte)